Andalousie

Le soleil illumine l'Andalousie, le flamenco l'anime, l'olivier la nourrit. Les peuples antiques ont laissé leur empreinte dans la région. De l'époque musulmane subsistent monuments fastueux et villages au tracé labyrinthique ; la Reconquête chrétienne et le commerce avec les Amériques ont donné le jour à un patrimoine tout aussi admirable. Cette richesse ne doit pas faire oublier la beauté des grands espaces : les marais de Doñana, les vastes régions montagneuses et les plages de la Costa de la Luz s'offrent aux amoureux de nature. Et le soir venu, un verre à la main, on ne peut non plus manquer de partager avec les Andalous tapas et fiesta jusqu'au bout de la nuit !

Être Andalou est ma fierté
L'amour de mes amours
Ce que je désire le plus dans la vie
C'est ma terre, Messieurs
Elle se nomme Andalousie
Federico García Lorca

SOMMAIRE

Préparez votre voyage

Ambiance sévillane sur fond d'azulejos

EN UN CLIN D'ŒIL

L'Andalousie vue d'un satellite ou par le petit bout de la lorgnette : des chiffres et des données pour cerner l'identité de cette province du sud de la péninsule Ibérique.

10 KILOGRAMMES

c'est le poids de l'habit de lumière des toreros.

49,8°C

C'est le record de chaleur détenu en Espagne par Séville le 11 juillet 1873.

836 KM DE CÔTES

Des plages, une mer, un océan : à Tarifa (point le plus méridional d'Europe continentale, plus au sud qu'Alger et Tunis), deux minutes suffisent pour se baigner successivement dans la Méditerranée et dans l'Atlantique !

TROIS

Le régime andalou repose sur le sacro-saint trio pain-ail-huile d'olive. On retrouve notamment ces fondamentaux dans le fameux gaspacho.

2 MÈTRES

Longueur présumée des cicatrices mises bout à bout de Manuel Benitez (né en 1936), dit El Cordobés, le Cordouan, l'un des premiers matadors connus internationalement, le Torero yéyé. Critiqué par les puristes pour l'exubérance de sa façon de toréer, il s'est illustré par un courage à toute épreuve, qui lui vaut de porter les cicatrices d'un grand nombre de blessures.

1500

Lawrence d'Arabie, Le Bon, la brute et le truand, Game of Thrones… 1 500 films sont tournés chaque année en Andalousie (notamment dans le désert d'Almería).

800 ANS

800 ans de présence arabe en Espagne. Arrivés en 711 ap. J.-C., les Arabo-musulmans appelaient "Al-Andalus" cette région régie par les califes de Damas.

14 HEURES

C'est l'heure du déjeuner, puis de la *siesta* (jusqu'à 16-17h), une institution que le gouvernement espagnol voudrait remettre en question. Le dîner se prend entre 21h et 23h, et on va se coucher largement après minuit.

1833

C'est la date de naissance légendaire de la cigarette. Séville est alors depuis longtemps la capitale de la fabrication de tabac (venu d'Amérique), consommé sous forme de cigare ou prisé. Les résidus, chutes et mégots sont récupérés par les mendiants qui, les enroulant de papier pour les fumer, inventent la cigarette. Le mot aurait été utilisé pour la première fois par Théophile Gautier en 1833.

1,4 MILLION

Avec des oliveraies à perte de vue, réparties sur 1,4 million d'hectares, l'Andalousie représente à elle seule 19% de la production mondiale d'olives.

★ LES INCONTOURNABLES

★ **SÉVILLE** (p.44) Monuments prestigieux, douces rives du Guadalquivir, ruelles fleuries des quartiers populaires sans oublier d'innombrables bars à tapas : l'étape indispensable.

★ **LAS ALPUJARRAS** (p.270) Le versant sud de la Sierra Nevada abrite un chapelet de petits villages adorables qui ont gardé la trace des Maures, partis les derniers d'Espagne. Marchez, respirez !

★ **CADIX** (p.114) Peut-être pas la ville la plus léchée d'Andalousie, mais c'est justement tout son charme. Cap sur le Barrio Pópulo et ses bistrots de quartier.

★ **CORDOUE** (p.194) Unique au monde : la mosquée-cathédrale raconte une histoire fondamentale et vous retient dans le tourbillon de ses arches à l'infini…

★ **RONDA** (p.144) Un pont jeté au-dessus d'un précipice ; les arènes où est née la tauromachie moderne ; le souvenir entretenu des bandits qui peuplaient la sierra : l'Andalousie et ses mythes.

★ **GRENADE** (p.244) Personne ne résiste au charme intemporel de l'Alhambra, dernière citadelle maure, aux places et aux cyprès de l'Albaicín, aux accents gitans sortis des grottes du Sacromonte...

★ **BAEZA ET ÚBEDA** (p.222) Deux bijoux Renaissance de pierre dorée, harmonieux et élégants, entourés de champs d'oliviers...

★ **CABO DE GATA** (p.282) La pointe sud-est de l'Espagne : entre désert et plages sauvages, où la roche couleur ocre rencontre une mer d'un bleu intense...

★ **ARCOS DE LA FRONTERA** (p.149) Le plus envoûtant des Villages blancs d'Andalousie.

★ **PARQUE DE DOÑANA** (p.96) Des paysages irréels où l'eau se confond avec la terre ou avec les dunes de sable qu'on croirait sahariennes. Sans oublier la grâce des milliers d'oiseaux aquatiques qui peuplent les lieux. Magique.

★ **TARIFA** (p.136) Poussez jusqu'à l'extrême sud de l'Europe : pour voir les côtes de l'Afrique si proches, admirer les kitesurfeurs et véliplanchistes qui glissent sur l'eau et profiter d'interminables plages de sable.

★ **MÁLAGA** (p.158) Du vin doux et une promenade en bord de mer ? Pas seulement. La ville a opéré une mue *arty* avec ses galeries, son musée d'art contemporain... et son Centre Pompidou.

EN VOILÀ DES IDÉES !

Personnalisez votre séjour en multipliant les expériences selon vos goûts et vos envies.

Mauresque ou mudéjare

Riche de près de huit siècles de présence maure, l'Andalousie recèle des joyaux de l'architecture hispano-musulmane. Laissez-vous envoûter par les subtils jeux d'eau et de lumière des jardins de l'Alhambra à Grenade. Perdez-vous dans les ruelles des anciennes cités d'Al-Andalus, admirez les stucs extravagants de la Mezquita de Cordoue…

- **Giralda (Séville)** (p.45) On ne la présente plus ! L'ancien minaret est l'emblème de la ville.
- **Real Alcázar (Séville)** (p.50) On perd toute notion du temps en parcourant ce chef-d'œuvre de l'art mudéjar.
- **Monasterio de Santa Clara (Moguer)** (p.93) Christophe Colomb vint y prier au retour de son voyage.
- **Almonaster la Real** (p.102) Sa mosquée datant du califat de Cordoue a traversé les siècles.
- **Alcázar de Jerez de la Frontera** (p.126) Un rare exemple d'architecture almohade parvenu jusqu'à nous.
- **Baños Árabes (Ronda)** (p.146) Parmi les plus beaux bains arabes d'Espagne.
- **Alcazaba de Málaga** (p.163) Protégé par un système de trois murailles, le palais domine la ville.
- **Mezquita (Cordoue)** (p.194) Ne vous perdez pas dans sa forêt de colonnes, la mosquée-cathédrale est l'une des perles de l'Andalousie.
- **Alcázar de los Reyes Cristianos (Cordoue)** (p.202) Le palais médiéval, érigé sur les rives du fleuve, enchante avec ses patios fleuris et ses jardins odorants.
- **Medina Azahara (Madinat al-Zahra) (Cordoue)** (p.204) Les vestiges du complexe palatial ont conservé une décoration fastueuse.
- **Capilla de San Andrés (Jaén)** (p.218) À voir notamment pour le splendide décor de la Capilla de la Purísima Inmaculada.
- **Palacio de Villardompardo-Baños Árabes (Jaén)** (p.219) Le clou de ce petit musée : les bains arabes les plus vastes d'Espagne.
- **Alhambra (Grenade)** (p.244) Un palais de légende ! Prenez votre temps pour apprécier sa grâce mauresque sublime et romantique.
- **El Bañuelo (Grenade)** (p.251) Des bains arabes très soigneusement restaurés.

Monasterio de Santa Isabel la Real (Grenade) (p.252) Levez les yeux pour admirer l'opulent plafond mudéjar de l'église.

Vieille ville de Salobreña (p.275) Au pied de sa forteresse arabe, la petite ville a conservé sa physionomie médiévale.

Alcazaba d'Almería (p.278) Une promenade agréable vous attend à la découverte de cette forteresse dominant le bleu de la mer.

Renaissance

La Renaissance, qui a déferlé sur l'Espagne à la fin du 15e s., s'est imprégnée du génie ibérique. Nombreux sont les édifices andalous marqués par ce renouveau architectural.

Colegiata Santa María la Mayor (Antequera) (p.180) Sa belle façade de pierre dorée en impose.

Cathédrale de Jaén (p.218) Réalisation du grand architecte Andrès de Vandelvira, elle reprend tout le répertoire du style Renaissance.

Baeza (p.222) Son centre historique est un concentré d'architecture Renaissance andalouse.

Úbeda (p.224) Pour sa collection de palais et l'intérieur de la Sacra Capilla del Salvador.

Palais de Charles Quint (Grenade) (p.248) Étonnante, sa cour intérieure circulaire est d'une perfection classique saisissante.

Culture flamenca

Une culture placée sous le signe de la passion, née de la rencontre du peuple gitan et de l'Andalousie. Festivals de musique et de danse, fondations, musées et *peñas* (associations) initient à cet univers complexe et vibrant.

Les robes somptueuses du flamenco

Museo del Baile Flamenco (Séville) (p.56) Incontournable pour tout savoir sur l'histoire et les grands interprètes du genre.

Casa de la Memoria (Séville) (p.82) Une programmation exigeante pour les connaisseurs.

La Perla de Cádiz (Cadix) (p.125) Vous y assisterez à un spectacle authentique.

Peña El Chumi (El Puerto de Santa María) (p.135) Pour apprécier le flamenco à la source.

Kelipé (Malaga) (p.179) Des spectacles enlevés avec une touche de pédagogie.

El Molino (Nerja) (p.179) Joignez-vous aux habitants pour assister à un spectacle gratuit.
Centro flamenco Fosforito (Cordoue) (p.206) Consultez la programmation de ce centre culturel dédié au flamenco.
Tablao Cardenal (Cordoue) (p.214) Une institution logée dans un élégant palais.
Carmen de las Cuevas (Grenade) (p.260) Envie de sauter le pas ? C'est le lieu idéal pour s'initier au flamenco.
Peña Flamenca La Platería (Grenade) (p.268) Des spectacles de qualité, une vue sur l'Alhambra, que demander de plus ?
Le Chien Andalou (Grenade) (p.269) Des performances originales dans une ambiance décontractée.
Festival international de Musica y Danza (Grenade) (p.313) À ne pas manquer si vous êtes de passage à Grenade au mois de juin.

Mur fleuri dans un patio

Festival de la Guitarra de Cordóba (Cordoue) (p.313) La fine fleur de la guitare s'y réunit.
Biennale de Flamenco (Séville) (p.314) La grand-messe du flamenco a lieu les années paires en septembre.

Baroque

Le baroque andalou est partout. Les façades et les retables vous étourdiront par leur exubérance, qui atteint son summum dans l'art dit churrigueresque : ne manquez pas la chartreuse de Grenade.
Hospital de los Venerables Sacerdotes (Séville) (p.51) Un exemple haut en couleur de l'âge d'or sévillan.
Cathédrale de Málaga (p.158) Les stalles du chœur, en bois sculpté, attirent tous les regards.
Iglesia del Carmen (Antequera) (p.181) Son décor foisonnant marque les esprits !
Priego de Córdoba (p.216) Ce petit concentré d'architecture baroque vaut le détour.
Cathédrale de Grenade (p.255) Ne manquez pas la Capilla Nuestra Señora de " El Antigua " ainsi que la sacristie où sont conservées de belles œuvres.

Monasterio de la Cartuja (Grenade) (p.257) Tout simplement l'une des pièces maîtresses de l'architecture churrigueresque.

Cathédrale d'Almería (p.278) Le décor de ses chapelles contraste avec l'architecture austère de l'édifice.

En famille

On trouve partout de grands parcs et des plages familiales. La plupart des pensions proposent des chambres triples ou quadruples. Idée : si vous êtes en voiture, louez un gîte rural à proximité des grandes villes.

Isla Mágica (Séville) (p.68) Un parc d'attractions pour tous les âges, sur le thème de la découverte des Amériques.

Muelle de las Carabelas (Palos de la Frontera) (p.91) Tous à bord ! On explore les répliques des navires de Christophe Colomb.

Ferrocaril Minero (Minas de Ríotinto) (p.102) Embarquez dans le train de la mine grandeur nature.

Museo Interactivo de la Música (Malaga) (p.162) Ludique et éducatif ! On y découvre plus de 400 instruments.

Aquarium Sea Life (Benalmádena) (p.167) Pour se faire des frayeurs dans le tunnel à requins !

Randonner dans la Sierra Subbética (p.216) Pique-nique et sac à dos, c'est parti pour une belle balade dans la sierra.

Observer des rapaces dans le parc de Cazorla (p.233) Jumelles en main, on guette les oiseaux de proie qui nichent dans les falaises.

Parque de las Ciencias (Grenade) (p.260) Une visite très interactive qui intéressera toute la famille.

Parc Cinema Studio Fort Bravo (Tabernas) (p.281) Shérif ou hors-la-loi ? On se prend pour un héros de western dans ces décors de Far West.

Points de vue

Prenez de la hauteur ! Grimpez jusqu'aux belvédères, parcourez les chemins de randonnée des sierras, et ne manquez pas de faire halte dans l'un des Villages blancs perchés en altitude.

Alcázar de la Puerta de Sevilla (Carmona) (p.84) La Torre del Oro domine les ruelles blanches du village.

Estepa (p.86) Le Balcón de Andalucía porte bien son nom : une vue panoramique sur la Campiña s'y déploie.

Alto El Cabrito (Tarifa) (p.136) Les côtes marocaines paraissent à portée de main.

Zahara de la Sierra (p.148) Maîtrisez votre vertige, le tableau du lac et de la sierra est prodigieux.

Castillo de Gibralfaro (Málaga) (p.164) Un point de vue romantique, propice aux échanges de serments !

Belvédère d'Alhama de Granada (Alhama de Granada) (p.168) Le regard plonge au fond du précipice du Río Alhama. Frissons garantis !

Alcazaba d'Antequera (p.180) Un panorama d'exception sur Antequera et la campagne alentour.

Garganta del Chorro (Alora) (p.182) Il faut avoir le cœur bien accroché pour affronter les gorges d'El Chorro !

Bobastro (Antequera) (p.183) La balade est récompensée par un panorama spectaculaire sur les collines verdoyantes.

Torre de la Calahorra (Cordoue) (p.202) Au bord du Guadalquivir, une vue imprenable sur la ville.

Points de vue sur l'Alhambra (Grenade) (p.252) Pour admirer l'Alhambra sous tous les angles !

El Huerto de Juan Ranas (Grenade) (p.266) Rendez-vous au coucher du soleil pour siroter un verre avec vue sur l'Alhambra.

Castillo de La Calahorra (p.274) Un cadre hallucinant où l'on se verrait bien attendre les Tartares...

Alcazaba d'Almería (p.278) Une vue qui surplombe la ville, la mer en toile de fond.

Randonnées

Les randonneurs profiteront à loisir d'immenses espaces naturels sillonnés de sentiers. La Sierra Nevada et la Sierra de Cazorla comptent parmi les meilleures destinations.

Parque Natural Sierra de Aracena y Picos de Aroche (p.103) De beaux sentiers à travers pâturages et forêts de chênes-lièges.

Parque Natural Sierra de Grazalema (p.150) La sierra offre des itinéraires variés, familiaux ou plus sportifs.

El Torcal de Antequera (p.182) Pour découvrir de surprenantes formations calcaires !

Caminito del Rey (p.183) Oserez-vous vous aventurer sur les passerelles suspendues à flanc de falaise ?

Parque Natural Sierra de Hornachuelos (p.206) Ouvrez l'œil, les bois de la sierra sont habités par des hardes de cerfs.

Parque Natural de las Sierras Subbéticas (p.216) Tout un éventail de jolies promenades longeant le canyon du Bailón.

Parque Natural Sierras de Cazorla, Segura y Las Villas (p.231) Un paradis pour les randonneurs. N'oubliez pas vos jumelles, le parc est le domaine de nombreux rapaces.

Les Alpujarras (p.270) Quantité de chemins permettent de découvrir les paysages grandioses de ce massif.

Calanques du Cabo de Gata (p.284) Partez à la découverte des calanques isolées de la pointe du Cabo de Gata.

Sur la plage de Torremolinos

La *playa*

Cap sur la Costa de la Luz et ses magnifiques plages de sable fin, plus tranquilles que les plages bondées de la Costa del Sol. Les parcs naturels du Cabo de Gata et de Doñana offrent aussi de superbes sites protégés.

Punta Umbría (p.93) La (très) longue plage s'adosse à des dunes protégées.

Mazagón (p.93) Le cordon de sable paraît sans fin ! Pour trouver les coins les moins fréquentés marchez en direction de l'est.

Playa de El Asperillo (p.93) Son sable et sa tranquillité sauvage se méritent : on ne l'atteint qu'après un sentier de 2km.

Matalascañas (p.98) La portion bordant le parc de Donaña est splendide.

Playa de la Victoria (Cadix) (p.120) Les vagues et le soleil aux portes de la ville.

Autour de Sanlúcar de Barrameda (p.133) Cap sur la petite station de Chipiona, un secret bien gardé par les Andalous.

Playa de Valdelagrana (p.133) Pour une escapade balnéaire à un jet de pierre de Jerez de la Frontera.

Torremolinos (p.167) Comme un air de Côte d'Azur.

Autour de Nerja (p.169) Des anses préservées aux eaux cristallines.

San José et ses environs (p.283) De petits paradis épargnés par les constructions.

ITINÉRAIRES

Trois itinéraires conçus pour que vous donniez libre cours à vos envies, des premières heures du jour jusqu'à la nuit.

Le Metropol Parasol à Séville

Sept jours en Andalousie

Entre ses vestiges romains, ses majestueux palais arabes, ses mosquées devenues cathédrales, ses audacieuses constructions contemporaines et ses paysages montagneux plantés d'oliviers, l'Andalousie fascine par ses multiples facettes. De l'intérieur des terres au bord de mer, en route vers les plus beaux coins de la région.

JOUR 1

Matinée Première étape **Séville**. Remontez le temps en traversant le **Barrio de Santa Cruz** (p.44) dans la quiétude du matin. Entre les ruelles sinueuses du quartier se cachent de jolies placettes plantées d'orangers. Près de la Plaza Virgen de los Reyes, laissez-vous étourdir par la démesure et la richesse artistique de la **cathédrale**, puis gravissez la rampe en pente douce jusqu'au sommet de la **Giralda**, tour mythique de l'ancienne mosquée almohade, afin d'embrasser la ville du regard. Pause déjeuner à la **Cervecería Giralda** (p.70), institution depuis 1923.

Après-midi De la Plaza del Triunfo, pénétrez dans le **Real Alcázar** (p.50), pour en admirer l'extraordinaire condensé d'histoire architecturale. Loin des foules, goûtez à la sérénité des jardins avant de rejoindre le parc María Luisa, véritable poumon vert. À l'entrée s'élève la **Plaza de España** (p.61) avec son surprenant palais en hémicycle et ses ponts revêtus d'azulejos.

Soirée Au **Museo del Baile Flamenco** (p.56), pour assister à un spectacle plein d'émotions, avant de picorer quelques tapas au bar **Europa** (p.71). Balade nocturne sur la terrasse du **Metropol Parasol** (p.55) pour admirer Séville depuis une autre perspective.

JOUR 2

Matinée Rendez-vous à Santiponce pour y découvrir les restes de la cité romaine d'**Itálica** (p.63), et son immense amphithéâtre. **Carmona** (p.84). Empruntez l'A4 pour rejoindre cette jolie ville dressée en haut d'une colline. Arpentez les ruelles escarpées de son quartier médiéval, bien conservé. Déjeuner au bar **Goya** (p.88), dans une ambiance locale.

Après-midi Balade dans la nécropole antique au milieu des vestiges et des somptueux tombeaux, avant de prendre la route. **Écija** (p.86) Suivez l'A4 qui traverse plaines fertiles et champs d'oliviers. De la Plaza de España au Palacio de Benamejí, la cité offre une jolie flânerie. Accordez-vous une pause au bar **Casimiro** (p.88) avant de rejoindre Cordoue.
Soirée Dîner au restaurant **El Astronauta** (p.210), qui propose une cuisine moderne, sur fond de musique indie rock.

JOUR 3

Matinée À **Cordoue** (p.194), visite de la **Mezquita** (p.194), bijou de l'architecture hispano-musulmane. La mosquée-cathédrale captive par son impressionnante profusion de colonnes. Promenade dans le **quartier de la Judería** (p.199), et escale au bar **Santos** (p.208), pour reprendre des forces avec une succulente tortilla.
Après-midi Profitez d'une déambulation dans les jardins luxuriants de l'**Alcazár** (p.202) avant de visiter le majestueux palais des Rois catholiques. Dirigez-vous vers la **Torre de la Calahorra** (p.202), en empruntant le Puente Viejo. Outre la belle vue sur Cordoue, la tour propose un parcours à travers l'âge d'or andalou.
Soirée Dînez à la **Casa Pepe de la Judería** (p.211) de généreux plats traditionnels. Et terminez la soirée à la Bodega Guzmán (p.214) pour des rencontres authentiques !

JOUR 4

Matinée Direction **Montoro** (p.205) Au sommet d'une colline, la ville surprend par ses contrastes de couleurs. Rejoignez la Plaza de España, un bel ensemble

Robes de flamenco

urbanistique, où vous pourrez prendre un café avant de visiter la jolie église de San Bartolomé. Séance shopping chez les artisans de la Calle Corredera.
Úbeda (p.224) Suivez l'A4 jusqu'à la belle cité Renaissance et déjeunez au restaurant **El Seco** (p.228).
Après-midi Promenez-vous autour de l'harmonieuse Plaza Vázquez de Molina, et admirez la façade de la chapelle du Sauveur, chef d'œuvre de Diego de Siloé.
Baeza (p.222) Son centre Renaissance est inscrit au patrimoine de l'Unesco. De la Plaza del Populo, merveilleux ensemble architectural, perdez-vous dans les ruelles tortueuses et appréciez la belle façade du Palacio de Jabalquinto. Suivez l'A-44, direction Grenade.
Soirée Grenade (p.244) Admirez le coucher de soleil au mirador de San Nicolàs puis régalez-vous d'escargots ou autres tapas au bar **Los Caracoles** (p.242) dans une ambiance authentique.

JOUR 5

Matinée Grenade Si vous prévoyez de pique-niquer dans les **jardins de l'Alhambra** (p.244), achetez de quoi déjeuner avant votre visite. Par exemple, au Mercado Central San Agustín. Consacrez la matinée à la visite de l'Alhambra et des **jardins du Generalife** (p.245).
Après-midi Déjeunez à la **Bodega Castañeda** (p.263), l'un des comptoirs les plus traditionnels de la ville, très fréquenté par les Granadinos (p.255). Visitez la cathédrale et la **Capilla Real** (p.255), construction gothique où sont inhumés les Rois catholiques. Explorez ensuite les ruelles blanches de l'Albaicín et profitez d'une terrasse de la charmante place Bib-Rambla pour faire une pause.
Soirée Dîner au calme au restaurant **Albahaca** (p.264).

JOUR 6

Matinée Direction le **Torcal de Antequera** (p.182) pour une randonnée au cœur de ce paysage fascinant. Déjeuner sur place.
Après-midi Antequera (p.182) Visite des dolmens de Menga et de Viera, puis balade dans la ville aux 33 églises. Ne manquez pas celle del Carmen, aux magnifiques plafonds mudéjars. Partez ensuite à l'assaut de l'**Alcazaba,** qui offre des vues renversantes. Direction Málaga, à près de 50km au sud.
Soirée Málaga (p.158) Dîner au **Mesón Cortijo de Pepe** (p.174), une taverne rustique qui sert de délicieuses tapas. Ambiance garantie !

JOUR 7

Matinée Visite du **Museo Picasso** (p.158), installé dans une belle demeure Renaissance et balade dans le centre historique. Après cela, laissez-vous porter par la douceur *malagueña* sur la plage, au **Chiringuito El Espigón** (p.174).
Après-midi Farniente en bord de mer et derniers achats sur le port.
Soirée Dîner à la **Casa Lola** (p.173), établissement réputé pour ses tapas. Dernier verre sur le toit-terrasse de l'AC hôtel Málaga Palacio pour profiter d'une vue admirable sur toute la ville.

Les clochers et les maisons blanches d'Arcos de la Frontera

Trois jours dans les Villages blancs

Visitez les plus beaux Villages blancs qui peuplent les montagnes de la province de Cadix. Le charme de leurs ruelles étroites aux murs chaulés rappelle qu'ici l'influence musulmane s'est prolongée bien plus longtemps qu'ailleurs.

JOUR 1

Matinée Parcourez la ville haute d'**Arcos de la Frontera** (p.149) au petit matin avant d'admirer la vallée depuis le mirador de la Plaza del Cabildo. Empruntez l'A372 en direction d'**El Bosque** où vous trouverez le **centre d'informations** du Parque Natural de la Sierra de Grazalema (p.148).

Après-midi D'El Bosque, l'A373 s'enfonce dans la **Sierra de Grazalema**. Les maroquiniers d'Ubrique perpétuent la tradition du cuir depuis le Moyen Âge. À **Villaluenga del Rosario** est produit le *payoyo*, un savoureux fromage fermier.

Soirée Dans l'adorable village de **Grazalema** (p.148), succombez aux délices de la sierra au restaurant **Cádiz El Chico** (p.153). Rejoignez ensuite les chambres rustiques mais accueillantes de l'**hostal Casa de las Piedras** (p.336).

JOUR 2

Matinée Petit-déjeuner à la **Cafetería Rumores** (p.151) suivi de la visite de l'**Artesanía Textil** (p.153), un atelier de tissage de laine. Découvrez le vieux centre de **Ronda** (p.147) et déjeunez à la **Casa Moreno** (p.152).

Après-midi Gagnez le village troglodytique de **Setenil de las Bodegas** (p.147) avant de grimper vers le donjon du château d'**Olvera** (p.147), pour jouir du panorama sur le village.

Soirée **Zahara de la Sierra** (p.148) Passez la soirée dans ce petit village dominant un lac de barrage. Dînez sous les orangers du **Bar Nuevo** (p.151) avant de goûter un repos mérité à l'**hôtel Al Lago** (p.336).

JOUR 3

Matinée Visitez la tour fortifiée qui offre une vue imprenable sur le lac. En été on se baigne à l'**aire d'Arroyomolinos** (p.150).

Après-midi Déjeunez au **Chiringuito**, puis rejoignez Arcos de la Frontera par la CA531, route de montagne en lacet. Finissez votre parcours en beauté par le **col de Las Palomas** d'où la vue est fabuleuse.

Soirée Le retour à Arcos se fait sur l'autre versant de la montagne par l'A372. Dînez à **La Cárcel** (p.153), simple et délicieux comme tout vrai bar à tapas.

Paysage andalou

Six jours en train

À bord du train andalou à grande vitesse, filez à travers les champs d'oliviers, les montagnes et l'océan et arrêtez-vous dans les plus belles villes d'Andalousie pour vous étourdir devant des architectures remarquables et vous délecter d'une riche gastronomie.

JOUR 1

Matinée Premier arrêt Séville. À **Santa Cruz** (p.51), prenez des forces au **Biomio Brunch ecológico** (p.68) avant d'arpenter les ruelles étroites et pavées du quartier. Visite du **Palacio de la Condesa de Lebrija** (p.55) pour admirer une belle collection archéologique. Déjeuner au bar **Europa** (p.71) dans une ambiance locale.

Après-midi Balade bucolique dans le **Parque de María Lusia** avec une halte à la **Plaza de España** (p.61), recouverte d'azulejos. Direction la estación de Santa Justa pour monter à bord du train à grande vitesse Alvia et rejoindre **Cadix** en 1h30. Le train file à travers des paysages verdoyants avant de s'arrêter un temps à **Jerez de la Frontera** (p.126) et de traverser une langue de terre entre baie et côte sauvage.

Soirée Promenez-vous dans le **Barrio del Menditero** (p.119), le long de la Alameda Apodaca, face à l'océan pour admirer le spectacle du coucher de soleil. Dîner au **Candela** (p.123), un bar de tapas moderne à l'atmosphère chaleureuse.

JOUR 2

Matinée Pour bien démarrer la journée, installez-vous dans le salon vintage du **Café de Ana** (p.121). Perdez-vous ensuite dans les ruelles du **Barrio del Pópulo** (p.114) et émerveillez-vous devant l'imposante cathédrale de style baroque et néoclassique. L'histoire de Cadix est particulièrement riche : plongez dans 1 000 ans d'histoire au **Yacimiento Arqueológico Gadir** (p.120).

Après-midi Déjeuner au restaurant **Atxuri** (p.124) où l'on déguste une excellente cuisine basque-andalouse avant de prendre le train pour **Cordoue** (p.194).

Soirée Prenez le pouls de la ville autour de la **Mezquita** (p.194) avant de vous délecter de copieux mets au restaurant **El Churrasco** (p.211). Soirée flamenco au **Tablao Cardenal** (p.214), un incontournable de Cordoue.

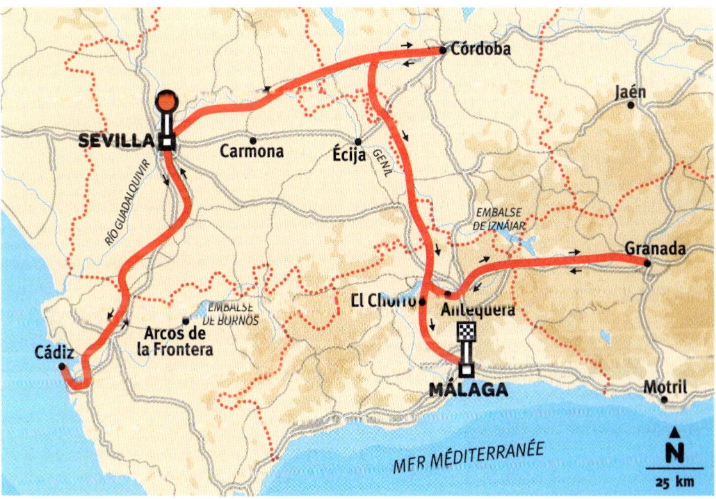

JOUR 3

Matinée Déambulation admirative entre les lignées de colonnes de la **Mezquita**, merveille de l'architecture hispano-musulmane. Puis, petit tour au **Mercado Victoria** (p.209) d'où s'échappent mille et une senteurs. Profitez pour y faire une pause déjeuner, les choix sont variés.

Après-midi Direction **Grenade** (p.244). De Cordoue, le train à grande vitesse s'élance entre les champs d'oliviers et les montagnes pour rejoindre l'ancienne cité arabo-andalouse en moins de 2h.

Soirée Grimpez dans les ruelles du **Sacromonte** (p.254) pour découvrir des maisons creusées dans la roche calcaire avant de vous installer à la **Peña Flamenca La Platería** (p.268), pour écouter du flamenco et picorer des tapas.

Terrasse du bar de l'Hotel Alcazaba, à Málaga

JOUR 4

Matinée Consacrez la matinée à la visite de **l'Alhambra**, joyau de l'architecture hispano-mauresque. Entre les jardins enivrants du **Generalife** (p.245) et ses somptueux palais, ce chef-d'œuvre vous fera tourner la tête ! Prévoyez un pique-nique si le temps vous le permet.
Après-midi Jouez des coudes au bar **Los Diamantes** (p.263) pour commander tapas et *raciones* de poissons frits. Balade pittoresque le long du Río Darro avant de prendre le train pour **Antequera** (p.180), à une heure de **Grenade**. Le trajet dévoile de jolis paysages montagneux.
Soirée Balade au coucher du soleil sur la colline de **l'Alcazaba** (p.278) dont la vue embrasse la ville **d'Antequera** et ses montagnes alentour. Dîner en ville.

JOUR 5

Matinée Visite des **dolmens de Menga et Viera** (p.181), érigés au 3e millénaire av. J.-C avant de prendre le train pour **El Chorro**. Prévoyez un bon casse-croûte pour la journée.
Après-midi Aventurez-vous sur le **Caminito del Rey** (p.183), ce chemin étroit à travers les parois vertigineuses du défilé **d'El Chorro**. Une fois remis de vos émotions, embarquez à bord du train pour **Málaga** (p.158), la dernière étape.
Soirée Petite dégustation de vins de Málaga au comptoir de la **Antigua Casa de Guardia** (p.173), le plus vieux bar de la ville avant de picorer des tapas à la **Casa Lola** (p.173).

JOUR 6

Matinée Régalez-vous de churros à la **Casa Aranda** (p.173), une vieille institution de Málaga. Visite du **musée Carmen Thyssen-Bornemisza** (p.162), abritant une remarquable collection de peintures espagnoles. De la **plaza de la Constitución** (p.158), remontez vers la **plaza de la Merced** (p.159) pour un apéro au soleil.
Après-midi Déjeuner au pied de la cathédrale au restaurant **El Jardín** (p.174). Partez à l'assaut du **Castillo de Gibralfaro** (p.164) pour embrasser la ville du regard, puis descendez à la plage de la **Malagueta** (p.169) pour lézarder au soleil. Retour vers le centre en longeant le port pour les dernières emplettes du voyage.
Soirée Dîner à la **Peregrina** (p.174) et dernier spectacle de flamenco à **Kélipé** (p.179)

Deux provinces au programme. Celle de Séville, avec l'inoubliable capitale de l'Andalousie mais aussi la discrète Carmona cernée de séduisants paysages où l'olivier est le roi. Dans la province voisine de Huelva, allez voir les flamants roses s'envoler au-dessus des paysages uniques du parc de Doñana et posez votre serviette sur la sublime plage de Matalascañas.

Séville et Huelva

Détail de balustrade, Plaza d'España à Séville

Plan 1

Zafra
BADAJOZ, SALAMANCA
Jerez de los Caballeros
Oliva de la Frontera
RÍO ARDILA
N630
N435
Moura
Barrancos
Encinasola
PORTUGAL
SIERRA MORENA
Monesterio
SIERRA MORENA
PARQUE NATURAL DE LA SIERRA DE ARACENA Y PICOS DE AROCHE
N433
TUROBRIGA
Rosal de la Frontera
Aroche
Galaroza
ARACENA ET SA RÉGION p.100
N630
Jabugo
Fuente-heridos
El Real de la Jar
RÍO CHANÇA
CABEZO GORDO 613 M
Cortegana
HU8105
SIERRA DE ARACENA
Aracena
Almonaster la Real
GRUTA DE LAS MARAVILLAS
Sta Olalla del Cala
Santa-Barbara
San Telmo
Alájar
NUESTRA SEÑORA DE LOS ÁNGELES
HU8105
E803
Almadé de la Plat
Paymogo
A479
Zufre
Cabezas Rubias
PROVINCE DE HUELVA
A461
N433
Puebla de Guzmán
El Campillo
Nerva
EMBALSE DE LA MINILLA
El Ronqui
EMBALSE DEL CHANZA
Calañas
MINAS DE RIOTINTO
El Madroño
El Castillo de las Guardas
EMBALSE D LA CALA
Tharsis
Sanlúcar de Guadiana
El Almendro
Alosno
Villanueva de los Castillejos
RÍO ODIEL
Valverde del Camino
EMBALSE DE GERGA
Las Pajanosas
RÍO TINTO
Gerena
Guiller
EMBALSE DE SANCHO
A435
Aznalcóllar
A66
S. Silvestre de Guzmán
Beas
HUELVA ET SES ENVIRONS p.90
Trigueros
Tejada
La Palma del Condado
Castilleja del Campo
Santiponce
GUADIAMAR
FARO
Villablanca
Niebla
A472
Sanlúcar la Mayor
RUINAS DE ITÁLICA
A49
Cartana
Huelva
Manzanilla
Camas
St Juan del Puerto
A49
Lepe
Ayamonte
A431
Moguer
Bollullos
Bollullos de la M.
Isla Cristina
El Rompido
MARISMAS DEL ODIEL
Palos de la Frontera
Rociana del Concado
Almonte
RÍO
Pilas
A474
Aznalcázar
Coria del Rí
A497
Villamanrique
RÍO GUADIAMAR
MONASTERIO DE LA RÁBIDA
N442
A494
Colinas
La Puebla del Río
Punta Umbría
Villamanrique de la Condesa
Mazagón
A8060
PLAYA DE LA FONTANILLA
Torre del Oro
El Rocío
EL ROCÍO ET LE PARC DE DOÑANA p.96
RÍO GUADALQUIVIR
A494
A483
Matalascañas
PARQUE DE DOÑANA
COSTA DE LA LUZ
ISLA MAYOR
Lebrija
A471
El Cuervo
Sanlúcar de Barrameda
N
20 km
A480
Jerez de la Frontera
CÁDIZ

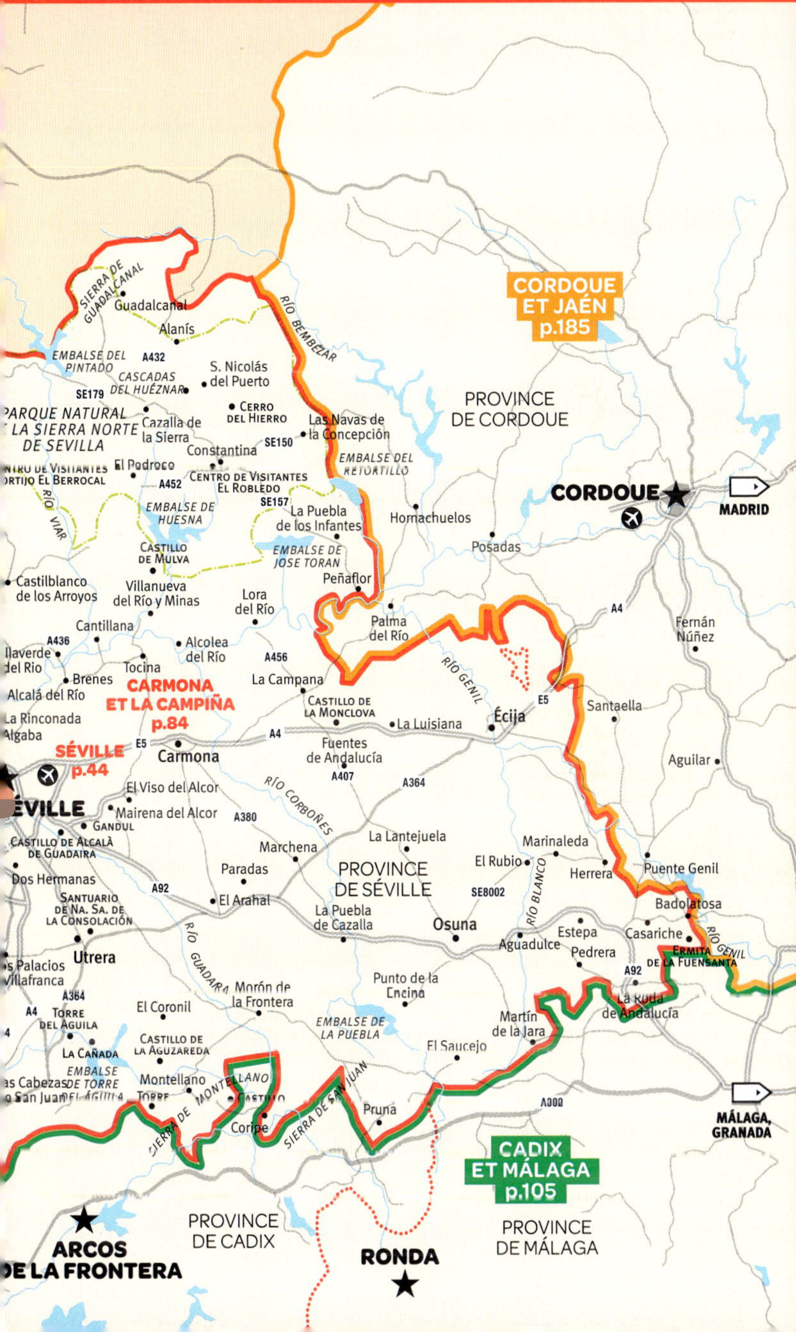
CORDOUE ET JAÉN p.185
PROVINCE DE CORDOUE
CORDOUE
MADRID
Sierra de Guadalcanal
Guadalcanal
Alanís
Río Bembézar
Embalse del Pintado
A432
S. Nicolás del Puerto
Cascadas del Huéznar
SE179
Parque Natural de la Sierra Norte de Sevilla
Cerro del Hierro
Cazalla de la Sierra
Las Navas de la Concepción
SE150
Constantina
Embalse del Retortillo
El Pedroso
Centro de Visitantes El Robledo
A452
SE157
Embalse de Huesna
Río Viar
La Puebla de los Infantes
Hornachuelos
Posadas
Castillo de Mulva
Embalse de José Toran
Peñaflor
Castilblanco de los Arroyos
Villanueva del Río y Minas
Lora del Río
Palma del Río
A4
Fernán Núñez
Cantillana
A436
Alcolea del Río
A456
Río Genil
Brenes
Tocina
Carmona et la Campiña p.84
La Campana
Santaella
Alcalá del Río
La Rinconada
Castillo de la Monclova
E5
La Luisiana
Écija
Sévillle p.44
E5
A4
Carmona
Fuentes de Andalucía
Aguilar
A407
A364
El Viso del Alcor
Río Corboñes
Séville
Mairena del Alcor
A380
Gandul
Castillo de Alcalá de Guadaira
La Lantejuela
Marinaleda
Marchena
Dos Hermanas
Paradas
Province de Séville
El Rubio
Herrera
Puente Genil
A92
SE8002
Río Blanco
Santuario de Na. Sa. de la Consolación
El Arahal
La Puebla de Cazalla
Osuna
Badolatosa
Estepa
Casariche
Utrera
Río Guadaira
Aguadulce
Pedrera
Ermita de la Fuensanta
Río Genil
A92
Villafranca
Morón de la Frontera
Punto de la Encina
La Roda de Andalucía
A364
A4
Torre del Águila
El Coronil
Embalse de la Puebla
Martín de la Jara
Castillo de las Aguzaderas
La Cañada
El Saucejo
Embalse de Torre del Águila
Montellano
Sierra de Montellano
Las Cabezas de San Juan
Torre
Castillo
Sierra de San Juan
Pruna
A92
Málaga, Granada
Coripe
Sierra de
Cadix et Málaga p.105
Province de Cadix
Province de Málaga
Arcos de la Frontera
Ronda

HUIT BONNES RAISONS...

... de se laisser envoûter par la capitale andalouse et les paysages sauvages de la province de Huelva.

LE SOMMET DE LA GIRALDA (p.45), pour profiter d'un panorama sans égal sur Séville.

LES BARS À TAPAS (p.70), pour goûter toute la palette des saveurs sévillanes.

METROPOL PARASOL (p.55), pour une étonnante balade "sur" les toits de Séville.

LA SEMAINE SAINTE (p.58), pour vous laisser emporter par l'effervescence de la passion andalouse.

PALOS DE LA FRONTERA (p.91), pour suivre la trace de Christophe Colomb dans le monastère où le grand navigateur prépara son voyage.

☀ **LA PLAGE D'EL ASPERILLO** (p.93) Parce qu'il y a le soleil, le sable et la mer… et c'est tout.

LES GALERIES SOUTERRAINES DE LA GRUTA DE LAS MARAVILLAS (p.100), pour se mettre au frais en plongeant dans les entrailles de la terre.

LES JARDINS DU REAL ALCÁZAR (p.50), pour s'enivrer du parfum des oranges en fleur dans ses jardins luxuriants.

RENDEZ-VOUS AVEC…

Martina, d'origine nantaise, vit à Séville depuis 30 ans. Elle a travaillé dans les meilleurs hôtels de la ville en tant que réceptionniste et commerciale avant de se hisser à la tête d'un des plus beaux établissements de la capitale andalouse. Parmi ses coups de cœur sévillans, des endroits qui révèlent une cité intime et surprenante, mais chargée d'authenticité.

Dans l'air du temps

A Castizo

Ce bar à tapas moderne conserve la philosophie du service traditionnel andalou. D'un côté un bar informel, avec tabourets hauts pour picorer des bouchées en admirant le travail efficace et enjoué des cuisiniers. De l'autre quelques tables, pour un service plus intime et confortable, tout en ne perdant rien du spectacle de la rue et des passants.

Calle Zaragoza, 6 📱 955 18 05 62 www.barracastizo.es 🕒 Dim.-jeu. 13h30-16h30 et 20h30-23h30, ven.-sam. 13h30-16h30 et 20h30-0h

Séville à l'état pur

B Casa Moreno

Un endroit comme il n'en reste presque plus, un de ces vieux *ultramarinos* où l'on pouvait autant faire ses courses que prendre un verre. Cette *casa* résiste et conserve intact le charme d'antan : jambons suspendus au plafond, conserves, sacs de lentilles et de pois chiches, fromages… Au bout du comptoir, une porte qu'il faut oser franchir : elle donne sur un minuscule coin bar où l'on prend son petit déjeuner ou des tapas à midi sous les images pieuses et les photos de corrida !

Calle Gamazo, 7 📱 954 22 83 15 🕒 Lun.-mar. 9h-16h, mer.-ven. 9h-16h et 20h-23h, sam. 12h30-16h et 20h-23h

ENVIE DE FLÂNER ?

La lumière de Séville est unique et c'est sur les bords du Guadalquivir qu'on l'apprécie le mieux, au calme du côté de Triana ou dans une ambiance plus animée côté ville !

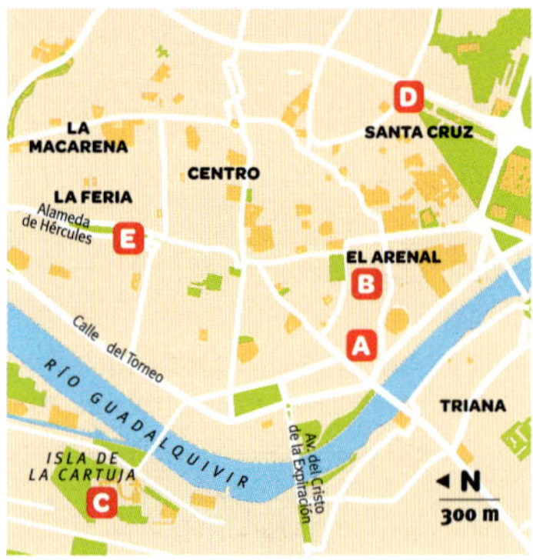

Ma pause au calme et au soleil

C Monasterio de la Cartuja

C'est peut-être en raison de sa situation, de l'autre côté du Guadalquivir, qu'il est peu fréquenté des Sévillans. Cet ensemble de chapelles et de cloîtres accueille aussi un centre d'art contemporain. J'adore cet enchevêtrement historique et artistique ! J'y viens

Dans le quartier de Santa Cruz

souvent voir des expos, prendre un café en terrasse et, surtout, me promener dans les jardins plantés d'orangers et de citronniers.

Avenida Américo Vespucio, 2 955 03 70 70 Mar.-sam. 11h-21h, dim. 10h-15h30 1,80€ (uniquement monastère) ou 3,01€ (site + expositions) Entrée libre le samedi et mar.-ven. 19-21h

Mon bon plan

D Freiduría Puerta de la Carne

Même s'il est très touristique, le quartier de Santa Cruz a un charme fou. S'asseoir Plaza de Doña Elvira reste un moment de pur bonheur. Un peu plus au nord, c'est l'ancienne *judería*, tout est là, les façades colorées, les balcons fleuris de géraniums, les patios parfumés.

SI SÉVILLE ÉTAIT...

Une couleur Ce serait le blanc des maisons peintes à la chaux et illuminées par le soleil andalou. *¡ Viva la vida !*

Je profite de la balade pour faire halte à la Casa Román, pour son jambon, à La Azotea, pour ses tapas et, mon plan préféré, à la *freiduría* Puerta de la Carne pour l'incontournable cornet de fritures !

Calle Puerta de la Carne 2 954 41 11 59 Mer.-lun. 13h-17h et 20h-0h En juillet et août, ouvert tlj 20h-0h30

Pour sortir des sentiers battus

E El Disparate

Les quartiers nord permettent de découvrir une autre Séville. Pas de touristes ici mais des Sévillans. Deux endroits à ne pas manquer : El Disparate, un restaurant de cuisine méditerraneenne situé sur la Alameda de Hercúles, et le marché de la rue Feria (Mercado de la Calle Feria p.80) pour son ambiance incroyable, surtout le samedi matin.

Alameda de Hércules, 11 680 12 74 13 Tlj. 13h30-0h et 20h30-0h

SÉVILLE ★

Berceau de Carmen, de Don Juan et de Figaro mais surtout capitale de l'Andalousie, Séville en offre un instantané saisissant : des trésors architecturaux embellis par la lumière du couchant, d'innombrables bars à tapas, préludes à de belles nuits de fête, et une passion éprouvée pour le flamenco, les corridas et les *ferias*. À savourer sans modération, été comme hiver, de jour comme de nuit.

ACCÈS ET INFOS

- La circulation est cauchemardesque dans le centre-ville, dont une grande partie est interdite aux véhicules des non-résidents de 7h30 à 22h. Oubliez votre voiture dès votre arrivée à Séville, en la laissant dans un parking de la périphérie (ceux du centre sont chers) ou à celui de votre hôtel.

À VOIR

SANTA CRUZ

Ruelles étroites, belles demeures, petits balcons protégés derrière leurs armatures en fer forgé, patios secrets... L'ancienne *judería*, le quartier juif de la ville médiévale, recèle la quintessence de la grande dame du Sud. Séville comme on la rêve. C'est là aussi que se concentrent les principaux sites de la ville, avec la cathédrale et son emblématique Giralda.

Gigantesque

Catedral de Sevilla ★ (plan 3, A2)

Quand ils prennent la ville en 1248, les chrétiens n'ont qu'une hâte : transformer la grande mosquée en église. Ils n'ont pas le temps d'entreprendre des travaux : ils se contentent de s'agenouiller dans la vaste salle de prière débarrassée de ses tapis. Au 15e s., on décide de faire grand. Gigantesque même : pendant près d'un siècle va s'élever la plus grande cathédrale gothique au monde. C'est un chantier européen ; venus de toute l'Espagne, mais aussi de France, des Flandres et d'Allemagne, les artisans vont composer un ensemble vertigineux dont les flèches, les tourelles, les ciselures raffinées chantent le triomphe du gothique flamboyant. Formée de cinq nefs soutenues par des dizaines de piliers, la cathédrale impressionne par ses volumes. Parmi la riche ornementation se distinguent l'immense retable ouvragé de la Capilla Mayor, les pièces d'orfèvrerie exceptionnelles du trésor et le tombeau monumental de Christophe Colomb, situé sur la droite en entrant. Observez les porteurs du cercueil, chacun représente un des royaumes de la Couronne espagnole : Castille, León, Aragon et Navarre. Leurs pieds situés à l'avant sont étrangement polis : une légende dit que si l'on touche celui de droite, on se mariera, et si c'est celui de gauche, on reviendra à Séville.

Entrée des visites par la Puerta de San Cristobal, face à l'Archivo de Indias ☎ 954 21 49 71 ou 902 09 96 92 www.catedraldesevilla.es ⏲ Lun.-sam. 10h45-18h, dim. 14h30-19h € 12€ (11€ en ligne) Audioguide 5€ Réservation anticipée conseillée

À NE PAS MANQUER

- Catedral de Sevilla ★
- Giralda ★
- Real Alcázar ★
- Hospital de la Santa Caridad
- Plaza de Toros de la Real Maestranza
- Casa de Pilatos
- Museo de Bellas Artes
- Plaza de España
- Itálica

Croisière sur le Guadalquivir

Emblématique

Giralda ★ (plan 3, A2)

Emblème de la ville, l'ancien minaret de la grande mosquée a été érigé par les Almohades au 12e s. Coup d'œil extérieur et vertige : avec ses 97m de hauteur, la Giralda a longtemps été la plus haute tour du monde. Admiration aussi : les *sebka*, motifs décoratifs caractéristiques des Almohades, jouent de l'ombre et de la lumière en déployant leurs losanges et leurs chevrons dessinés par les briques entrecroisées. Les balustrades aux fenêtres et le haut campanile sont des ajouts chrétiens. L'accès se fait par l'intérieur de la cathédrale, dans la nef de gauche : la rampe était assez large pour permettre au sultan de passer à cheval... Au sommet, la vue est à couper le souffle : panorama sur la ville et la forêt de pinacles, tourelles et gargouilles sur le toit de la cathédrale. Attention, à midi les 25 cloches sonnent à toute volée.

Mêmes horaires que la cathédrale

C'EST DANS L'AIR

La Giralda est surmontée d'une petite tour qui soutient une girouette (*giralda*) dorée haute de 4m. Rebaptisée Giraldillo par les Sévillans, elle représente le triomphe de la foi. Plus prosaïquement, elle sert d'indicateur météorologique : *"Si la Giralda apunta por Triana, agua segura"* ("Si la girouette pointe vers Triana, pluie à coup sûr").

Parfums enivrants

Patio de los Naranjos (plan 3, A2)

Avec la Giralda, le patio des Orangers est le seul vestige de la mosquée almohade. Vous y pénétrerez par la gauche du chœur en passant sous un crocodile

Plan 2
A
B
1
2
3
4
C. del Doctor Fedriani
Calle Manzana
LEON XIII
Fray Isidoro de Sevilla
Fernán Sánchez de Tovar
Sánchez Perrier
Froilán de la Serna
San Juan de Ribera
HOSPITAL UNIVERSITARIO
FACULTAD DE MEDICINA
PARLAMENTO DE ANDALUCÍA (HOSPITAL DE LAS CINCO LLAGAS)
Plaza del Doctor Barraquer
Pizjuán Don Fadrique
5
Juan de Astorga
Esperanza
Carranza
Calle Torrijiano
Calle Muñoz León
14
Puerta de Córdoba
MURALLAS
MURALLAS
Macarena
Patricio Sáenz
Calle Torreblanca
Aniceto Sáenz
Fray Diego De Cádiz
C. Sorda
Morera
C. Macasta
Madre Márque
Padre Manjón
Cornejo
Duque
CONVENTO DE SANTA PAULA
Pje. Mallol
CONVENTO DE SANTA ISABEL
SAN MARC
SANTA MARINA
43
Plaza San Marcos
Calle San Luis
CASA DEL PUMAREJO
44
Calle Arrayán
Divina Pastora
SAN LUIS
Maravilla
Inocentes
Calle San Luis
61
SAN GIL
Calle Pozo
BASILICA DE LA MACARENA
Calle Relator
LA MACARENA
San Blas
Infantes
Calle de Resolana Andueza
Calle Torres
Plaza del Cronista
Pedro Miguel
Maldonado
Fray L. Sotelo
C. Escoberos
C. Parras
González Cuadrado
J. de Robles
Marcos de Cabrera
Adelantado
Calle Perafán de Ribera
C. de Bécquer
Calle Feria
Antonio Susillo
Amargura
MERCADO
48
Calle Feria
OMNIUM SANCTORUM
47
Guadiana
Palacio Malaver
Feria
Calle C. Quintana
Conde de Torrejón
LA FERIA
C. Faustino Álvarez
Calle Relator
P. Mencheta
Molino
Santa Rufina
Correduría
LA PAZ
Calle Peral
C. Mata
J. Pérez de Montalbán
50
Joaquín Costa
Calle del Torneo
Calle de Bécquer
Pacheco y Núñez del Prado
Alameda de Hércules
54
TORRE DE LOS PERDIGONES
Pje Marqués de Esquivel
Calle Calatrava
Alameda de Hércules
E
65
Calle Jesús del Gran Poder
L. Dávalos
Credito
Blanquillo
Reposo
46
CONVENTO DE SAN CLEMENTE
Calle Lumbreras
C. Becas
CONVENTO DE SANTA CLARA
H. de Piedra
BASÍLICA DE JESÚS DEL GRAN PODER
56
12
Santa Ana
Hernán Cortés
Conde de Barajas
TORRE DE DON FADRIQUE
Calle Santa Clara
15
Calle Guadalquivir
M. Pizarro
Calle del Torneo
Calle de Teodosio
SAN LORENZO
Pza San Lorenzo
Marqués de la Mina
4
Calle de San Vicente
Narciso Bonaplata
57
Curtidurías
Juan Rabadán
I. Castillo Lastrucci
Pascual de
Pasarela de la Barqueta
Puerta de la Barqueta
RÍO GUADALQUIVIR
ISLA MÁGICA
MINITEATROS
JARDINES DEL MEANDRO
PARQUE JARDIN DEL GUADALQUIVIR
PABELLÓN DE ESPAÑA
PABELLÓN DEL FUTURO
AUDITORIO
Caminos de los Descubrimientos
Caminos de los Descubrimientos
Caminos de los Descubrimientos
PALENQUE
ISLA DE LA CARTUJA
EXPO 92
JARDÍN AMERICANO
Pasarela
MONASTERIO DE SANTA MARIA DE LAS CUEVAS
CENTRO ANDALUZ DE ARTE CONTEMPORÁNEO
Paseo Oeste
N
200 m

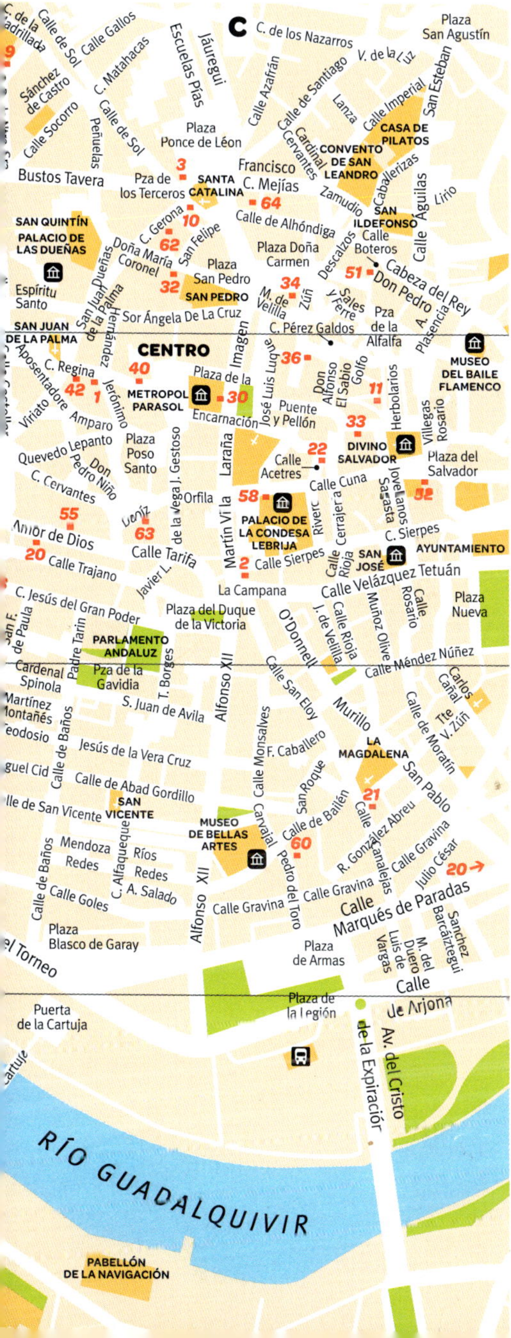

Pauses (n°1 à 5)

4	Antigua Abacería de San Lorenzo - p.70	B3
5	Bar Plata - p.70	A1
1	La Cacharrería - p.69	C2
2	La Campana - p.69	C2
3	Los Claveles - p.68	C1

Bars à tapas (n°10 à 15)

11	Bar Europa - p.71	C2
12	Casa Ricardo - p.71	B2
10	El Rinconcillo - p.71	C1
15	Eslava - p.71	B3
13	La Azotea - p.71	C2
14	Yebra - p.71	B1

Restaurants (n°20 à 22)

20	El Baratillo - p.74	C2
21	El Burladero - p.75	C3
22	El Caserio - p.74	C2

Shopping (n°30 à 48)

42	Botellas y Latas - p.79	C2
47	Casa Tejera - p.80	B2
46	Convento de San Clemente - p.80	A2
32	Convento de Santa Inés - p.78	C1
43	Janmei - p.79	B1
48	Mercado de la Calle Feria - *p.80*	B2
30	Mercado de la Encarnación - *p.77*	C2
39	Monasterio de Santa Paula - *p.78*	B1
44	Rompe Moldes - *p.79*	B1
36	Soho Benita - *p.78*	C2
40	Un Gato en Bicicleta - *p.79*	C2
34	Zapata - *p.78*	C1
33	Zapatos Roberto Garrudo - *p.78*	C2

Sorties (n°50 à 58)

50	Café Central - *p.82*	B2
58	Casa de la Memoria - *p.82*	C2
54	Fun Club - *p.82*	B2
51	Garlochí - *p.82*	C1
56	Holiday by Obbio Club - *p.82*	C2
55	Itaca - *p.82*	C2
52	La Antigua Bodeguita - *p.82*	C2
57	Sala Malandar - *p.82*	B3

Hébergements (n°60 à 65)

64	Casa del Maestro - *p.333*	C1
61	Hostal Macarena - *p.332*	B1
60	Hostal Paco's - *p.332*	C3
62	Hotel Don Pedro - *p.332*	C1
63	Hotel Sevilla - *p.332*	C2
65	Patio de la Cartuja - *p.333*	B2

RENDEZ-VOUS AVEC...
Les adresses de Martina
Restaurants

E	El Disparate - *p.43*	B2

Plan 3
A
B
1
2
3
4
Calle de Menéndez Pelayo
San C. Tintes
Nardo
Nardo
C. V. Céspedes
García Pérez
V. Alegría
Verde
Archeros
Con de Ibarra
C. de Levíes
SANTA MARÍA LA BLANCA
Sta María la Blanca
Mariscal
San Esteban
Lirio
Vírgenes
San José
M. de Dios
Fabiola
X. de Enciso
Sta Teresa
L. de Rueda
SANTA CRUZ
CASA MUSEO DE MURILLO
Calle Reinoso
J. del Neve
Pimienta
Muñoz y F. Rubio
SAN NICOLÁS
MONOLITOS ROMANOS
CASA DAS SALINAS
C. Mateos Gago
Pje Vila
Jamerdana
Gloria
Corral del Rey
CASA DE LOS PINELOS
C. Abades
Angeles
Mateos Gago
HOSPITAL DE LOS VENERABLES SACERDOTES
Callejón de Agua
REAL ALCÁZAR
Don Remondo
PALACIO ARZOBISPAL
Argote de Molina
Calle de
C. Pajaritos
Plaza Virgen de los Reyes
Pza del Triunfo
Fray Ceferino G.
Sto. Tomás
Miguel Mañara
Deán Miranda
S. Gregorio
M. de Pineda
Calle Francos
Álvarez Quintero
Hernando Colón
Pza de S. Francisco
GIRALDA
CATEDRAL
ARCHIVO DE INDIAS
ARCHIVO DE INDIAS
Avda de la Constitución
Adolfo Rodríguez Jurado
Tomás de Ibarra
DELEGACIÓN DE HACIENDA
AYUNTAMIENTO
F. y González
C. de Castillejo
Pza del Cabildo
Federico Sánchez
HOSPITAL DE LA CARIDAD
POSTIGO DEL ACEITE
SAN JORGE
C. Santander
CASA DE LA MONEDA
PLAZA NUEVA
Plaza Nueva
J. Guichot
Jimios
Harinas
C. Vinuesa
Albareda
Madrid
C. Gamazo
Temprado
PALACIO DE CULTURA
EL ARENAL
Gal. Castaños
Dos de Mayo
Techada
Pavía
C. Varflora
C. Velarde
Antonia Díaz
Paseo de Cristóbal Colón
Calle Zaragoza
Padre Marchena
Calle Castelar
V. Leal
Calle Adriano
SAN BUENAVENTURA
Calle de Moratín
Santas Patronas
Calle Galera
Pastor y Landero
Arenal
Plaza de Toros de la Real Maestranza
C. de Gravina
Calle Almansa
Calle Genil
Reyes Católicos
Segura
Calle de Arjona
RÍO GUADALQUIVIR
CAPILLA DE LOS MARINEROS
SANTA ANA
FUNDACIÓN CHRISTINA HEEREN
Calle Betis
Calle Pureza
Calle Betis
Calle Pureza
Calle de Troya
Fortaleza
Rosario Vega
Calle Pelay Correa
R. de Triana
Pagés del Corro
Génova
Calle Paraíso
Calle de la Ardilla
Calle Herrera
Avenida
Plaza de Cuba
PLAZA DE CUBA
Virgen de Consolación
C. Juan Sebastián
Ca
Puente de San Telmo
TORRE DEL ORO
LOS CRUCEROS
Almte. Lobo
M. Guinés
Rodrigo
Matienzo
Avda Sanjurjo
JARDINES DE CRISTINA
Puerta de Jerez
PUERTA JEREZ
Av. de Roma
Paseo de
Calle San Fernando
HOTEL ALFONSO XIII
PALACIO DE SAN TELMO (JUNTA DE ANDALUCÍA)
Palos de la Frontera
JARDINES DE SAN TELMO
ANTIGUA FÁBRICA DE TABACOS (UNIVERSIDAD)
Avenida de María
JARDINES DEL ALCÁZAR
JARDINES DE MURILLO
MONUMENTO A COLÓN
General Ríos
Conde de Cifuentes
Capitán Vigueras
Av. de Cádiz
Avenida Málaga
Manuel B. Barrera
Pza San Sebastián
José María Osborne
Avda de Carlos V
PALACIO DE JUSTICIA
PRADO DE SAN SEBASTIÁN
Infanta L. de Orleans
José Cruz Conde
Infante C. de Borbón
Av. de Portugal
Prado de San Sebastián
Gral. Prim. de Rivera
Avenida Bécquer
Plaza Don Juan de Austria
Puente de Isabel II
CASTILLO DE SAN JORGE
Plaza del Altozano
C. San Jorge
Paseo de Nuestra Señora de la O
Calle Castilla
C. Covadonga
C. Antillano Campos
Calle Alfarería
Pagés del Corro
Plaza de Alfonso Jaramillo
TRIANA
San Jacinto
San Jacinto
SAN JACINTO
Plaza Compostela
Calle Evangelista
José María Martínez
José María Martínez
Calle Evangelista
Sánchez Arjona
Calle Trabajo
TURRUÑUELO
Lóp
N
200 m
1
2
4
5
6
10
11
12
13
14
20
21
23
30
31
32
33
34
35
36
37
38
39
40
41
42
44
45
50
51
52
55
A
B
D

Pauses (n°1 à 6)
- *2* Biomio B. - *p.68* A2
- *1* Calentería - *p.68* A1
- *6* Casa Cuesta - *p.70* A4
- *4* La Esquinita de Arfe - *p.68* .. A2
- *5* Taberna Picalagartos - *p.69* . A2

Bars à tapas (n°10 à 14)
- *11* Cervecería Giralda - *p.70* A2
- *14* LaCava.bar - *p.73* A2
- *13* Las Golondrinas - *p.73* A4
- *10* Las Teresas - *p.70* A1
- *12* Taberna Miami - *p.73* A4

Restaurants (n°20 à 23)
- *20* El Pasaje - *p.75* A1
- *23* El Pintón - *p.75* A2
- *21* Taberna del Alabardero - *p.75* A3

Shopping (n°30 à 39)
- *34* Ala Ancha Sombreros Padilla Crespo - *p.77* A3
- *35* Arte Sano - *p.76* A1
- *36* Cerámica Triana - *p.80* A4
- *33* El Postigo - *p.77* A3
- *32* El Torno - *p.76* A2
- *37* La Salmantina - *p.81* B4
- *38* Mercado de Triana - *p.80* A4
- *39* Orange tree Sevilla - *p.76* A1
- *31* Pastelería Los Angelitos - *p.76* A1
- *30* Populart - *p.76* A2

Sorties (n°40 à 47)
- *40* La Carbonería - *p.81* A1
- *45* La Terraza - *p.83* A2
- *41* Los Gallos - *p.81* A1
- *46* Muelle New York - *p.83* B2
- *42* Teatro de la Maestranza - *p.82* A3
- *44* Teatro Lope de Vega - *p.83* . B2
- *47* Terraza Chile - *p.83* C2

Hébergements (n°50 à 55)
- *52* Hotel Amadeus - *p.333* A1
- *55* Hotel Convento La Gloria - *p.333* A2
- *50* Hotel Maestranza - *p.332* A3
- *51* Hotel Simón - *p.333* A2

RENDEZ-VOUS AVEC...
Les adresses de Martina

Pause
- D Freiduría Puerta de la Carne - *p.43* A1

Bars à tapas
- B Casa Moreno - *p.42* A2
- A Castizo - *p.42* A3

Les jardins de l'Alcázar

en bois, réplique de celui, bien vivant, que le sultan d'Égypte offrit au roi Alphonse X en 1260 (il voulait en échange épouser sa fille). À l'époque musulmane, c'est dans cette cour que les fidèles faisaient leurs ablutions avant d'entrer dans la salle de prière. De l'autre côté du patio, la Puerta del Perdón (porte du Pardon) était l'entrée de la mosquée. Remarquez le superbe travail de filigrane réalisé sur les battants et les heurtoirs de la porte au 12e s.

Entrée par la cathédrale aux mêmes horaires

BON À SAVOIR

Belle de jour comme de nuit, été comme hiver, Séville devient irrésistible dans la lumière douce du printemps et l'odeur enivrante des fleurs d'oranger. Semaine sainte et Feria, les fêtes d'avril constituent un événement d'une beauté et d'une intensité sans pareilles.

La demeure des maîtres

Real Alcázar ★ (plan 3, A2)

Des sultans almohades à Charles Quint, le palais royal de Séville a vu passer tous les maîtres de l'Andalousie. Chaque époque a laissé sa trace en se superposant parfois aux réalisations précédentes dans un étourdissant mélange de styles. Voici les arcs de dentelles de stuc du patio del Yeso construit sous les Almohades ; le patio de la Montería, esplanade qui servait aux réceptions officielles des sultans ; elle est dominée par la façade du palais de Don Pedro, construit par Pierre Ier de Castille dans un éblouissant style mudéjar, un chef-d'œuvre du genre. Charles Quint lui-même y a fait construire un palais Renaissance, qui sert maintenant de résidence aux souverains espagnols lorsqu'ils sont en visite dans la ville. Ce Cuarto Real Alto est aussi ouvert au public. Ne manquez pas de flâner dans les somptueux jardins. L'ensemble du palais n'accueille que 750 visiteurs à la fois, mieux vaut donc réserver son billet et son horaire sur le site Internet.

Plaza del Triunfo 854 76 04 26 www.alcazarsevilla.org Avr.-sept. : tlj. 9h30-19h ; oct.-mars : tlj. 9h30-17h Tarif 11,50€, réduit 3€, moins de 16 ans gratuit Réservation anticipée recommandée

Patios secrets

Plaza de Santa Cruz (plan 3, A1)

Un concentré d'Andalousie au pied des murs de l'Alcázar : façades blanches, orangers, croix en ferronnerie peuplée de personnages et d'animaux fantastiques en ombres chinoises. Partez à la découverte des ruelles alentour. Voici Santa María la Blanca et sa foisonnante nef baroque derrière une façade plutôt austère. Pour découvrir les secrets du quartier, faufilez-vous dans la Calle Guzmán el Bueno, face à l'église de Santa Cruz. Derrière les portes cochères entrebâillées se cachent de somptueux patios mudéjars. Les élégantes demeures de la Calle Abades rappellent que Santa Cruz était le fief des riches armateurs sévillans.

Plaza de Santa Cruz

Une résidence sans pareille

Casa de Salinas (plan 3, A2)

Près de l'université de Séville, un palais du 16e s., remarquablement bien restauré au cours du 20e s. par la famille Salinas, actuelle propriétaire. La demeure étant encore en partie habitée, la visite est limitée au rez-de-chaussée. Néanmoins, vous découvrirez deux superbes patios aux arcades finement ciselées, des salons tapissés d'azulejos, et surtout une impressionnante mosaïque romaine, mise au jour à Italica, au nord-ouest de la ville.

Calle Mateos Gago, 39 619 254 498 www.casadesalinas.com Mi-oct.-mi-juin : lun.-ven. 10h-18h ; mi-juin-mi-oct. : lun.-ven. 10h-14h Visites guidées de 25 min en espagnol et anglais Tarif 8€

Maison de retraite

Hospital de los Venerables Sacerdotes (plan 3, A2)

Un magistral ensemble baroque du 17e s. destiné à accueillir les "vénérables", les prêtres à la retraite. Au-delà du patio du 19e s. rutilant d'azulejos, l'église abrite des trésors : à l'entrée les statues baroques de San Fernando et San Pedro sculptées par Pedro Roldán, et au plafond de la sacristie d'étonnants effets de perspective dus au pinceau de Valdés Leal. L'hospice abrite le centre Velázquez où sont exposées des œuvres du maître mais aussi de Zurbarán, Murillo...

Plaza de los Venerables, 8 697 898 659 www.hospitalvenerables.es Lun.-sam. 10h-19h, dim. 10h-15h 10€ (audioguide français inclus)

La mémoire des Amériques

Archivo General de Indias/Casa Lonja (plan 3, A2)

Cet édifice fut construit entre 1583 et 1646 dans un style Renaissance sobre et un peu austère : le style herrerien, du nom de son architecte Herrera

(1530-1597). Il accueillit d'abord la Bourse des marchands sévillans, puis l'école de peinture de Murillo. En 1785, on y installa les Archives des Indes, rassemblant tous les documents traitant des colonies. À voir, l'escalier de marbre rose et gris, la cour centrale ainsi que des expositions temporaires.

Avenida de la Constitución, 3 Ⓛ Mar.-sam. 9h30-17h, dim. et j. fér. 10h-14h € Entrée libre

EL ARENAL

Les façades usées des anciennes demeures aristocratiques aux imposants portails rappellent qu'à partir de 1503, Séville fut la plaque tournante du commerce avec les Indes. Le quartier d'El Arenal, celui du port, jouit alors d'une grande prospérité. Loin de l'agitation que l'on rencontre près de la cathédrale et des arènes, le nord du secteur, le long de la Calle Castelar et autour de la Plaza de Molviedro, est idéal pour profiter de la riche architecture des maisons bigarrées.

Le rendez-vous des collectionneurs

Plaza del Cabildo

Tout près de la cathédrale, voilà une jolie place semi-circulaire très paisible où échapper à la foule touristique de Séville. À part les dimanches où elle s'anime avec un marché aux puces, très apprécié des collectionneurs. Conçue par l'architecte espagnol Joaquin Barquin y Barón au 20e s., elle dévoile une lignée d'arcades, décorées d'une fresque du peintre sévillan José Palomar et soutenues par des colonnes de marbres. Baladez-vous à l'ombre de la galerie et poussez les portes des petites boutiques pour dénicher des pièces, des timbres rares et autres antiquités.

Une vue en or

Torre del Oro (plan 3, B3)

Massif et élégant à la fois, c'est un des symboles de Séville dressé depuis 1222 sur la rive du Guadalquivir. Tour de défense reliée à la muraille de l'Alcázar, elle contrôlait également le passage du fleuve que barrait une lourde chaîne d'une rive à l'autre. Pourquoi "tour de l'Or" ? En raison des teintes éblouissantes des azulejos qui la recouvraient jadis, ou plus simplement parce que c'est là qu'était entreposé à la Renaissance l'or en provenance du Pérou ? On peut grimper jusqu'en haut par un étroit escalier, histoire de découvrir une jolie vue sur la ville. Petit musée maritime au rez-de-chaussée.

Paseo de Cristóbal Colón 954 22 24 19 Ⓛ Lun.-ven. 9h30-18h45, sam.-dim. 10h30-18h45 € 3€, réduit 1,50€, lun. gratuit

Baroquissime

Hospital de la Santa Caridad (plan 3, A2)

La chapelle abrite au moins deux chefs-d'œuvre accrochés de part et d'autre de l'entrée : les *Vanités* de Valdés Leal, où l'on voit la mort et sa faux frapper les hommes dont les cadavres à demi décomposés gisent à ses pieds. Un sommet

La Torre del Oro

dans le genre macabre ! Plusieurs œuvres de Murillo ornent les murs tandis que le retable du maître-autel porte une *Mise au tombeau* sculptée par Pedro Roldán.

Calle Temprado, 3 ☎ 954 22 32 32 www.santa-caridad.es ⌚ Lun.-ven. 10h30-19h, sam.-dim. 14h-19h € Tarif 8€ (audioguide inclus), réduit 2,50€, gratuit lun. 15h30-19h30 8€ (audioguide inclus), gratuit dim. à partir de 16h30

> **DRÔLE D'AFFAIRE**
> À l'entrée de la chapelle de l'Hospital de la Santa Caridad, une dalle funéraire est frappée de ces mots : "Ici gît le pire homme qu'il y eut jamais". Il s'agit de Don Miguel de Mañara (1626-1679), un noble à la vie dissolue qui finit par entrer dans les ordres. On en a fait le modèle de Don Juan.

Les arènes de Carmen

Plaza de Toros de la Real Maestranza 👍 (plan 3, A3)

Cet élégant édifice aux murs blanc et ocre, bâti entre 1761 et 1881, compte parmi les arènes les plus anciennes et les plus vastes d'Espagne (13 000 places env.). Devant l'entrée trônent deux statues de personnages légendaires des lieux : Carmen, qui dans l'opéra de Bizet y rend son dernier souffle, et le torero Curro Romero, qui a pris sa retraite en 2000. La visite guidée commence sur la place, traverse le musée, passe par les coulisses avant de déboucher dans les arènes (p.65).

Paseo de Cristóbal Colón, 12 ☎ 954 22 45 77 ou 954 21 03 15 ou 954 22 11 00 www.realmaestranza.com ⌚ Tlj. 9h30-19h30 € Tarif 8€, réduit 5€, gratuit lun. 15h-19h

LE CENTRO

Les rues piétonnes du centre-ville sont le cœur de la vie commerciale, où les magasins de mode font bon ménage avec les boutiques artisanales et les bijoutiers. Dans l'est du Centro, les Calles Regina et Soho Bonita forment l'avant-garde d'un quartier en pleine mutation, avec leurs boutiques alternatives qui attirent les bobos sévillans.

Une façade de dentelle

Plaza de San Francisco (plan 3, A2)

Le centre de la vie publique est dominé par l'hôtel de ville (*ayuntamiento*). Commencé au 16e s., il offre une façade conçue dans le plus pur style plateresque avec son ornementation ciselée comme de la dentelle. N'oubliez pas de voir, à l'intérieur, la salle capitulaire au plafond sculpté et le grand escalier gothique et Renaissance. De l'autre côté de l'édifice s'étend la Plaza Nueva, une esplanade piétonne aux allures haussmanniennes.

Pour la promenade

Plaza del Salvador et alentour (plan 2, C2)

L'élégante Plaza del Salvador est le lieu favori des Sévillans pour le *paseo* du soir. La foule s'y presse dès le coucher du soleil.

Iglesia del Divino Salvador Cette église du 18e s. renferme un décor baroque churrigueresque, privilégiant les formes géométriques et les volutes les plus étourdissantes. Elle recèle une quinzaine de retables d'une beauté saisissante.

Alcaicería Autour de la place s'étend le vieux quartier commerçant de Séville. Le tracé de ses ruelles est l'héritier du souk qui se déployait ici à l'époque

Palacio de la Condesa de Labrija

musulmane. La Calle Alcaicería monte vers la Plaza de la Alfalfa, ancien quartier de la soie où abondent bars à tapas et lieux de sortie. Au nord, la Plaza de la Encarnación a pris un nouveau visage depuis l'inauguration du Metropol Parasol (p.55) en 2011. À l'ouest, la Calle Sagasta descend vers les rues piétonnes du centre.

Un intérieur somptueux

Palacio de la Condesa de Lebrija (plan 2, C2)

Voilà l'occasion de pénétrer dans une des nobles demeures de la ville. Construite au 15e s. et remaniée un siècle plus tard dans le goût de la Renaissance, elle abrite aujourd'hui des collections archéologiques et d'arts décoratifs. Voyez les splendides mosaïques romaines qui recouvrent le sol du patio : elles proviennent du site d'Itálica (p.63). Objets romains, wisigoths, musulmans, précolombiens et mobilier ancien vous attendent à l'étage.

Calle Cuna, 8 954 22 78 02 www.palaciodelebrija.com Tlj. 10h-17h 12€, réduit 6€

Audacieux

Metropol Parasol (plan 2, C2)

Sa construction en 2011 a fait polémique. Ces six parasols en bois aux allures de champignons tranchent avec l'architecture de la vieille ville. Aujourd'hui, la structure de l'architecte berlinois Jürgen Mayer a été acceptée. D'autant qu'elle accueille le marché du quartier. Vous pourrez visiter la crypte archéologique (restes de la ville romaine et arabe) et grimper au sommet pour découvrir une vue imprenable.

Plaza de la Encarnación 954 56 15 12 ou 955 47 15 80 (Antiquarium) www.setasdesevilla.com Belvédère Ouvert nov.-mars : tlj. 9h30-0h ; avr.-oct. : tlj. 9h30-0h30 Antiquarium Mar.-sam. 10h-20h, dim. 10h-14h Tarif 2€ Belvédère 10€

La porcelaine asiatique dans tous ses états

Casa de los Pinelo

Peu connu des visiteurs, avec des horaires de visite restreints, ce palais du 16e s. a pourtant comme atouts un magnifique patio et une belle architecture mudéjare où se combinent éléments gothiques et Renaissance. Autrefois la demeure de navigateurs génois, elle est aujourd'hui le siège de l'Académie royale des belles-lettres et des beaux-arts de Sainte Élisabeth de Hongrie. Superbe collection de porcelaines asiatiques au 1er étage.

Calle Abades, 9 954 22 11 98 Mar. et jeu. 11h-13h Tarif 7€

Attention les yeux !

Capilla de San José

Cachée dans une ruelle commerçante, cette chapelle du 18e s., dédiée au saint patron des charpentiers, est un véritable petit bijou baroque. Derrière les portes, on est ébloui par une décoration foisonnante dont les peintures, sculptures et reliefs dorés se mêlent harmonieusement autour du retable principal, œuvre du Portugais Cayetano de Acosta. Une merveille !

Calle Jovellanos, 10 Tlj. 9h-12h45 et 18h-20h 5€

Palmas et talons hauts

Museo del Baile Flamenco (plan 2, C2)

Quatre niveaux entièrement dédiés au flamenco : expositions, spectacles vivants, activités, notamment leçons de danse et de chant, centre de documentation, boutique... Le superbe patio est à lui seul un condensé de l'art de vivre andalou. Spectacles de très grande qualité, différents chaque soir, à 17h, 19h, 20h45 (et à 22h15 en haute saison).

Calle Manuel Rojas Marcos, 3 954 34 03 11 www.museodelbaileflamenco.com Tlj. 11h-18h 10€

Grand style

Casa de Pilatos (plan 2, C1)

Un des plus beaux palais de Séville. Construit entre la fin du 15e s. et 1521, il réunit deux grandes époques de l'architecture andalouse. L'art mudéjar dans le patio entouré de splendides arcs ouvragés, et la Renaissance avec son goût pour l'Antiquité. Le portique du patio, les loggias donnant sur le jardin abritent de nombreuses statues du 16e s. Une visite en deux temps : le rez-de-chaussée où vous n'oublierez pas de pousser jusqu'au délicieux jardin, et l'étage où sont présentées les collections de la famille (mobilier, porcelaines) sous de sublimes plafonds mudéjars.

Plaza de Pilatos, 1 954 22 52 98 www.fundacionmedinaceli.org Avr.-oct. : tlj. 9h-19h ; nov.-mars : tlj. 9h-18h Tarif 10€ (rdc) ou 12€ (édifice complet) ; ressortissants de l'UE : mer. 15h-19h gratuit

BON À SAVOIR

La Feria d'avril et la Semaine sainte sont des moments privilégiés pour visiter Séville et approcher l'âme de ses habitants. Il vous faudra réserver votre hôtel plusieurs semaines à l'avance. Attendez-vous aussi à des prix faramineux. Si vous êtes amoureux des monuments historiques et des musées, ce n'est peut-être pas la meilleure période, car les horaires de visite sont souvent réduits.

Séville populaire

Barrio San Lorenzo (plan 2, B2)

Ce quartier populaire s'étend autour de la Plaza San Lorenzo. Profitez des bancs en pierre et en fer pour faire une halte à l'ombre des platanes, veillé par l'ocre chaleureux de l'église San Lorenzo construite au 18e s. Dans un angle, se dresse la Basílica de Jesús del Gran Poder : c'est le sanctuaire de la statue la plus vénérée de Séville, le *Jesús del Gran Poder* ("au grand pouvoir") de Juan de Mesa (1620). Sa procession silencieuse dans la Madrugá est la plus émouvante de la Semaine sainte. Plus au sud, la Plaza de la Gavidia est un havre de paix à deux pas du centre-ville, avec ses bars à tapas, sa fontaine et ses bancs. La **Calle Santa Clara**, l'une des plus pittoresques de la ville, est bordée de vieux couvents. Celui de San Clemente fut édifié au 13e s. sur le site d'un ancien palais musulman. Peu après est fondé le Convento de Santa Clara : entrez dans son cloître où voisinent orangers, romarin et lavande. Dans la Calle San

Le jardin de la Casa de Pilatos

Vicente, tout près du musée des Beaux-Arts, l'église San Vicente est un bon exemple du gothique-mudéjar (15e s.).

Chefs-d'œuvre

Museo de Bellas Artes (plan 2, C3)

Étape obligatoire pour les amateurs d'art. Peintres et sculpteurs sévillans sont à l'honneur mais vous verrez aussi des œuvres d'artistes espagnols et européens. Grâce à l'or américain, Séville était une ville fabuleusement riche aux 16e et 17e s. Les grandes familles mais aussi les couvents faisaient appel aux artistes les plus renommés de toute l'Europe. Les incontournables :

Salle 2 Célébrissime portrait de Jorge Manuel par son père, le grand El Greco, et très beau *Calvaire* de Lucas Cranach (1538), l'un des plus grands peintres de la Renaissance allemande.

Salle 4 Innombrables sculptures de l'Enfant Jésus et une série de têtes de saint Jean-Baptiste : Séville devait fournir en images pieuses les colonies des Amériques.

Salle 5 L'ancienne église du couvent abrite le clou des collections : les maîtres du baroque sévillan. En vedette les œuvres de Murillo dont une *Immaculée conception*. Également quelques toiles naturalistes de Zurbarán. Attention, l'église, en travaux, est fermée pour une durée indéterminée.

Salle 8 Voyez les œuvres tragiques et sombres de Valdés Leal.

Salle 9 Peinture européenne du 16e s., surtout flamande et italienne. Ne manquez pas le *Paradis* de Brueghel de Velours (fils de Brueghel l'Ancien), où le Flamand fait preuve d'un grand sens du détail, notamment dans la représentation des animaux.

LA SEMANA SANTA

Du dimanche des Rameaux à celui de Pâques, Séville revit avec passion les derniers jours du Christ. Les Sévillans sont dans la rue pour assister au passage des processions, une soixantaine pendant la semaine. En tête, les membres des confréries, cagoules pointues et tuniques à leurs couleurs, suivis des pénitents qui portent les *pasos*, ces brancards monumentaux – certains pèsent une tonne – sur lesquels sont juchées les saintes statues. Une fanfare accompagne le cortège. Au passage des statues les plus vénérées – le *Jesús del Gran Poder* ou la *Macarena* –, la foule éclate en sanglots, tandis que fusent les *saetas*, poignantes mélopées gitanes.
Les processions de la Madrugá dans la nuit du Jeudi au Vendredi saints constituent le sommet de la Semaine sainte.

Membres d'une confrérie

Salle 10 Tableaux de Zurbarán réalisés pour l'église Santa María de las Cuevas, dans le monastère de la Cartuja.

Plaza del Museo, 9 954 78 64 98 Sept.-juil. : mar.-sam. 9h-21h, dim. et j. fér. 9h-15h ; août : mar.-dim. et j. fér. 9h-15h 1,50€, gratuit pour les ressortissants de l'UE

LA MACARENA ET LA FERIA

Ces deux quartiers sont en pleine évolution : les boutiques tendance, les ateliers d'artistes, les galeries d'art et les bars branchés sont à touche-touche. La Calle Feria donne sur la Plaza San Juan de la Palma, dominée par le beau portail gothique de son église (14e s.). Un peu plus loin, le marché municipal de la Calle Feria déploie ses armatures métalliques sous la silhouette de l'Omnium Sanctorum des 13e-14e s., magnifique illustration du gothique-mudéjar. Au coin de la rue débute la Calle Relator, qui mène à l'est vers la Macarena et à l'ouest vers l'Alameda de Hércules. En chemin, faites étape dans l'un de ses bars, fréquentés par les Sévillans.

La reine de la Semaine Sainte

Basílica de la Macarena (plan 2, A1)

L'extérieur néobaroque est sans intérêt. Mais l'émotion est à l'intérieur. Au fond de la nef, la *Virgen de la Esperanza*, mieux connue sous le nom de *Macarena*, verse éternellement ses cinq larmes de diamant. Cette statue baroque en bois (fin du 17e s.) est l'une des figures saintes les plus populaires des Sévillans. Son passage lors de la Semaine sainte, portée par sa confrérie fondée en 1595, déclenche d'émouvantes manifestations de ferveur. En face de la basilique se dressent des vestiges des remparts musulmans (12e s.).

Calle de Bécquer, 1 954 90 18 00 Oct.-mai : lun.-sam. 9h-14h et 17h-20h, dim. et j. fér. 9h-14h et 17h-21h ; juin-sept. : lun.-sam. 9h-14h30 et 18h-21h30, dim. et j. fér. 9h-14h et 18h-21h Entrée 5€

Un sommet du baroque

Iglesia de San Luis de los Franceses (plan 2, B1)

Arborant une façade très ouvragée, Saint-Louis des Français est l'une des plus somptueuses églises baroques d'Andalousie (fin 17e-début 18e s.). Une œuvre de Leonardo de Figueroa (Iglesia del Divino Salvador, Hospital de los Venerables), dont le clocher harmonieux et les dômes colorés se dressent vers le ciel. Magnifiquement restauré et rouvert au public en 2017, l'intérieur éblouissant culmine sous la coupole, recouverte d'une grande fresque de Valdés Leal.

Calle San Luis, 27 954 55 02 07 Mar.-dim. 10h-14h et 16h-20h 4€, réduit 2€, gratuit le dimanche après-midi

Palais aristocratique

Palacio de las Dueñas (plan 2, C1)

La duchesse d'Albe (1926-2014), aristocrate aux 46 titres nobiliaires et figure de la jet-set, a voulu qu'après sa mort sa demeure de Séville soit ouverte au public. C'est chose faite depuis 2016. Le palais édifié aux 15e et 16e s.

La Calle Betis vue du Guadalquivir

conjugue harmonieusement les grands styles sévillans – gothique, mudéjar, Renaissance, plateresque. De riches collections d'art (meubles anciens, vestiges archéologiques) sont présentées dans des salles somptueuses disposées autour d'un superbe patio. Le poète Machado est né en 1875 dans cette maison, encore aujourd'hui cernée d'un jardin de citronniers.

Calle Dueñas, 5 ☎ 954 21 48 28 www.lasduenas.es ⏲ Avr.-sept. : tlj. 10h-20h ; oct.-mars : tlj. 10h-18h € 12€, gratuit lun. à partir de 16h

BON À SAVOIR

Hercule et César : du haut de deux colonnes, les statues des pères légendaires de Séville annoncent l'Alameda de Hércules (plan 2, B2). Calme et rafraîchissant le jour, l'endroit est plus torride la nuit. Bars et boîtes de nuit rivalisent de décibels jusqu'au petit jour.

TRIANA

Pas de monuments célèbres et une architecture anodine. Et pourtant, à en croire ses habitants, c'est ici, sur l'autre rive du Guadalquivir, que bat le cœur de Séville. Le quartier a vu naître nombre de toreros, de musiciens de flamenco, d'artisans renommés. Certains *Trianeros* se flattent de ne pas avoir passé le pont vers "Séville" depuis des années. Une promenade à ponctuer comme il se doit d'arrêts dans les bars populaires qui font aussi la réputation du quartier.

Arts du feu

Centro Cerámica Triana (plan 3, A4)

Installé dans l'ancienne manufacture de céramique de Santa Ana, brillamment réhabilitée avec ses façades ajourées de tubes en terre cuite (2014), ce musée explore la tradition *trianera*, un univers plein de symboles et de couleurs.

Calle Callao, 16 955 47 42 93 Mar.-sam. 11h-18h, dim. et j. fér. 10h-15h 2,10€

Heures sombres

Museo del Castillo de San Jorge (plan 3, A4)

La forteresse qui depuis le 12e s. surveillait le Guadalquivir a été entièrement démolie au 19e s. Une bâtisse de triste mémoire puisqu'elle abrita le siège de l'Inquisition du 15e au 18e s. À son emplacement, un ambitieux projet a vu le jour. Le marché couvert de Triana tout d'abord, puis un espace muséographique ouvert en 2009. De son nom complet "Centre thématique de la Tolérance", il traite de l'histoire de l'arbitraire en s'appuyant sur une conception ultramoderne. Installée dans la barbacane, une section est consacrée à l'histoire du château.

Plaza del Altozano 954 33 22 40 Mar.-sam. 10h-13h30 et 17h-19h30, dim. et j. fér. 10h-13h30 Entrée libre

De prières en tapas

Calle Pureza et Calle Betis (plan 3, A3-B3)

La Calle Pureza est chère au cœur de tout *Trianero*. Au 53, la Capilla de los Marineros sert d'écrin à la *Esperanza de Triana*. Durant la Madrugá de la Semaine sainte, sa traversée du pont de Triana au milieu d'une foule immense est un spectacle inoubliable. Vos dévotions faites, dirigez-vous vers la Calle Betis et ses bars particulièrement animés le soir. À la nuit tombée, la vue sur le fleuve et les principaux monuments de la ville est saisissante.

LE PARQUE DE MARÍA LUISA

Orangers, magnolias, ficus géants, essences exotiques... on oublie vite ici l'agitation du centre. En été, on peut même y prendre le frais jusqu'à minuit. Le parc a été aménagé pour accueillir l'Exposition ibéro-américaine de 1929. C'est à cette occasion que le paysagiste français Forestier (1861-1930) conçut les jardins avec leurs pièces d'eau, leurs fontaines et leurs gloriettes.

Grand angle

Plaza de España (plan 3, C1)

Un gigantesque palais en hémicycle face au Guadalquivir ; à ses extrémités deux tours inspirées de la Giralda, un canal qui souligne l'arrondi de la façade, des ponts décorés de céramique, une fontaine au milieu... Le pavillon espagnol était le plus ambitieux de l'Exposition de 1929. Pas de doute, voici la place la plus spectaculaire de Séville. Seule ombre au tableau : pas commode de la prendre en photo en entier...

Avec les enfants

Acuario de Sevilla

C'est l'un des aquariums les plus riches en biodiversité d'Europe, avec près de 400 espèces marines et terrestres représentées. Parents et enfants suivent de manière ludique et éducative le parcours autour du globe de Magellan, un navigateur portugais du 15e s. Du fleuve Guadalquivir à l'océan Atlantique, en passant par le fleuve Amazone et l'océan Pacifique, on rencontre une myriade de poissons multicolores, diverses tortues, des méduses dangereuses, des caméléons et des grenouilles vénéneuses. Sans oublier, le requin taureau, la star de l'aquarium !

Muelle de las Delicias Séville 955 44 15 41 Juil.-août : lun.-ven. 10h-18h, sam.-dim. 10h-19h ; sept.-juin : lun.-ven. 10h-19h, sam.-dim. 10h-20h 18€ adultes, 13€ enfants de 4 à 14 ans

Traditions

Museo de Artes y Costumbres Populares (plan 3, C1)

Pour tout savoir sur l'architecture intérieure des vieilles maisons andalouses et sur l'artisanat régional. Par ailleurs, bel ensemble de céramiques : poteries et azulejos de Manises (près de Valence), de Tolède et de Triana, faïences de la Cartuja... Le premier étage – costumes traditionnels – est actuellement fermé au public.

Plaza de América 955 03 53 25 Sept.-juin : mar.-sam. 9h-21h, dim. 9h-15h ; juil.-août : mar.-dim. et j. fér. 9h-15h € 1,50€, gratuit pour les ressortissants de l'UE

De la prospérité à l'université

Real Fábrica de Tabacos / Universidad de Sevilla (plan 3, B2)

"L'amour est enfant de bohème..." : peut-être aurez-vous l'air en tête en abordant l'immense bâtiment baroque du 18e s. où Carmen, l'héroïne de Mérimée avant d'être celle de Bizet, était cigarière. Dans le port de Séville arrivait le tabac d'Amérique, qui engendra une industrie prospère. Au 19e s., plus de 3 000 ouvrières y étaient employées pour rouler les cigares. À sa construction la manufacture était le second plus grand édifice d'Espagne après l'Escurial. Elle abrite aujourd'hui une partie de l'université de Séville. La visite guidée (en espagnol) déambule à travers de beaux salons ornés de meubles d'époque et de portraits, les différents patios ornés de fontaines baroques et la chapelle où se recueillaient les employés de la manufacture.

Calle de San Fernando, 4 954 55 10 00 € Entrée libre Visite guidée sans rdv les vendredis 9h30-12h30 et 16h-18h et samedis 9h30-14h (sauf août) Se présenter dans le vestibule de l'Área de Relaciones Institucionales.

LA ISLA DE LA CARTUJA

Cette île a accueilli l'Exposition universelle de 1992. Le Puente del Alamillo avec son bras levé vers le ciel est l'œuvre du célèbre architecte valencien Santiago Calatrava. Plus ou moins délaissée après l'événement, la Cartuja a renoué avec l'activité en accueillant palais des congrès et sièges sociaux d'entreprises. L'île est desservie par les bus circulaires C1 (aller) et C2 (retour) au départ du Prado de San Sebastián.

La Fabrique royale de tabac abrite aujourd'hui l'université de Séville

Dans l'art du temps

Monasterio de la Cartuja / Centro Andaluz de Arte Contemporáneo (plan 2, B4)

Christophe Colomb a résidé dans cette chartreuse fondée à la fin du 15e s. et y a préparé son deuxième voyage vers le Nouveau Monde. Au 19e siècle, elle devient une fabrique de faïence dont on voit encore les cheminées. Depuis 1998, elle abrite le Centre andalou d'art contemporain qui propose de bonnes expositions d'artistes espagnols et étrangers, dans un cadre splendide. À ne pas manquer pour les amateurs. Programmation sur le site Internet.

Avenida Américo Vespucio, 2 Autobus C1-C2 ☎ 955 03 70 70 www.caac.es ⏲ Mar.-sam. 11h-21h, dim. et j. fér. 10h-15h30 € 3,01€ (site entier) ou 1,80€ (uniquement monastère ou expositions temporaires) Entrée libre le samedi et mar.-ven. 19-21h

AUX ENVIRONS

Une cité romaine

Itálica 👍 (hors plan 2)

Ce site archéologique se prête à merveille à une escapade d'une demi-journée, au milieu des cyprès et des oliviers. En suivant les larges rues pavées parfaitement dégagées, vous explorez la première cité fondée par les Romains dans la péninsule Ibérique dès 206 av. J.-C. Vous découvrez les thermes, les soubassements de somptueuses *villae* au sol couvert de mosaïques avant d'atteindre le clou de la visite : l'immense amphithéâtre, auquel ne manquent que les

Les mosaïques d'une ancienne *villa* d'Itálica

gradins supérieurs. 25 000 spectateurs pouvaient y prendre place pour assister à des combats de gladiateurs. Services réguliers de bus (lignes M-170 a et b).

Santiponce 7km au nord-ouest de Séville 699 34 11 42 www.italicasevilla.org Mi-sept.-mars : mar.-sam. 9h-18h, dim. et j. fér. 9h-15h ; avr.-mi-juin : mar.-sam. 9h-20h, dim. et j. fér. 9h-15h ; mi-juin-mi-sept. : mar.-dim. et j. fér. 9h-15h 1,50€, gratuit pour les ressortissants de l'UE

À FAIRE

Rencontrez les barbiers de Séville

Melado Peluqueros ♥ (plan 2, C2)

De père en fils depuis 1927. Succession assurée : les trois fils du maître des lieux, le charismatique Manuel Melado, poète à ses heures, sont aussi coiffeurs-barbiers. Confortables fauteuils traditionnels, murs couverts de portraits de célébrités, opéra ou musique classique en fond sonore.

CENTRO Calle Amor de Dios, 45 954 38 24 00 Lun.-ven. 10h-13h30 et 17h30-20h30 (18h-21h en juil.), sam. 10h-13h30 (sur rdv) Fermé 2 ou 3 sem. en août

Chinez le jeudi

Mercadillo del Jueves (plan 2, B2)

Chaque jeudi matin, aux alentours de la Plaza Maldonados, la Calle Feria accueille un marché aux puces – Mercadillo del Jueves ("du jeudi") –, une tradition qui trouve ses racines au 13e s., quand on attribua le droit de foire aux marchands de ce quartier artisanal. Un incontournable, plus pour l'ambiance que pour les objets en vente.

FERIA Calle Feria

Imprégnez-vous de l'esprit de la Semaine sainte

À défaut d'y faire des achats, faites un tour dans deux boutiques situées à quelques pas l'une de l'autre. Dans l'**Antigua Cerería del Salvador** (plan 2, C2), vous trouverez cierges et images pieuses brandies pendant les processions. Quant à l'**Antigua Casa Rodriguez**, elle habille depuis des générations les pénitents de toutes les confréries, ainsi que les costaleros qui portent les somptueux chars des processions.

Antigua Cerería del Salvador CENTRO Calle Álvarez Quintero, 6-8 Plaza del Salvador 954 22 65 23 www.cereriadelsalvador.es Lun.-sam. 10h-14h et 17h-20h30
Antigua Casa Rodríguez CENTRO (plan 2, C2) Calle Alcaicería de la Loza, 10 954 21 24 27 www.antiguacasarodriguez.com Lun.-sam. 10h-13h30 et 17h-20h30 Fermé en août

En roue libre

Parcourez Séville à vélo

À Séville, les distances à pied peuvent s'avérer assez longues. L'idéal est d'emprunter un vélo en libre-service à l'une des 260 bornes disséminées à travers la ville. Vous souscrirez un abonnement hebdomadaire de 13,33€ et une garantie de 150€ sera provisionnée sur votre carte bancaire (non débitée). La première demi-heure est gratuite et largement suffisante pour passer d'un site à l'autre. Ensuite 1,03€ la première heure et 2,04€ à partir de la deuxième.

www.sevici.es

Assistez à une corrida

Plaza de Toros de la Real Maestranza (plan 3, B3)

La saison tauromachique de la Real Maestranza (p.53) s'ouvre le dimanche de Pâques et continue jusqu'à la feria de Abril, laquelle rassemble les meilleures corridas de l'année. Des corridas importantes ont également lieu à l'occasion du Corpus Christi (fin mai-début juin), de la fête de la Virgen de los Reyes (15 août) et le dernier week-end de septembre, lors de la feria de San Miguel. La corrida de Virgen del Pilar, le 12 octobre, clôt officiellement la saison. Pour acheter un billet, rendez-vous sur place vers 8h le matin : le prix des places s'échelonne de 36 à 155€. Pour les corridas les plus attendues, il est très difficile de trouver des places : la plupart sont déjà vendues aux abonnés et aux *peñas*. Restent les revendeurs à la sauvette, qui proposent des billets à des prix souvent indécents.

Les arènes de la Real Maestranza

EL ARENAL Empresa Pagés Paseo de Cristóbal Colón, 12

FLAMENCO PASSION

Les amateurs du monde entier le savent, la grand-messe du flamenco se tient tous les deux ans à Séville, au mois de septembre des années paires. Deux semaines durant, au gré d'une biennale (p.314) qui a déjà près de quarante ans d'existence, la ville vit au rythme des chants et des danses gitanes. Le grand théâtre de la Maestranza, dans le quartier d'El Arenal, est le siège des spectacles les plus prestigieux. C'est là que se produisent les stars du moment. La Maestranza n'est cependant qu'une étape pour le festivalier, et il faut encore parcourir les nombreux autres théâtres de Séville, les petites écoles de flamenco qui se nichent souvent en étage (il y en a plus de 60 en ville !), les bodegas étroites et surchauffées du quartier de Triana, et surtout les *peñas*, ces lieux associatifs qui improvisent des soirées d'anthologie au pied des immeubles.

Espionnez tout Séville

Torre de los Perdigones (plan 2, A2)

En haut d'une tour de 45m, vestige d'une fonderie où l'on fabriquait des balles de chevrotine (*perdigones*), une visite de Séville bien singulière ! Accompagné d'un guide grand amoureux de sa ville, vous redécouvrirez la capitale andalouse grâce à l'image en mouvement produite par une *cámara oscura*. Et pour apprécier la ville de manière plus directe, rejoignez le belvédère, d'où une vue imprenable se déploie sur Séville. Personnes sujettes au vertige, s'abstenir !

Calle Resolana, 37 📱679 09 10 73 🕒 Mar.-dim. 11h30-17h Visite toutes les 30 min Tarif 5€ (belvédère 2€)

Relaxez-vous

Aire Ancient Baths (plan 3, A1)

Un patio du 16e s., un hammam et ses trois bassins – dont un d'eau salée –, des jets d'eau... Faites-vous du bien dans un cadre de marbre, de bois sculpté et d'azulejos. Réservez.

SANTA CRUZ Calle Aire, 15 📱955 01 00 24 beaire.com 🕒 Lun.-sam. 10h-23h, dim. 10h-22h (accès aux bains par groupes, toutes les heures)

Mettez-vous au flamenco

Fundación Cristina Heeren (plan 3, B3)

Une des écoles les plus réputées de Séville pour ses cours de danse, guitare et chant. Cours intensifs en juillet (de 20 à 25h/sem.) et parfois, durant la Biennale de septembre, stages avec de grands noms du flamenco.

HELIOPOLIS Calle Pureza, 76 📱954 21 70 58 flamencoheeren.com

Dansez avec une star

Estudio Flamenco Carmen de Torres (hors plan 2 par C4)

Studio de danse de la célèbre danseuse sévillane Carmen de Torres. Cours intensifs de flamenco en été, pendant la Semaine sainte et la Feria.

URB. ALJAMAR VII Calle Mariana Pineda, 2 📱954 16 47 44 www.flamenco-carmendetorres.com

Partez en croisière

Los Cruceros Torre del Oro

Glissez sur le Guadalquivir à la tombée de la nuit : vous admirerez au frais les quais et les monuments somptueusement illuminés. Soyez prévoyant : venez en avance pour vous installer au premier rang.

EL ARENAL Embarquement au pied de la Torre del Oro 📱954 56 16 92 crucerosensevilla.com 🕒 Durée 1h Départ toutes les 30min de 11h à 22h (11h à 19h en hiver) € 18€ (15€ en ligne, gratuit moins de 14 ans)

Revivez l'histoire des illustres navigateurs

Pabellón de la Navegación (plan 2, C4)

Plongez dans l'histoire de la navigation au temps des Grandes Découvertes à travers ce parcours ludique et interactif, aménagé dans le pavillon de l'Exposition universelle de 1992. Petits et grands se verront conter les histoires de navigateurs célèbres, dévoiler les secrets bien gardés des marins, et découvriront comment se déroulait la vie à bord. La visite se termine sur une vue renversante de Séville, depuis la tour d'observation haute de 60m.

Camino de los Descubrimientos, 2 954 04 31 11 www.pabellondelanavegacion.com Nov.-mars : mar.-sam. 10h-19h30, dim. 10h-15h ; avr.-oct. : mar.-sam. 11h-20h30, dim. 11h-15h ; juil.-août : mar.-dim. 10h-15h30 4,90€

Amusez vos enfants

Isla Mágica (plan 2, A3)

Spectacles de pirates, attractions tournant autour du thème de la découverte de l'Amérique, piscines à vagues et toboggans. Ce parc aquatique est un incontournable pour les petits Sévillans. Les parents peuvent profiter d'un moment de fraîcheur sur les transats posés sur la plage artificielle d'Agua Mágica (suppl. de 7€).

ISLA DE LA CARTUJA 954 48 70 30 www.islamagica.es Horaires variables en fonction du jour et de la saison (téléphoner ou voir le site Internet) Fermé nov.-mi avr. Isla Mágica 35€ la journée, 23€ l'après-midi

NOS ADRESSES

PAUSES

Beignets historiques

Calentería

Pour déguster des *churros*, rendez-vous dans la Calle Cano y Cueto près de la Puerta de la Carne. L'une des plus anciennes *churrerías* de Séville, puisqu'elle date de 1860, est installée devant une grande porte de bois, surmontée d'un écriteau de fer forgé indiquant Calentería. À déguster avec un chocolat chaud à une des terrasses voisines.

SANTA CRUZ (plan 3, A1 n°1) Calle Cano y Cueto, 7 955 97 66 20 Sept.-juin : tlj. 7h30-23h ; juil.-août : tlj. 7h30-13h

Petit déjeuner sain

Biomio Brunch ecológico

En plein cœur de Séville, ce petit local aux tables posées sur la rue piétonne promet un petit déjeuner ou un brunch plein de saveurs locales. Tartes, salades, tartines, bagels et divers bowls sont composés de produits de saison et du terroir provenant des petits producteurs. Faites aussi le plein de vitamines avec les jus naturels. Parfait pour bien démarrer la journée !

SANTA CRUZ (plan 3, A2 n°2) Calle Mateos Gago, 9B 686 725 004 https://biomio.es/ Tlj. 8h30-16h

Tout près des arènes

La Esquinita de Arfe

Un bar typique sévillan, avec ses portraits de toreros et ses icônes religieuses. Idéal pour les petits déjeuners et les repas au calme et en plein air, car plusieurs tables sont installées dehors. Prix très doux.

EL ARENAL (plan 3, A2 n°4) Calle Arfe, 26 610 22 53 62 Tlj. 8h-23h Fermé l'ap.-m. en juil.-août

Gambas al Ajillo

Los Claveles

Cuisine familiale et ambiance populaire, le bar de Santiago ne

Pâtisserie La Campana

désemplit pas. Dès 13h, le comptoir où s'alignent les tapas est assiégé. Il faut tendre le bras au-dessus de la foule et tenter d'attirer l'attention du patron pour commander une *ración*. Et c'est comme ça depuis 1841.

CENTRO (plan 2, C1 n°3) Plaza de los Terceros, 15 📱654 51 29 73 🕓Tlj. 12h30-18h et 20h-0h

Breakfast et mojitos

La Cacharrería

Une déco bric-à-brac qui ne dépare pas dans cette rue branchée et, derrière le bar, un service souriant... mais vite débordé, succès oblige. L'endroit est fameux pour ses petits déjeuners-brunchs (tartines, pâtisseries maison, bagels...). Le soir venu, autre ambiance : on y vient entre amis pour siroter un cocktail ou un verre de vin. N'oubliez pas de glisser une pièce entre deux briques du mur en faisant un vœu : il sera exaucé.

CENTRO (plan 2, C2 n°1) Calle Regina, 14 📱955 00 75 14 🕓Tlj. 9h-21h Fermé en août

Douceurs stylées

La Campana

Serveuses en tablier de dentelle, garçons en gilet rayé sous les moulures du plafond : tradition centenaire maintenue dans cette maison ouverte en 1885. Au choix : *polvorones* (sablés), fruits confits, *yemas*, chocolats, tartes. À emporter ou à déguster au bar avec un cappuccino. La belle façade Art nouveau vaut aussi le détour.

CENTRO (plan 2, C2 n°2) Calle Sierpes, 1-3 📱954 22 35 70 www.confiterialacampana.com 🕓Tlj. 8h-22h

Valeur refuge

Taberna Picalagartos

Dans ce quartier hyper-touristique, un bastion de la tradition fréquenté par les Sévillans. Azulejos aux murs, vieilles tables patinées, pénombre qui donne l'illusion de la fraîcheur. Au comptoir, des tapas un poil revisitées et des *raciones* de bon aloi. Ambiance quelque peu bohème et alternative, playlist cool (jazz et bossa) et service souriant.

CENTRO (plan 3, A2 n°5) Calle Hernando Colón, 7 660 45 11 44 Dim.-jeu. 12h-0h, ven.-sam. 12h-1h

Valeur sûre

Antigua Abacería de San Lorenzo

Sur deux niveaux, une épicerie fine doublée d'un bar-restaurant où se pressent les habitants du quartier. Spécialités : les préparations aux œufs, et aussi les *gratinados*, tranches de charcuterie gratinées. Vous pourrez aussi vous diriger, yeux fermés, bouche ouverte, vers un des plats du jour. Si vous voulez vous installer à table, mieux vaut réserver.

CENTRO (plan 2, B3 n°4) Calle Teodosio, 53 954 38 00 67 www.antiguaabaceriadesanlorenzo.com Jeu.-sam. 10h-0h, dim.-lun. 10h-18h

Horaires décalés

Bar Plata

Plafonds à caissons en bois, bar recouvert de céramiques, grande fresque murale : le charme sévillan pour déguster tapas, plats du jour et petits déjeuners. L'établissement, fondé en 1909, est connu des noctambules, qui vont s'y remettre d'aplomb dès l'ouverture à 6h du matin.

MACARENA (plan 2, A1 n°5) Calle Resolana, 2 696 12 01 91 Tlj. 6h-1h

Institution de quartier

Casa Cuesta

Derrière le marché de Triana, un bar élégant pour siroter un verre en terrasse ou accoudé à son imposant comptoir en bois, accompagné de copieuses tapas. Vous pourrez également vous installer à une des tables joliment dressées pour piocher dans la carte des spécialités de la maison, de légumes par exemple.

TRIANA (plan 3, A4 n°6) Calle de Castilla, 1 954 33 33 35 www.casacuesta.net Lun.-sam. 8h-0h30, dim. 9h-0h30

Voir aussi la **Freiduría Puerta de la Carne** (p.43).

BARS À TAPAS

Dans son jus

Las Teresas

Comptoir en bois et marbre, jambons suspendus, azulejos et vieilles affiches au mur... : un authentique bar sévillan cerné par les néobistrots attrape-touristes. Cuisine à l'avenant : pas de tapas "revisitées", mais les phares de la cuisine locale, comme les épinards aux pois chiches. Bon choix de vins.

SANTA CRUZ (plan 3, A1 n°10) Calle Santa Teresa, 2 954 21 30 69 www.lasteresas.es Lun.-ven. 10h-0h, sam. 10h-1h, dim. 11h-0h

Dans le bain

Cervecería Giralda

Voûtes et colonnes du 12e s. – celles d'un ancien bain arabe très bien conservé, découvert en 2021 –, serveurs en nœud papillon et, pour quelques veinards, une micro-terrasse avec vue sur la Giralda : depuis 1923, l'institution garde le cap. Classique mais aussi créatif avec les "tapas gourmets", dont par exemple un rafraîchissant ceviche.

SANTA CRUZ (plan 3, A2 n°11) Calle Mateos Gago, 1 954 22 82 50 www.cerveceriagiralda.es Tlj. 12h-0h

Bistrot de quartier
Bar Europa

Une déco millésimée 1925, mélange de bar à tapas et de petit café parisien. Avec quelques tables idéales pour le petit déjeuner (tartines à l'huile d'olive bien sûr) et, pour les tapas, du classique (soupe froide d'amandes à l'ail) et du contemporain (crevettes croustillantes-mayonnaise au wasabi).

CENTRO (plan 2, C2 n°11) Calle Siete Revueltas, 35 (Plaza del Pan) 954 21 79 08 Lun. et mer. 12h30-16h30 et 19h-23h30, jeu.-ven. 12h30-16h30 et 19h-0h, sam. 12h30-0h, dim. 12h30-16h30

Sainte gourmandise
Casa Ricardo

Fromage de brebis et sauce aux piments, thon à l'aïoli, croquettes de jambon : que du classique joliment enlevé. À déguster au bar, sous la bénédiction des images pieuses qui tapissent intégralement les murs. Anticléricaux s'abstenir. Tapas 2,50-3,50€.

CENTRO (plan 2, B2 n°12) Calle Hernán Cortés, 2 954 38 97 51 www.casaricardosevilla.com Mar.-sam. 13h-16h et 20h-0h, dim. 13h-16h

Au comptoir d'El Rinconcillo

Immanquable
El Rinconcillo ♥

L'endroit ne date pas d'hier : de 1670 pour être précis. Avec la même famille derrière le comptoir depuis 1858. Et dans l'assiette ? Une carte andalouse à se damner, avec en vedette un salmorejo d'anthologie. Pour s'attabler, mieux vaut réserver. Tapa 2,50-3,50€ ; plat 9-26€.

CENTRO (plan 2, C1 n°10) Calle Gerona, 40 954 22 31 83 www.elrinconcillo.es Mer.-dim. 13h-17h30 et 20h-0h30 Fermé fin juillet-fin août

Contemporain
La Azotea

Cadre détendu et accueillant dans une déco moderne, prix raisonnables, tapas inventives avec un accent mis sur le bio et l'artisanal. Les jeunes Sévillans adorent. Au point que la maison a ouvert trois autres adresses en ville.

CENTRO (plan 2, C2 n°13) Calle Conde de Barajas, 13 955 11 67 48 www.laazoteasevilla.com Tlj. 13h30-16h30 et 20h30-23h30

Tapas tendance
Yebra ♥

Un "bistronomique" de quartier, un peu excentré, ce qui ne l'empêche pas de drainer les foules. Ses préparations originales font mouche comme l'*ajoblanco* aux cèpes, seiches et crevettes. Difficile de se frayer un chemin vers le bar aux heures de pointe. Quant à trouver une table, réservation impérative.

NORD-EST DE MACARENA (plan 2, B1 n°14) Calle Medalla Milagrosa, 3 954 35 10 07 www.yebrarestauracion.com Tlj. 12h-17h et 20h-0h Fermé en août

Incontournable
Eslava

Dans le quartier de San Lorenzo, ce bar-restaurant est pris d'assaut le

REINE DES TAPAS ★

Les tapas sont en pleine révolution. Grosso modo, deux types d'établissements cohabitent actuellement à Séville (et en Andalousie). D'un côté, les bars à tapas classiques, dans leur cadre centenaire d'azulejos et de vieilles affiches, avec leurs recettes de *toda la vida*. De l'autre, de nouvelles adresses, souvent appelées *gastrobares,* proposent une approche résolument contemporaine. Elles séduisent par leur architecture tendance et leur décoration design. Au menu, la cuisine se réinvente et flirte avec des saveurs venues d'ailleurs (Asie, Amérique du Sud). Sophistication et créativité semblent être les maîtres mots, même si le pari est inégalement réussi. Entre ces deux types de bars, il existe tout un éventail de possibilités que le Sévillan est toujours prêt à essayer et apprécier.

Un bar à tapas traditionnel

week-end. Il faut parfois s'armer de patience pour s'attabler au bar, mais l'attente en vaut la peine, pour ses tapas créatives mêlant savoir-faire traditionnel et recettes contemporaines. Ne manquez pas la tapa de jaune d'œuf servi sur un gâteau aux champignons et arrosé d'une réduction de vin, un délice !

CENTRO (plan 2, B3 n°15) Calle Eslava, 3-5 954 90 65 68 www.espacioeslava.com Mar.-sam. 12h30-0h Fermé 3 sem. en août

Popularité et petits prix

La Comidilla

Derrière le marché de Triana, une petite adresse locale dont la réputation n'est plus à faire. On y vient pour ses excellentes tapas de viande ou de poisson, également déclinées en portions, et que l'on accompagne d'un bon vin andalou. Demandez la carte en français pour mieux faire votre choix. Le midi, le restaurant propose un menu du jour copieux à 11€ : parfait pour les petits budgets !

TRIANA (hors plan 2 par C4 n°16) Calle Callao, 1 611 45 85 35 Tlj. 12h-1h

Classique de Triana

Taberna Miami

Succès ininterrompu depuis 1930. Aux murs, azulejos de rigueur, et derrière le comptoir des serveurs survoltés et rigolards. Cuisine hyper-tradi déclinée en tapas ou plat (dont des fruits de mer et poissons grillés). Tapas env. 2,50€, *raciones* 6,50-17€.

TRIANA (plan 3, A4 n°12) Calle San Jacinto, 21 954 34 08 43 Tlj. 12h-0h

Tradition oblige

Las Golondrinas

Une référence du vieux Triana, étape obligée d'une tournée tapas. La carte est moins fournie qu'ailleurs mais succulente : seiches grillées (*chipirones*), champignons-aïoli... L'accueil est chaleureux et décontracté.

TRIANA (plan 3, A4 n°13) Calle Antillano Campos, 26 954 33 16 26 Mar.-dim. 12h-16h et 20h-0h

Tapas gourmandes

LaCava.bar

Un lieu intime où l'on aime venir pour déguster des tapas raffinées, aux recettes originales comme ce gaspacho à la fraise. À tomber ! Ensuite, faites-vous plaisir avec les tapas végétariennes, les fritures croustillantes ou encore les croquettes maison, le tout accompagné des meilleurs vins de la région. Service impeccable. Comptez 20-25€ par personne.

SANTA CRUZ (plan 3, A2 n°14) Calle Hernando Colón, 12 954 53 16 52 Lun.-sam. 12h30-0h, dim. 18h-0h

Trianerissime

Casa Ruperto

C'est un peu excentré – 15min de marche à l'ouest du pont de Triana –, mais vous ne le regretterez pas après avoir goûté à la spécialité de ce minuscule bar sans prétention : la caille grillée (*codorniz*). Un vrai délice et, pour les amateurs de couleur locale, une clientèle bigarrée, à l'image du quartier.

TRIANA (plan 3, B4 n°15) Avenida de Santa Cecilia, 2 954 08 66 94 Ven.-mer. 12h-16h et 20h-0h Fermé en août

Voir aussi **Castizo** et **Casa Moreno** (p.42)

RESTAURANTS

Ambiance taurine

Bar El Baratillo €

Tout près des arènes, ce bar chaleureux est pris d'assaut midi et soir par les Sévillans. Carte limitée mais tapas généreuses (3-4,20€) et plats bien copieux (10-17€). Dans ce décor rustique où trônent fièrement des têtes de taureaux, on se régale de rabo de toro ou de carrillada en salsa. Boquerones, chocos et divers poissons frits complètent la carte.

CENTRO (hors plan 2, par C2 n°20)
Calle Adriano, 20 954 21 91 43
www.barelbaratillo.com Tlj. 12h-0h

Adresse secrète

El Caserio €

Voici une adresse peu connue des touristes, pourtant prisée des Sévillans. Les places à table sont chères, mieux vaut réserver. Sinon, installez-vous au comptoir ou juste à l'entrée, accoudé à une tablette. Ne manquez pas les croquetas maison dont les saveurs changent tous les jours. En tapa ou en ración, viandes et poissons frits se dégustent ici dans une ambiance typique.

CENTRO (plan 2, C2 n°22) Calle Acetres, 7
954 22 64 36 Lun.-jeu. 12h30-17h, ven.-sam. 12h30-19h

LA RECETTE

SAINT-JACQUES AU BELLOTA

Coquilles Saint-Jacques (2/pers. en entrée, 4 en plat principal)
Cerfeuil
Estragon
Persil plat
Ciboulette
Beurre salé de qualité
Jambon *bellota* ou *jabugo*

Ouvrez les Saint-Jacques et nettoyez-les soigneusement en veillant à les laisser attachées à leur coquille. Pas si difficile qu'il n'y paraît. Si cela vous semble insurmontable, demandez à votre poissonnier. Le détail a son importance, car à la cuisson, le pied de la coquille enrichira la saveur de la noix.

Réalisez le beurre d'herbes en hachant finement (évitez le mixeur) cerfeuil, estragon, persil et ciboulette, que vous mélangerez soigneusement avec le beurre (comptez 20g/coquille) préalablement laissé à température.

Préchauffez votre four à 180° C.

Sur chaque coquille disposez une noisette de beurre aux herbes.

Enfournez et surveillez de près la cuisson : les Saint-Jacques ne supportent pas d'être trop cuites. Dès que le beurre commence à frémir au fond de la coquille, c'est prêt.

Sortez du four et dressez joliment sur chaque coquille deux ou trois fines lamelles de jambon. Complétez la décoration avec un brin de ciboulette.

La recette est simple, mais il faut être attentif aux températures. Les coquilles ne doivent pas être trop cuites : la chair doit rester nacrée. Le jambon doit être sorti du réfrigérateur suffisamment à l'avance pour être à la température idéale de consommation : jamais moins de 20 °C. Il faut que son gras suinte un peu : c'est à ce moment que le *bellota* exprime toutes ses saveurs.

Originalité au rendez-vous

El Pasaje €

Une institution à Séville depuis 1987 ! En famille ou entre amis, on apprécie ses tapas traditionnelles, comme la tortilla de pommes de terre ou plus originales, comme la tartine à l'orange garnie d'une crème d'avocat et de saumon mariné, gagnante du concours Sevilla Tapas Week en 2014, ou encore son poulet tikka masala au riz noir. En plus des propositions de la carte, renseignez-vous sur la liste des tapas du jour : de belles surprises gustatives vous attendent !

SANTA CRUZ (plan 3, A1 n°20) Calle Ximénez de Enciso, 33 ☎ 954 21 77 78 www.elpasajesevilla.com ⏱ Tlj. 12h30-0h

Talents en herbe

Taberna del Alabardero €€€

L'élégante salle du restaurant occupe le premier étage d'une demeure du 19e s. : nappes blanches, argenterie resplendissante et serveurs attentifs. Ce sont les élèves de l'école hôtelière de Séville, tout comme en cuisine. La carte change fréquemment mais reste fidèle à ses classiques : merlu en sauce verte ou filet de boeuf à l'huile d'olive vierge extra. Comptez 50 à 55€/pers. Dans l'annexe au rez-de-chaussée, excellent menu du jour à 19,90€ (ouvert tlj. uniquement l'après-midi).

EL ARENAL (plan 3, A3 n°21) Calle Zaragoza, 20 ☎ 954 50 27 21 alabarderosevilla.es ⏱ Tlj. 13h-16h et 20h-23h

Avec les matadors

El Burladero €€

Le restaurant très couru de l'hôtel Gran Meliá Colón, où logent les toreros de la Feria. La décoration rend hommage à la corrida. Il règne dans cette grande salle élégante une ambiance intimiste propice au tête-à-tête. Côté carte : queue de taureau (la fierté de la maison), filet de merlu à l'andalouse... Tapas élaborées (à partir de 3,50€). Comptez environ 30€ sans boisson.

CENTRO (plan 2, C3 n°21) Hotel Meliá Colón Calle Canalejas, 1 ☎ 954 50 55 99 ⏱ Tlj. 11h-1h (Cuisine ouverte de 13h à 23h30)

Apéro postmoderne

Perro Viejo €

Une adresse en vogue pour un apéritif dînatoire. Dans une ambiance animée et branchée, on joue des coudes pour s'installer dans le décor industriel et grignoter des tapas inventives. À accompagner d'un cocktail Perro Viejo (rhum blanc, fruit de la passion, citron) ou d'une bière artisanale.

CENTRO (plan 2, C2 n°23) Calle Arguijo, 3 ☎ 955 44 00 30 ⏱ Tlj. 13h15-16h30 et 20h30-0h30

Une touche contemporaine

El Pintón €€

À deux pas de la cathédrale, voici une adresse à la mode qui ne désemplit pas. La carte propose une cuisine méditerranéenne avant-gardiste, qui ravira les gourmets. Si la place le permet, installez-vous dans le joli patio, très agréable, notamment pour dîner en amoureux. Comptez 15€ le plat.

SANTA CRUZ (plan 3, A2 n°23) Calle Francos, 42 ☎ 955 07 51 53 ⏱ Tlj. 12h-1h

Voir aussi **Con Tenedor** (p.43).

SHOPPING

Des pièces uniques
Arte-Sano

Azulejos, horloges en céramique, bijoux originaux, foulards en soie et éventails peints à la main, cette petite boutique à l'angle de deux rues regorge de jolies pièces artisanales réalisées par des artistes de Séville. Les prix sont très abordables. Même sans acheter, l'intérieur mérite le coup d'œil.

CENTRO (plan 3, A1 n°35) Calle Águilas, 35 640 335 041 https://artesanoensevilla.com Lun.-sam. 10h-19h, dim. 12h-17h

Vaisselle ancienne
Populart

Cette boutique aménagée avec goût fait revivre les formes et les couleurs de la céramique populaire de Séville et d'ailleurs. Vaste choix de pièces datant du 15e au 20e s. : assiettes, plateaux, azulejos, bassines... à des prix très variables. Le plus ? l'accueil chaleureux de la patronne et de son fils.

SANTA CRUZ (plan 3, A2 n°30) Pasaje Vila, 4 954 22 94 44 www.populartsevilla.com Lun.-sam. 10h30-15h et 17h-21h

Amandes et chocolat
Pastelería Los Angelitos

Halte obligée à l'heure de la *merienda* – comprenez le goûter. Toutes les douceurs de l'Andalousie à portée de papilles : meringues au chocolat, *tocino de cielo*, *polvorónes* et *cortadillos* (petits biscuits fourrés à la pâte de châtaigne, à la confiture de courge...). Mais aussi le *turrón* et les pâtes d'amandes de la maison !

SANTA CRUZ (plan 3, A1 n°31) Calle Santa María la Blanca, 9 955 54 60 90 www.pastelerialosangelitos.com Lun.-ven. 10h30-14h30 et 17h-20h30, sam. 10h30-20h30, dim. 10h30-18h Fermé en août

Céramique à Santa Cruz

Douceurs à se damner
El Torno

On trouve ici les produits des différents couvents. Parmi les pâtisseries les plus connues : les *yemas* (douceurs à base de jaune d'œuf enrobées dans une coque de sucre), les *tocinos de cielo* (flans très sucrés), les *alfajores* (au miel et aux noix) et autres *tortas de aceite* (sablés frits à l'huile d'olive).

SANTA CRUZ (plan 3, A2 n°32) Plaza del Cabildo, 2 954 21 91 90 Lun., mer. et ven.-sam. 10h30-19h, mar., jeu. et dim. 10h30-15h

L'orange dans tous ses états
Orange Tree Sevilla

La fleur d'oranger *(azahar)* et l'orange amère de Séville sont à l'honneur dans cette épicerie fine, perdue dans l'une des ruelles étroites de Santa Cruz. Chocolats, confitures, vins et liqueurs artisanales émoustilleront vos papilles tandis que les bougies, parfums et diffuseurs raviront votre

Les boutiques de la Calle Sierpes

nez par leurs senteurs délicates orangées.

SANTA CRUZ (plan 3, A1 n°39)
Calle Ximénez de Enciso, 22 954 72 13 74
https://orangetreesevilla.com Tlj. 10h-22h

Marché artisanal

El Postigo

Une église ? Non, un ancien marché couvert tout en brique. À l'intérieur, des artisans organisés en coopérative exposent leur travail. Les créations offrent une large variété de prix. Céramique et maroquinerie tiennent la vedette. Vous y trouverez aussi de jolis éventails. Profitez-en pour vous perdre dans les ruelles de ce charmant quartier du Real de la Carretería.

EL ARENAL (plan 3, A3 n°33) Calle Arfe
954 56 00 13 Lun.-ven. 10h-19h, sam.-dim. 10h-20h

Sortez couvert

Ala Ancha Sombreros Padilla Crespo

Des *monteras* (chapeaux d'astrakan noir que portent les toreros à leur entrée dans l'arène) aux *cañeros* sévillans (chapeaux andalous traditionnels), la maison Crespo confectionne ses couvre-chefs selon une tradition artisanale depuis 1939. De 75€ pour un modèle en laine à env. 240€ pour du sur-mesure en crinière cousu main.

EL ARENAL (plan 3, A3 n°34) Calle Adriano, 16 954 56 44 14 Lun.-ven. 10h30-13h45 et 16h30-20h30, sam.-dim. 11h-15h et 16h30-20h30

Prenez le cabas

Mercado de la Encarnación

Sous le Metropol Parasol (p.55), un refuge de la tradition avec une trentaine de commerces de bouche pour les habitants du quartier. Mention spéciale pour les sublimes jambons du stand n°27 ("Villa").

CENTRO (plan 2, C2 n°30) Plaza de la Encarnación, 18
www.mercadodelaencarnacion.es
Lun.-sam. 8h-15h

Lèche-vitrines
Calle Sierpes

Toute droite, piétonne, commerçante, populaire, bondée puis désertée aux heures brûlantes : on s'y croise, on y flâne, on y achète, on y passe et repasse... La Calle Sierpes donne le pouls de la cité. À fréquenter à l'heure des emplettes et du goûter (irrésistibles pâtisseries).

CENTRO (plan 2, C2 n°31)

Tourniquet sucré
Convento de Santa Inés

Vous choisissez sur la carte, vous sonnez et la sœur tourière dépose votre commande dans le tourniquet de bois qui est le seul contact entre ces religieuses strictement cloîtrées et le monde extérieur. Dans leur retraite, les sœurs pensent aux gourmands en confectionnant leurs *cortadillos de cidra*, cf. Convento de San Clemente (p.80).

CENTRO (plan 2, C1 n°32) Calle Doña María Coronel, 5 954 56 31 45 Lun.-sam. 9h-13h et 16h-18h30

À la mode flamenca
Zapatos Roberto Garrudo

Tout pour être la reine du bal : chaussures de flamenco professionnelles ou non, châles, jupes à volants, cache-cœurs, éventails... Il y a même un rayon enfant pour habiller votre *niña*.

CENTRO (plan 2, C2 n°33) Calle Córdoba, 9 954 21 84 19 www.zapatosdebaileflamenco.com Lun.-sam. 10h-21h

Révolutionnaire
Zapata

Des chaussures pour femmes, hommes et enfants piochées de préférence dans les collections de marques espagnoles peu connues. Esprit cool et *trendy* et accent mis sur les productions artisanales. Et la moustache du logo ? C'est celle du révolutionnaire mexicain Emiliano Zapata.

CENTRO (plan 2, C1 n°34) Calle Ortiz de Zúñiga, 1 954 22 75 15 www.zapatasevilla.es Lun.-sam. 11h-14h et 17h30-21h Fermé 2 sem. en août

Movida andalouse
Soho Benita

Les tribus branchées de Séville ont leur lieu de rendez-vous : Soho Benita est une association de commerçants qui veut faire de la rue Pérez Galdós le "Soho sévillan". Mode et meubles vintage chez **La Importadora**, street art chez **Delimbo** ou mode vintage chez **Le Voilà**. Touche ethnique avec la magnifique sélection de tissus et de bijoux orientaux (Inde, Maroc...) chez **Antik**.

CENTRO (plan 2, C2 n°36) Calle Pérez Galdós

Péché capital
Monasterio de Santa Paula

Entre les laudes et les vêpres, les sœurs prennent le temps de concocter de succulentes confitures. La *mermelada de naranja* est faite avec les

DOUCEURS CONVENTUELLES

Séville est connue pour les délicieuses pâtisseries de ses couvents, cf. El Torno (p.76). La marche à suivre ? Sonner au *torno* (présentoir tournant qui permet aux sœurs de rester invisibles), puis répondre au "Ave María Purísima" de la sœur par un "Sin pecado concebida". Ensuite, on vous fera passer les différents produits afin que vous puissiez choisir, cf. Convento de Santa Inés (p.78), de Santa Paula (p.78) et de San Clemente (p.80).

Musée de la Céramique, artisanat toujours vivant à Triana

oranges de leur patio. N'oubliez pas de goûter aussi les nougats.

CENTRO (plan 2, B1 n°39) Calle Santa Paula, 11 954 54 00 22 www.santapaula.es Mar.-dim. 10h-13h

Charmant fourre-tout

Un Gato en Bicicleta ♥

Dans un vieux local tout en longueur, Jesús a créé un espace atypique, à la fois librairie, galerie d'art, boutique de mode et de déco. Aux murs des œuvres d'artistes locaux, dans les cageots reconvertis en étagères des livres d'art. On apprécie également les tee-shirts sérigraphiés (Utimo Modo, Eunino), les objets pour la maison et les bijoux à prix doux. Et pour les petits, coin lecture avec peluches et poufs bigarrés.

CENTRO (plan 2, C2 n°40) Calle B. Pérez Galdós, 22 955 29 56 51 Lun.-ven. 9h30-14h et 17h-21h, sam.-dim. 10h-14h et 10h30-21h Fermé de 1 à 2 sem. en août

Provisions

Botellas y Latas

Carlos vous accueille dans son épicerie fine spécialisée en produits gastronomiques des terroirs et des mers d'Espagne : conserves, charcuteries, fromages... Sans oublier la cave à vins qui passe en revue les AOC du pays. Un condensé du bien-manger à l'espagnole.

CENTRO (plan 2, C2 n°42) Calle Regina, 15 954 29 31 22 Lun.-sam. 10h-14h et 17h30-21h Fermé en août

Préparez les fêtes

Janmei

Dans cette petite boutique, les objets de décoration s'inspirent du folklore sévillan sans tomber dans le kitsch. Planche à découper en bois en forme de jambon, housses de coussins aux motifs flamencos, têtes de taureau en osier... Une bonne adresse pour des cadeaux atypiques à petits prix.

CENTRO (plan 2, B1 n°43) Calle Aguilas, 8 687 16 21 87 Tlj. 10h30-19h

Souk contemporain

Rompe Moldes

Une cour centrale, des habitations autour, c'est un *corral de vecinos*, une cour de voisins traditionnelle dans une architecture moderne. Ici, les voisins sont des artisans et créateurs qui tiennent boutique au rez-de-chaussée de leur habitation. Tissus de tradition andalouse chez Comunidad de la Lana, poterie contemporaine chez Estudio 1+7 ou design chez Todomuta.

MACARENA (plan 2, B1 n°44) Calle San Luis, 70 663 76 56 75 Lun.-sam. 10h-14h et 17h-20h30

Carrés sucrés

Convento de San Clemente

Connu, comme Santa Inés, pour ses *cortadillos de cidra*, pâtisseries parfumées à l'anis et à la cannelle, fourrées aux *cabellos de ángel* (confiture de courge) et découpées en petits carrés saupoudrés de sucre glace.

FERIA (plan 2, A2 n°46) Calle Reposo, 9
654 13 75 70 www.sanclementesevilla.es
Lun.-sam. 10h-12h45 et 16h15-18h

Musicos

Casa Tejera

Une maison familiale où vous trouverez toutes sortes d'instruments, dont des guitares (à partir de 40€) et des *cajones* (à partir de 65€). Originaire du Pérou, le *cajón*, sorte de caisse rectangulaire, a été introduit dans la musique flamenca par Paco de Lucía.

FERIA (plan 2, B2 n°47) Calle Feria, 75
954 38 41 56 www.casatejera.com Lun.-ven. 10h-14h et 17h-20h30, sam. 10h-14h

Marché couvert de Triana

Ambiance garantie

Mercado de la Calle Feria

Un beau marché de quartier où se croisent le voisinage et les bobos, cabas à la main. Le mardi matin, jour d'arrivage, on assiste à un véritable show dans le coin des poissonniers : *palmas*, interpellations tonitruantes, chacun à sa manière tente de capter l'attention. La visite vous a mis en appétit ? Fendez la foule jusqu'au comptoir de la Cantina, le bar du marché.

FERIA (plan 2, B2 n°48) Calle Feria
www.mercadodelaferia.es Lun.-sam. 8h-0h

Mise en appétit

Mercado de Triana ♥

Ce marché couvert, l'un des plus beaux de Séville, est installé sur une partie des ruines du château de San Jorge (p.61). Grand hall climatisé (un plus en été) où il fait bon se promener entre les étals colorés. Toutes les échoppes affichent le nom de leur spécialité sur d'élégantes enseignes en céramique. Le vendredi et le samedi vers 13h, l'ambiance bat son plein mais attention, il y a beaucoup moins d'animation en juillet-août.

TRIANA (plan 3, A4 n°38) Plaza del Altozano
674 07 40 99 www.mercadodetriana.es
Commerces lun.-sam. 9h-15h Restauration lun.-sam. 10h-0h, dim. et jours fériés 12h-17h

Tradition

Cerámica Triana

Assiettes et carafes en céramique dans le style traditionnel de Triana. Nombreuses boutiques aussi dans les rues Antillano Campos et Alfarería.

TRIANA (plan 3, A4 n°36) Calle Callao, 14
954 33 21 79 www.ceramicatriana.com
Lun.-ven. 9h30-20h30, sam. 10h-20h, dim. 11h-18h

Jambon-fromage
La Salmantina

Un magasin coquet et populaire décoré de jolis azulejos. Une bonne adresse pour dénicher de savoureux jambons. Vous y trouverez aussi fromages, huiles d'olive et conserves en tout genre.

TRIANA (plan 3, B4 n°37) Calle San Jacinto, 61-63 954 33 82 98 Lun.-ven. 9h30-14h30 et 17h30-20h30, sam. 9h30-14h30

SORTIES

À Séville, comme dans toute l'Espagne, la soirée ne s'achève pas avec la dernière tapa avalée. Les bars, spectacles et clubs ne manquent pas pour aller jusqu'au bout de la nuit. En été, les *terrazas de verano* (bars et clubs à ciel ouvert) se multiplient le long du Guadalquivir, sur la Isla de la Cartuja (plan 2, A4) et dans le quartier de Los Remedios (plan 3, C3).

Musique live
La Carbonería

Un lieu festif installé dans un ancien local à charbon. Une première petite salle avec scène de théâtre. La salle du fond, immense et meublée de longues tables conviviales, fait souvent le plein. Touristes et Sévillans s'y mélangent, écoutant l'un des deux ou trois concerts de la soirée (flamenco, rock, folk...). Avec aussi un grand jardin à l'arrière bien agréable pour prendre un verre.

SANTA CRUZ (plan 3, A1 n°40) Calle Levíes, 18 (entrée Calle Céspedes, 21) 954 22 99 45 Lun. 19h-1h, mar.-sam. 19h-2h Spectacles 21h30, 22h30, 23h30

Flamenco toute !
Los Gallos

L'un des meilleurs *tablaos* de Séville ! Deux spectacles flamencos de qualité (1h15) chaque soir, à 19h et 20h45, 35€ avec une boisson.

SANTA CRUZ (plan 3, A1 n°41) Plaza de Santa Cruz, 11 954 21 69 81 www.tablaolosgallos.com

SOUS LE SIGNE DU FLAMENCO

Séville est l'un des berceaux du flamenco. Devant l'abondance des spectacles, difficile de choisir. Les *tablaos* – cabarets destinés aux touristes – sont assez inégaux. Les aficionados locaux fréquentent plutôt les *peñas*, les associations de flamenco qui ouvrent leurs portes au public. Plusieurs théâtres proposent aussi des spectacles. Consultez l'agenda du mensuel gratuit *Giraldillo* (www.elgiraldillo.es).

Symphonique
Teatro de la Maestranza

Construite pour Expo'92, cette salle alterne spectacles lyriques, symphoniques et flamencos. Elle accueille les spectacles les plus prisés de la Biennale de Flamenco (p.314).

EL ARENAL (plan 3, A3 n°42) Paseo de Cristóbal Colón, 22 954 22 33 44 www.teatrodelamaestranza.es

Tendance
Café Central

La **Alameda de Hércules** (p.60) et ses environs forment le quartier préféré de la clientèle bobo, qui aime en particulier le Café Central, bar emblématique depuis des années, sans oublier deux autres classiques : ses voisins Habanilla et Eureka.

CENTRO (plan 2, B2 n°50) Alameda de Hércules, 64 954 37 09 99 Tlj. 12h-0h

Bar surréaliste
Garlochí

Objets religieux, images pieuses, bustes de la Vierge, angelots dorés, effluves d'encens. Un détournement surréaliste de la piété andalouse. Et pour 6€, vous pourrez siroter le Sangre de Cristo, le cocktail maison à base de cava, de whisky et de grenadine.

CENTRO (plan 2, C1 n°51) Calle Boteros, 26 Centro Tlj. 19h-2h

Pour boire double
La Antigua Bodeguita

Deux bars identiques installés côte à côte : azulejos, jambons pendus au plafond et bouteilles de manzanilla. Mais on n'y entre que pour commander boissons et tapas (excellent *jamón*) car l'action se passe dehors, sous les orangers de la belle Plaza del Salvador. Grosse ambiance vers 23h en fin de semaine, sans parler de la Semaine sainte...

CENTRO (plan 2, C2 n°52) Plaza del Salvador, 6 954 56 18 33 Tlj. 12h-0h

Danser jusqu'à l'aube
Fun Club

Une boîte aux rythmes plutôt rock et hip hop.

CENTRO (plan 2, B2 n°54) Alameda de Hércules, 61 www.funclubsevilla.com Jeu.-sam. 21h30-7h

Club gay friendly
Itaca

L'aîné des clubs gays de la ville, ouvert à tous.

CENTRO (plan 2, C2 n°55) Calle Amor de Díos, 31 Alameda de Hércules www.itacadiscoteca.com Dim.-jeu. 22h30-5h, ven.-sam. 22h30-7h

Boîte en vogue
Holiday by Obbio Club

Très en vogue et gay friendly, la Sala Obbio programme un choix de musique éclectique (électro, vintage...) pour danser. Organise régulièrement des concerts.

CENTRO (plan 2, C2 n°56) Calle Jesús del Gran Poder, 73 692 52 90 93 www.obbioclub.com Ven.-sam. 23h-7h

Rock live
Sala Malandar

Concerts de musique rock, indie pop et metal.

CENTRO (plan 2, B3 n°57) Avenida Torneo 43 www.salamalandar.com Jeu.-dim. 22h30-6h

"Pationément"
Casa de la Memoria

Ce *tablao* se distingue par la qualité de sa programmation et l'ambiance intimiste de son patio. Spectacles de flamenco différents tous les soirs.

CENTRO (plan 2, C2 n°58) Calle Cuna, 6 954 56 06 70 www.casadelamemoria.es

La Casa de la Memoria

Spectacles tlj. à 19h30 et 21h, également à 18h et/ou 22h30 en fonction de la saison (téléphoner)

Spectacle vivant

Teatro Lope de Vega

Théâtre, musique et danse, dont du flamenco.

PARQUE DE MARÍA LUISA (plan 3, B2 n°44)
Avenida de María Luisa 955 47 28 28
www.teatrolopedevega.org

Nez à nez avec la Giralda

La Terraza €€

L'un des rooftops les plus impressionnants de la ville, accueillant une clientèle plutôt chic. Ce bar d'hôtel offre un panorama fascinant qui mérite à lui seul le détour. Belle carte de cocktails (à partir de 14€).

SANTA CRUZ (plan 3, A2 n°15) EME Catedral Hotel Calle Alemanes, 27 954 56 00 00 Tlj. 13h-1h

Pour les fêtards

Muelle New York €

En journée, le cadre relaxant de la terrasse au bord du Guadalquivir est idéal pour siroter un rafraîchissement. Le soir, le lieu se transforme en discothèque à ciel ouvert où se réunit la jeunesse sévillane. DJ et groupes locaux enflamment la piste jusqu'au bout de la nuit : ambiance festive garantie ! Tenue correcte exigée.

PARQUE DE MARÍA LUISA (plan 3, B2 n°46)
Paseo de las Delicias, 3 722 48 73 55
Dim.-jeu. 12h-2h, ven.-sam. 12h-4h

Entrée libre

Terraza Chile

Derrière les jardins du Palacio San Telmo. Les étudiants affluent dans cette grande salle à partir de 1h du matin. En été, on ouvre la terrasse du jardin. Bonne ambiance et pas de sélection ni de droit d'entrée.

PARQUE DE MARÍA LUISA (plan 3, C2 n°47)
Paseo de las Delicias / Avenida del Chile
722 59 28 94 www.barchile.es Lun.-ven. 13h-dernier client, sam.-dim. 16h-dernier client

Scène en île

Teatro Central

Spectacles de flamenco, jazz, musique, théâtre et danse contemporaine.

ISLA DE LA CARTUJA (hors plan 2 par A3 n°48)
Calle José de Gálvez, 6 955 54 21 55

CARMONA ET LA CAMPIÑA

Jolie petite ville plantée au sommet d'une colline, Carmona séduit par son quartier médiéval, ses maisons blanches, la pierre ocre des demeures aristocratiques et ses nombreux clochers. Et la campagne environnante vaut d'être explorée pour ses petites cités authentiques.

ACCÈS ET INFOS

- 38km au nord-est de Séville Parking face à la Puerta de Sevilla

À VOIR

CARMONA

La vieille cité de Carmona se dresse à l'est de la ville moderne. Ses ruelles pentues, ses églises et ses palais, ses maisons blanchies à la chaux s'étagent sur le flanc d'une colline occupée depuis l'Antiquité. Au plus haut, l'Alcázar del Rey Don Pedro construit au 14e s. abrite aujourd'hui le Parador de la ville (p.334). Ne quittez pas Carmona sans avoir visité sa nécropole romaine.

Pour la vue

Alcázar de la Puerta de Sevilla

La porte elle-même est d'origine romaine. À partir du 14e s., on l'a coiffée d'une formidable forteresse à décourager les assaillants les plus hardis. Le point le plus haut, la terrasse de la Torre del Oro, offre une vue plongeante sur l'entrelacs de ruelles, les toits de tuiles et les nombreux clochers de la vieille ville.

954 19 09 55 Lun.-sam. 10h-18h, dim. et j. fér. 10h-15h 2€, gratuit lun.

Cœur de ville

Plaza San Fernando

La Calle Prim conduit vers la place centrale de la cité, bordée de belles demeures mudéjares et Renaissance. Au coin de la Calle San Fernado, l'Ayuntamiento (hôtel de ville) conserve une splendide mosaïque romaine dans son patio.

Ayuntamiento / Mosaico romano Calle El Salvador, 2 954 14 00 11 www.carmona.org Lun.-ven. 8h-15h Entrée libre

Baignée de lumière

Iglesia de Santa María

À peine achevée en 1518, l'église gothique fut entièrement redécorée en style Renaissance, avant que le baroque y imprime sa marque. Les chapelles latérales rutilent de triptyques gothiques et de retables. Dans le musée, voyez un tableau de Zurbarán et l'épée d'Ignace de Loyola, le fondateur de l'ordre des jésuites. Le patio planté d'orangers occupe la cour aux ablutions d'une ancienne mosquée.

Plaza Santa María 954 19 14 82 www.santamariacarmona.org Mar.-ven. 10h-13h30 et 17h-18h30, sam.-dim. 9h-11h et 18h-19h 3€, gratuit mar. 9h30-10h30

À NE PAS MANQUER

- Iglesia de Santa María (Carmona)
- Conjunto Arqueológico de Carmona

Mosaïque romaine dans l'hôtel de ville de Carmona

Histoire et flamenco

Museo de la Ciudad

Installé dans l'hôtel particulier des marquis de Las Torres (17e s.), ce musée fait mieux comprendre l'histoire et la culture des lieux. Le rez-de-chaussée est consacré à la préhistoire et à l'Antiquité, et plus particulièrement aux Tartessiens, ancien peuple ibérique d'Andalousie, et aux Romains. À l'étage, une bonne présentation des objets quotidiens de l'ère musulmane. Au fond, dans un couloir, un écran interactif initie aux 23 grands styles de flamenco traditionnel.

Calle San Idelfonso, 1 📱 954 14 01 28 www.museociudad.carmona.org 🕒 Mi-juin-août : tlj. 10h-14h ; sept.-mi-juin : lun. 11h-14h, mar.-dim. et j. fér. 11h-19h € 2,5€ gratuit le mar.

Demeures d'éternité

Conjunto Arqueológico de Carmona

Les Romains établissaient leurs nécropoles aux portes des villes. À l'ouest des quartiers modernes, celle de Carmona occupe un très joli site, parfaitement mis en valeur et romantique à souhait. Érigée au 2e s. ap. J.-C., cette nécropole comporte des tombeaux fastueux comme celui du centurion Postumio, qui reposait dans son sarcophage entouré des urnes funéraires de ses proches, et celui de Servilia. Cette dernière reproduit fidèlement le plan d'une villa romaine. Ne pas manquer les tombes des pauvres, qui n'avaient droit qu'à une cavité creusée dans la roche.

Avenida de Jorge Bónsor, 9 📱 600 14 36 32 🕒 Mar.-sam. 9h-18h, dim. et j. fér. 9h-15h Fermé 1er et 6 jan., 24, 25 et 31 déc. € Entrée libre

LA CAMPIÑA

Des collines qui moutonnent à perte de vue, des plaines fertiles, des oliveraies rangées au cordeau : la Campiña région à l'est de Séville est un des greniers de l'Andalousie. Souvent juchées sur des éminences, de petites cités aux maisons chaulées de blanc surveillent le paysage. Autant d'étapes pour approcher l'âme de l'Andalousie rurale.

L'amazone blessée

Écija

Tous les soirs, les habitants retrouvent leur *salón* : la Plaza de España, cœur de la petite ville où il fait bon se promener à la nuit tombée. Commencez aussi votre promenade par là (parking souterrain bien commode), en évitant l'heure de la sieste : Écija joue alors les belles endormies. Les ruelles sont bordées de somptueuses façades, baroques pour la plupart, à l'ombre des nombreux clochers ouvragés qui jaillissent au-dessus des toits. Ne manquez pas le plus beau : le Palacio de Benamejí. Le petit **musée** de la ville y est niché. Il abrite de somptueuses mosaïques romaines du temps où Écija s'appelait Astigi, ainsi qu'une statue d'amazone blessée découverte en 2002.

55km à l'est de Carmona **Museo Histórico Municipal** Calle Canovas del Castillo, 4 95 483 04 31 www.museo.ecija.es Juil.-fin sept. : mar.-ven. 10h-14h30, sam. 10h-14h30 et 20h-22h, dim. 10h-15h ; fin sept.-juin : mar.-ven. 10h-13h30 et 16h30-18h30, sam. 10h-14h et 17h30-20h, dim. et j. fér. 10h-15h Entrée libre

À couper le souffle

Estepa

Accrochée à son coteau, Estepa se mérite. Commencez par la Plaza del Carmen, dominée par l'église et les chatoyants azulejos de son portail. De là, des escaliers grimpent vers la **Torre de la Victoria** (18e s.), un clocher de brique et de pierre, seul vestige d'un couvent disparu. Montez toujours par de charmantes ruelles et vous atteindrez le Balcón de Andalucía : un point de vue sublime sur la Campiña. Sur cette éminence se dressent les restes de murailles du

Vue d'Estepa et de la Torre de la Victoria

13e s., un donjon et l'église mudéjare Santa María la Mayor (15e-16e s.) aux allures de forteresse.

90km au sud-est de Carmona

Telenovela

Osuna

Depuis 2014, Osuna fait le plein. Les aficionados viennent visiter les lieux de tournage de scènes de la fameuse série *Games of Thrones*. Dans leur panthéon de la Colegiata de Santa María, les ducs d'Osuna doivent se retourner dans leur tombe. Depuis le Moyen Âge, ils avaient couvert leur ville d'une splendide parure architecturale pour attirer les voyageurs esthètes. À voir : la **rue de la Huerta** qui n'est qu'une suite de demeures Renaissance et baroques, comme le Palacio de los Cepada où siège le tribunal, ou le Palacio del Marqués de la Gomera, aujourd'hui un hôtel de luxe. Il faut aussi grimper jusqu'à la **Colegiata de Santa María** (16e s.) : son musée abrite une précieuse collection d'art.

À 90 km à l'est En train Départ gare de Sevilla Santa Justa

Museo de Osuna

Ce beau palais du 18e s. abrite les œuvres du peintre Juan Rodríguez Jaldón (1890-1967), né à Osuna. Tenant du *costumbrismo*, c'était un chantre amoureux des traditions andalouses.

Calle Sevilla, 37 954 81 57 32 Mi-juin-mi-sept. : mar.-dim. 9h30-14h30 (ven. 9h30-14h30 et 19h-21h en juil.-août) ; mi-sept.-mi-juin : mar.-dim. 10h-14h et 17h-20h 3€

Insigne Iglesia Colegial de Santa María

L'édifice Renaissance qui abrite les sépultures des ducs d'Osuna possède un bel ensemble de sculptures baroques, dont une de Juan de Mesa. Le musée d'art sacré attenant conserve les collections réunies par les ducs.

Plaza de la Encarnación 954 81 04 44 www.colegiatadeosuna.es Visite guidée mar.-dim. 9h30, 10h15, 11h15, 12h15, 13h15, horaires supplémentaires jeu. 19h, 20h 6€ (visite guidée, env. 50 min, comprend le monastère et le musée d'art sacré) Réservation obligatoire

Monasterio de la Encarnación / Museo de Arte Sacro

En dehors des pièces d'orfèvrerie précieuses, voyez surtout la jolie collection de statuettes d'Enfants Jésus des 17e et 18e s.

Mêmes horaires que la Colegial Santa María Inclus dans la visite de la Colegial Santa María

Museo Arqueológico

Installé dans une tour almahode du 12e s., le musée raconte l'histoire antique de la ville : plaques de bronze gravées de lois romaines, objets médicaux, collection de monnaies.

Plaza de la Duquesa 954 81 12 07 Oct.-avr. : mar.-dim. 10h-13h30 et 15h30-18h30 ; mai-sept. : mar.-dim. 10h-13h30 et 17h-19h Juin-août mar.-dim. 10h-14h, jeu. 9h30-14h30 et 19h-21h 2,5€

En selle

Epona

Cette prestigieuse école d'équitation propose des stages de différentes durées. Comptez 1 340-3 090€ (logement, petit déj., déjeuner et activités compris).

Carmona Sur la A4 en direction Séville, sortie los Nietos km519 954 14 82 93 ou 636 97 20 90 www.eponaspain.com Fermé mi-déc.-mi-janv.

NOS ADRESSES

PAUSES

En-cas

Cafetería San Pedro

Dans l'immeuble de l'hôtel San Pedro (p.333), tout près de la vieille ville, une cafétéria moderne et toujours animée, idéale pour le petit déjeuner et le goûter. Bonnes *tostadas*, glaces et pâtisserie.

CARMONA Calle San Pedro, 1 954 14 16 06
Juil.-août : lun.-sam. 7h-14h30 et 17h30-23h, dim. 7h-14h30 ; sept.-juin : tlj. 7h-23h

Nourrissant

Churreria El Sevillano

Pour un petit déjeuner hypercalorique, faites le plein de *churros* et de chocolat chaud en lisière de l'agréable place d'Espagne.

ÉCIJA Plaza de España, 10 652 99 14 66
Mar.-dim. 8h-0h

Stylé

Casino d'Osuna

Face à la Plaza Mayor, la meilleure adresse de la ville, élégante et conviviale, pour prendre un verre à toute heure.

OSUNA Plaza Mayor 954 81 05 19
Tlj. 9h30-0h

RESTAURANTS

Ambiance familiale

Bar Goya €

La belle façade mudéjare dissimule des murs et plafonds anciens (16e s.). Les tapas, elles, sont du jour (5-7,50€), tout comme les *tostas* et petits plats variés (6-14€), à déguster le long du joli comptoir ou en terrasse. Menu du jour 12€ (entrée, plat, dessert).

CARMONA Calle Prim, 2 954 14 30 60 www.goyatapas.com Mar. 8h-16h, jeu.-lun. 8h-dernier client

Cuisine locale

Molino de la Romera €

Un restaurant de terroir niché dans un moulin à huile. Le week-end, les familles se retrouvent autour de copieux ragoûts longuement mijotés ou d'un plat de gibier de la région. Belle carte de vins andalous et vue époustouflante de la terrasse sur la Campiña. Compter 20€/pers. sans le vin.

CARMONA Calle Puerta de Marchena 954 14 20 00 www.molinodelaromera.com Mar. et jeu.-sam. 13h-16h et 20h-23h, mer. et dim. 13h-16h

Convivial

Casimiro €

Sur la place à l'ombre du clocher de Santa María, le rendez-vous préféré des habitants du centre le soir venu. Succulentes tapas pour env. 2€, *tortillas* et un *solomillo al whisky* divin ! Environ 10€ le repas.

ÉCIJA Plaza de Santa María, 9 954 83 00 12
Jeu.-mar. 8h30-2h

Traditions andalouses

Mesón Casa Emilio €

Une institution du *salón* (la Plaza de España) où l'on célèbre les gloires locales : le taureau, le cochon et l'huile d'olive. Tapas au bar (1-6€) ou plats en terrasse pour bénéficier aussi de l'animation de la place. Compter env. 20€ pour un repas complet très copieux. Menu du jour à 10€.

ÉCIJA Plaza de España 955 52 33 08
Mer.-lun. 12h-16h30 et 20h-0h30, mar. 12h-16h30 et 18h30-0h30

Animé

Casa Curro ♥€

La Casa Curro et sa petite sœur la Taberna Currito Chico font salle comble chaque soir. Un grand choix de *raciones* et de tapas toutes plus goûteuses les unes que les autres. De plus, en dépit du succès, le service reste efficace et l'addition raisonnable (9-14€ le plat, tapas à partir de 2,50€).

OSUNA Plaza Salitre, 5 955 82 07 58
Mar.-dim. 12h-0h

En terrasse

Mesón del Duque de Osuna €

Sous la collégiale et face à la Torre del Agua, une agréable terrasse où il fait bon dîner au calme, aux beaux jours. À l'intérieur, l'animation des grandes tables où l'on s'installe en famille est bien différente ! Cuisine simple et de qualité, tapas (env. 2,50€), salades (9-13€) et grandes assiettes (8-19€).

OSUNA Plaza de la Duquesa, 2 677 05 85 69
Jeu.-sam. 13h-17h et 20h30-0h30, dim.-mer. 13h-17h

SHOPPING

Niveau d'huile

Centro Cultural del Olivo Basilippo

Tout sur l'huile d'olive vierge extra. Balade dans les oliveraies, visite de l'exploitation et du musée familial suivies d'une dégustation.

La récolte des olives

CARMONA Hacienda Merrha El Viso del Alcor (13km au sud-est de Carmona) 955 74 06 95 www.basilippo.com Sept.-juin : lun.-ven. 9h-14h et 16h-19h ; juil.-août : lun.-ven. 8h-15h

Péché véniel

Convento de Santa Clara

De délicieux beignets au miel, les *pestiños*, fabriqués par les sœurs. Profitez de votre passage pour visiter l'église de style mudéjar.

CARMONA Calle Santa María de Gracia 954 14 21 02 Mai-sept. : jeu.-lun. 11h-14h et 17h-19h ; oct.-avr. : jeu.-lun. 11h-14h et 16h30-18h30

Spécialités locales

Avenida de Andalucía

De nombreux confiseurs jalonnent cette avenue à l'entrée d'Estepa. Ils vendent *mantecados* et *polvorónes*, petits biscuits sablés aromatisés, et autres bonbons et *turrón*.

ESTEPA

HUELVA ET SES ENVIRONS

On peut passer une journée à flâner dans les rues animées et profiter des bars à tapas de l'Avenida Pablo Rada. Mais l'intérêt de Huelva tient surtout à sa situation privilégiée, proche à la fois des magnifiques plages de la Costa de la Luz, du parc de Doñana, des montagnes de la Sierra Morena et des lieux marqués par la figure de Christophe Colomb.

ACCÈS ET INFOS

- Plusieurs liaisons quotidiennes avec Séville en train et en autocar, cf. Transports locaux (p.315).

À VOIR

HUELVA

La richesse patrimoniale de Huelva est un peu mince en raison du tremblement de terre de Lisbonne qui ravagea la ville en 1755. La Catedral de la Merced et l'église San Pedro sont les rares édifices à être restés debout. L'intérêt d'une halte dans cette cité aux portes de la Costa de la Luz réside plutôt dans l'animation des rues du centre. Et si vous cherchez le dépaysement, poussez jusqu'au Barrio Reina Victoria. Ce petit quartier a été construit pour les employés britanniques d'une compagnie minière : les pavillons victoriens avec leurs jardinets semblent arrachés à une banlieue de Londres.

Paseo

Centre piéton

Au centre-ville, les rues Concepción Palacios, Arquitecto Pérez Carasa et Berdigón forment un espace piéton rectiligne, cœur commerçant de Huelva et lieu de promenade des habitants. La Plaza Alcade Coto Mora, située au sud de la Calle Concepción, mérite le coup d'œil, notamment pour l'élégant édifice du Gran Teatro. Au nord, la Plaza de las Monjas puis l'Ayuntamiento, qui possède un ravissant patio mudéjar et dont la façade rappelle le style herrérien.

Photogénique

Iglesia de San Pedro

Perchée sur un promontoire et construite à la fin du 15e s. sur une ancienne mosquée, c'est l'église la plus pittoresque de la ville. Posés après 1755, les azulejos resplendissants de la façade et du clocher forment avec les palmiers en premier plan un joli sujet photographique.

Plaza de San Pedro ☎ 959 24 05 47 🕒 Lun.-sam. 10h-12h et 17h30-19h, dim. 9h30-10h30 et 17h30-19h

Coquillages et crustacés

Nuevo Mercado del Carmen

Huelva est l'un des tout premiers ports de pêche espagnols, le premier en ce qui concerne les fruits de mer. Une visite au Nuevo Mercado s'impose donc.

À NE PAS MANQUER

- Muelle de las Carabelas (Palos de la Frontera)
- Monasterio de La Rábida (Palos de la Frontera)

L'église de San Pedro, à Huelva

Les étals, qui déclinent entre autres les richesses marines sous toutes leurs formes, investissent un bâtiment à l'architecture résolument contemporaine.

Avenida de Italia, 2 ☎ 674 12 58 21 ⏱ Lun.-sam. 8h30-15h

LES ENVIRONS

Vers l'Amérique

Palos de la Frontera

Trois caravelles sont amarrées dans le port. Les reproductions à l'identique de celles qui, de Palos, s'élancèrent vers l'ouest le 3 août 1492. À bord, un certain Christophe Colomb qui cherchait une nouvelle route vers l'Asie. Palos et ses environs comptent plusieurs sites liés à cette aventure. Dans la ville même, voyez également la maison-musée de Martín Alonso Pinzón, qui accompagna Colomb dans son périple. Elle abrite documents et objets liés à la famille Pinzón et à l'histoire de la ville. Avant leur départ, Colomb et ses compagnons reçurent une ultime bénédiction dans l'église mudéjare San Jorge Mártir (fin du 15e s.)

13km au sud-est de Huelva **Iglesia de San Jorge Mártir** Calle Fray Juan Pérez, 19 ☎ 959 35 07 58 ⏱ Aux heures des offices : lun. 9h, mar.-dim. 20h **Casa de los Pinzón** Calle Colón, 24 ☎ 600 40 26 56 ⏱ Mar.-sam. 10h-14h € 1€

Tous à bord

Muelle de las Carabelas

La *Santa María*, la *Niña*, la *Pinta*, les trois bateaux de l'expédition de Colomb, sont à quai, prêts à prendre la mer. Ces reproductions minutieuses sont aptes à naviguer : elles l'ont d'ailleurs montré en 1992 lorsqu'elles ont visité plusieurs ports espagnols avant de s'amarrer à Séville pour l'Exposition universelle. Vous pourrez monter à bord, descendre dans les cales, et constater à quel point

SUR LES TRACES DE...
"Nous partîmes le vendredi 3 août 1492, à 8h, de la barre de Saltes..." Ainsi débute le journal de bord de Christophe Colomb. Il pensait ouvrir une nouvelle route vers les Indes. En abordant l'Amérique, il crut sa mission accomplie. Colomb effectua deux autres voyages vers l'ouest en 1493 et 1498. À sa mort en 1506, il ignorait qu'il avait découvert un nouveau continent.

étaient exiguës ces embarcations où une trentaine d'hommes prenaient place. Les enfants adorent. Une exposition sur l'expédition et la reconstitution d'un village amérindien tel qu'aurait pu le découvrir Colomb complètent la visite.

Palos de la Frontera ☏ 959 53 05 97 ◷ Mi-juin-mi-sept. : mar.-dim. 10h-21h30 ; mi-sept.-mi-juin : mar.-dim. 9h30-20h € 3,60€, réduit 1,20€

Avant de partir

Monasterio de La Rábida 👍

C'est dans ce vénérable monastère que Christophe Colomb fit les derniers préparatifs de son voyage. Une série de tableaux évoquent son séjour. Les bâtiments eux-mêmes méritent la visite. Si une grande partie de l'édifice a été reconstruite après le séisme de 1755, subsistent quelques éléments du plus beau style mudéjar en vigueur à l'époque de construction du monastère à la fin du 15e s. : l'arc outrepassé du porche d'entrée, le paisible cloître et les murs de l'église. À l'intérieur de celle-ci est conservée une image de la Vierge devant laquelle Colomb s'est agenouillé avant son départ.

3km au sud du centre de Palos de la Frontera ☏ 959 35 04 11 www.monasteriodelarabida.com ◷ Mar.-dim. 10h-18h € 3,50€, réduit 3€ (audioguide français gratuit)

Sur la plage de Mazagón

Le vœu de Colomb
Moguer

Dernière étape du "pèlerinage colombien". À son retour, Colomb passa sa première nuit à prier dans l'église du monastère de Santa Clara. Il accomplissait le vœu qu'il avait fait au plus fort d'une tempête essuyée au large des Açores. L'architecture gothique-mudéjare du monastère justifie la visite. Moguer est également la ville natale de Juan Ramón Jiménez, prix Nobel de littérature en 1956, exilé à Porto Rico à l'époque de Franco. Il fut enterré à Moguer en 1958. Sa maison a été aménagée en musée.

20km à l'est de Huelva **Monasterio de Santa Clara** Plaza de las Monjas ☎ 959 37 01 07 www.monasteriodesantaclara.com ◷ Visites guidées uniquement : mar.-sam. 10h, 11h, 12h, 13h et 14h € 3,50€, réduit 2,50€, famille 9€ **Casa-Museo Zenobia-Juan Ramón Jiménez** Calle Juan Ramón Jiménez, 10 ☎ 959 37 21 48 www.fundacion-jrj.es ◷ Uniquement visites guidées (45 min) : Mi-sept.-mi-juin mar.-sam. 10-14h et 16-19h Mi-juin-mi-sept. mar.-ven. 10-14h30 et 16-20h30, w.e. 10-15h € 3,50€, famille 9€

À FAIRE

Piquez une tête
Punta Umbría

L'été, difficile de trouver un coin de sable pour poser sa serviette. Mais l'endroit reste agréable : ses eaux ont été distinguées par le drapeau bleu européen et le littoral n'est pas trop construit. Dunes et pinèdes ont été déclarées "Paysage naturel" et sont donc protégées. Les accès à la plage se succèdent le long des derniers kilomètres de la route Huelva-Punta Umbría.

20km au sud de Huelva

Succombez au farniente
Mazagón

Proche de Huelva d'un côté et du parc de Doñana de l'autre, Mazagón est entourée des plus belles plages de la Costa de la Luz. Évitez le mois d'août si vous êtes allergique à la foule, mais en juin ou septembre vous trouverez sans peine un petit coin désert pour profiter de la beauté des lieux. La plage la plus agréable est celle de **las Dunas** à l'est du centre, en direction du camping municipal. Près de l'hôtel de grand luxe de la station (p.334) la Playa del Parador est la plus courue (parking payant). En continuant vers l'est, de nombreux chemins partent sur la droite à travers les pinèdes vers des plages tout aussi belles et souvent bien moins fréquentées.

19km au sud de Huelva **Via Verde**

Explorez les dunes
Playa de El Asperillo

La Cuesta de Maneli est une passerelle en bois qui enjambe le Médano del Asperilla, vaste zone de dunes côtières, hautes de 30 à 100m. Une promenade très agréable (compter 1h aller-retour), débouchant sur une plage de toute beauté, la Playa de El Asperillo, fréquentée par les nudistes et déserte la plus grande partie de l'année.

12km à l'est de Mazagón

Chevauchez dans la nature

Arte Andaluz

Grimpez sur un cheval pour découvrir à un autre rythme les plages, les dunes et même les marais du parc naturel de Doñana tout proche. Débutants acceptés.

11km au sud-est de Mazagón devant le camping Doñana Playa ☎ 626 02 20 55 www.arteandaluz.es

NOS ADRESSES

PAUSES

La mer à l'honneur

Casa A'Poliña Calviño €

Ce petit resto est le repaire des marins du coin. La décoration superpose barre à roue, baromètre et autres objets de marine. Les produits de la mer sont à l'honneur, cuisinés simplement et servis copieusement. Question fraîcheur, pas d'inquiétude : le poisson n'a qu'à traverser la rue, le marché est en face. Tapas de 2 à 3,50€, *media ración* de 5,50 à 8,80€ et *raciones* gargantuesques de 9 à 22€.

HUELVA Calle Tendaleras, 9 ☎ 959 24 98 36 ⌚ Lun.-sam. 8h-19h Fermé en août

RESTAURANTS

En terrasse

La Fonda de María Mandao €

Située sur une belle petite place, sa terrasse est peut-être la plus charmante de la ville. La déco épurée a conservé la façade à azulejos d'origine, aux airs portugais. Dans l'assiette, les saveurs d'autrefois sont mises au goût du jour et sublimées par la fraîcheur des matières premières : *salmorejo* aux aubergines, hamburger aux gambas... Comptez 3€ la tapa et 12€ la *ración*.

HUELVA Calle Vázquez López, 11 ☎ 673 01 73 91 ⌚ Lun. 8h30-17h, mar.-ven. 8h30-17h et 20h30-0h, sam. 12h-17h et 20h30-0h, dim. 12h-17h

> **LES PIEDS DANS LE SABLE**
>
> Avis aux voyageurs disposant d'un petit budget et aux amateurs de bonne ambiance : les beaux jours venus, des *chiringuitos* s'installent sur les plages, tels celui, excellent, du restaurant El Remo, à Mazagón : quelques tables et chaises, du poisson et des fruits de mer *a la plancha*, la recette est simple mais bonne.
>
> **Avenida Conquistadores, 123 (Playa Picacho) ☎ 959 37 72 42**

Poisson et fruits de mer

El Choco €

Une bonne adresse dans une rue piétonne agréable. Ce bar-restaurant a

Encornet grillé à El Bodegón

une spécialité : le *choco*, de la seiche coupée en petits morceaux et frite (12€ la *ración*). Un délice ! Les amateurs de poisson se régaleront d'une *corvina a la plancha* (env. 15€ pour 300g). La terrasse s'anime à midi et en fin de semaine. Service efficace et ambiance sympathique.

MAZAGÓN Avenida Fuentepiña, 11 ☏ 959 53 62 53 ⏲ Mar.-dim. 12h-17h30 et 20h-0h Fermé mi-oct.-mi-nov.

Le roi du barbecue
El Bodegón €€

Deux grandes salles blanches, auxquelles les voûtes anciennes et le mobilier en bois rustique donnent un air de vieille auberge. Et, ce qui ne gâte rien, on y mange bien, et majoritairement bio. De délicieux poissons et viandes rigoureusement sélectionnés et simplement grillés dans la cheminée. Attention, prix indiqués pour 100g ! Comptez 30€ pour une entrée et une grillade.

PALOS DE LA FRONTERA Calle Rábida, 46 ☏ 959 53 11 05 ⏲ Mer.-lun. 14h-16h et 21h-23h

SORTIES

En début de soirée, tout le monde se retrouve dans les bars de l'Avenida Pablo Rada : tapas et premiers verres. Lorsque la nuit est bien avancée, il est temps de rejoindre les troquets du quartier de la Plaza de la Merced. Quand ils ferment, l'aube n'est plus très loin. En été, une grande partie des noctambules émigre vers la côte.

Groove avec vue
Mandala

Un bar en plein air perché sur une corniche du Parque Moret pour de belles nuits festives en perspective. On se rencontre autour du bar circulaire et on se déhanche sur des mix pop, rock et de la musique des années 80 face à un panorama exceptionnel ! Lounges plus intimes au sous-sol.

HUELVA Avenida Manuel Siurot ☏ 647 74 51 38 ⏲ Tlj. 15h-3h, ven.-sam. 15h-4h

Bar de plage
Restaurante Las Dunas

Depuis trois générations, les Blanco Acosta font partager leur amour de la cuisine traditionnelle et du terroir dans leur restaurant face à la mer, près du port de plaisance. En été, la soirée se termine au bar sur la plage.

MAZAGÓN Avenida Conquistadores, 178 ☏ 959 37 78 11 www.mardedunas.es ⏲ Lun.-sam. 11h-20h30, dim. 11h-16h30 Fermé nov.-février

EL ROCÍO ET LE PARC DE DOÑANA

Maisons blanches en bois, larges avenues où il n'est pas rare de croiser des cavaliers : bienvenue au Far West ! Le seul endroit de la région où vous risquez de vous ensabler dans la rue principale ! La fièvre monte à El Rocío chaque année pour le pèlerinage de la Pentecôte, unique en Europe. Le bourg est aussi un bon point de départ pour explorer les extraordinaires paysages de sa lagune, la réserve de Doñana.

ACCÈS ET INFOS

• 68km à l'est de Huelva et 80km au sud-ouest de Séville

À VOIR

EL ROCÍO

De bien larges avenues pour une si petite ville. Sans doute à cause de la Romería, qui draine plus d'un million de personnes. Au long des rues, les maisons des *hermandades* (confréries) arborent leurs noms et symboles. Elles restent vides en dehors de la période du pèlerinage. Les trois immenses places (Plaza Doñana, Plaza del Acebrón et Plaza Mayor) laissent imaginer l'ampleur de la foule qui s'amasse alors pour voir passer la Vierge. Le reste de l'année, elle trône dans son **sanctuaire de Nuestra Señora del Rocío**, enveloppée dans son manteau somptueusement brodé. Le long de la lagune s'étire le Paseo Marismeño. En hiver et au printemps, les couchers de soleil sur l'eau recouverte d'oiseaux sont totalement irrésistibles.

Santuario de Nuestra Señora del Rocío Calle La Ermita, 1 El Rocío 959 44 24 25 ou 959 45 03 76 www.hermandadmatrizrocio.org Oct.-mai : mar.-mer. 10h-14h, jeu.-dim. 10h-14h et 16h-19h ; juin, août : mar.-dim. 10h-14h et 17h-20h ; juil.-août : mar.-dim. 10h-14h et 18h-21h30 Entrée libre

SENSATIONS FORTES

À la Pentecôte, ils sont plus d'un million, venus de toute l'Espagne, à converger vers El Rocío. Vêtus des traditionnels habits *rocieros* (robes à volants colorées pour les femmes, pantalons rayés et veste courte pour les hommes), les pèlerins viennent, groupés en confréries, honorer la Vierge. Le lundi, la procession finale donne lieu à de véritables scènes de délire.

PARQUE NACIONAL DE DOÑANA ★

À pied, en 4 X 4 ou à cheval, ne manquez pas la visite de l'un des plus beaux parcs naturels européens. Le Coto Doñana, comme l'appellent les habitants de la région, couvre 54 000ha. C'est une zone humide où le mariage de la terre et de l'eau compose un paysage fascinant. Tout aussi envoûtant, le cordon de dunes qui suit le littoral : on se croirait au Sahara. Le parc naturel abrite tout un monde d'oiseaux, sédentaires ou migrateurs. La meilleure saison pour visiter le parc est le printemps, quand se déploie le ballet magique des flamants roses.

À NE PAS MANQUER

- Parque Nacional de Doñana ★

L'église d'El Rocío

COULEUR LOCALE

Remarquez, devant les bistrots de la ville, les barres métalliques servant à attacher les chevaux des clients. La région d'El Rocío est une terre de cavaliers. En ville les *guarnicionerías* vendent les traditionnelles bottines en cuir ouvragé, les ponchos et les couvertures de selle tressés à la main.

Le paradis des oiseaux

Dunes et plages Entre Matalascañas et l'embouchure du Guadalquivir s'étire une plage sauvage de 30km. Elle est bordée d'un cordon de dunes larges dont la largeur peut atteindre 8km. C'est l'un des paysages les plus spectaculaires du parc : on y a tourné des scènes de *Lawrence d'Arabie*. Un sentier aménagé de 1500m permet d'en découvrir une partie depuis Matalascañas(p.98).

Marécages et cotos Les 26 000ha de zones humides prennent des physionomies différentes selon les saisons. Elles peuvent même connaître la sécheresse en été. Aux lisières des marécages croissent des bosquets de pinède et de garrigue, les *cotos* : ils servent de refuge aux mammifères, des cerfs notamment, que vous aurez peut-être la chance d'apercevoir. S'y dissimule également le rarissime lynx ibérique.

À la découverte du parc La majeure partie de la zone protégée est interdite au public. Un réseau de sentiers pédestres en accès libre a été aménagé à partir des trois centres de visiteurs qui bordent le parc. Longs de 1,5 à 6km, ils sont accessibles à tous. Pour une découverte plus approfondie, vous pourrez grimper à bord d'un minibus tout-terrain pour une excursion commentée de 4h env. (jumelles fournies, 30€/pers.) au départ du centre de visiteurs d'El Acebuche. Sur réservation. Pour une découverte hors des sentiers battus voir rubrique “À faire” (p.99).

Dans les marais du parc national de Doñana

Centro de Visitantes La Rocina

Exposition sur les modes de vie traditionnels de la région. Joli sentier de 3,5km ponctué de 5 observatoires.

Env. 2km au sud d'El Rocío dir. Matalascañas 959 43 95 69 Fév.-oct. : lun.-sam. 9h-15h et 16h-19h, dim. 9h-15h ; nov.-jan. : tlj. 9h-15h et 16h-18h

Centro de Visitantes Palacio del Acebrón

Cette imposante demeure accueille une exposition sur les modes de vie traditionnels de la région. Sentier de 1,5km à travers la forêt.

10km à l'ouest d'El Rocío 600 14 46 25 Fév.-oct. : lun.-sam. 9h-15h et 16h-19h, dim. 9h-15h ; nov.-jan. : tlj. 9h-15h et 16h-18h

À FAIRE

Vamos a la playa

Matalascañas

La plage de Matalascañas figure parmi les plus belles d'Europe : sable clair à perte de vue, vagues bleutées de l'Atlantique, nuées d'oiseaux marins, un vrai

LES EMBLÈMES D'UNE ARCHE DE NOÉ

Les symboles du parc national de Doñana sont le lynx pardelle et l'aigle ibérique, deux espèces en voie de disparition qui trouvent encore là des conditions relativement favorables à leur survie.

paradis… même si l'espèce la plus répandue en été est le vacancier. La côte est envahie par le béton, les commerces et les boîtes de nuit. Mais on peut y échapper : garez-vous tout au bout de la ville et continuez à pied. Commence alors la longue plage bordée de dunes qui appartient au parc de Donaña. Plus on va loin, plus on est tranquille.

21km au sud d'El Rocío

Randonnez dans le parc

Les sentiers de randonnée (de 1 à 6km) sont le moyen le plus agréable pour profiter de la beauté des lieux et offrent un bon aperçu de la flore du parc. Ils partent des centres d'information pour les visiteurs.

Abordez le parc autrement

Un centre hippique, Doñana a Caballo, propose des balades à cheval (à partir de 20€/h) ou en calèche (90€/h, jusqu'à 10 pers.) sur les sentiers qui entourent El Rocío. Les passionnés d'ornithologie et de photo s'adresseront à Doñana Nature, qui organise des tours quotidiens en véhicule collectif (35€/pers., durée env. 3h) et, sur mesure, en voiture privée (150€ jusqu'à 4 pers., durée env. 3h).

Doñana a Caballo Avenida La Canaliega El Rocío 674 21 95 68 Tlj. 8h-14h et 15h-21h
Doñana Nature Calle Moguer, 10 El Rocío 959 44 21 60 www.donana-nature.com

NOS ADRESSES

RESTAURANTS

Table avec vue

Restaurante El Toruño ♥€€

Juste en face de l'hôtel du même nom. Décoration rustique-chic et grande baie vitrée ouvrant sur la lagune. Vous dégusterez une cuisine régionale de qualité : poissons et crustacés sont au top. Accompagnez-les d'un bon vin blanc fruité du Contado, l'appellation locale. Les plats de viande ne déparent pas, la région étant aussi un fief bovin. Plusieurs formules et menus entre 17 et 42€. Mieux vaut réserver.

EL ROCÍO Plaza Acebuchal, 16 959 44 24 22 www.toruno.es Tlj. 12h-23h30 Fermé pendant la Romería et quelques jours à Noël

Classique

Aires de Doñana €€€

Toute la bonne cuisine est là, à base de plats régionaux comme la *ternera mostrenca al sabor de la casa* (côte de veau au vin blanc et aux herbes) ou le *brazuelo de cabrito lechar guisado en cazuela y pulpa de berenjenas* (carré d'agneau de lait et aubergine en casserole). Et pour le plaisir des yeux, une vue imprenable sur la lagune, particulièrement romantique au soleil couchant. Env. 40€ avec boisson.

EL ROCÍO Avenida de la Canaliega, 1 959 44 22 89 Mar.-dim. 13h-23h Fermé pendant la Romería et fin juin-mi-juil.

ARACENA ET SA RÉGION

Des collines verdoyantes où les porcs noirs farfouillent sous les chênes-lièges. Dans les plaines, des taureaux de combat aux cornes effilées. Des cavaliers cheminant d'un village à l'autre : l'Andalousie traditionnelle. La destination idéale pour une étape de deux ou trois jours, le temps de visiter l'une des plus anciennes mosquées d'Al-Andalus et de suivre l'un des chemins de randonnée du parc naturel de la Sierra Morena.

ACCÈS ET INFOS

- Aracena est située 90km au nord-ouest de Séville et à 106km de Huelva

À VOIR

ARACENA

En pente

Quartier médiéval

Le centre historique, qui occupe le flanc du Cerro del Castillo, mérite le coup d'œil... et un bon coup de jarret. Ses vieilles ruelles pentues aux pavés irréguliers sont bordées de petites maisons anciennes. À mi-chemin de l'ascension, la Plaza Alta est bordée par l'Iglesia de la Asunción, de style gothique tardif (16e s.), et le Cabildo Viejo (ancienne mairie), bel édifice du 16e s. : remarquez les ornementations mudéjares. Au plus haut de la ville, les ruines du château d'Aracena dominent la région.

DRÔLE D'AFFAIRE

Les Anglais expatriés au 19e s. menaient une vie typiquement britannique sous le ciel andalou. Ils introduisirent leurs sports favoris, le golf, le cricket et surtout le football. Fondé en 1890, le Ríotinto FC fut en effet le premier club espagnol de ballon rond.

Sous terre

Gruta de las Maravillas

L'eau a creusé des galeries souterraines au cœur des parois du Cerro del Castillo. Un parcours d'env. 1 000m est aménagé, jalonné de concrétions calcaires avec deux temps forts : le "grand salon" et ses plafonds à plus de 50m de hauteur, et la "cathédrale" avec ses colonnes en forme d'orgues. L'ensemble du parcours est éclairé et mis en musique. Fraîcheur garantie.

Calle Pozo de la Nieve 663 93 78 76 Dim.-ven. 10h-13h30 et 15h-18h, sam. 10h-13h30 et 15h-19h 12,50€ en sem. ou 15€ le w.e., visite géologique guidée 25€

Leçon de charcuterie

Museo del Jamón de Aracena

Ce musée est aussi appelé Centro de Interpretación del Cerdo Ibérico : sa visite guidée de 40min permet de tout savoir sur la fabrication du célèbre

À NE PAS MANQUER

- Gruta de las Maravillas (Aracena)
- Peña de Hierro
- Almonaster la Real

La terre rouge du parc minier de Riotinto

jamón ibérico, de l'élevage des bêtes jusqu'à la commercialisation. Possibilité de billet combiné avec la grotte des Merveilles, à 150m de là.

Gran Vía 663 93 78 70 Tlj. 10h-14h et 16h-19h 3,50€

AUX ENVIRONS

Spectaculaire

Parque minero Ríotinto

Depuis la préhistoire, on fouille ici les entrailles de la terre pour en extraire le cuivre. Résultat, un impressionnant paysage de fin du monde, avec ces immenses gisements à ciel ouvert, dépouillés de toute végétation et où les acides ont coloré l'eau des lacs. Le site a été exploité de 1873 à 1954 par une compagnie britannique, Ríotinto, qui est toujours aujourd'hui un mastodonte de l'industrie sidérurgique. Un musée retrace l'histoire de l'activité minière, avec la visite d'une galerie à la Peña de Hierro et le parcours de l'ensemble du site en petit train (à vapeur les premiers dimanches du mois de novembre à avril). Possibilité de billet combiné pour les trois sites.

30km au sud d'Aracena 959 59 00 25 www.parquemineroderiotinto.es

Museo minero

Les huit salles d'exposition retracent l'histoire de l'activité minière depuis l'Antiquité. Le temps fort : la reconstitution d'une galerie à l'epoque romaine, mélange d'ingéniosité technique et de cruauté envers les hommes, puisque les mineurs de ces premiers siècles étaient des esclaves. Le billet donne aussi accès à la Casa 21. C'est l'une des maisons construites par la compagnie britannique pour ses ingénieurs. Entièrement restauré et meublé, l'édifice donne l'occasion d'une jolie plongée dans l'époque victorienne.

Mi-sept.-mi-juil. : tlj. 10h30-15h et 16h-19h ; mi-juil.-mi-sept. : tlj. 10h30-15h et 16h-20h 5€

Peña de Hierro 👍

Cette gigantesque mine à ciel ouvert de 85m de profondeur dépasse les 300m de diamètre. Elle a été exploitée jusqu'en 1972. Le guide vous détaille les particularités géologiques du lieu ainsi que les techniques d'exploitation avant de vous conduire vers le clou du parcours : une galerie souterraine de plus de 200m.

10km à l'ouest du site principal 🕒 Visite tlj. 12h, 13h30, 17h30 (19h30 mi-juil.-sept.) € 8€ Inscription au musée, il faut se rendre sur le site avec son propre véhicule

Ferrocaril Minero

La compagnie minière avait créé une ligne de chemin de fer entre l'exploitation et le port de Huelva. 12km ont été remis en état afin de permettre aux visiteurs d'embarquer à bord de wagons anciens restaurés pour une promenade de 90min.

4km à l'ouest du site principal 🕒 Mi-fév.-juin, oct.-mi-nov. : lun.-ven. 13h, sam.-dim. 13h30 ; mi-juil.-sept. : tlj. 13h30 et 17h30 ; mi-nov.-mi-fév., début juil.-mi-juil. : tlj. 13h30 € 3€

Souvenir des califes

Almonaster la Real 👍

Le village aux ruelles blanches possède une magnifique survivance de l'islam andalou : une mosquée construite au 10e s. merveilleusement préservée. Seul le porche a été ajouté au 14e s. dans un style mudéjar qui se fond bien dans l'ensemble. L'ancienne salle de prière aligne d'élégantes arches en briques soutenues par de belles colonnes de grès. Çà et là, des chapiteaux wisigothiques proviennent de l'église qui s'élevait auparavant sur les lieux. Sur le mur du fond, le mihrab serait le plus ancien conservé de la péninsule Ibérique. Un minuscule patio abrite la fontaine à ablutions.

30km à l'ouest d'Aracena 📱 www.almonasterlareal.es

Le village d'Almonaster La Real

À FAIRE

Offrez-vous une belle balade champêtre

Parque Natural Sierra de Aracena y Picos de Aroche

Un superbe endroit pour les amoureux de la randonnée. 184 000ha d'étendues vallonnées sur les contreforts de la Sierra Morena, dont les sommets culminent à 1 000m d'altitude. Plus que de randonnée sportive, il s'agit ici de longues balades champêtres, sur des chemins vicinaux, à la découverte d'un milieu naturel séduisant dominé par les chênes verts et les chênes-lièges, mais aussi des hommes qui y vivent et de leurs activités. Le village de Jabugo se trouve à l'intérieur du parc : rien d'extraordinaire sinon qu'il a donné son nom au plus fameux jambon espagnol. Le centre des visiteurs du parc à Aracena vous fournira une carte des différents sentiers, ainsi que les informations que vous désirez. Les adeptes du VTT y trouveront aussi une carte des pistes.

Centro de Visitantes Cabildo Viejo Plaza Alta ⌚ Horaires irréguliers, pour plus de renseignements appeler le 959 12 95 53

NOS ADRESSES

RESTAURANTS

Une table généreuse

Taberna Restaurante El Manzano €

Manolo Rivero, le patron, accueille ses clients chaleureusement. Sa cuisine version montagnarde utilise des produits toujours frais : champignons (10-15€) et jambon irrésistibles. Des fourneaux sortent des plats mitonnés comme à la maison, simples et bons, avec une belle présentation. Choix d'entrées de 6 à 13€, plats à partir de 9€.

ARACENA Plaza Marquez de Aracena, 22 ☎ 672 60 54 56 ⌚ Lun. et jeu.-ven. 9h-0h, mar. 9h-16h, sam. 10h-0h, dim. 11h-0h

Surprise du chef

Restaurante José Vicente ♥€€

Une adresse très réputée mais pas guindée. José Vicente a le don de faire partager sa passion et emmène ses hôtes dans un voyage culinaire inoubliable : n'hésitez pas à vous en remettre à lui pour un repas sans faute. Incontournable jamón (25€ la ración) et carte variant au gré des saisons. Comptez env. 30€ avec boisson et réservez.

ARACENA Avenida Andalucía, 53 ☎ 959 12 81 55 ⌚ Mer.-lun. 13h-16h30 Fermé fin juin-début juil.

JAMÓN DE HUELVA

La région de la Sierra de Aracena s'enorgueillit de posséder avec Jabugo l'un des meilleurs centres de production de jambon ibérique, issu de l'élevage des porcs noirs vivant dans la nature et se nourrissant exclusivement de glands. La tradition de qualité du *pata negra* de Jabugo a conduit à la création d'une appellation d'origine contrôlée (DO) : le *jamón de Huelva*.

Une région pour tous les goûts : promenade dans les villes de Cadix, au charme un peu décati, ou de Málaga, qui s'étire langoureusement en bord de mer. Les amateurs de vin ne manqueront pas Jerez. Pour les photographes, Ronda et les villages blancs des alentours sont des musts. On peut aussi profiter de la nature sur les plages de la Costa del Sol ou les sentiers des sierras.

Cadix et Málaga

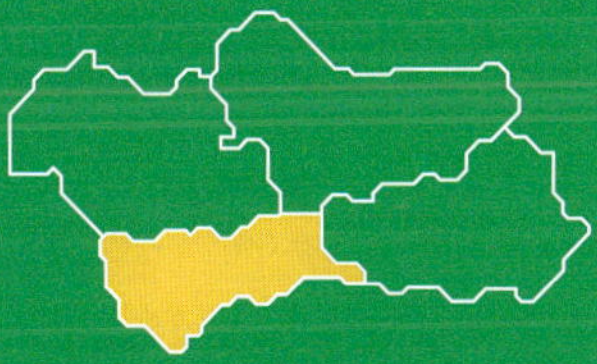

Dans la cour d'une bodega

Plan 4
SÉVILLE
SÉVILLE ET HUELVA p.35
PARQUE NACIONAL DE DOÑANA
PROVINCE DE SÉVILLE
RÍO GUADALQUIVIR
Trebujena
Bonanza
A471
JEREZ ET LE NORD p.126
Sanlúcar de Barrameda
Chipiona
A491
A480
A4
AP4
CIRCUITO DE JEREZ
A382
Jerez de la Frontera
Rota
PUNTA CANDOR
El Puerto de Santa María
BAHÍA DE CÁDIZ
Valdelagrana
PLAYA DE FUENTERRABIA
MONASTERIO DE LA CARTUJA DE SANTA MARIA
Puerto Real
ISLAS CANARIAS
CADIX
CADIX p.114
PLAYA DE LA VICTORIA
CA33
San Fernando
Chiclana de la Frontera
Sancti Petri
A48
COSTA DE LA LUZ
MÁLAGA
Conil de la Frontera
PLAYA EL PALMAR
Vejer de la Frontera
Los Caños de Meca
FARO DE TRAFALGAR
Barbate
PARQUE NATURAL DE LA BREÑA Y MARISMAS DE BARBATE
CABO DE TRAFALGAR
OCÉAN ATLANTIQUE
A4
A371
Espera
Villamartín
RÍO GUADALETE
Puerto Serrano
A382
Bornos
EMBALSE DE BORNES
PARQUE NATURAL DE GRAZALEMA
ARCOS DE LA FRONTERA
A393
EMBALSE DE GUADALCACÍN
RÍO GUADALETE
Algar
A381
Paterna de Rivera
Medina Sidonia
A390
ERMITA DE LOS SANTOS
Naveros
Alcalá de los Gazules
ALJIBE 1 092 M
A375
EMBALSE DE BARBATE
PARQUE NATURAL DE LOS ALCORNOCALES
RÍO BARBATE
CUEVAS DEL TAJO DE LAS FIGUERAS
EMBALSE DEL CELEMÍN
A381
SIERRA BLANQUILLAR
EMBALSE DE CHARCO REDONDO
RÍO GUADARRANQUE
Los Barrios
Zahara de los Atunes
Facinas
TARIFA ET LE SUD p.136
RUINAS ROMANAS DE BAELO CLAUDIA
Bolonia
PLAYA DE BOLONIA
TORRE
P. DEL BUJEO 786 M
PUNTA PALOMA
PLAYA DE LOS LANCES
A48
PARQUE NATURAL DEL ESTRECHO
PLAYA CHICA
TARIFA
ESTRECHO DE GIBRALTAR
Algeciras
BAHÍA DE ALGECIRAS
SIERRA DE LÍJAR
Olvera
A3
Algodonales
Setenil de las Bodegas
Zahara de la Sierra
EMBALSE DE ZAHARA
PINAR 1 654 M
ZAHARA DE LA SIERRA
RONDA LA VIEJA
El Bosque
Grazalema
A376
RONDA
Montejaque
Benaoján
RONDA ET LES VILLAGES BLANCS p.144
EMBALSE DE LOS HURONES
Ubrique
CUEVA DE LA PILETA
Cortes de la Frontera
SERRANÍA DE RONDA
A369
PROVINCE DE MÁLAGA
Gaucín
REALES 1 450 M
Jimena de la Frontera
SIERRA BERMEJA
Estepona
CASARES
RÍO GUADIARO
AP7
Castellar de la Frontera
Guadiaro
Sotogrande
PLAYA DE ESTEPONA
COSTA
San Roque
A348
CA34
La Línea de la Concepción
Gibraltar (R.U.)
PUNTA GRANDE DE EUROPA / EUROPA POINT
ESTRECHO DE GIBRALTAR
Ceuta (Esp.)
Tanger
MAROC
N
10 km

CORDOUE ET JAÉN p.185
Cuevas de S. Marcos
Alameda
Mollina
Sierra de Yeguas
Fuente de Piedra
A92
Campillos
LAGUNA DE FUENTE DE PIEDRA
CUEVA DEL ROMERAL
Estación de Salinas
Archidona
Loja
A92
GRENADE
GRENADE ET ALMERÍA p.235
A384
Teba
EMBALSE DEL CONDE DEL GUADALHORCE
Antequera
ANTEQUERA p.180
DÓLMENS DE MENGA Y VIERA
A92M
Alfarnate
A338
ERMITA RUPESTRE DE LA VIRGEN DE LA CABEZA
El Chorro
PARAJE NATURAL TORCAL DE ANTEQUERA
Villanueva de la Concepción
A7204
Riogordo
Bobastro
Periana
MAROMA 2 065 M
Ardales
Casabermeja
Colmenar
A356
Alcaucín
A357
Alora
El Burgo
Almogía
PARQUE NATURAL DE LOS MONTES DE MÁLAGA
NAVACHICA 1 832 M
SIERRA DE ALMIJARA
Benamargosa
Cómpeta
A366
Pizarra
La Concepción
Vélez-Málaga
Frigiliana
RÍO GUADALHORCE
MÁLAGA p.158
MÁLAGA
Rincón de la Victoria
A7
E15
Torre del Mar
Torrox
Nerja
CUEVA DE NERJA
ALMERÍA
Yunquera
Tolox
Coín
Cártama
PLAYA EL PEÑÓN DEL CUERVO
PARAJE NATURAL DESEMBOCADURA DEL RÍO GUADALHORCE
PLAYA DE BURRIANA
PLAYA DE ALBERQUILLAS
919 M
A355
Monda
TELEFÉRICO BENALMÁDENA
Istán
SIERRA BLANCA
Mijas
AP7
Torremolinos
PLAYA ARROYO DE LA MIL
Ojén
Benalmádena Pueblo
A7
Benalmádena Costa
PLAYA DE CARVAJAL
COSTA DEL SOL
Marbella
E15
Fuengirola
Puerto Banús
A7
PLAYA BENALNATURA
de Alcántara
MARBELLA p.154
MELILLA
PALMA
EL SOL
TANGER
MER MÉDITERRANÉE

HUIT BONNES RAISONS...

de parcourir la pointe méridionale de l'Andalousie, des plages de Málaga aux reliefs de la Sierra de Grazalema.

LE PONT DE RONDA (p.144), pour défier les lois de la pesanteur.

LES RUELLES D'ARCOS DE LA FRONTERA (p.149), pour se perdre dans le plus beau des villages blancs.

CHIRINGUITO EL ESPIGÓN (p.174), pour picorer de délicieuses fritures de poissons, les pieds dans le sable.

·☀· **MÁLAGA** (p.158) , pour prendre des couleurs dans ses musées avant de vous poser au soleil sur la Playa de la Malagueta (p.169).

·☀· **CADIX** (p.114), pour se croire à Cuba tant ses quartiers populaires évoquent ceux de la capitale cubaine.

☀ **EL TORCAL DE ANTEQUERA** (p.182), pour partir à la chasse aux fossiles dans un paysage fascinant.

LES VAGUES DE TARIFA (p.141), pour un spectacle de kitesurf.

CAMINITO DEL REY (p.183), pour tester les limites de sa zone de confort sur des passerelles accrochées à flanc de falaise.

RENDEZ-VOUS AVEC...

Musicien originaire de Jerez de la Frontera, Dani Llamas fait partie du groupe de rock GAS Drummers et mène aussi une carrière en solo. Ses deux derniers albums "La Verdad" et "A Fuego" ont connu un grand succès aurpès des critiques et du public, combinant le rock et les racines flamandes de Jerez. Ses lieux préférés de Jerez et la région de Cadix représentent une promenade haute en couleurs et en émotions !

Mon quartier préféré à Cadix

A La Viña

Ancien quartier de pêcheurs, La Viña (p.115) conserve intacte son âme populaire. Petites ruelles, balcons fleuris, façades à la chaux... Cadix est connue pour son caractère railleur et c'est dans ce quartier débouchant sur la mer qu'il se manifeste le mieux. Faites un tour dans les rues Virgen de la Palma ou Pericón de Cádiz pour vous imprégner de ce joyeux état d'esprit. Deux bars incontournables : El Faro (p.121), où l'on sert depuis des années les meilleures tapas de la ville, et Casa Manteca (p.122), avec son décor surchargé et son ambiance incroyable. Enfin, il ne faut pas rater le coucher de soleil sur la plage de la Caleta, avec ses petites barques doucement bercées par la mer.

Bar du restaurant El Faro CADIX Calle San Felix, 15 956 21 10 68 www.elfarodecadiz.com Tlj. 13h-16h30 et 20h30-23h30 **Taberna Casa Manteca** CADIX Quartier de la Viña Calle Corralón de los Carros, 66 956 21 36 03 Tlj. 12h-16h30 et 20h30-0h30

Mon bar préféré

B La Moderna

Cette institution est mon bar préféré à Jerez, le meilleur endroit

pour prendre le pouls de la ville ! À l'heure de l'apéritif, toutes les couches de la société *jerezana* s'y retrouvent pour boire un verre de vin de la région avec des tapas de *papas aliñás*. Au fond du bar, un pan de la muraille arabe médiévale est encore visible. Et il y a Alfonso, le serveur gouailleur à la coupe de vieux rockeur.

JEREZ DE LA FRONTERA Calle Larga, 67 956 32 13 79 Lun.-ven. 7h-23h, sam. 8h-0h

Mes *tabancos*

C La Pandilla

Le *tabanco* est un concept typiquement *jerezano*. Ce sont des bars à tapas où les clients pouvaient

La Playa Bolonia

ENVIE DE FLÂNER ?

Une randonnée d'environ 5km dans la sierra, de Benamahoma à El Bosque, en suivant le cours du Majaceite. Et pour reprendre des forces, une soupe aux asperges ou à l'ail chez Venta Julián.

D Venta Julián
Avenida Diputación, 11 El Bosque
956 71 60 06 Sam.-jeu. 7h45-21h30

aussi acheter du vin au litre. Les *tabancos* n'ayant pas de cuisine, ils proposent une nourriture à base de conserves, de charcuterie et de fromages, le tout accompagné d'un bon verre de xérès. Les tonneaux derrière le comptoir, les vieilles affiches… la décoration garde en général le charme d'antan. Côté vins, il faut y découvrir le secret le mieux gardé des crus de la région : le *palo cortado*. Mon grand-père travaillait aux chais, donc je sais de quoi je parle ! Mon *tabanco* préféré est La Pandilla, dans le quartier de l'Albarizuela, mais il y a aussi Plateros ou El Pasaje.

JEREZ DE LA FRONTERA Calle Valientes, 14
956 34 32 48 Hiver : mar.-sam. 12h30-15h30 et 21h-23h30, dim. 13h-16h ; été : lun.-sam. 12h-15h30 et 21h-0h

Ma plage

E Playa Bolonia

J'adore cet endroit ! Cette anse de sable blanc (p.137) est la plus belle plage de la région. On peut presque toucher le Maroc ! L'immense dune qui s'élève dans la partie ouest offre une vue époustouflante sur le détroit de Gibraltar et sur les pinèdes environnantes

Environ 100km au sud de Cadix

SI CADIX ÉTAIT…

Une musique Ce serait une mélodie vivante, une chanson éternelle mélangeant les rythmes de l'Afrique et de l'Amérique.

CADIX ★

En Andalousie, on la surnomme "Habanita", la "petite Havane". C'est vrai qu'avec ses rues fatiguées, ses demeures à l'opulence et aux couleurs un peu passées et ses esplanades ouvertes sur la mer, la ville n'est pas sans rappeler la capitale cubaine. Cadix peut paraître un peu poussiéreuse, décatie. Mais cela participe aussi de son charme prenant.

ACCÈS ET INFOS

- 123km au sud de Séville et 50km au sud de Jerez de la Frontera
- Se garer dans le centre de Cadix est mission impossible. Laissez donc votre voiture dans l'un des parkings de la ville. Celui du Paseo de Canalejas, situé près de l'office de tourisme, est le plus commode.

À VOIR

Cadix occupe une péninsule : vous traverserez tout d'abord la ville moderne avant d'atteindre le centre historique tout au bout.

BARRIO DEL PÓPULO

Le centre historique s'ouvre avec la Plaza de San Juan de Dios. Au sud s'étend le quartier le plus ancien de Cadix, le Barrio del Pópulo. Il porte bien son nom. Dans le fouillis de ses ruelles se sont installés commerçants et artisans et, le soir venu, cafés et pubs musicaux assurent l'ambiance.

Délire de colonnes

Iglesia de Santa Cruz (plan 5, C3)

Sur la Plaza de Fray Félix se dresse l'Iglesia de Santa Cruz. Ce fut la première cathédrale de Cadix construite au-dessus d'une mosquée sitôt la cité prise aux musulmans en 1262. Détruite par le feu lors du siège de la ville par les Anglais en 1596, elle a été entièrement rebâtie au début du 17e s. L'intérieur présente un vertigineux foisonnement de voûtes et de colonnes, un dispositif peu commun.

Pour les stalles

Catedral (plan 5, C3)

1680 : Cadix est autorisée à commercer avec le Nouveau Monde. L'or des Amériques ruisselle sur la ville : on décide de construire une nouvelle cathédrale. Les travaux débutent en 1722. Ils s'éterniseront jusqu'en 1836. Au passage, le goût sera passé du baroque ou néoclassicisme : la silhouette générale de l'édifice s'en ressent. On a voulu grand, l'intérieur donne dans la démesure, impression accentuée par le dépouillement de la pierre et du marbre. Les stalles du chœur, en acajou ciselé, sont l'un des éléments les mieux réussis (1702). Pour les mélomanes : le tombeau du compositeur Manuel De Falla (1876-1946) se trouve dans l'édifice.

À NE PAS MANQUER

- Barrio del Pópulo
- Catedral
- Museo de Cádiz

Les toits et la cathédrale de Cadix

Plaza de la Catedral ☎ 956 28 61 54 www.catedraldecadiz.com ⏲ Lun.-sam. 10h-20h, dim. 13h30-20h € 7€ (avec audioguide)

Museo Catedralicio (plan 5, C3)

Le lieu mérite le détour. Les collections diocésaines sont présentées dans la Casa de la Contaduría, construite au 16e s. en remployant des voûtes du théâtre romain. Elle englobe également un ravissant patio mudéjar de 1500. Les 10 salles présentent une riche collection d'orfèvrerie religieuse, d'ivoires sculptés et de vêtements sacerdotaux.

Plaza Fray Félix ⏲ Lun.-sam. 10h-16h € 7€ (visite de la cathédrale incluse)

COULEUR LOCALE

Les charmantes ruelles piétonnes du Barrio del Pópulo, auxquelles on accède par des passages médiévaux, regorgent d'établissements où grignoter quelque chose ou seulement prendre un verre. À la belle saison, des terrasses fleurissent à chaque coin de rue ; la promenade y est très agréable le soir, et le dépaysement garanti !

BARRIO DE LA VIÑA

Le quartier s'ouvre avec la Plaza de la Cruz Verde. Puis, autour de la Calle Virgen de la Palma et de la Calle de los Carros se déploie un réseau d'allées étroites et sans prétention, où le linge pend aux fenêtres au-dessus des bars et des restaurants d'où s'échappent des odeurs de friture de poisson. C'est l'ancien quartier des pêcheurs *gaditanos* qui s'achève à la petite plage de la Caleta, avec ses barques colorées mouillant à l'abri du fort San Sebastián (18e s.).

Pauses (n°1 à 8)

3 Archivo de Indias - *p.121*...... C3
7 Bar du restaurant El Faro - *p.121*.................. B3
1 El Café de Ana - *p.121*......... D3
5 El Malagueño - *p.122*.......... C3
2 El Teniente Seblon - *p.121*.... C3
4 La Clandestina - *p.121* C2
8 La Manzanilla de Cádiz - *p.122*............... C2
6 Taberna Casa Manteca - *p.122*......... B3

Restaurants (n°20 à 25)

23 Café Royalty - *p.123* C2
21 El Fogón de Mariana - *p.123* B2
20 Freiduría Las Flores - *p.122* .. C2
26 La Candela - *p.123*............ C2
22 Mesón Cumbres Mayores - *p.123*.....C1
24 Restaurante Atxuri - *p.124* ... D3
25 Restaurante El Faro - *p.124* .. B3

Shopping (n°30 à 32)

31 Galería Artesanal El Pópulo - *p.124*.............. C3
32 Magerit - *p.125* C1
30 Mercado Central - *p.124* C3

Sorties (n°40 à 45)

45 Café de Levante - *p.125* C2
41 Café Teatro Pay-Pay - *p.125* . C3
43 La Cava - *p.125* C1
40 Teatro Falla - *p.125* B1

Hébergements (n°50 et 51)

50 Hostal Fantoni - *p.335* C3
51 Hotel Argantonio - *p.335* C2

LE CARNAVAL

Pendant dix jours en février, Cadix, d'ordinaire paisible, déborde d'exubérance. Les mois précédents, les *peñas* de la ville ont préparé leur tour de chant, burlesque, cocasse et satirique. Elles vont le présenter au public et se soumettre à un concours. Les meilleurs auront les honneurs des planches du théâtre De Falla.

Tout au long du carnaval, les groupes de musiciens et de chanteurs sillonnent les ruelles du centre-ville dans une ambiance totalement débridée. Si vous voulez assister aux festivités, il est impératif de réserver votre hôtel longtemps à l'avance. Et de vous préparer à des prix beaucoup plus élevés que le reste de l'année.

Rens. 956 22 71 11

***Peña* de musiciens**

BARRIO DEL MENDITERO

Au nord de la presqu'île, ce quartier se prête à la promenade. En journée, le long de l'Alameda Apodaca, une agréable esplanade face à la mer dont les ficus centenaires frémissent dans la brise marine. Revenez le soir : le coucher de soleil est particulièrement romantique. La Plaza de San Antonio a ses fidèles en fin d'après-midi tandis que les boutiques des rues voisines, Calle Ancha et Calle Cánovas del Castillo, sont le repaire des *fashionistas*. Le quartier recèle également quelques petits bijoux d'architecture. La nuit tombée, c'est aussi un bon endroit pour sortir.

COULEUR LOCALE

Les marchés couverts sont une institution andalouse et espagnole. Sous les voûtes de leur architecture souvent soignée, vous découvrirez le meilleur des produits du cru et trouverez aussi des bars où grignoter des petits plats typiques. Le marché de Cadix est incontournable : il possède son coin gastronomique pour déguster debout le meilleur de la région (p.124).

Trésor caché

Oratorio de la Santa Cueva (plan 5, C2)

Un petit joyau dans le style néoclassique (1780). Si la partie inférieure (Capilla Baja) est assez sobre, la partie haute de la chapelle (Capilla Alta) jouit au contraire d'une décoration luxuriante, au milieu de laquelle vous remarquerez trois beaux tableaux de Goya (1795).

Calle Rosario, 10 956 22 22 62 Mar.-ven. 10h-14h et 17h-19h30, sam. 11h30-14h, dim. 10h-14h 4€, dim. gratuit

Histoire

Oratorio de San Felipe Neri (plan 5, B2)

C'est dans cette belle église baroque, construite de 1688 à 1719, que se réunirent en 1812 les membres du gouvernement provisoire des Cortes, qui y rédigèrent la première Constitution espagnole, fondée sur des principes libéraux et démocratiques. Si ces faits vous intéressent, visitez le Museo de las Cortes de Cádiz, juste à côté.

Calle Santa Inés 662 64 22 33 Mar.-ven. 10h-14h et 17h-19h30, sam. 11h30-14h, dim. 10h-14h 3€, dim. gratuit Museo de las Cortes de Cádiz Calle Santa Inés, 9 956 22 17 88 Lun.-ven. 9h-14h30 Entrée libre

Des Romains à Zurbarán

Museo de Cádiz (plan 5, C1)

Deux temps forts : la section archéologique et la collection des beaux-arts. En parcourant le rez-de-chaussée, vous saurez tout du passé antique de la ville, des Phéniciens aux Romains. À ne pas manquer, deux extraordinaires sarcophages en marbre (400 av. J.-C.) dont la forme rappelle l'Égypte des pharaons, et la statue colossale de l'empereur Trajan. Au premier étage, attachez-vous surtout aux peintures baroques et notamment à la série d'œuvres sur bois de Zurbarán, peintes entre 1638 et 1639 pour la Cartuja de Jerez. Le maître du "réalisme baroque" y fait montre de toute sa maîtrise des couleurs et de la lumière.

Plaza de Mina 856 10 50 34 Mi-sept.-mi-juin : mar.-sam. 9h-20h30, dim. 9h-15h ; mi-juin-mi-sept. : mar.-dim. 9h-15h 1,50€, entrée libre pour les ressortissants de l'UE

Avec les enfants

Yacimiento Arqueológico Gadir (plan 5, C2)

Vous allez traverser mille ans d'histoire depuis la fondation de la ville par les Phéniciens jusqu'à l'époque romaine. La muséographie est particulièrement séduisante ; le parcours traverse des vestiges archéologiques, rues, maisons, usines de salaison... parfaitement mis en valeur par des bornes interactives et des vidéos. Pour les enfants, une enquête policière : comment est mort Marran, un *gaditano* du 6e s. av. J.-C. ? En fin de parcours, le mystère sera résolu et ils feront même la connaissance du Phénicien : son squelette est conservé dans une vitrine.

Calle San Miguel, 15 956 22 63 37 Mar.-sam. 11h-14h et 16h-20h, dim. 11h-14h (visite toutes les heures) Entrée libre pour les ressortissants de l'UE

À FAIRE

Contemplez la ville dans ses moindres détails

Torre Tavira (plan 5, C2)

Cadix est connue pour ses tours belvédères, qui coiffaient les demeures des riches commerçants. La Torre Tavira est la plus élevée d'entre elles. On y a installé aujourd'hui une *cámara oscura*, un dispositif optique projetant des images de la ville en temps réel sur un grand écran convexe. De la terrasse à 45m de hauteur se déploie une spectaculaire vue panoramique sur la cité. Réservation obligatoire.

Calle Marqués del Real Tesoro, 10 956 21 29 10 www.torretavira.com Mai-sept. : tlj. 10h-20h ; oct.-avr. : tlj. 10h-18h Séance toutes les 30min env. Visites guidées espagnol, français, anglais 7€

Piquez une tête

Playa de la Victoria (hors plan 5 par D3)

L'une des plus belles plages urbaines d'Espagne et l'une des plus propres : elle bénéficie depuis 1987 du pavillon bleu européen. L'esplanade du Paseo Marítimo attire beaucoup de monde le week-end et l'été. Vue superbe sur la cathédrale.

1,5km au sud du centre-ville (bus 1 Plaza de España ou 7 Campo del Sur/Cathédrale)

Profitez de la mer

Il y a le farniente sur la plage et aussi les activités nautiques. Plusieurs clubs proposent cours de voile légère (dériveur, Hobbie Cat), planche à voile, surf et kite, location de kayaks... Location de matériel ou d'un bateau à moteur avec skipper pour aller pêcher ou pour une simple sortie en mer (à la journée).

Why-Not-Fly Paseo Marítimo, 30 619 80 43 39 www.why-not-fly.com

NOS ADRESSES

PAUSES

Des chichis sans chichis

Cafetería La Marina

Derrière une belle façade baroque se cache un établissement réputé depuis des années pour son *chocolate con churros*. À proximité du Mercado Central, il fait bon s'asseoir à la terrasse et se laisser porter par la vie du quartier.

CADIX (plan 5, C2 n°1) Plaza Topete, 1
956 22 23 97 Lun.-sam. 7h-23h

Un café et un livre

La Clandestina

Un concept original : un café installé au cœur d'une bibliothèque riche en livres divers. On y vient au petit déjeuner ou au goûter pour bouquiner et divertir les enfants (jeux). Délicieux gâteaux et tartes maison. Boissons écologiques, viennoiseries françaises et confitures artisanales. Un petit coin de douceurs.

CADIX (plan 5, C2 n°4) Calle José del Toro, 23
667 98 68 03 Lun.-ven. 9h30-14h et 17h-20h30, sam. 10h-14h

Café vintage

El Café de Ana

Petite remontée dans le temps dans ce café cosy à la décoration vintage. Mobilier d'époque, dont des vieux fauteuils et canapés confortables, nappes brodées, tapisserie fleurie... On se croirait chez l'une de nos grands-mères ! Très apprécié pour sa variété de petits déjeuners (2,10-4,90€) et de brunchs (7,5€). Tartes et gâteaux maison à s'en lécher les doigts.

CADIX (hors plan 5, par D3 n°1)
Avenida Ana de Viya, 28 Tlj. 8h-22h

Le décor d'El Faro

Tapas culturelles

El Teniente Seblon

Dans une ruelle calme du Barrio del Pópulo, on tire les tables dehors le soir venu. Une adresse plutôt branchée pour siroter des cocktails ou grignoter des tapas inventives. Régulièrement, le patron organise des expositions.

CADIX (plan 5, C3 n°2) Calle Posadilla, 4
956 28 11 72 Mer. 12h-0h30, jeu. et dim. 12h-1h, ven.-sam. 12h-3h

En amoureux

Archivo de Indias

Deux atouts : une déco coloniale particulièrement soignée et une ambiance calme, idéale pour prendre un verre en tête à tête.

CADIX (plan 5, C3 n°3) Calle San Antonio Abad, 5 661 38 75 58 Mar.-jeu. et dim. 20h-0h, ven.-sam. 23h-4h

Tapas de la mer

Bar du restaurant El Faro

Attenant au restaurant le plus réputé de la ville (p.124), ce bar étroit propose de succulentes tapas de poissons et de fruits de mer à des prix beaucoup plus bas. Au comptoir, produits du jour, d'une fraîcheur alléchante. Le week-end, il faut jouer des coudes pour arriver jusque-là.

CADIX (plan 5, B3 n°7) Calle San Felix, 15 956 21 10 68 Tlj. 13h-16h30 et 20h30-23h30

Tradition sans concession

El Malagueño

Pas besoin d'efforts de décoration pour attirer le monde. Ce bar emblématique du Barrio Pópulo fait le plein d'habitués. Un long comptoir, quelques tables et une savoureuse cuisine familiale. Deux incontournables : les *albóndigas*, boulettes de viande en sauce, et les *serranitos*, les sandwichs andalous. Exemple : du poulet (ou du porc) grillé, une tranche de jambon, un poivron et une tranche de tomate. Le tout dans du pain chaud.

CADIX (plan 5, C3 n°5) Calle del Mesón, 5 856 66 67 39 Mar.-ven. 12h30-16h30 et 20h-23h30, sam. 12h30-23h30, dim. 12h30-17h30

Le cochon roi

Taberna Casa Manteca ♥

Plus *gaditano* on ne peut pas : un long comptoir en bois, photos et affiches de corridas – l'endroit a été fondé par un matador – et une ambiance des plus chaleureuses. Après le fino ou la manzanilla de rigueur, entrée en scène du *morcón de bellota* (variété de chorizo), des *chicharrones* (lamelles de couenne de porc arrosées de citron) ou de la *butifarra* (proche de l'andouillette).

CADIX (plan 5, B3 n°6) Quartier de la Viña Calle Corralón de los Carros, 66 956 21 36 03 Tlj. 12h-16h30 et 20h30-0h30

LA ROUTE DU *TAPEO*

Dans le centre historique vous trouverez de vrais bijoux de bars à tapas et de petits restaurants. Goûtez absolument aux fritures de poissons, les *freidurías*, spécialité locale qu'on trouve partout. À manger directement dans un cornet en papier comme tout bon *Gaditano*.

Un fino au comptoir

La Manzanilla de Cádiz

Choisissez votre fût. Derrière le comptoir, les barriques attendent sagement le consommateur. Tous les vins de la région ont répondu à l'appel, avec en vedette la manzanilla de Sanlúcar de Barrameda. Une adresse dans son jus avec son vieux bar en acajou et ses affiches de corridas.

CADIX (plan 5, C2 n°8) Calle Feduchy, 19 956 28 54 01 Lun.-ven. 11h30-15h30 et 19h30-22h30, w.-e. et j. fér. 11h30-15h30

RESTAURANTS

Encornets en cornet

Freiduría Las Flores €

Une déco minimale façon cantine pour déguster les excellentes fritures locales ; en tapas au bar, en rations à table. Ne manquez pas les *chocos* (seiches) et les *chipirones* (petits encornets). À deux, un assortiment (*surtido*) de friture est amplement suffisant. Vous pouvez aussi en acheter au comptoir en cornet de papier et aller les déguster sur un banc de la place.

CADIX (plan 5, C2 n°20) Plaza Topete, 4 956 22 61 12 Tlj. 11h-0h

Une explosion de couleurs

La Candela €

Un charmant petit restaurant qui ne désemplit pas tant on y mange bien à des prix corrects. On y sert des tapas et des plats colorés et créatifs, alliant savoureusement la cuisine espagnole et asiatique. Tentez la morue confite au pesto, baignant dans une huile de chorizo et surmontée d'une empanadilla d'oeufs et de jambon (13,80€). Les desserts maison sont tout aussi excellents (Env.5€).

CADIX (plan 5, C2 n°26) Calle Feduchy, 3 956 22 18 22 Tlj. 13h30-16h et 20h30-23h

Copieux

El Fogón de Mariana ♥€

Un bar à tapas sans strass ni paillettes. Plats du jour classiques et demi *raciones* entre 3,60 et 5,40€. Les amateurs de charcuterie ou de viande se rueront sur les demi-plateaux variés (à partir de 6,50€) ou, pour les gros appétits, sur le *surtido ibérico* à 14€.

CADIX (plan 5, B2 n°21) Calle Antulo, 2 956 201 427 www.fogondemariana.com Lun.-jeu. 12h-16h30 et 20h-23h30, ven.-sam. 12h-17h et 20h-0h30, dim. 12h17 et 20h-23h30

Rustique

Mesón Cumbres Mayores €€

La campagne s'invite à la ville : déco de vieille taverne avec poutres apparentes où s'accrochent ribambelles d'ail et jambons de la meilleure provenance. Deux options : le bar où vous pourrez déguster tapas et plats de jour, et le restaurant avec un choix de menus entre 30 et 45€ où les poissons sont également cordialement invités. Le porc ibérique à la braise est une merveille.

CADIX (plan 5, C1 n°22) Calle Zorrilla, 4 956 21 32 70 ou 856 07 22 42 (rés.) www.cumbresmayores.com Tlj. 12h30-16h30 et 20h-23h50

Charme de l'ancien

Café Royalty ♥€€

Moulures, fresques, lustres, dorures... l'endroit a retrouvé son cachet de 1912, année de son ouverture. Manuel de Falla y a donné ses premiers concerts. On peut y prendre un repas matin, midi et soir, ou se contenter d'un café accompagné d'une pâtisserie (goûters pantagruéliques), à l'intérieur ou sur la terrasse de la charmante place de la

LA RECETTE

TORTILLITAS DE CAMARONES

200g de crevettes bouquet crues
300g de farine (idéalement 200g de farine de blé et 100g de farine de pois chiches)
2 échalotes
Persil
Huile de friture
Sel

Ébouillantez une minute les bouquets, plongez-les immédiatement dans de l'eau glacée, conservez au frais. Hachez finement le persil et les échalotes, versez-les dans une jatte où vous ajouterez la farine. Mouillez d'eau jusqu'à obtenir une pâte de la consistance d'une pâte a crêpes. Salez. Décortiquez les bouquets. Faites chauffer de l'huile de friture dans une grande poële. Formez vos *tortillitas* à l'aide d'une cuillère à soupe et faites frire pour les gonfler et les dorer. Placez-les sur du papier absorbant pour éliminer l'huile et servez immédiatement.

Candelaria. Comptez 50€ à la carte, menus 45€ et 65€.

CADIX (plan 5, C2 n°23) Plaza de la Candelaria
956 07 80 65 www.caferoyalty.com
Espace cafétéria-tapas Ouvert tlj. 10h-23h
Restaurant Ouvert tlj. 12h30-16h et 19h30-23h

Basco-andalou

Restaurante Atxuri ♥€€

Une excellente adresse. Le décor s'inspire des anciens *caseríos* (fermes) typiques du Pays basque, dont la cuisine andalouse servie ici s'inspire. La spécialité : les anchois (*anchoas*) salés, marinés à l'huile d'olive (19,50€). Il y a du monde au déjeuner : arrivez un peu avant 14h. Dîner env. 40€. Menus 40-45€. Prix modérés pour la qualité.

CADIX (plan 5, D3 n°24) Calle Plocia, 7
956 25 36 13 www.atxuri.es Hiver : dim.-mer. 13h-16h30, jeu.-ven. 13h-16h30 et 20h30-23h30 ; été : tlj. 13h-16h30 et 20h30-23h30

Repas de fête

Restaurante El Faro €€€

De l'avis général, le meilleur restaurant de poisson de Cadix. Salle luxueuse mais sans ostentation, service aux petits soins, vaste choix de plats à la carte. Leur classique : *tortillitas de camarones* (fines galettes de crevettes frites), délicieuse entrée. Quatre menus, de 41 à 76€, boisson comprise. Réservation recommandée.

CADIX (plan 5, B3 n°25) Calle San Felix, 15
956 21 10 68 www.elfarodecadiz.com
Dim.-jeu. 13h-16h30 et 20h30-23h30, ven.-sam. 13h-16h30 et 20h30-23h30

SHOPPING

De l'étal à l'assiette

Mercado Central ♥

Les colonnes à l'antique l'annoncent : voilà le temple du bien-manger à Cadix. Une cinquantaine de stands de fruits et légumes, autant de poissonniers (attention, pas de vente le lundi), à peine moins de bouchers... Un vrai passage en revue. Sous le portique extérieur s'alignent de micro-comptoirs pour déguster spécialités locales et d'ailleurs (vous trouverez même des sushis) à des prix imbattables. Ce *rincón gastronómico* joue les prolongations en soirée (18h-0h).

CADIX (plan 5, C3 n°30) Plaza de la Libertad
956 21 41 91 Lun.-jeu. 9h-16h et 20h-0h, ven.-sam. 9h-16h et 20h-1h

Le Mercado Central

Savoir-faire

Galería Artesanal El Pópulo

Un petit passage discret, où une dizaine d'artisans ont installé leur atelier. Ils travaillent le cuir, le bois, la céramique, le textile et vendent leur production, notamment de magnifiques éventails (*abanicos*). Dans la convivialité, on peut en outre discuter, observer le coup de main et parfois même s'initier à la fabrication.

CADIX (plan 5, C3 n°31) Calle San Antonio Abad, 14 ☎956 55 55 55 ⏲ Ouverture en fonction des expositions.

Pour les amoureux du vin

Magerit

Une épicerie fine doublée d'un caviste de renom. Vous trouverez là toutes les appellations espagnoles et à tous les prix : du vin du mois soigneusement sélectionné à moins de 10€ au mythique Vega Sicilia de la Ribera del Duero, un grand d'Espagne. Comptez alors tout de même autour de 500€.

CADIX (plan 5, C1 n°32) Calle Fermín Salvochea, 2 ☎956 22 79 94 www.vinosmagerit.es ⏲ Lun.-ven. 10h-14h et 17h30-21h, sam. 10h-14h

SORTIES

Haut de gamme

Teatro Falla

Il offre un programme de qualité (danse, théâtre).

CADIX (plan 5, B1 n°40) Plaza Falla ☎956 22 08 34

Café jazzy

Café de Levante

Un petit café à vocation artistique qui, le jeudi soir, organise des concerts de jazz, des lectures de poésie ou des spectacles de flamenco (entrée libre). Les murs recouverts de vieilles affiches contribuent à créer une atmosphère bohème et surannée qui attire une clientèle arty. Plutôt intimiste dans la journée, l'établissement s'échauffe en soirée, spécialement le week-end, quand il se métamorphose en bar de nuit animé.

CADIX (plan 5, C2 n°45) Calle Rosario, 35 ☎956 22 02 27 www.cafedelevantecadiz.com ⏲ Lun.-jeu. 9h-13h et 16h-2h, ven. 9h-13h et 16h-3h, sam. 16h-3h, dim. 16h-2h

Pour touristes

La Cava

Ce café-concert propose des soirées flamencas de qualité avec musiciens et danseuses à partir de 21h30. De fin mars à novembre, elles ont lieu les mardis, jeudis et samedis ; de décembre à mars, les jeudis et samedis seulement.

CADIX (plan 5, C1 n°43) Calle Antonio López, 16 ☎956 21 18 66 www.flamencolacava.com à partir de 28€ avec une consommation

Ex-lupanar

Café Teatro Pay-Pay

Les jeunes talents défilent sur la scène de ce théâtre installé dans un ancien bordel pour marins.

CADIX (plan 5, C3 n°41) Calle Silencio, 1 ☎956 25 25 43 www.cafeteatropaypay.com ⏲ Spectacles à partir de 22h Entrée payante selon programmation

Authentique

La Perla de Cádiz

Cette *peña* réputée occupe un grand espace situé juste en face de la mer. Sur scène, artistes débutants et consacrés offrent un spectacle de vrai flamenco tous les vendredis à 22h ou 22h30.

CADIX (hors plan 5 par D3 n°42) Calle Concepción Arenal ☎956 25 91 01 ⏲ Des spectacles sont parfois programmés en sem. et le sam. (voir site Internet)

JERE Z ET LE NORD

On ne compte plus les raisons de faire de Jerez une étape indispensable : son vin à découvrir dans les caves ou dans les petits bars de la ville, son exceptionnelle école équestre, sa tradition flamenca. Il faut y passer au moins deux jours !

À VOIR

ACCÈS ET INFOS

- 94km au sud de Séville par l'E-5 et 50km au nord de Cadix

JEREZ DE LA FRONTERA ET SES ENVIRONS

Son vin a fait la richesse de la ville. Le centre regorge de maisons de maîtres qui voisinent avec un impressionnant patrimoine architectural disséminé dans le cœur historique.

Entrée en matière

Plaza del Arenal

Cette place majestueuse sert de cadre aux parades des cavaliers et des attelages lors des vendanges de septembre. Côté ouest, sous les arcades, s'ouvre le pittoresque passage de Pescadería Vieja, un ancien marché aux poissons adossé à une muraille arabe.

De place en place

Plaza de la Asunción et Plaza de Plateros

Dans un mouchoir de poche, deux des plus jolies places de la ville. La Plaza de la Asunción et son église mudéjare de San Dionisio (15e s) voisinent avec le Cabildo Renaissance, l'ancien hôtel de ville de 1575 au portail très ouvragé. À quelques pas de là se tient la Plaza de Plateros, la place des Orfèvres. Les corporations étaient jadis regroupées dans les rues alentour : Sedería (artisans de la soie), Tornería (tourneurs). Sur la place, la Torre Atalaya était une tour de guet.

Plaza de la Asunción

Un palais bien caché

Alcázar

Ce château du 12e s. est un exemple rare d'architecture almohade en Andalousie. On y entre par la Puerta de la Ciudad (12e s.). Au-delà, la mosquée (11e-12e s.), sobre et lumineuse, aux arches harmonieuses et à la grande coupole en brique, a été transformée en église dès 1264. On accède ensuite au Patio de Armas, dominé par le Palacio de Villavicencio (17e s.). Dans la tour a été installée une *cámara oscura* comme à Cadix (p.120). Dans les jardins, les bains arabes du 12e s. sont parfaitement conservés.

Calle Alameda Vieja ☎ 956 14 99 55 ⏲ Juil.-sept. : lun.-ven. 9h30-17h30, sam.-dim. 9h30-14h30 ; oct.-juin : tlj. 9h30-14h30 Fermé 1er jan., 6 jan., 25 déc. € 5€

À NE PAS MANQUER

- Real Escuela Andaluza del Arte Ecuestre (Jerez)
- Bodegas Barbadillo (Sanlúcar de Barrameda)
- Plaza de Toros (El Puerto de Santa María)

L'Alcázar de Jerez

Au cœur d'un quartier populaire

Iglesia de San Miguel

Cette belle église de la fin du 15e s. s'impose par sa haute tour décorée d'azulejos. À l'intérieur, le retable Renaissance d'une grande finesse est l'œuvre du célèbre sculpteur sévillan Martínez Montañés. L'église se dresse au centre du quartier populaire de San Miguel, connu pour l'ancienneté et la qualité de sa tradition flamenca.

Calle de San Miguel, 4 📱956 34 33 47 www.catedraldejerez.es 🕒 Lun.-sam. 10h-18h, dim. 13h-18h € 6€ (7€ avec la tour)

> **SUR LES TRACES DE...**
> Quelques-unes des plus grandes voix du flamenco sont nées à l'ombre du clocher de San Miguel. À commencer par Antonio Chacón (1869-1929), considéré comme le plus grand *cantaor* de tous les temps. Plus près de nous, Chocolate (1931-2005) et Terremoto (1936-1981) ont suscité une véritable vénération, tandis que José Mercé, né en 1955, a pris aujourd'hui la relève de ses aînés.

Un minaret pour clocher

Catedral

Cet édifice baroque fut édifié de 1695 à 1778, à partir d'une église construite dès la reconquête de la ville. Le clocher actuel, d'influence mudéjare, fut sans doute le minaret de l'ancienne mosquée qui occupait le site. Chaque année en septembre, bénédiction est donnée au raisin lors de la Fête des vendanges. L'intérieur, d'un baroque assez chargé, abrite la *Virgen Niña meditando*, une toile de Zurbarán.

Plaza de la Encarnación 📱956 16 90 59 www.catedraldejerez.es 🕒 Lun.-sam. 10h-18h, dim. 13h-18h € 6€ (visite de la Iglesia San Miguel incluse) 7€ avec visite de la tour

Âme gitane

Barrio de Santiago

Au nord de la Plaza del Mercado s'étend le quartier gitan par excellence, le Barrio de Santiago, haut lieu du flamenco depuis le 18e s. Un enchevêtrement de ruelles pavées qui ont gardé un air médiéval, d'autant que la plupart ne sont pas éclairées le soir. Attention : de l'avis général, il vaut mieux éviter de s'attarder dans le quartier à la nuit tombée.

"El Prendi"

Iglesia de Santiago

Derrière une harmonieuse façade gothique, de nombreux éléments baroques et la statue du Cristo del Prendimiento (le Christ au moment de son arrestation), qui défile dans les rues de la ville le Jeudi saint.

Plaza de Santiago ⏲ Lun.-ven. 11h-19h

Sommet de l'art équestre

Real Escuela Andaluza del Arte Ecuestre 👍

Créée en 1972 par Álvaro Domecq, l'École andalouse d'art équestre est connue dans le monde entier. Les quelque 150 chartreux (*cartujanos*), chevaux de race andalouse, sont dressés pour la haute école, le travail des taureaux ou l'attelage. Leurs cavaliers, moins d'une vingtaine, sont triés sur le volet. L'institution est ouverte à la visite, mais pour apprécier pleinement les extraordinaires dispositions de l'andalou pour le dressage, il faut assister aux entraînements ou, encore mieux, au spectacle donné par l'école : une véritable féerie.

Visite Le parcours conduit tout d'abord vers le splendide palais du 19e s., dessiné par Charles Garnier, l'architecte de l'Opéra de Paris. Le rez-de-chaussée conserve ses salons meublés d'époque, tandis qu'au sous-sol se déploie le musée d'Art équestre. On passe ensuite par la sellerie, puis par le Picadero où l'on assiste à l'entraînement selon les jours. La visite se poursuit par la découverte des écuries où attendent les princes du lieu et enfin par le musée de l'Attelage (*Museo del Enganche*).

Conditions de visite L'ensemble de ces visites est inclus dans le billet "thématique". La visite "réduite" ne comprend pas le musée de l'Attelage ni l'entraînement. Visites thématiques et réduites sont proposées en alternance du lundi au vendredi selon le calendrier mis en ligne sur le site internet. Possibilité également de visiter seulement le musée de l'Attelage.

Le ballet équestre (*Cómo Bailan los Caballos Andaluces*, "comment dansent les chevaux andalous".) Même si vous n'êtes pas passionné d'équitation, le

> **COULEUR LOCALE**
> Les *cartujanos*, chevaux de race andalouse, sont nés au 15e s. On connaît même leur ancêtre : Esclavo, un étalon gris. Depuis 1476, ses descendants sont scrupuleusement consignés dans le registre d'élevage de la race. Il a été inauguré par les pères chartreux qui lui donné son nom. Chaque année se tient à Jerez, fin avril-début mai, la Feria del Caballo.

Dans l'École royale andalouse d'Art équestre

spectacle est inoubliable. C'est un véritable enchantement de voir évoluer les *cartujanos* guidés par leurs dresseurs en costume du 18e s. Attention : les places doivent être réservées assez tôt, sur place ou sur le site Internet de l'école. Le spectacle (1h30) se déroule le jeudi à 12h.

Avenida Duque de Abrantes 956 31 96 35 www.realescuela.org Lun.-ven. 10h-13h30 + un samedi par mois Spectacles Déc.-fév. : mar. 12h ; mars-juil. et nov. : mar. et jeu. 12h ; août-oct. : mar., jeu. et ven. 12h Durée 1h30 Tarif 23-30€, réduit 14-19€ Entraînements Lun., mer. et ven. 10h-14h (ainsi que mar. en jan.-fév., fermé ven. en août-oct.) Tarif 11€, réduit 6,50€, visite du musée et des salons du palais inclus Museo del Enganche Lun.-ven. 10h-14h et sam. 10h-15h

Village blanc
Medina Sidonia

Cet adorable Village blanc domine une campagne vallonnée qui abrite de prestigieuses *ganaderias*, ces élevages qui fournissent aux corridas espagnoles des taureaux féroces. Au cœur du vieux quartier, l'Iglesia Santa María Mayor la Coronada possède un remarquable retable du maître-autel, chef-d'œuvre de la sculpture andalouse du 16e s. Et il faut aussi goûter la spécialité locale, *el alfajor*, une pâtisserie à base de sucre, de miel et d'amandes.

36km au sud-est de Jerez

SANLÚCAR DE BARRAMEDA

En été, les plages de Sanlúcar attirent les foules. Une tradition en somme pour une cité tournée vers le grand large. C'est d'ici que Christophe Colomb s'élança pour sa deuxième expédition vers l'ouest en 1493 et que Magellan partit en 1519 pour effectuer le premier tour du monde. Mais Sanlúcar est aussi une ville terrienne : ses vignobles produisent la plus délectable rencontre entre terre et mer, le manzanilla, un vin aux subtils arômes iodés. La

LE VIN DE JEREZ

Le jerez est élaboré selon la technique de la *solera*. Les fûts sont empilés sur 3 niveaux. On tire une partie du vin des fûts près du sol pour la mise en bouteille, puis on complète avec le vin soutiré des fûts au-dessus et on recommence l'opération avec le niveau suivant. On dit ainsi que les vins plus âgés élèvent les jeunes. Les barriques ne sont jamais remplies complètement : l'air qu'elles contiennent favorise la formation en surface de la *flor*, une couche d'oxydation qui donne le *rancio*, l'arôme typique du jerez. Ce vin a été à partir du 18e s. l'alcool préféré des Britanniques : le fameux "sherry". De nombreuses *bodegas* ont ainsi été fondées par des Anglais et en portent encore le nom : Sandeman, Harveys, Garvey, William and Humbert...

Dans un entrepôt de vin

vieille ville recèle quelques trésors architecturaux. Ne partez pas sans avoir visité une cave.

De tous les styles
La vieille ville de Sanlúcar

Devant les Bodegas Barbadillo se dressent le donjon et les tours menaçantes du Castillo de Santiago, achevé en 1477. En face de la Plaza de la Paz, l'Iglesia de Nuestra Señora de la O du 14e s. annonce ses origines mudéjares en façade avec les motifs géométriques de son porche et confirme à l'intérieur avec ses plafonds à caissons en bois. La tradition musulmane au service de la chrétienté. À côté, la place Renaissance dominée par le palais des ducs de Medina Sidonia (16e s.). En contrebas, le Palacio de Orleans y Borbón, étonnant édifice néomudéjar du 19e s., abrite désormais l'hôtel de ville

25km à l'ouest de Jerez Iglesia de Nuestra Señora de la O Plaza Condes de Niebla, 1 627 82 66 39 (réservation visites guidées) Visite guidée uniquement (durée 1h30) lun.-jeu. et sam. de 11h à 13h30 2€

Secrets de fabrication
Bodegas Barbadillo

Cette grande maison qui produit le manzanilla le plus célèbre ouvre ses portes au public. La visite guidée comprend le musée du Manzanilla, l'impressionnante cave dite "de la cathédrale" et se conclut avec la dégustation de 4 vins. Voici les spécificités du manzanilla : un vieillissement en *solera* avec, ici, la formation d'une *flor* qui recouvre le vin toute l'année et donne sa couleur si claire au fino.

Calle Luis de Eguilaz, 11 956 38 55 21 www.barbadillo.com Lun.-sam. 10h-15h Visite au musée gratuite Visite et dégustation 4 vins mar.-sam. à 11h en anglais et lun.-sam. à 12h et 13h en espagnol 15€

EL PUERTO DE SANTA MARÍA

Face à Cadix, de l'autre côté de la baie, la ville ne manque pas d'atouts. Une cuisine de la mer qui attire les foules en fin de semaine et des producteurs de jerez de premier ordre, comme Osborne...

Un temple de la tauromachie
Plaza de Toros

Inaugurées en 1880, les arènes peuvent accueillir 12 000 spectateurs et font partie, pour les amateurs, des hauts lieux de la tauromachie mondiale. Le légendaire Joselito, considéré comme le plus grand matador de tous les temps et mort devant un taureau en 1920 à l'âge de 25 ans, disait : "Celui qui n'a pas vu les taureaux d'El Puerto ne sait pas ce qu'est une corrida." À vérifier pendant la *temporada* de fin juin à fin août.

Plaza Elías Ahuja, 7 956 86 11 88 www.plazadetorospuertosantamaria.es Actuellement fermé pour travaux. Se renseigner à l'office de tourisme. Office de tourisme, Palacio Reinoso Mendoza, plaza del Polvorista, 2 956 483 715 Tlj. 11h-14h

BON À SAVOIR
L'aller-retour en bateau vers El Puerto de Santa María au départ de Cadix peut se faire dans la journée ; c'est la meilleure manière de découvrir le port d'où Christophe Colomb appareilla lors de ses deux derniers voyages et de déjeuner dans un restaurant de poisson avant de rentrer dans la soirée. Traversée toutes les 30min (durée 30min).

La cave du taureau
Bodegas Osborne
C'est la société de fabrication et de distribution de vins et spiritueux la plus connue, et c'est elle qui a fait installer ces célébrissimes taureaux noirs bordant les routes andalouses, objets publicitaires devenus patrimoine historique par un décret de la Junta de Andalucía en 1994. Vous pourrez visiter sa Bodega en ville.

Calle de Los Moros, 7 956 86 91 00 www.bodegas-osborne.com Visite tlj. à 10h (anglais), 11h (allemand), 12h (espagnol) € 18€

À FAIRE

Visitez une cave de jerez
Une quinzaine de caves sont ouvertes au public. Elles sont en général proches du centre de Jerez. Les deux caves les plus visitées sont les poids lourds de l'appellation : González-Byass, avec son célèbre fino Tío Pepe, et Pedro Domecq (fino La Ina). La visite de González-Byass permet de pénétrer dans les plus belles caves de jerez et s'achève bien sûr par une dégustation. Il est même possible de suivre un tour guidé à vélo ! Certaines caves se visitent sur réservation, se renseigner à l'office de tourisme.

Bodegas Tío Pepe-González-Byass Calle Manuel María González, 12 956 35 70 16 www.bodegastiopepe.com Visites (en anglais) lun.-sam. 12h, 13h, 14h, 16h et 17h (17h et 18h en été) € 19,90€ avec dégustation de 2 vins, 23,90€ avec tapas, 25,90€ avec dégustation de sherry **Bodegas Fundador Pedro Domecq** Calle Puerta de Rota 956 15 15 52 www.bodegasfundador.site Visites (en anglais et en espagnol) : mar.-jeu. 12h, ven.-sam. 12h et 19h € 15€, 25€ avec assortiment de tapas

Bodegas Tío Pepe

Apprenez le flamenco

Centro de Baile Jerez

La ville accueille neuf écoles de danse flamenca, dont une spécialisée dans l'apprentissage de la guitare. Celle-ci propose des sessions de cours généralement de 4 jours, pendant l'été ainsi que durant la Feria et la Semaine sainte.

Calle Velázquez, 24 Barrio de San Ginés 956 14 04 06 www.academiadebailejerez.com

Assistez à une démonstration de dressage

Yeguada de la Cartuja

Tous les samedis, cet élevage de chevaux ouvre ses portes aux visiteurs. L'accueil se fait à 11h et vous serez accompagné à travers le domaine avant d'assister à une démonstration de dressage qui s'achève à 13h30.

Carretera Medina el Portal, km6,5 12km au sud-est de Jerez 956 16 28 09 www.yeguadacartuja.com Visites et spectacle sam. 11h (durée env. 2h30) € 17 ou 23€, selon le placement sur les gradins du manège

Allez à la plage

Autour de Sanlúcar de Barrameda

La plage municipale de Sanlúcar n'est pas tres attirante. Si vous êtes en voiture, allez jusqu'à la station balnéaire de Chipiona, 9km vers l'ouest et sa Playa de la Regla : chaque année elle obtient le drapeau bleu européen et fait le plein en été. Vous pourrez continuer vers la plage de Costa Ballena, 10km au sud de Chipiona.

Playa de Valdelagrana

C'est la station balnéaire d'El Puerto de Santa María juste au sud de la ville. C'est là que se concentre en été l'essentiel de l'animation, de jour comme de nuit. Plus confidentielles, les petites plages situées à quelques kilomètres au sud-ouest de la station : plages de la Puntilla, de la Calita, de Santa Catalina et de Fuenterrabía, dotées de centres d'activités nautiques. Les bus de la ligne 3 les desservent au départ du centre-ville.

SENSATIONS FORTES

Les Carreras de Caballos de Sanlúcar attirent chaque année en août des milliers de spectateurs. Lors des quatre courses quotidiennes, les pur-sang anglais ou arabes s'élancent sur la plage à marée basse, sur le sable mouillé, pour un sprint de 1 à 2km. Spectaculaire.

NOS ADRESSES

PAUSES

Petit déjeuner sur le pouce

Calle Doña Blanca

Face à l'entrée du marché, dans la Calle Doña Blanca, deux marchands de café et de *churros* se font concurrence. Idéal pour commencer la journée comme les Jérezans.

JEREZ DE LA FRONTERA

RESTAURANTS

Il fallait s'y attendre, à Jerez, la gastronomie fait beaucoup appel au vin (fino et brandy) de Jerez, que ce soit pour les sauces ou les desserts, préparés *al jerez* ou *a la jerezana*.

Ambiance

Bar Juanito €

Azulejos et peintures de corrida aux murs, un grand patio pour le soir : le décor est planté. Côté assiette, tapas et *raciones* de spécialités régionales : ne manquez pas les *alcachofas*, les artichauts, déclinés en plusieurs préparations. Comptez env. 20€ à la carte. Spectacles de musique et de danse (programmation sur le site)

JEREZ DE LA FRONTERA Calle Pescadería Vieja, 8-10 956 33 48 38 www.bar-juanito.com Lun., mer.-jeu. 13h-16h30 et 20h-23h30, ven.-sam. 13h-16h30 et 20h-0h, dim. 13h-16h30

Pour le soir

La Cruz Blanca €€

Une valeur sûre de Jerez. On y savoure des plats inventifs comme les beignets de morue agrémentés de poivrons grillés ou le mini-hamburger de veau au chèvre et confit d'oignons. Trois menus à 27, 35et 45€. Le soir, la terrasse est tout simplement magique.

JEREZ DE LA FRONTERA Calle Consistorio, 16 (Plaza de la Yerba) 956 32 45 35 www.restaurantelacruzblanca.com Tlj. 13h-23h45

Fritures à gogo

Casa Balbino €

Une excellente adresse pour déguster de savoureuses tapas ou *raciones* de poisson ou de fruits de mer frits.

LANGOSTINOS ET POISSONS AU SEL

À Sanlúcar, l'esplanade du Bajo de Guía, au bord de l'estuaire du Guadalquivir, est le meilleur endroit pour savourer les spécialités locales : les *langostinos*, grosses crevettes simplement passées à l'eau bouillante (p.305), ou les poissons cuits au sel – *al sal* – tiré des salines voisines.

La terrasse du restaurant La Cruz Blanca

Les *puntillitas* (petits encornets, 9,50€ la demi-ration) sont un vrai délice. On apprécie particulièrement la grande terrasse sur la belle Plaza del Cabildo.

SANLÚCAR DE BARRAMEDA Plaza del Cabildo, 14 956 36 05 13 www.casabalbino.es
Tlj. 12h-17h et 20h-1h30

Fruits de mer au juste prix
Romerijo ♥€€

Qualité des fruits de mer et des poissons et tarifs sont enthousiasmants. Vous choisirez entre plusieurs assortiments de 15 à 30€. Si vous êtes 4, optez pour la *mariscada magna* (env. 85€) : crabe, langoustines, crevettes, gambas, coquillages...

EL PUERTO DE SANTA MARÍA Calle Ribera del Marisco, 1 956 54 12 54 www.romerijo.com
Tlj. 12h

Plaisir de poisson
La Virgen del Carmen €

L'une des bonnes adresses de l'esplanade du Bajo de Guía. Thon aux oignons à 12€. Belle vue en terrasse... s'il n'y a pas trop de scooters.

SANLÚCAR DE BARRAMEDA Calle Pórtico Bajo de Guía, 24 956 38 22 72 Tlj. 13h-16h et 20h-23h

SORTIES

Jerez et sa région sont l'un des berceaux du flamenco. Les spectacles des *peñas flamencas* sont à voir. Sans oublier les festivals : fin février au Teatro Villamarta, et en septembre, la Fiesta de la Bulería. Les Noches de Bohemia proposent des spectacles chaque vendredi soir, en été.

Dîner-spectacle
Tablao Flamenco Puro Arte

Voilà l'endroit le plus couru de Jerez quand il s'agit d'écouter du flamenco. Les spectacles sont conçus par le célèbre danseur et chorégraphe espagnol Raúl Ortega. Frissons et émotions garantis. Formules : dîner-spectacle, à 55€ ; boisson + spectacle, à 30€.

JEREZ DE LA FRONTERA Dîner-spectacle 660 03 04 20
Spectacles tlj à 22h et les mar. et jeu. à 15h

Bodega musicale
Peña El Nitri

Comme El Chumi, occupe une belle *bodega* du 18e s. Soirées flamencas généralement organisées l'été tous les week-ends. Pour le reste de l'année, se renseigner sur place.

EL PUERTO DE SANTA MARÍA Calle Diego Niño, 1 956 54 32 37

Incontournable
Peña El Chumi

Une institution d'El Puerto, cette cité étant l'un des foyers historiques du flamenco.

EL PUERTO DE SANTA MARÍA Calle Francisco Cossi 675 73 01 62

Voir aussi **La Moderna** et **La Pandilla** (p.112).

LA *BULERÍA*

Le genre de flamenco le plus pratiqué à Jerez est la *bulería*, et les formes ancestrales du *cante jondo* (chant profond) sont privilégiées par rapport aux tendances plus actuelles, dans une sorte de bataille des anciens contre les modernes.

TARIFA ET LE SUD ★

Les passionnés de glisse du monde entier connaissent l'endroit. Ils y trouvent quelques-uns des plus beaux spots d'Europe. Mais cette pointe méridionale de l'Europe vaut également le détour pour profiter par exemple des plages exceptionnelles de la Costa de la Luz. L'occasion aussi d'un petit voyage au Royaume-Uni… sur le rocher de Gibraltar.

ACCÈS ET INFOS

- Tarifa est située 106km au sud-est de Cadix et 160km au sud-ouest de Málaga

À VOIR

TARIFA ET SES ENVIRONS

Du belvédère de la ville, vous apercevrez les hauteurs du Rif marocain, à moins de 13km. La ville elle-même est un curieux mélange de maisons traditionnelles et d'animation entretenue par les surfeurs venus de toute l'Europe.

Un quartier populaire

Vieille ville

Cernée de remparts, elle mérite une balade pour son ambiance. Passé les arcs de la Puerta de Jerez, l'entrée principale, on prend le pouls du quartier au Mercado de Abasto, le marché municipal. Pour pousser ensuite jusqu'à la jolie Plaza de Santa María, bordée par l'hôtel de ville. De là, la Calle de la Amargura mène au Mirador del Estrecho, d'où la vue sur le détroit est époustouflante.

Histoire tragique et vue spectaculaire

Castillo de Guzmán el Bueno

Cette forteresse construite par les musulmans vers 960 est une formidable vigie sur le détroit. C'est au prince chrétien Guzmán el Bueno qu'elle doit son nom. Assiégé, il refusa l'ultimatum lancé par les Arabes : se rendre ou voir égorger son fils prisonnier des assaillants. Pour toute réponse, Guzmán lança son couteau d'une des tours. Bien plus tard, en 1812, le fort désormais armé de canons montra une nouvelle fois sa puissance face aux armées napoléoniennes. Une exposition retrace l'histoire de la forteresse.

Calle Sanche IV el Bueno ☎ 956 68 46 89 ⏱ Mer.-dim. 10h-15h15 € 4€

Un panorama unique

Alto El Cabrito

Ce col situé 8km à l'est de Tarifa est l'un des points de vue les plus impressionnants sur le détroit de Gibraltar et le Rif. Selon les périodes, il n'est pas rare qu'on puisse observer le vol des oiseaux migrateurs passant le détroit entre l'Europe et l'Afrique, notamment les majestueuses cigognes blanches.

8km à l'est de Tarifa, dir. Algésiras

À NE PAS MANQUER

- Baelo Claudia (Bolonia)

Les toits de Tarifa et la côte marocaine

Archéologie et plage
Baelo Claudia

Faites coup double : visitez un site archéologique très évocateur et profitez de la belle **plage Bolonia** qui le borde (p.113). Baelo Claudia était un port romain des plus prospères. Juste avant l'entrée, à l'extérieur de l'enceinte qui encercle la ville, se trouve une **nécropole**. Derrière les murailles, tout est là : les rues pavées, le forum, le théâtre, les thermes, le quartier commerçant avec ses boutiques. Ne manquent plus que les marchands sur le seuil. Mais voyez surtout les installations de salaison : les cuves contenaient une solution fortement salée, dans laquelle étaient mis à macérer chairs et viscères de poisson pour confectionner le *garum*, le nuoc-mâm des Romains.

Bolonia 23km au nord-ouest de Tarifa ☎ 956 10 67 97 ⏲ Mar.-dim. 9h-15h € 1,50€, gratuit pour les ressortissants de l'UE

Un micro-village
Castellar de la Frontera

Le minuscule village blanc de Castillo de Castellar, d'une vingtaine d'habitants, occupe la cime d'une montagne dominant le sud du magnifique parc naturel de Los Alcornocales et un grand lac de barrage. Derrière des murailles édifiées au 13e s., ses ruelles paisibles embaument au printemps les senteurs du chèvrefeuille, des roses trémières et des orangers. On se croirait dans une médina marocaine. Du haut des remparts, large vue sur Gibraltar et le Rif. Les amoureux de randonnée profiteront des beaux sentiers du parc et pourront, par exemple, rallier Jimena de la Frontera par le GR®7.

44km au nord-est de Tarifa (7km au nord du village moderne de Castellar)

VEJER DE LA FRONTERA

Difficile de faire plus charmant que le vieux quartier de ce village blanc, perché sur un rocher dominant la Méditerranée, qui scintille à 10km de là. Derrière les vestiges de l'ancienne muraille arabe, les toits plats des maisons blanches, le tracé tortueux des rues et les patios cachés derrière de lourdes portes sont autant d'héritiers de la période musulmane. Du château et de quelques terrasses du centre-ville, on embrasse du regard la campagne, la mer et les premiers massifs du Rif marocain.

Une agréable flânerie

La vieille ville

Passez sous l'Arco de la Segur, l'entrée fortifiée du 15e s., et perdez-vous dans les ruelles blanches, tortueuses et pentues de la vieille ville. À droite, l'Iglesia del Divino Salvador conserve le minaret d'une ancienne mosquée. Sur le flanc sud de l'église, la Calle Ramón y Cajal conduit à la Calle de la Judería (à gauche), l'ancien quartier juif parfaitement conservé. Grimpez ensuite vers les ruines du Castillo, une forteresse arabe du 11e s. Du haut des remparts, la vue sur la côte est à couper le souffle. Redescendez ensuite vers la Plaza de España, vous aurez peut-être la chance d'apercevoir par une porte laissée ouverte un des 360 patios de la ville. Et poussez celle de la Cestería Juani Marchán, une minuscule boutique qui propose des paniers tressés traditionnels.

Juani Marchán Cestería Tradicional
Calle Trafalgar, 7 ☎ 696 89 52 27 www.cesteriatradicional.com ⏲ Lun.-sam. 10h-14h et 19h-22h (horaires variables)

Vejer de la Frontera

IL ÉTAIT UNE FOIS

C'est au large du cap de Trafalgar qu'a lieu, en octobre 1805, l'une des plus importantes batailles navales de l'histoire. La flotte française, appuyée par celle d'Espagne, affronte la puissante marine anglaise. Les Britanniques sortent victorieux de l'engagement, grâce au génie tactique de l'amiral Nelson, qui perd la vie pendant la bataille. Pour Napoléon, c'est la fin de ses espoirs de domination maritime.

COULEUR LOCALE
La *almadraba* est une méthode de pêche très efficace pratiquée pendant la migration des thons au début de l'été et en automne. Les poissons, canalisés par un immense réseau de filets, sont amenés vers une nasse autour de laquelle les bateaux s'assemblent pour procéder à la récolte. Le nom vient d'un mot arabe qui a donné "madrague" en français.

COSTA DE LA LUZ

La Costa de la Luz étire 200km de plages de sable blond entre Gibraltar et la frontière portugaise. À partir de Conil de la Frontera, c'est une véritable splendeur. La plage d'El Palmar s'étend sur 14km avant de céder la place à celle de Los Caños de Meca. N'oubliez pas la plage de Los Atunes ou celle de Barbate et ses bons restaurants de poisson.

Surf et tradition
Los Caños de Meca

La plage est dominée par le célèbre phare de Trafalgar (1860). Surfeurs et kite-surfeurs y côtoient les baigneurs dans une ambiance assez cool et néanmoins marquée par la tradition : la pêche ancestrale de la *almadraba* (p.139) y est toujours pratiquée.

16km au sud-ouest de Vejer de la Frontera puis prendre la A-2233

Avec la jet-set
Playa de los Alemanes

Cette adorable crique est très prisée des fortunes d'Espagne. Ses falaises font office de frontière avec la "région" de Tarifa, située sur l'autre versant.

27km au sud-est de Vejer de la Frontera

GIBRALTAR

Envie d'une pinte dans un pub ? de croiser des bobbies en tenue réglementaire ? d'un *fish & chips* ? En route pour une journée exotique à Gibraltar, un confetti britannique au pied de son rocher, comme un clou au pied de l'Espagne. Depuis 1713, Madrid ne cesse de réclamer son retour à la mère patrie. Attention, le passage de la frontière en voiture peut être particulièrement long et le stationnement en ville est des plus problématiques. Pour gagner du temps, laissez votre voiture à La Línea de la Concepción, la localité frontalière côté espagnol, et franchissez la frontière à pied. Et si vous voulez voir la pipe de l'amiral Nelson, allez visiter le musée local. La monnaie officielle est la livre de Gibraltar, indexée sur la livre britannique.

Grottes, tunnels et singes
Upper Rock Nature Reserve

La partie supérieure du rocher est classée réserve naturelle et seules les voitures immatriculées à Gibraltar peuvent y accéder. À découvrir : les vues sur le détroit ; St Michael Cave, une grotte réputée sans fond, où les Grecs voyaient

l'entrée des Enfers ; et les Great Siege Tunnels. Ce spectaculaire réseau souterrain a été creusé à la fin du 18e s. pour défendre la possession assiégée pendant 4 ans par les Espagnols. Sans oublier les vedettes de Gibraltar : les macaques de Barbarie (à Apes' Den), qui ont eux aussi colonisé le rocher (sachez toutefois qu'ils peuvent être parfois agressifs).
Conditions de visite Un téléphérique conduit au sommet. Possibilité d'acheter les billets au kiosque à la frontière, du côté espagnol. Ils donnent droit à une navette gratuite avec la station de départ du téléphérique. Arrivé en haut, il faut marcher entre les différents sites : de la station supérieure, 20min pour St Michael Cave, de là encore 20min pour la vallée des Singes (où se trouve une station intermédiaire du téléphérique) et de là 30min pour les Great Siege Tunnels. Comptez au minimum 4h d'excursion (accès compris). Autres solutions : louer les services d'un taxi (autour de 90£) qui vous conduira de site en site (comptez 1h30) ou opter pour un tour en minibus (30£). Vous pouvez aussi grimper à pied (426m). Entrée du parc 12£ ; téléphérique 16£ avec entrée du parc ou 22£ avec l'accès aux différents sites.

200 71 648 Tlj. 9h-18h15 £16 Centro de Interpretación del Parque Natural del Estrecho Jan.-mi-août : ven.-dim. 8h-16h ; mi-août-sept. : mer.-dim. 8h-16h ; oct.-déc. : jeu.-dim. 7h30-15h30

COULEUR LOCALE

À Gibraltar, la langue officielle est l'anglais, mais les habitants parlent pour la plupart un espagnol parfait. Il peut se teinter d'un dialecte local, fruit du mélange de nationalités qui a donné naissance aux *Gibraltarians*. Cette langue s'appelle le yanito, et côté espagnol on désigne les Gibraltariens sous le nom de *Yanitos*.

De Neandertal à l'amiral Nelson

Gibraltar National Museum

Cet intéressant musée permet de mieux comprendre l'histoire agitée et la culture de Gibraltar : préhistoire et différentes époques de la colonisation du site, des Phéniciens aux Anglais. On apprend ainsi que le premier crâne de l'homme de Neandertal fut découvert à Gibraltar en 1848. On peut aussi admirer la pipe sculptée de l'amiral Nelson et visiter les vestiges restaurés des anciens bains arabes. La visite commence par un documentaire historique de 15min.

18-20, Bomb House Lane 200 74 289 www.gibmuseum.gi Lun.-ven. 10h-18h, sam. 10h-14h £5

À FAIRE

Allez à la rencontre des cétacés

Le détroit de Gibraltar est le lieu de passage d'un grand nombre de cétacés : dauphins, rorquals, baleines, cachalots et orques (seulement en juin) se succèdent ainsi au large de Tarifa selon les époques de l'année. Plusieurs

Kitesurf devant la Playa de los Lances

prestataires proposent des sorties d'observation, en bateau à coque translucide, en Zodiac... avec une approche plus ou moins "environnementale"...

FIRMM Calle Pedro Cortés, 4 Tarifa 956 62 70 08 www.firmm.org 35€

Lancez-vous dans un *ride* en kitesurf

Tarifa compte une vingtaine d'écoles de kitesurf aux prestations sensiblement identiques. Tout le monde peut se lancer, même les plus petits. Comptez en moyenne 200€ pour 4h/j. (combinaison fournie).

Playa Chica et Playa de los Lances

Plongez

Situées dans le Parque Natural del Estrecho (parc naturel du détroit de Gibraltar), les eaux de Tarifa recèlent une faune et une flore particulièrement riches, d'intéressantes épaves et des vestiges archéologiques accessibles.

León Marino Dive Center Calle Alcalde Juan Núñez, 6 Tarifa 856 10 68 88 https://leonmarino.es **Yellow Submarine Tarifa** Puerto Comercial de Tarifa, local 1 956 68 06 80 www.divingtarifa.com

NOS ADRESSES

RESTAURANTS

Un classique

Los Melli €

Ce bar à tapas possède une salle à l'ambiance chaleureuse et une petite terrasse agréable en été. Belle liste de *montaditos* et de tapas savoureuses, comme les *patatas bravas* ou les *chur rasquitos* (viande pimentée grillée). Bonne sélection de vins. Le patron, fan de flamenco, a affiché tous les disques de Camarón de la Isla.

TARIFA Calle Guzmán el Bueno, 16 685 86 92 36 Jeu. et dim.-mar. 12h-16h et 20h-23h, ven.-sam. 12h-16h et 20h-0h

Craquez pour les croquettes

Bar El Ancla €

Un établissement situé près de la Playa Chica. Le personnel est accueillant, la cuisine simple et savoureuse. Tapas et plats de poisson, de fruits de mer et de viande. Le week-end, on vient en famille déguster les savoureuses *croquetas de sepia* (beignets de seiche), spécialité de la maison. Comptez env. 15-20€.

TARIFA Avenida Fuerzas Armadas, 15 956 68 09 13 Mar.-sam. 13h-16h30 et 21h-23h30, dim. 13h-16h30

Cabane au bord de l'eau

Chiringuito Hurricane €€

Si l'hôtel Hurricane et son restaurant gastronomique (ouvert en soirée) font partie des musts de la côte, son petit *chiringuito* est sans prétention : une terrasse ouvrant sur le large, une grosse cabane en bois avec quelques tables conviviales. Allez au bar commander une portion de thon grillé (16€) ou une salade généreuse (12-18€).

TARIFA Hurricane Hotel Playa de Los Lances 6km à l'ouest de la ville 956 68 49 19 Tlj. 13h-16h

Une vue éblouissante

La Judería de Vejer €€

La terrasse à l'étage déploie une vue imprenable sur la ville immaculée de Vejer. Arrivez tôt ou réservez si vous souhaitez profiter de ces places privilégiées. Dans l'assiette, une cuisine traditionnelle revisitée avec créativité. Testez le gâteau au poulet avec ses pommes caramélisées et ses amandes grillées (15€) ou tentez la tentacule de poulpe et son parmentier de kimchi (23,50€).

TARIFA Calle Judería, 3A 956 90 74 71 www.lajuderiadevejer.com Jeu.-sam. 13h-16h, dim. 13h-17h

Cadre enchanteur

El Tesoro ♥€€

En voilà un qui porte bien son nom... Caché dans la pinède, le Trésor est perché en altitude et offre une vue incroyable sur le détroit de Gibraltar. Au menu, une cuisine traditionnelle et raffinée, dans une ambiance détendue. Pensez à réserver pour profiter de la terrasse panoramique. Comptez 35€ le dîner avec boisson.

TARIFA Betijuelo, 6 16km au nord-ouest de la ville 606 37 78 71 Tlj. 13h30-17h et 19h30-23h

Viande ou poisson

Mesón Pepe Julián €

Situé près de la Plazuela, ce bar à tapas centenaire propose de l'excellente viande de veau *retinto* (typique de la région) ainsi que des poissons frais (10-15€ la *ración*).

VEJER DE LA FRONTERA Calle Juan Relinque, 7 956 45 10 98 Tlj. 12h-17h et 20h-0h

De bon thon

La Esquina del Tofe €

On y déguste les parties les plus savoureuses du thon rouge : le *morrillo*, particulièrement tendre, situé près de la tête (18€), les œufs (*hueva*, 8€) ou encore le *mormo*, l'un des meilleurs morceaux de la tête (11€). Le thon est préparé sous toutes ses formes. Essayez le carpaccio (15€), le tartare (17€) ou les sashimi arrosés de sauce soja au wasabi (14€). Menu déjeuner à 12€ en semaine.

BARBATE Paseo Marítimo (11km au sud de Vejer) 956 45 43 16 Jeu.-mar. 12h30-0h et 20h30-23h30

Comme à Londres
Roy's Cod Place €

À l'entrée des murailles, sur Casemates Square. Une belle entrée en matière de Gibraltar ! Ce *fish & chips*, tenu par un Anglais depuis 1988, se revendique 100% *british* (comme tous les autres, direz-vous). Celui-ci figure parmi les classiques de la ville. Comptez environ 7,95-8,95£ la demi-portion (largement suffisante pour une personne) et petit-déjeuner anglais (8,50£, jusqu'à 12h).

GIBRALTAR 2/2 Watergate House Casemates Square 200 76 662 Lun.-sam. 10h-21h30, dim. 10h-15h30

SORTIES

La vie nocturne à Tarifa est assez trépidante en fin de semaine. En été, elle atteint des sommets et aucun soir n'échappe aux rythmes entraînants.

Des serveurs en flamenco
Bar El Lola

Ambiance flamenco dans ce petit bar à tapas très apprécié ! En terrasse ou accoudé au comptoir, on y déguste des tapas, raciones (4-20€) ou plats (17-29€), arrosés des meilleurs vins espagnols. En tataki, sashimi, tartare ou à la plancha, délectez-vous du fameux thon rouge de l'Almadraba, pêché de façon artisanale.

TARIFA Calle Guzmán el Bueno, 5 956 62 73 07 www.ellolatarifa.com Tlj. 13h-16h30 et 19h-0h

Tendance fluo
La Tribu

Ce bar ravira les amateurs d'ambiance funboard. Les habitants de Tarifa s'y fournissent également en pizzas à emporter.

TARIFA Calle Nuestra Señora de la Luz, 7 956 68 90 52 Tlj. 19h-1h

Un italien on the rock
Sacarello's €€

À deux pas de Grand Casemates Square. Un restaurant installé dans le joli décor d'un ancien entrepôt de café. Une cuisine de qualité à prix modérés : soupes maison à 4,50£, plats du jour 8,50-16,75£, notamment de bonnes lasagnes. À l'heure du petit déjeuner ou du goûter, vous pourrez déguster de délicieux scones avec votre café.

GIBRALTAR 57, Irish Town 200 70 625 www.sacarellosgibraltar.com Lun.-ven. 8h30-19h30, sam. 9h-15h

Le Café del Mar

Jusqu'à l'aube
Café del Mar

Lorsque la nuit estivale sera déjà bien avancée, il sera temps de rejoindre le Café del Mar, une immense discothèque au nord de la ville.

TARIFA Calle Pintor Guillermo Perez Villalta, 60 691 40 54 76 www.cafedelmartarifa.es Dim.-jeu. 1h-6h, ven.-sam. 1h-7h

RONDA ET LES VILLAGES BLANCS

À une heure de route de la côte, c'est l'excursion vedette de la région. Chaque jour, des milliers de vacanciers viennent tirer le portrait du fameux pont qui enjambe la faille du Tajo. Mais ce n'est pas tout : Ronda est aussi une jolie ville où il fait bon flâner, le soir également lorsque la foule a rejoint les plages. D'excellents hôtels en font une base de départ idéale pour explorer les Villages blancs des alentours.

ACCÈS ET INFOS

- 50km au nord de la Costa del Sol

À VOIR

RONDA ★

La faille du Tajo divise Ronda en deux : d'un côté, la vieille ville fondée par les musulmans dès leur arrivée au 8e s., de l'autre la partie moderne, le Mercadillo, avec ses hôtels, ses commerces, ses célèbres arènes et le grand parc de l'Alameda del Tajo. Entre les deux parties de la ville : le Puento Nuevo.

Vertigineux

Puente Nuevo

Il a fallu des siècles pour oser l'impossible : relier les deux parties de la ville par un pont enjambant le Tajo, une faille de 160m de profondeur. Jusqu'au 18e s., les points de passage se trouvaient au niveau de la rivière. En 1735, un premier pont s'effondre. La seconde tentative, en 1793, sera la bonne. La partie centrale a servi de prison et abrite aujourd'hui un *centro de interpretación* équipé d'écrans tactiles vaguement pédagogiques et offrant peu d'intérêt.

Centro de interpretación Ouvert mar.-ven. 9h30-18h, lun. et sam. 10h-14h et 15h-18h, dim. 10h-15h

Rencontre des styles

Santa María la Mayor

Sa façade asymétrique, dotée d'une seule tour de style mudéjar, surplombe l'ancienne place principale de Ronda. L'intérieur mélange harmonieusement gothique et Renaissance. On y trouve même le mihrab coloré (13e s.) de l'ancienne mosquée qui se tenait là auparavant. Mais votre œil sera immanquablement attiré par le maître-autel, du baroque le plus luxuriant.

Plaza Duquesa de Parcent 952 87 40 48 Oct.-mars : tlj. 10h-19h ; avr.-sept. : tlj. 10h-20h ; nov.-fév. : tlj. 10h-18h € 4€

Les bandits de la Sierra

Museo del Bandolero

Ce petit musée est consacré aux bandits de grand chemin, personnages hauts en couleur qui alimentent depuis des siècles la légende des montagnes de Ronda. Outre de nombreuses vitrines où sont exposés les armes, les habits

À NE PAS MANQUER

- Puente Nuevo (Ronda) ★
- Casa del Rey Moro-La Mina de Agua (Ronda)
- Baños Árabes (Ronda)
- Plaza de Toros (Ronda)
- Arcos de la Frontera ★

L'église Santa Maria Mayor domine la ville de Ronda

et autres objets en rapport avec les *bandoleros*, la galerie de photos à l'étage vaut à elle seule le déplacement. Les notices, qui ont plus pour vocation de faire vivre la légende que d'informer, sont traduites en français.

Calle Armiñán, 65 ☎ 952 87 77 85 www.museobandolero.com ⌚ Printemps, été : tlj. 11h-20h ; automne, hiver : tlj. 11h-19h € 3,75€

Un cubiste à Ronda
Museo Joaquín Peinado

Ce palais du 18e s. présente près de 200 œuvres de ce peintre enfant du pays, adepte du cubisme et ami de Picasso et de Buñuel. De nombreuses toiles de Cancale ou de Provence rappellent que Peinado a passé une grande partie de sa vie en France, où il est mort en 1975. La salle des grands formats est couverte d'un splendide plafond mudéjar.

Plaza del Gigante ☎ 952 87 15 85 www.museojoaquinpeinado.com ⌚ Lun.-ven. 10h-17h, sam. 10h-15h Juil. lun.-ven. 10h-15h Fermé en août € 4€, gratuit le mar. après 15h

L'intimité d'un palais
Palacio de Mondragón

Derrière la façade de ce palais du 18e s. se dissimulent deux patios secrets. Le premier est une merveille d'élégance avec son puits au centre et ses fines arcades colorées. Dans le second, plus intime, voyez les restes de fresques murales, les vieux azulejos et les harmonieuses arcades. Un arc brisé ouvre sur le jardin, merveilleux au printemps. L'étage présente des collections liées à la préhistoire, à la métallurgie antique, au milieu naturel de la région. En passant, admirez le plafond en bois du Salón Noble.

Plaza de Mondragón ☎ 952 87 08 18 ⌚ Lun.-ven. 9h-19h, w.-e. et j. fér. 10h-15h € 3€

DRÔLE D'AFFAIRE
Les romantiques ont adoré. Au début du 18e s., la région de Ronda était infestée de bandits qui rançonnaient diligences et voyageurs imprudents. Certains sont entrés dans la légende. Ainsi El Tempranillo, surnommé le "roi de la Sierra Morena", ou encore El Tragabuches, torero gitan de grand talent, devenu hors-la-loi par la faute de la malchance et d'une femme infidèle...

Une sacrée descente

Casa del Rey Moro-La Mina de Agua

Sous un palais du 18e s. se cache un escalier spectaculaire creusé par les musulmans au 15e s. Cette "mine du roi maure" était un élément de défense de la ville. Préparez-vous à une descente de 60m sur des marches glissantes et peu éclairées. Émotion garantie. En chemin, vous passerez diverses salles dont une abritait une noria. Arrivé en bas, on profite d'une vue d'ensemble sur les fortifications. De retour à l'air libre, reprenez vos esprits dans les jardins du palais dessinés par le Français Jean-Claude Nicolas Forestier (1861-1930).

Cuesta de Santo Domingo, 9 668 50 30 50 www.casadelreymoro.org Oct.-avr. : tlj. 10h-20h ; mai-sept. : tlj. 10h-21h30 7€

Hammam

Baños Árabes

Ces bains arabes du 13e s. ont traversé le temps. Sans doute parce que les chrétiens ne dédaignaient pas s'y détendre après la Reconquête. À l'intérieur, tout n'est que fraîcheur et harmonie. Les voûtes des différentes salles sont percées de minuscules lucarnes, qui dessinent sur les murs leur forme d'étoile. Une vidéo explique le fonctionnement de ces bains musulmans, parmi les plus beaux d'Espagne.

Calle San Miguel 952 18 71 19 Lun. et sam. 10h-14h et 15h-18h, mar.-ven. 9h30-20h, dim. et j. fér. 10h-15h 4,50€

Point de vue

Vers le Mercadillo

Des Bains arabes, remontez vers le Puento Viejo : il offre une vue spectaculaire sur l'entrée nord du Tajo et, de l'autre côté, sur le Puente Árabe en contrebas. Pour gagner le Mercadillo, traverser le pont et prendre à gauche la Calle Escolleras ; elle rejoint la Calle Virgen de los Remedios, qui conduit au Mercadillo.

Arènes mythiques

Plaza de Toros

Un cercle de sable ocre, le bois des barrières, la pierre des colonnes... voici le temple de la tauromachie. C'est ici, lors de l'inauguration de 1785, que le mythique Pedro Romero écrivit les premières pages de la corrida moderne : un combat, non plus à cheval, mais à pied entre l'homme et l'animal. Pour le bicentenaire de sa naissance, Antonio Ordóñez organisa des joutes en tenues du 18e s. inspirées de la série de gravures de Goya. Les corridas *goyescas* étaient nées. Il n'y en a qu'une par an, pendant la feria de septembre. **Museo Taurino** Les coulisses des arènes abritent une belle exposition sur l'histoire et l'art tauromachique. Les aficionados viennent se recueillir devant la cape de Manolete, mort à 30 ans en 1947. Vous pourrez y voir des tirages des gravures de Goya consacrées à la tauromachie. Splendide collection de harnachements et de selles.

952 87 15 39 www.rmcr.org Tlj. 10h-18h Fermé début sept. pendant les corridas. 8€ (9,50€ avec audioguide)

Statue de Manolete

LES ENVIRONS DE RONDA

Pause fraîcheur

Setenil de las Bodegas

Voilà l'un des plus spectaculaires des Villages blancs. Ici les charpentiers n'ont pas fait fortune. Depuis des générations les habitants ont construit leurs maisons dans la gorge creusée par le Río Guadalporcún, utilisant la paroi de la roche comme toit. Avec pour bénéfice une température à peu près constante hiver comme été. La partie haute du village est moins intéressante, sinon pour les terrasses de ses petits bars.

31km au nord-est de Grazalema par la CA-9123 et la CA-9113

Antiquités

Ronda la Vieja

Il s'agit des ruines d'Acinipo, qui au début de notre ère possédait tous les attributs d'une cité romaine. Des vestiges en ont été dégagés : trame de rues se coupant à angle droit, théâtre avec les restes imposants de son mur de scène, thermes.

20km au nord-ouest de Ronda 951 04 14 52 Mer.-dim. 9h-13h45 Entrée libre

Photogénique

Olvera

Cerné d'oliveraies, ce gros village blanc mérite le détour, le temps d'une balade dans ses jolies ruelles. De loin, deux édifices se font face chacun sur son rocher : le château musulman de la fin du 12e s. et l'église néoclassique de la Encarnación, bâtie en 1843. L'huile d'Olvera est très réputée.

32km au nord-est de Ronda

DRÔLE D'AFFAIRE
La tradition de blanchir les maisons à la chaux, née par mesure d'hygiène au moment où se propageait une épidémie de choléra, remonte au 19e s. Mais en 2011, le Village blanc de Júzcar (24km au sud de Ronda) est devenu bleu pour la promotion du film sur les *Pitufos*, comme on appelle les Schtroumpfs en Espagne. Depuis, le tourisme a explosé !

Des vues sublimes
Serranía de Ronda
La région de Ronda est traversée par des chaînes montagneuses de toute beauté, parsemées de villages séduisants et regroupant un grand nombre de parcs naturels. Au sud, la Sierra de las Nieves domine la Costa del Sol. La route de Gaucín longe cette sierra, offrant des vues époustouflantes sur la mer et les montagnes du Maroc. Plus impressionnante encore, la route qui conduit de Ronda à El Burgo (A366), au nord du parc naturel (Parque Natural Sierra de las Nieves), est l'une des plus belles d'Andalousie.

LA SIERRA DE GRAZALEMA ET SES ENVIRONS
À l'ouest de Ronda, cette chaîne de montagnes aux pics découpés est l'endroit le plus arrosé d'Andalousie. Conséquence, ses flancs sont couverts d'épaisses forêts de chênes et de *pinsapos*, le majestueux pin d'Espagne aux reflets bleutés qui peut atteindre 30m de hauteur. La Sierra est aussi le refuge de nombreux espèces d'oiseaux, parmi lesquels le faucon pèlerin et le vautour fauve. De multiples sentiers de randonnées y ont été tracés (p.150).

Traditions agricoles
Vallée du Río Guadiaro
Entre Benajóan et Montejaque, cette charmante vallée se faufile au pied de sommets déchiquetés. On y fabrique toujours du jambon ibérique.

16km au sud-ouest de Ronda

Comme une médina
Grazalema
Commencez par la plaza d'España, avec ses terrasses veillées par les campaniles de l'église du 17e s. Puis grimpez vers l'ouest à travers le plus ancien quartier de la ville : ruelles pavées, petites maisons blanches et balcons où des milliers de géraniums prennent le soleil. Au fil de la balade, vous croiserez de nombreuses échoppes qui vendent les délicieuses cochonnailles locales.

33km à l'ouest de Ronda

Spectaculaire
Zahara de la Sierra
Le village émerge de l'un des plus beaux décors d'Andalousie entre les premiers contreforts de la verdoyante Sierra de Grazalema et les eaux turquoise d'un lac de barrage. Ses ruelles fleuries vous conduiront à la Torre del Reloj (16e s.) et

Lac du barrage Zahara-El Gastor

l'église baroque de Santa María de la Mesa (17e s.), avec son imposant porche en marbre rose. Encore une ascension de 10min au milieu des cactus et des fleurs sauvages et vous voilà au Castillo (12e s), d'où la vue est exceptionnelle.

36km au nord-ouest de Ronda

ARCOS DE LA FRONTERA ★

Situé 85km à l'ouest de Ronda, c'est le plus connu des Pueblos Blancos, ces Villages blancs qui parsèment les crêtes de de la Serranía de Ronda et de la Sierra de Cadix. Le centre historique est perché au sommet de falaises vertigineuses dominant le Río Guadalete. Ses ruelles étroites bordées de murs chaulés de blanc invitent à une promenade paisible et romantique.

Une médina andalouse

Le centre historique

De la plaza de España au pied de la ville, prenez la Calle Corredera qui grimpe vers la vieille ville. Et là, partez à l'inspiration dans les ruelles enchevêtrées comme une médina arabe. Par les portes entrouvertes, jetez un coup d'œil aux patios luxuriants. La vieille ville est aussi hérissée de demeures fièrement blasonnées. Une des plus imposantes, la Casa del Corregidor, un palais Renaissance du 16e s., abrite désormais un des plus beaux hôtels Parador d'Espagne (p.336). En face, derrière l'hôtel de ville, se dresse la silhouette du Castillo (propriété privée), construit par les musulmans au 11e s.

COULEUR LOCALE

Les Villages blancs des montagnes de Cadix ont une longue histoire commune. Dans cette région accidentée, les musulmans avaient dressé des bastions sur les endroits les plus escarpés qui durant la Reconquête se dressaient à la frontière des territoires chrétiens. Ce qui a valu à beaucoup d'entre-eux le qualificatif "de la Frontera".

Mariage de styles
Iglesia de San Pedro

C'est l'église à voir à Arcos. Une façade baroque et à l'intérieur de belles voûtes gothiques avec une ornementation renaissance et baroque. Voyez le retable du maître-autel, l'un des plus anciens d'Andalousie (1524).

Plaza San Pedro ⌚ Mar.-jeu. 11h-13h30, ven.-sam. 11h-14h et 18h30-21h, dim. 11h-14h Fermé jan.-fév. et 2e quinz. de déc. € Entrée libre

À FAIRE

Randonnez dans un vrai paradis
Parque Natural Sierra de Grazalema

Le parc naturel est un vrai paradis de la randonnée. Une trentaine de sentiers ont été balisés, mais mieux vaut vous munir des topoguides disponibles au centre des Visiteurs d'El Bosque (et dans les OT de la région). Grazalema et Zahara de los Arcos sont deux excellents points de départ. Et si vous êtes en jambes, vous pourrez vous attaquer au point culminant de la Sierra, le mont Pinar (1 654m d'altitude). Ça grimpe – 800m de dénivelé –mais quelle vue !

Centro de Visitantes El Bosque Calle Federico García Lorca, 1 El Bosque 20km à l'ouest de Grazamela ☎ 956 70 97 33 ⌚ Juin-sept., déc.-jan. : jeu.-dim. 9h-14h30 ; mars-mai, oct.-nov. : mer.-dim. 9h-14h30

Découvrez toutes les saveurs de l'huile d'olive
LA Organic Experience

Des champs d'oliviers aux jardins luxuriants en passant par les œuvres du créateur français Philippe Stark qui ponctuent le domaine, une visite pleine de surprises où tous vos sens seront en éveil. Dans cette ferme biologique dédiée principalement à l'oléiculture, vous apprendrez tous les secrets de fabrication de l'huile d'olive, dévoilés par un guide francophone passionné. L'aventure atteint son paroxysme avec la dégustation de l'huile vierge extra.

Carretera A-367 Km39 Ronda ☎ 650 88 72 47 www.laexperience.es ⌚ Tlj. 10h30-19h

Piquez une tête dans la fraîcheur d'un lac
"La Playita" - Área Recreativa Arroyomolinos

La baignade dans l'Embalse de Zahara n'est pas autorisée, à part dans les eaux limpides de cette petite base de loisirs ouverte dans la partie orientale du lac, où une pelouse ombragée entoure un joli point d'eau artificiel. L'eau y est... vivifiante ! Possibilité de déjeuner dans le restaurant du complexe.

Zahara de la Sierra 5km au sud du bourg ☎ 956 12 30 04 (mairie) www.aralaplayita.zahara.es ⌚ Juin, sept. : tlj. 11h-19h ; juil.-août : tlj. 11h-20h € 3,50€ en semaine, 4,50€ le w-e

Visitez une cave à vin
Finca Descalzos Viejos

Située non loin du célèbre Tajo de Ronda, c'est l'une des plus belles caves viticoles d'Espagne ! Elle est établie à l'intérieur d'un monastère restauré du

16e s. Dans la chapelle, les fresques religieuses côtoient de manière incongrue les tonneaux de vin. La visite se poursuit au cœur des vignes en compagnie du propriétaire, pour s'achever par une dégustation raffinée.

Partido de los Molinos Ronda ☎ 952 87 46 96 ⏱ Visites tous les jours en anglais et en espagnol, à réserver sur le site

Profitez des gorges abruptes de la sierra

Du canyoning à la spéléo, du VTT à l'escalade, la Sierra de Grazamela se prête à une foule d'activités.

Horizon Naturaleza y Aventura Calle Las Pierdas, 1 Grazalema ☎ 956 13 23 63 www.horizonaventura.com

NOS ADRESSES

PAUSES

Petit déj. montagnard
Cafetería Rumores

Le matin, passez à la Cafetería Rumores pour partager avec les habitants du village un petit déjeuner andalou : pain grillé arrosé d'huile d'olive et de coulis de tomate et charcuteries de la sierra. .

GRAZALEMA Plaza de España, 2 ☎ 695 55 44 57 www.rumoresgrazalema.com ⏱ Tlj. 7h30-20h

Bar à tapas à Ronda

Bar d'habitués
Tertulia

Entre la Plaza de España et la Plaza de Andalucía, de nombreux petits bars servent tapas et rations simples, goûteuses et bon marché. Essayez le bar Tertulia, autant pour ses tapas que pour l'ambiance.

GRAZALEMA Calle Agua 18 ☎ 622 09 44 51 ⏱ Jeu.-mar. 10h30-15h30 et 18h30-23h

Une jolie terrasse
Bar Nuevo

Vous ne pourrez manquer sa grande terrasse à l'ombre des orangers, sur une place du village. Idéal pour prendre un verre en grignotant quelques tapas (env. 2,50€, *ración* env. 6€). Menu complet 10€.

ZAHARA DE LA SIERRA Calle San Juan, 10 ☎ 694 47 88 54 ⏱ Dim.-mer. 12h-17h, ven.-sam. 12h-23h

Voir aussi **Venta Julián** (p.113).

RESTAURANTS

Un bar très local

Bodega El Socorro €

Bodega traditionnelle avec jambons suspendus et outils agricoles accrochés aux murs. Pour accompagner les tapas (midi seulement) ou les *raciones* (4-12€) et autres plats typiques, demandez un vin de Jerez *dulce* (sucré) ou *seco* tiré directement du fût.

RONDA Calle Molino, 4 651 74 60 99 Jeu.-lun. 12h-16h et 20h-0h

Cuisine de chef

Casa Santa Pola €€

Ce restaurant qui occupe la plus ancienne maison arabe de la ville offre une vue incroyablement romantique sur le Tajo. Et le chef a réussi son pari : allier cuisine raffinée et style décontracté. Petit bémol : les tables en terrasse sont un peu rapprochées. Comptez env. 30 à 35€.

RONDA Cuesta Santo Domingo, 3 676 01 15 71 www.restaurante-casa-santa-pola.negocio.site Tlj. 12h-21h30

Rabo de toro

L'Andalousie à l'état pur

Casa Moreno, dit El Lechuguita ♥€

Un bar à tapas qui semble avoir toujours été là, et qui a ses habitués. La déco n'est pas le point fort de l'établissement, mais l'ambiance compense largement. Les tapas sont succulentes, et au prix unique de 1€ ! Chaque soir la bonne humeur monte rapidement, au point que le patron a dû accrocher un panneau : *Prohibido el cante.*

RONDA Calle Virgen de los Remedios, 35 952 87 80 76 Lun.-sam. 13h-15h30 et 20h30-0h

Halte gourmande

Restaurante Almocábar €€

Une des bonnes adresses de la ville. Beau travail en cuisine et jolie présentation, avec en prime une agréable terrasse sur la place. Laissez-vous tenter par les pâtés ou les 14 salades maison. Comptez 30-35€ pour un repas complet.

RONDA Calle Ruedo Alameda, 5 952 87 59 77 Mer.-lun. et j. fér. 13h-23h Fermé 1re quinz. de sept.

Un grand classique

Restaurante Pedro Romero €€

Service au cérémonial bien réglé, ambiance feutrée et décoration taurine. Normal, les arènes sont juste en face, et le restaurant porte le nom du père de la *corrida rondeña*. De 40 à 45€ le repas à la carte. Il existe également un *menú del día*, plus

AU PAYS DES *VENTAS*

La Serranía de Ronda est un pays riche en *ventas*, ces auberges de grand chemin qui jalonnaient autrefois les routes royales. Ce sont aujourd'hui des haltes sympathiques et sans façon où l'on déguste et achète charcuterie et fromages locaux.

économique et servi à midi (19€). Le week-end en saison il est prudent de réserver.

RONDA Calle Virgen de la Paz, 18 952 87 11 10 www.rpedroromero.com Dim.-lun. 12h-15h30, mer.-sam. 12h-15h30 et 19h-22h30

Produits locaux

Venta El Tropezón III €

Perdue dans la campagne, c'est notre préférée des *ventas* de la région. Dans la salle minuscule de cette maisonnette paysanne, les agriculteurs du voisinage viennent à toute heure boire un verre et grignoter les charcuteries du terroir (vente à emporter). Formules déjeuner à partir de 10€ et comptez environ 20€ à la carte.

Montecorto 29km à l'ouest de Ronda, dir. Séville 643 81 73 62 Ven.-mer. 7h30-18h

Auberge de montagne

Cádiz El Chico €€

Sur la Plaza de España, le restaurant Cádiz El Chico est un bon endroit pour savourer les spécialités locales, gibier, perdrix, agneau. Vous pourrez aussi tenter la soupe de Grazalema, un bouillon de légumes réduit additionné de crème. Menu du jour à 15€. À la carte, comptez 25€.

GRAZALEMA Plaza España, 6 956 13 20 67 Lun. 12h-16h, mar.-sam. 12h-17h et 20h-0h, dim. 12h-17h Fermé 1-15 juin

Un bar sans façon

Bar La Cárcel ♥€

Ici tout se passe dans les assiettes (4-9€ la *media ración*) : la *presa iberica*, morceau de choix du porc ibérique, fond en bouche, le poulpe à la *gallega* est parfaitement préparé tandis que certaines tapas s'offrent une touche de fantaisie comme les crevettes enroulées dans du bacon. Un coup de cœur culinaire à prix doux.

ARCOS DE LA FRONTERA Calle Deán Espinosa, 18 956 70 04 10 www.barlacarcel.es Mar.-dim. 12h-0h30 Fermé fin sept.-début oct.

SHOPPING

Tapis et couvertures

Artesanía Textil de Grazalema

Si vous êtes en Andalousie depuis plusieurs jours, vous avez sûrement déjà aperçu ces couvertures en laine multicolores. Elles sont tissées ici. L'atelier est ouvert au public (mais on ne voit pas les gens travailler).

GRAZALEMA Carretera de Ronda 956 13 20 08 www.mantasdegrazalema.com Fabrique et musée Ouvert lun.-ven. 9h30-13h30 Boutique Ouvert lun.-sam. 9h30-13h30 et 17h30-20h30 Entrée libre

Attention fragile

Galería de Arte San Pedro

Un des nombreux magasins d'objets en céramique de la ville à côté de la Iglesia de San Pedro.

ARCOS DE LA FRONTERA Calle San Pedro, 7 657 24 23 55 Tlj. 10h-19h

MARBELLA

Depuis les années 1950, Marbella est la station la plus bling-bling de la côte andalouse. Défilé permanent des élégances, bars et restaurants haut de gamme, yachts rutilants... La ville conserve cependant un joli centre historique au charme duquel on se laisse vite prendre. Enfer ou paradis ? À vous de juger.

ACCÈS ET INFOS

• 59km au sud-ouest de Málaga.

À VOIR

MARBELLA

Emporté par la foule

Casco Antiguo

Bien sûr il y a du monde, mais la vieille ville mérite la balade. Elle a conservé le tracé sinueux de ses ruelles du temps d'Al-Andalus. Au cœur du Casco Antiguo, la belle Plaza de los Naranjos exhibe ses palais restaurés, sa fontaine en pierre (1704) entourée de parterres de fleurs exotiques, et ses petites terrasses à l'ombre des orangers. Juste au sud, la façade blanche de la petite église baroque Santa María de la Encarnación domine la Plaza de la Iglesia. Les amateurs d'art peuvent visiter le Museo del Grabado Español Contemporáneo (musée de la Gravure espagnole contemporaine) où figurent des œuvres de Tàpies, Picasso, Miró ou encore Chillida.

Museo del Grabado Español Contemporáneo Calle Hospital de Bazán 953 93 88 40 www.museodelgrabado.es Lun.-sam. 10h-20h, dim. 10h-14h Entrée libre

L'œil sur le large

Front de mer

De la vieille ville, l'Avenida del Mar, plaisante allée piétonne et ombragée est ponctuée de superbes sculptures de Salvador Dalí. Elle débouche sur la Playa de Venus, très agréable plage urbaine, longée par le Paseo Marítimo qui suit le front de mer. À droite vous irez jusqu'au port de plaisance, à gauche, vers le quartier de la Bajadilla et son petit port. Comme un miracle, subsistent quelques maisons de pêcheurs. L'autre raison d'aller jusque-là : La Relojera, un excellent restaurant (p.156).

Rêvons un peu

Puerto Banús

Puerto Banús est un complexe touristique de grand standing, autour d'une des marinas les plus huppées d'Europe. On peut y faire un tour pour admirer voiliers et yacht de luxe, avec équipage en tenue blanche. Sur le quai, boutiques de grands couturiers, bars et boîtes de nuit de prestige attirent la jet-set.

6km à l'ouest de Marbella

À NE PAS MANQUER

- Casco Antiguo (Marbella)
- Gaucín

Playa Ancha à Casares

CASARES

46km à l'ouest de Marbella, ce joli bourg accroché aux parois escarpées des gorges du Río Manilva vaut l'excursion. Commencez par la Plaza de España, le temps d'une pause en terrasse avant de vous lancer dans les ruelles qui grimpent vers la forteresse. Casares reste encore à l'écart des grands flots touristiques, sauf pendant la feria du 1er week-end d'août.

Flânerie orientale

Centre historique

Les ruelles enchevêtrées gardent encore un fort parfum de médina. Au pied de la forteresse, le Centro Cultural Blas Infante en el Castillo est consacré à l'histoire et aux coutumes de la région. Tout en haut, la forteresse est un quartier à part autour de son église en ruine. De l'esplanade au sommet, beau panorama sur les environs... et les éoliennes en contrebas. Dans la chaleur de l'après-midi, il n'est pas rare d'observer le vol plané d'un groupe de vautours.

GAUCÍN

Un piton rocheux niché dans la sierra au milieu de paysages tapissés de chênes verts, de chênes-lièges, de pins... Gaucín est le village blanc par excellence, une perle rare qui mérite le détour, 67km à l'ouest de Marbella.

Sur les hauteurs

Vieux village

Ne cherchez pas de monuments classés mais laissez-vous envoûter par une atmosphère unique. Le village épouse les reliefs de la montagne avec ses maisons qui se sont fait leur place entre les blocs rocheux. Des escaliers en pierre,

Le village blanc de Gaucín

de minuscules passages relient les rues. Ne manquez pas de grimper jusqu'au Castillo : la vue sur la mer et jusqu'aux montagnes marocaines est tout simplement extraordinaire.

Castillo del Águila ◷ **Oct.-mai : mer.-dim. 10h30-13h30 et 16h-18h ; juin-sept. : tlj. 10h30-13h30 et 18h-20h** € **Entrée libre**

À FAIRE

Allez à la plage
Playa de Casares

La Torre de la Sal, tour de guet arabe, divise en deux une plage longue de 2km, assez fréquentée en été. Avis aux surfeurs : quand le vent souffle de l'est, il soulève une houle généreuse qui vient se briser aux abords de la Playa Chica.

13km au sud-est de Casares

NOS ADRESSES

RESTAURANTS

Simple mais réputé
Bar Altamirano €

Un bel éventail de fruits de mer et de poissons, le tout d'une grande fraîcheur. À 14h, une ambiance de cantine espagnole avec télévision allumée et écharpes d'équipes de foot du monde entier accrochées aux murs. Le lieu est beaucoup plus touristique le soir et on peut attendre longtemps pour une table en terrasse.

MARBELLA Plaza Altamirano, 3 ☐ **952 82 49 32 baraltamirano.es** ◷ **Jeu.-mar. 13h-16h et 19h-23h**

Du poisson à prix abordable
La Relojera €

Ce restaurant est un peu excentré, à l'est du centre-ville, situé dans un minuscule quartier de pêcheurs miraculeusement préservé, en face de son port. L'ambiance reste franchement familiale et peu touristique. Le dimanche, on se presse dans la grande salle pour déguster d'excellents poissons grillés. Simple, bon et pas cher.

MARBELLA Calle Fuengirola, 16 ☐ **607 94 92 12** ◷ **Mar.-dim. 13h-16h30 et 19h30-23h**

Copieux mais raisonnable
La Venencia €

Une salle aux voûtes basses, décorées de lustres en fer forgé, et serveurs en costume noir et blanc. Au menu : de succulentes charcuteries, dont un assortiment gargantuesque (*platos combinados* à 10-15€), des brochettes de crevettes et une longue liste de tapas bon marché (2-4€). Une bonne adresse, fréquentée par les touristes autant que par les gens du coin. Bondée en fin de semaine.

MARBELLA Avenida Miguel Cano, 15
952 85 79 13 www.bodegaslavenencia.com
Tlj. 12h-0h

Saveurs d'antan

Venta García €€

La carte allèche les babines avec ses plats traditionnels préparés avec amour à la manière des grands-mères andalouses. Ne manquez pas le confit de canard à l'orange (19,50€) ou le merlu au four et sa sauce d'amandes (20.50€). Tous deux, de vrais régals ! Difficile également de ne pas craquer pour les desserts maison, notamment la tarte tatin. Menu du jour à 17€.

MARBELLA Carretera de Casares, km 7
952 89 41 91 www.ventagarcia.es
Mer.-dim. 13h-16h

Un chef vedette

Restaurante Santiago €€€

Des présentations recherchées, des produits d'exception, des préparations savoureuses et un chef, Santiago Domínguez Miguel, qui a l'honneur de la presse : la jet-set adore. Comptez un minimum de 50€. Réservation indispensable. La terrasse est un must.

MARBELLA Avenida del Duque de Ahumada, 5
952 77 00 78 www.restaurantesantiago.com
Mer.-lun. 12h-16h et 19h-23h

Tradition andalouse

Textures by MR ♥€€€

Cet excellent restaurant est installé en bas de l'hôtel La Fructuosa (p.336), en lieu et place d'un ancien pressoir à raisin. Les spécialités andalouses, réinterprétés par le chef Michael Riemenschneider, sont à l'honneur, réalisées avec des produits locaux de qualité. Menus dégustation 99-150€.

GAUCÍN Calle Convento, 67 662 49 97 43
Jeu.-sam. 13h-15h et 19h-22h, dim. 13h-15h

MAR Y MONTE

De par sa situation, Casares offre un mélange de gastronomie montagnarde et côtière. Ragoût de haricots et de viande (la délicieuse *pringá*), charcuterie mais aussi poisson frit ou gaspacho sont au menu des restaurants et bars à tapas du village. De mai à septembre, plusieurs *chiringuitos* vendent leur délicieux poisson grillé sur la plage de Casares.

SORTIES

La vieille ville de Marbella regorge de bars et de pubs. Idéal pour débuter la soirée. En été, l'animation se déplace en bord de mer. Pour continuer la nuit, direction les discothèques et bars de Puerto Banús. Attention, les prix ont tendance à s'envoler et le code vestimentaire est plus strict.

Ouvre-boîte

Sinatra Bar

Sur la marina de Puerto Banús, à l'angle près du bureau de change. Sur la petite terrasse en bois blanc, vous côtoierez le gratin de Puerto Banús, dans l'ambiance festive du port de plaisance. Idéal avant de sortir en boîte. Le demi-pichet de sangria est à 19€, les cocktails à partir de 11€.

MARBELLA Marina del Puerto Banús 952 81 90 50 Tlj. 9h-4h

MÁLAGA ★

La deuxième ville d'Andalousie se distingue des stations balnéaires des environs qui ne vivent qu'aux beaux jours. C'est une ville dynamique, fière de ses grandes fêtes annuelles – sa Semaine sainte est l'une des plus somptueuses du pays, juste après celle de Séville –, de l'éclat de sa vie nocturne et de son offre culturelle.

ACCÈS ET INFOS

- Málaga est située à 217km de Séville, 257km de Cadix et 129km de Grenade

À VOIR

Commencer l'exploration du centre-ville par la Plaza de la Constitución constitue une bonne option car c'est le cœur vivant de la cité. On peut gagner ensuite la Plaza de la Merced, bordée d'élégants immeubles. Sans négliger le "circuit Picasso", entre sa maison natale et le musée qui lui est consacré. La visite doit se poursuivre par l'Alcazaba, histoire de remonter aux origines de la ville, avant de grimper à l'assaut du Monte et de terminer par le port et ses abords.

Au cœur de la cité

Plaza de la Constitución (plan 6, A2-B2)

Une place agréable avec ses terrasses de cafés très animées en journée. Juste à côté, débute le Pasaje de Chinitas. À la fin du 19e s., il abritait les cafés les plus prisés de la bonne société *malagueña*, dont le légendaire Café de Chinitas (que fréquenta Lorca), aujourd'hui remplacé par un magasin. Au nord et à l'est de la Plaza de la Constitución commence un enchevêtrement de ruelles tortueuses et de petits passages.

Rétrospective

Museo Picasso 👍 (plan 6, B2)

Autour du patio d'un élégant palais du 16e s. sont présentées plus de 270 œuvres, peintures, sculptures, céramiques, esquisses... Elles sont issues des collections privées de Christine et Bernard Ruiz Picasso et couvrent toutes les périodes. Une jolie façon de comprendre le parcours de ce géant qui n'a jamais oublié les couleurs de sa ville natale.

Calle San Augustin, 8 📱 952 12 76 00 www.museopicassomalaga.org 🕒 Juil.-août : tlj. 10h-20h ; mars-juin, sept.-oct. : tlj. 10h-19h ; nov.-fév. : tlj. 10h-18h € 9€

Chef-d'œuvre inachevé

Catedral 👍 (plan 6, B2)

Il a fallu deux siècles pour venir à bout de la construction, en respectant dans les grandes lignes les plans de Diego Siloé, architecte majeur de la Renaissance andalouse. Seule manque à l'appel une des tours de la façade, ce qui a valu à la cathédrale son surnom de "Manchotte". À l'intérieur, remarquez les voûtes et

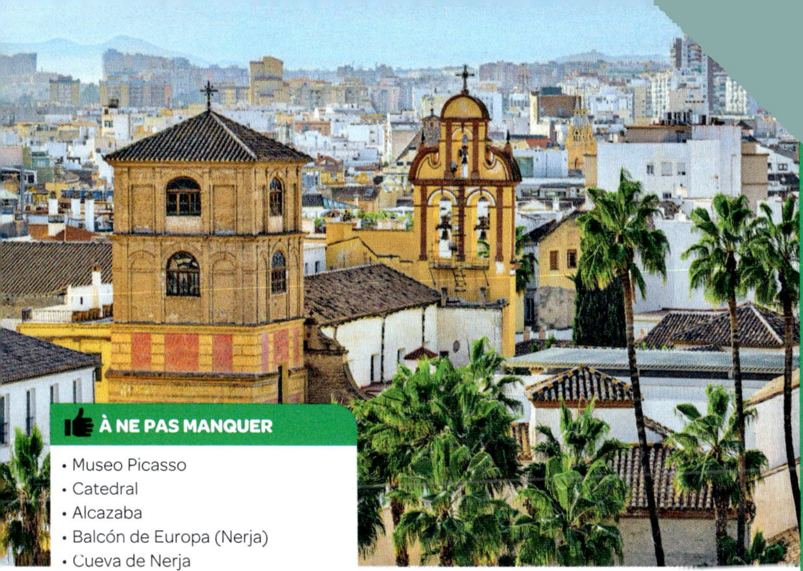

À NE PAS MANQUER

- Museo Picasso
- Catedral
- Alcazaba
- Balcón de Europa (Nerja)
- Cueva de Nerja

Sur les hauteurs de Málaga

le système complexe de piliers qui les supportent. La belle sculpture régionale est présente : stalles du chœur de Pedro de Mena, auteur aussi de la *Mater dolorosa* de la Capilla de los Caídos. Le musée abrite une collection de peintures et de l'orfèvrerie religieuse.

Calle Molina Lario, 9 📱 640 87 17 11 www.malagacatedral.com 🕒 Avr.-juin, oct. : lun.-ven. 10h-20h, sam. 10h-18h30, dim. 14h-18h30 ; juil.-sept. : lun.-ven. 10h-21h, sam. 10h-18h30, dim. et j. fér. 14h-18h30 ; nov.-mars : lun.-sam. 10h-18h30, dim. 14h-18h30 € 8€

Un concentré de belles pièces

Museo de Málaga (plan 6, B2)

Avec 17 000 pièces exposées, il est le musée le plus complet d'Andalousie, rassemblant les collections des institutions des beaux-arts et d'archéologie de la province. Il est logé dans le palais de la Douane (19e s.), où les salles sont distribuées sur plusieurs étages autour d'un séduisant patio. Côté archéologie, ne manquez pas le tombeau du guerrier découvert en 2012 en plein centre. Côté peinture, laissez-vous envoûter par les tableaux de Goya, Zurbarán et Sorolla, entre autres chefs-d'œuvre.

Plaza de la Aduana 📱 951 03 92 69 🕒 Mar.-sam. 9h-21h, dim. et j. fér. 9h-15h € Entrée gratuite pour les ressortissants de l'UE

Pour les jeunes

Plaza de la Merced (plan 6, B1)

Au nord du musée Picasso, la Calle Granada, bordée de restaurants et de bars, mène à la Plaza de la Merced, lieu de rendez-vous favori des jeunes : une vaste place bordée d'immeubles élégants, au pied de la colline de l'Alcazaba. Elle occupe le site de l'ancienne "zone franche", en dehors des limites de la ville

A
B
1
2
3
4
RÍO GUADALMEDINA
MUSEO DEL VIDRIO Y CRISTAL
C. Parras
Calle Jinetes
Cobertizo del Conde
Frailes
Calle Olleras
Cabello
C. Gaona
Calle dos Aceras
Montaño
Peña
Hinestrosa
TEATRO CERVANTES
Calle Mariblanca
Madre de Dios
Calle Gomez Pallete
Merced
Calle Mariscal
Don Rodrigo
Avenida de la Rosaleda
Ventura Rodriguez
Juanelo
Calle San Quintin
Juan de Herrera
Francisco Monje
Purificación
Alvarez
Plaza San Francisco
Calle Tejón y Rodriguez
Calle Álamos
19
40
Grama
Viento
Calle de Casapalma
TRINIDAD
Calle Carreteria
C. Muro de San Julián
MUSEO DE LA MUSICÁ
OBELISCO TORRIJOS
Plaza de la Merced
MUSEO DE SEMANA SANTA
Mendez Nuñez
Calle Granados
30
Ramón Franquelo
3
31
Calle Trinidad
S. Pablo
Jara
Pza de los Mártires
14
Calle Picador
Calle Beatas
Calle de los Mártires
Calle Juan de Padilla
Calle Calderería
Plaza Uncibay
SANTIAGO
Zamorano
Tiro
Calle Carreteria
SAGRADO CORAZÓN
Calle Santa Lucia
LICEO DE MÁLAGA
Calle Santiago
Puente de la Aurora
MUSEO THYSSEN
Calle Compañía
Calle Granada
Calle Sanchez Pastor
Calle Granada
16
4
San Augustin
MUSEO PICASSO
Calle Marmoles
7
CAT
Alcazabilla
Puente
Calle Fajardo
Plaza de la Constitución
Pasaje Chinitas
Calle Pedro de Toledo
Cañaveral
Calle Especerias
42
Pasillo Santa Isabel
C. Cisneros
Santa María
Calle Cister
Agustin Parejo
Puente de la Trinidad
C. Cinco Bolas
Calle Nueva
Calle Marqués de Larios
MUSEO CATEDRALICIO
10
Plaza Ll. Trinidad
5
Calle Salinas
Calle Cañon
Plaza de la Aduana
MUSEO DE ARTES Y COSTUMBRES POPULARES
SAN JUÁN
Pza del Obispo
CATEDRAL
MUSEO DE MÁLAGA
Cerrojo
C. San Juan
Calle Molina Lario
Huerta del Obispo
Calle Strachan
Calle Postigo de los Abades
Calle H. del Rey
2
Calle San Juan de Dios
Paseo
Arriola
Calle Sagasta
Calle Alhondiga
Calvo
Calle Martínez
Plaza de la Marina
32
MERCADO CENTRAL
Puerta del Mar
Calle
Paseo de los Curas
Plaza Arriola
1
Avenida Hilera
Alameda Principal
Paseo
Puente de la Esperanza
Alameda Principal
51
Avenida de Andalucía
Puente de Tetuán
Calle Trinidad Grund
Vendeja
Vendeja
Calle Córdoba
41
Heredia
Alameda de Colón
Calle San Lorenzo
CORREOS
Medelin
MUSEO DE LA IMAGINACIÓN
Angosta del Carmen
Ancha del Carmen
Avenida Comandante Benitez
Calle Martínez Campos
C. Duquesa de Parcent
Calle Peregrino
Calle Pinzón
13
Avenida M. Agustin Heredia
Calle Cuarteles
Calle Alemania
CAC MÁLAGA
Pasillo del Matadero
Calle Salitre
La Serna
San Andres
Constancia
PUERTO
Calle Salitre
San Andres
Constancia
Puente de Antonio Machado
Puente del Carmen
20
Canales

Pauses (n°1 à 7)

- 1 Antigua Casa de Guardia - p.173 ...... A3
- 7 Bodegas Quitapenas - p.172 . B2
- 3 Café Con Libros - p.172 .... B1
- 2 Casa Aranda - p.173 .... A2
- 5 La Recova - p.172 .... A2
- 4 La Tetería - p.172 .... B2

Restaurants (n°10 à 19)

- 16 Casa Lola - p.173 .... B2
- 20 Chiringuito El Espigón - p.174 A4
- 18 Dynamit - p.175 .... B1
- 10 El Jardín - p.174 .... B2
- 12 El Tintero II - p.173 .... C3
- 19 La Peregrina - p.174 .... B1
- 17 Marisquería Godoy - p.175 ... C2
- 11 Mesón Cortijo de Pepe - p.174 .... B1
- 13 Mesón Ibérico - p.175 .... A4
- 14 Mesón Mariano - p.176 .... B1
- 15 Ventorillo Santa Clara - p.176 . C1

Shopping (n°30 à 32)

- 30 Casa Pedro Mira - p.179 .... B1
- 31 La Princesa - p.178 .... B1
- 32 Mercado Central de Atarazanas - p.178 .... A3

Sorties (n°40 à 42)

- 40 Kelipé - p.179 .... B1
- 41 La Fábrica - p.179 .... A3
- 42 Terraza Club Chinitas - p.179 B2

Hébergements (n°50 et 51)

- 50 Hotel California - p.337 .... C2
- 51 Hotel Sur - p.336 .... B3

musulmane. Un banc de la place accueille une statue de Picasso assis auprès de laquelle de nombreux visiteurs viennent se prendre en photo.

Le berceau de Picasso

Museo Casa Natal Picasso (plan 6, B1)

C'est ici que Pablo Picasso est né le 25 octobre 1881. Vous pourrez découvrir d'émouvantes photos de l'artiste et de sa famille accompagnées d'eaux-fortes, de gravures et de lithographies. Dans la maison voisine, la Fondation Picasso présente 2 ou 3 expositions temporaires par an.

Plaza de la Merced, 15 ☎ 951 92 60 60 www.museocasanatalpicasso.malaga.eu 🕒 Tlj. 9h30-20h Fermé les mardis de novembre à mars € 3€, billet combiné avec les expositions temporaires 4€ (audioguide compris)

Avec les enfants

Museo Interactivo de la Música (plan 6, B1)

Particulièrement destinées au jeune public, les collections réunissent plus de 400 instruments de musique de tous les pays, des plus primitifs aux claviers électroniques. On y voit même des flûtes taillées dans un os humain. De nombreuses bornes interactives permettent d'explorer l'univers du son, et les musiciens en herbe peuvent pincer une harpe, jouer d'un clavier, frapper un tambour...

Calle Beatas, 15 ☎ 952 21 04 40 www.musicaenaccion.com 🕒 Lun. 10h30-16h, mar.-dim. 10h30-19h30 € 5,50€

Pour les amoureux du verre

Museo del Vidrio y Cristal (plan 6, B1)

Dans le domaine du verre et du cristal, voici une des plus importantes collections privées d'Europe. Quelque 1 200 œuvres exposées, de l'Antiquité aux vitraux anglais du 18e s. en passant par les verres de Murano. Suivez la visite guidée en français pour comprendre les différentes techniques. L'ensemble est présenté dans le cadre majestueux d'une maison du 18e s.

Plazuela Santísimo Cristo de la Sangre, 2 ☎ 952 22 02 71 www.museovidrioycristalmalaga.com 🕒 Mar.-dim. 11h-19h Fermé en août € 7€ Visite guidée uniquement (en français, durée env. 1h)

Une collection prestigieuse

Museo Colección Carmen Thyssen-Bornemisza (plan 6, A2)

Il s'agit du petit frère du musée madrilène, dont il a hérité quelque 250 tableaux parmi les plus représentatifs de la peinture espagnole des 19e et 20e s., signés Julio Romero de Torres, Ignazio Zuloaga, Joaquín Sorolla, Emilio Ocón...

BON À SAVOIR

À l'ouest de la Calle Marqués de Larios – protégée du soleil en été par des toiles tendues – commence un quartier de rues piétonnes et commerçantes où il fait bon se balader pendant la journée. La **Calle Puerta del Mar**, la **Calle Nueva** et la **Calle San Juan** comptent parmi les plus agréables. Des boutiques de mode et d'artisanat côtoient de petits bars de quartier et quelques belles églises.

Calle Compañía, 10 ☎ 902 30 31 31 www.carmenthyssenmalaga.org ⏲ Mar.-dim. 10h-20h € 10€ (gratuit le dim. à partir de 16h)

Trésor en terre cuite

Museo Unicaja de Artes y Costumbres Populares (plan 6, A2)

Pour tout savoir sur la vie agricole du temps passé : de la cuisine au pressoir, de l'atelier au champ. Le musée expose également un petit trésor : une collection de figurines de terre cuite du 19e s. représentant des personnages andalous typiques (danseuse, guitariste...).

Plaza Enrique García-Herrera, 1 ☎ 952 21 71 37 www.museoartespopulares.com ⏲ Lun.-ven. 10h-17h, sam. 10h-15h € 4€

Une forteresse imprenable

Alcazaba 👍 (plan 6, C2)

Les restaurations des années 1930 ne sont pas parvenues à venir à bout de ce palais-forteresse. Au fil de la promenade, on plonge sans peine à l'époque

Les remparts de l'Alcazaba

d'Al-Andalus. L'Alcazaba date du 11e s. et se protégeait derrière un triple réseau de murailles et de portes fortifiées. L'enceinte supérieure abrite le palais, agrandi aux 13e et 14e s. On peut y accéder par un chemin escarpé ou par un ascenseur. Derrière les murs, deux cours ombragées sont un pur ravissement : le patio de los Naranjos et celui de la Alberca. Voyez aussi le musée consacré à la céramique musulmane et, au pied de l'Alcazaba, le théâtre romain remontant aux premières années du règne d'Auguste (27 av. J.-C.-14 ap. J-C.). L'été, des spectacles de qualité y sont donnés.

Calle Alcazabilla, 2 952 22 72 30 www.alcazabamalaga.com Avr.-oct. : tlj. 9h-20h ; nov.-mars : tlj. 9h-18h 3,50€, billet combiné avec le Castillo de Gibralfaro 5,50€, gratuit le dim. à partir de 14h

Point de vue

Castillo de Gibralfaro (plan 6, C1)

Partez à l'assaut du Monte de Sancha et ne vous laissez pas décourager : la vue du chemin de ronde du Castillo est exceptionnelle. Pour arriver jusque-là, il vous faudra suivre la route très escarpée qui longe la forteresse par la droite (30min). Plus reposants, le bus touristique rouge ou le bus n°35 depuis l'Avenida de Cervantès. Cette citadelle du 14e s. était reliée à l'Alcazaba par une rampe protégée de hautes murailles, aujourd'hui fermée au public.

952 22 72 30 Avr.-oct. : tlj. 9h-20h ; nov.-mars : tlj. 9h-18h 3,50€, billet combiné avec l'Alcazaba 5,50€, gratuit le dim. à partir de 14h

COULEUR LOCALE

Le vin de Málaga était déjà très réputé dans l'Antiquité. Au 19e s., il devient le vin préféré de la haute bourgeoisie anglaise. Les meilleures productions de l'appellation Málaga sont les vins doux, forts en alcool (15 à 23°), notamment le málaga dulce et le lágrima, parfaits pour accompagner un dessert, ou à l'heure de l'apéritif !

Les taureaux vus d'en haut

Mirador Gibralfaro (plan 6, C1)

Panorama imprenable sur tout Málaga, la Farola – le phare du port industriel – et jusqu'à Torremolinos. Enchanteur au coucher du soleil. Et si c'est un jour de corrida, vous aurez une vue plongeante sur les arènes. La pente est raide, mais il y a la ligne de bus n°35.

Beaubourg sous les palmiers

Centre Pompidou Málaga (plan 6, C2)

Depuis 2015, le Centre Pompidou de Paris délocalise une partie de ses collections à Málaga. Les œuvres sont présentées dans le "Cubo" (conçu par Daniel Burren) du port de plaisance. Il accueille également des expositions temporaires.

UNE PLONGÉE DANS L'HISTOIRE

Faire renaître l'art de vivre d'Al-Andalus. Voilà l'idée que José María García Córdoba a eue un jour de 1998 en visitant le hammam historique de l'Alhambra à Grenade. Après des années de recherches sur les rituels anciens autour de l'eau, il recrée la magie des bains de l'Espagne musulmane en ouvrant de véritables havres consacrés au bien-être, situés à Grenade, Cordoue, Madrid et Málaga. Dans ce dernier, le raffinement de l'architecture nasride, tout en arabesques en pierre et mosaïques d'azulejos, se déploie sur trois étages. On se laisse aller à travers des bassins à diverses températures, des bains de vapeur ou encore des lits de pierres chaudes. Ces lieux magiques répondent aussi aux défis du 21e s. : les eaux et les salles du Hammam Al-Andalus Málaga (p.171) sont chauffées à l'énergie géothermique. Quand l'histoire et le plaisir se donnent rendez-vous.

Les voûtes ocre du bain traditionnel

Puerto de Málaga Pasaje Doctor Carrillo Casaux ☎ 951 926 200 www.centrepompidou-malaga.eu ⏱ Mer.-lun. et j. fér. 9h30-20h € 4€ (exposition temporaire), 7€ (collection), 9€ (temporaire+collection)

Promenade autour du cube

Paseo del Muelle Uno (plan 6, C3)

Le quai du port a été réaménagé en une vaste promenade agrémentée de palmiers, bordée de restaurants et de boutiques, et dominée par le cube coloré du Centre Pompidou. La structure ornementale “Palmeral de las Sorpresas”, conçue par l’architecte Jerónimo Junquera (2011), apporte une ombre bienvenue.

Pop art

CAC Málaga (Centre d’art contemporain) (plan 6, A4)

Aménagé dans d’anciennes halles, ce musée abrite une collection d’œuvres allant de l’impressionnisme jusqu’à nos jours, notamment des créations de Barceló, Chema Cobo, Warhol et de nombreux photographes (Nan Golding, Thomas Ruff...). Expositions temporaires d’artistes locaux et internationaux.

Calle Alemania ☎ 952 20 85 00 www.cacmalaga.eu ⏱ Juil.-août : mar.-dim. 9h-14h et 17h-21h30 ; sept.-juin : mar.-dim. 9h-21h30 € Entrée libre

La marina de Benalmádena

AUX ENVIRONS

À l'ombre des bambous

Jardín Botánico-Histórico La Concepción

Agrémenté de fontaines, statues et d'un temple néoclassique, ce jardin de 23ha a été créé en 1850 pour servir de lieu de promenade dominicale à la bourgeoise locale. C'est aujourd'hui l'un des plus importants jardins tropicaux européens avec ses araucarias, ficus géants, palmiers, cycas, bambous.

7km au nord de Málaga dir. Antequera 951 92 61 80 www.laconcepcion.malaga.eu Oct.-mars : tlj. 9h30-17h30 ; avr.-sept. : tlj. 9h30-20h30 5,20€

Bien manger sous les cyprès

Parque Natural de los Montes de Málaga

La route qui grimpe au parc vaut à elle seule le détour pour ses vues panoramiques sur Málaga et la mer. Jalonnée de *ventas*, elle laisse l'embarras du choix pour faire une pause-déjeuner et déguster une savoureuse cuisine du terroir. À faire suivre d'une promenade digestive dans les forêts de pins et de cyprès.

26km au nord de Málaga

Bétonné

Torremolinos

Une grande station balnéaire, dont les immeubles ont désormais opéré la jonction avec ceux de Benalmádena, le long de la plage. Le Paseo Marítimo longeant la jolie plage de la Carihuela offre une balade qui n'est pas sans charme, avec les montagnes en arrière-plan.

16km au sud-ouest de Málaga

Marina, aquarium et art précolombien

Benalmádena

Benalmádena Costa, c'est une énorme station balnéaire qui aligne ses immeubles le long de la plage. C'est aussi une marina tout aussi démesurée : un millier d'anneaux où cohabitent canots à moteur et yachts de milliardaires. Si vous voyagez avec vos enfants, emmenez-les à l'aquarium Sea Life : ils pourront nourrir eux-mêmes les raies. Oubliez un instant la mer et grimpez jusqu'à Benalmádena Pueblo, le village originel avec ses maisons blanches et sa ravissante église sur la place. Vous pourrez y visiter un intéressant musée d'art précolombien, le seul en Andalousie.

23km au sud-ouest de Málaga **Museo de Arte Precolombino Felipe Orlando** Avenida Juan Luis Peralta, 49 952 44 95 27 www.disfrutabenalmadena.com Juil.-mi-sept. : mer.-sam. 9h30-13h30 et 18h-20h, dim. 10h-14h ; mi-sept.-juin : mer.-sam. 9h30-13h30 et 17h-19h, dim. et j. fér. 10h-14h Entrée libre **Aquarium Sea Life** Puerto Deportivo de Benalmádena 952 56 01 50 www.visitsealife.com Tlj. 10h-18h (jusqu'à 20h en sept., 0h en juil.-août) 17,50€

Le prix du charme

Mijas

Ruelles pavées, balcons en fer forgé où s'accrochent plantes et fleurs : le village a eu un charme fou. C'est même une vedette locale. Conséquence : un afflux de visiteurs tout au long de la journée et davantage de marchands de souvenirs que d'habitants.

35km au sud-ouest de Málaga

NERJA

Cette merveille de la Costa del Sol (55km à l'est de Málaga) est un peu victime de son succès touristique. Malgré tout, il est difficile de ne pas succomber au charme de cette petite ville accrochée aux falaises et à la magnifique esplanade de son Balcón de Europa. Les ruelles de la vieille ville sont particulièrement animées en soirée.

Inoubliable point de vue

Balcón de Europa

Cette splendide esplanade plantée de palmiers s'avançant sur la mer domine une partie enchanteresse de la côte creusée de calanques. Elle occupe le site d'une ancienne forteresse arabe du 11e s. De part et d'autre s'étend le vieux quartier de Nerja. Une des plus belles balades consiste à emprunter le sentier côtier qui serpente à flanc de falaise, de la Playa de Calahonda, au pied du Balcón de Europa, jusqu'à la Playa de Burriana.

Une grotte spectaculaire

Cueva de Nerja

Cette immense grotte aux salles décorées de formations géologiques a été découverte en 1959. La présence de la mer il y a des millions d'années a entraîné le dépôt d'épaisses couches de sédiments. Du fait de plissements de l'écorce terrestre, ces dernières se sont transformées en marbre. La dissolution des calcaires due aux infiltrations d'eau a donné naissance à la grotte. Attention, il y a foule en été, mieux vaut réserver son billet sur Internet.

4km au nord-est de Nerja 952 52 95 20 www.cuevadenerja.es Juil.-août : tlj. 9h30-19h ; sept.-juin : tlj. 9h30-16h30 13€

ALHAMA DE GRANADA

"Al hamma", ce sont les bains en arabe. Depuis les Romains jusqu'à nos jours, les eaux thermales de la ville (80km au nord-est de Málaga) accueillent les amateurs (p.171). Même si vous ne voulez pas vous mouiller, le village suspendu au-dessus des gorges vertigineuses du Río Alhama mérite le détour.

À couper le souffle

De la vaste esplanade centrale (Paseo Montes Jovellar), suivez le panneau "Tajo". Vous arriverez au belvédère qui domine les gorges spectaculaires du Río Alhama. Un sentier, le Camino de los Ángeles – 4km aller-retour –, descend au fond des gorges et remonte le cours d'eau. En revenant sur l'esplanade, visez à droite le promontoire où est installée l'ancienne médina et ses ruelles tortueuses. À voir, la pittoresque Plaza de los Presos, la prison du 17e s. et le grenier à blé installé au 16e s. dans une ancienne synagogue du 12e s.

À FAIRE

Lézardez en ville

Playa de la Malagueta

Cette plage de ville est plutôt agréable avec ses coins de verdure arborés et ses jeux pour enfants. Elle débute au bout du Paseo de la Farola, à 15min à pied du centre. Un peu plus à l'est, les restaurants du Paseo Marítimo sont très animés. Des kiosques (*chiringuitos*) proposent du poisson grillé.

Les arènes de La Malagueta

Retrouvez votre âme d'enfant

Museo de la Imaginación (plan 6, A3)

Au cœur du quartier des arts de Málaga, ce petit musée interactif constitue une halte amusante pour petits et grands. Dans le monde des illusions, on peut se retrouver à Moscou, marcher au plafond, être poursuivi par un dragon, et même être enfermé dans un bocal. Fous rires garantis ! Appareil photo ou téléphone en main, captez ces moments de magie, en famille ou entre amis, et partagez-les sur les réseaux sociaux !

Calle Martínez Campos, 13 951 50 13 19 www.museoimaginacion.com Lun.-mar. et jeu. 11h-20h, ven.-dim. 11h-21h 10€

Assistez à une corrida

Plaza de Toros "La Malagueta"

(plan 6, C2)

La saison taurine de Málaga bat son plein pendant la feria (la deuxième semaine d'août) et à Pâques. Les prix varient en fonction de l'emplacement, à l'ombre (*sombra*) ou au soleil (*sol*), d'env. 30€ à plus de 140€.

Paseo de Reding 963 30 85 93

Allez à la plage

Autour de Torremolinos

De Torremolinos à Benalmádena, les 9km de plage font le plein. Difficile de trouver un coin où poser sa serviette. À l'ouest de Benalmádena, la plage d'Arroyo de la Miel, moins urbanisée, est plus séduisante. En continuant vers l'ouest, vous trouverez la Playa de Carvajal qui débute par une petite portion

Le téléphérique Benalmádena

sans immeuble. Les nudistes ont de la chance : entre les plages de Yucas et de Viborilla (à l'ouest de Benalmádena), la plage naturiste de Benalnatura ressemble à un petit coin de paradis, sorte de minuscule calanque protégée.

Autour de Nerja

Nerja domine l'une des plus jolies portions du littoral, et une série de petites plages se succèdent au pied des falaises. Tout à l'est, la **Playa de Burriana** est la plus grande et la plus animée. Restaurants et bars se sont multipliés le long du Paseo Marítimo et, en saison, des activités y sont aussi organisées : kayak, paddle, parachute ascensionnel... Si vous êtes en voiture, vous trouverez d'autres plages en prenant la N340 vers Almuñécar : 5km à l'est de Nerja, plusieurs panneaux indiquent des plages isolées (accessibles par des pistes en terre interdites aux voitures). Vous pouvez parcourir à pied le petit kilomètre qui sépare la route de la belle **Playa Las Alberquillas** (sur la N340, 200m après le km299, le chemin à droite au niveau du petit parking). Vous pouvez aussi filer jusqu'au km302, où la **Playa del Cañuelo** est desservie par un minibus payant.

Playa el Peñón del Cuervo (hors plan 6 par C2)

À l'est de Málaga, après le village du Palo, l'une des plages les plus paisibles de la localité. Elle est connue pour ses eaux d'une transparence remarquable et abrite une plante endémique menacée d'extinction, la *siempreviva malagueña*, une petite immortelle à fleur violette. Son rocher en forme de corbeau, qui sépare la baignade en deux, lui donne un certain charme. On y vient aussi pour préparer des barbecues, en famille ou entre amis, dans un espace aménagé surplombant la mer.

Carretera de Almería la Araña Bus : Ligne M-160 de la Estación Muelle Heredia

Sortez vos jumelles

Paraje Natural Desembocadura del Guadalhorce

À l'ouest de Málaga, là où le fleuve Guadalhorce termine sa course dans la Méditerranée, l'embouchure est formée d'un ensemble lagunaire, refuge important d'oiseaux migrateurs. Martins et aigles pêcheurs, cigognes, hérons et même flamants roses, plus de 250 espèces y ont été observées. L'endroit a été aménagé en une balade facile et agréable, ponctuée de miradors pour guetter les différents volatiles sans les déranger.

Guadalmar À environ 9km à l'ouest de Málaga. Bus nº10 depuis Alameda Principal

Faites-vous du bien

Hammam Al Andalus (plan 6, A1-B1)

Dans un décor superbe de mosaïques en camaïeux de bleus, d'arcs et fines colonnades qui reproduit à merveille l'atmosphère sereine des bains maures. Relaxez-vous et laissez-vous chouchouter, du bain avec massage à 56€ au massage avec rituel de purification sur pierre chaude à 110€. Prix variables, appeler pour réserver.

Plaza de los Mártires, 5 952 215 018 www.hammamalandalus.com

Balneario de Alhama

Les vertus des bains d'eau chaude (47°C) d'Alhama sont connues depuis l'époque romaine. L'établissement thermal propose plusieurs formules : simple bain d'eau thermale (*baño relax*), bain de lait ou de vin, *baño de la reina*... La salle d'attente des soins donne sur les superbes bains romains du 1er s. ap. J.-C., surmontés de voûtes musulmanes du 12e s. On peut aussi juste jeter un coup d'œil à la partie archéologique.

1,5km au nord d'Alhama, dir. Grenade 958 35 00 11 www.balnearioalhamadegranada.com
Mai-nov. : 8h-12h et 17h-18h (horaires sujets à modifications)

Admirez la mer en téléphérique

Teléferico Benalmádena

Le Teleférico Benalmádena, digne d'une station de ski, vous transporte en 15min à presque 800m au-dessus de la mer. Du sommet du mont Calamorro, la vue est grandiose sur toute la côte et permet de juger des ravages de l'urbanisation. Au loin, par temps clair, les falaises blanches de l'Afrique.

Arroyo de la Miel Arroyo de la Miel Départ Explanada del Tívoli 951 56 03 24 www.telefericobenalmadena.com Nov.-mi-jan. : tlj. 11h-17h Fermeture mi jan.-mi fév. ; mi-fév.-mars, oct. : tlj. 11h-18h ; avr.-juin, sept. : tlj. 11h-19h ; juil.-août : tlj. 11h-0h 19,90€ A/R

NOS ADRESSES

PAUSES

Tetería

Café Con Libros

Installé sur une balancelle ou un petit tabouret de bois pour siroter un thé à la menthe ou un savoureux café Barrakito (additionné d'un soupçon de Licor 43, de lait concentré sucré, de cannelle et de citron). Vaste choix de jus de fruits frais. C'est aussi une bonne adresse pour prendre le petit déjeuner.

MÁLAGA (plan 6, B1 n°3) Plaza de la Merced, 19
952 21 51 89 www.cafeconlibrosmalaga.com
Tlj. 9h-22h30

Un thé à Málaga

La Tetería

Au calme, dans une petite rue piétonne à deux pas du musée Picasso. La décoration intérieure soignée et quelques tables dehors rendent ce coin romantique à la tombée de la nuit, avec la vue sur la cathédrale illuminée. Un vaste choix de thés et de pâtisseries marocaines.

MÁLAGA (plan 6, B2 n°4) Calle San Agustín, 9
952 21 53 86 www.la-teteria.com
Tlj. 9h-21h

C'EST DANS L'AIR

Une mode bien plaisante que celle des *teterías*, qui se sont multipliées à Málaga. Très fréquentés par les jeunes, ces salons de thé se distinguent par leur déco aux accents mauresques, souvent très belle, et l'ambiance décontractée qui y règne. Idéal pour faire une pause.

Un café au milieu d'antiquités

La Recova

Caché dans l'une des ruelles du centre de Málaga, ce petit café réserve bien des surprises pour les yeux et les papilles. Céramiques, meubles en bois, antiquités diverses et produits locaux, tout est à vendre ! Les petits déjeuners (2,80€) sont exquis, composés de confitures maison et de *sobrasada* (sorte de rillettes). On s'y presse aussi à l'heure de l'apéro pour picorer des tapas, arrosés d'un vin local.

MÁLAGA (plan 6, A2 n°5) Pasaje Ntra. Sra. de Los Dolores de San Juan, 3 952 216 794
Lun.-ven. 8h30-16h, sam. 8h30-12h30

Valeur sûre

Bodegas Quitapenas

Fondée en 1880, cette rustique taverne est un classique – de surcroît bon marché – pour savourer le vin doux de Málaga. Profitez-en pour repartir avec quelques bouteilles de la *bodega* de la maison, une valeur sûre. On peut également visiter la cave et profiter d'une dégustation offerte. L'enseigne compte plusieurs tavernes en ville, et un magasin près de l'aéroport.

MÁLAGA (plan 6, B2 n°7) Calle Sanchez Pastor, 2 952 22 45 18 www.quitapenas.es
Tlj. 12h-16h et 20h-23h30

Des *churros* et c'est tout

Casa Aranda

Une vieille institution : depuis 1932, la recette des *churros* et du *chocolate* a eu tout le temps de se perfectionner. Il y a toujours du monde en fin d'après-midi. Un succès qui a permis aux propriétaires d'agrandir peu à peu les lieux, envahissant littéralement toute la rue.

MÁLAGA (plan 6, A2 n°2) Calle Herrería del Rey, 2 📱952 22 28 12 🕒Tlj. 8h-13h et 17h-21h

Vermouth ou málaga ?

Antigua Casa de Guardia

Un incontournable pour tester les vins de Málaga. Cette *bodega* vieille école a ouvert ses portes en 1840. Pour toute décoration, un superbe comptoir et quelques tonneaux empilés. Au choix : les málaga, les moscatels ou le vermouth maison. À accompagner de tapas de crevettes et autres fruits de mer (2,25-6,65€).

MÁLAGA (plan 6, A3 n°1) Alameda Principal, 18 📱952 21 46 80 www.antiguacasadeguardia.com 🕒Lun.-jeu. 10h30-22h, ven.-sam. 10h30-23h, dim. 10h30-15h

RESTAURANTS

Pour manger du poisson et des fruits de mer à bon prix, promenez-vous le long du Paseo Marítimo, longez la plage des anciens quartiers de pêcheurs de Huelin (en direction de Torremolinos) ou de Pedregalejo (environ 2km à l'est du centre-ville). Vous y trouverez des *chiringuitos*, ces petits restaurants de fortune installés en front de mer, spécialisés dans les fritures de poissons et fruits de mer. Sur la plage de Pedregalejo, essayez par exemple El Caleño, une valeur sûre.

À la criée

El Tintero II €

Dans cet immense restaurant, les serveurs passent énergiquement entre les tables en annonçant les plats qu'ils viennent tout juste de sortir de cuisine. À vous de les attraper au passage pour être servi. Même principe pour l'addition : interpellez le serveur qui crie inlassablement *"Yo cobro"* ("J'encaisse") ; il comptera vos assiettes ! Une expérience authentiquement malaguène, et l'assurance de produits ultra-frais. Tous les plats sont à 10€ environ sauf plateaux, gambas et homard.

MÁLAGA (plan 6, C3 n°12) Avenida Salvador Allende 340 7km à l'est du centre, après la plage d'El Palo 📱650 68 09 56 🕒Tlj. 12h30-23h30

Des tapas en veux-tu en voilà !

Casa Lola €

Brochettes, miniburgers, tapas traditionnelles et inventives, le choix s'avère difficile dans cette taverne typique, réputée pour sa carte variée et ses produits fins. Assis à l'une des tables hautes en salle ou en terrasse, laissez-vous tenter par son délicieux gaspacho (en saison), son jambon ibérique ou ses amuse-bouches aux saveurs harmonieuses. Succès oblige, pensez à réserver !

MÁLAGA (plan 6, B2 n°16) Calle Granada, 46 📱952 22 38 14 🕒Tlj. 12h-23h45

DU POISSON SANS FAÇON
En été, les *chiringuitos* de Benalmádena Costa permettent de savourer de bons poissons grillés les pieds dans le sable. Essayez par exemple la Playa Fuente de la Salud, tout près de la marina et fréquentée par les touristes anglo-saxons, ou, avec une ambiance plus espagnole, la Playa Arroyo de la Miel.

Dans l'air du temps

Aire Gastrobar €€

Tapas et gastronomie s'allient parfaitement dans ce restaurant distingué, situé près de la Plaza de Toros. Les mets sont délicats, le dressage élégant et le service attentif. Pour réveiller vos papilles, goûtez par exemple au steak tartare et sa mousseline de truffe, ou encore à la *morcilla* enrobée de chèvre caramélisé et son émulsion de mandarine et terminez par la tarte au citron et caramel. Un vrai régal ! Comptez 15€ la portion.

MÁLAGA (hors plan 6 par C3 n°18) Avenida Príes, 16 ☎ 952 60 94 89 ◷ Mer. 20h-23h30, jeu.-sam. 13h30-17h et 20h-23h30

Classique

Mesón Cortijo de Pepe €

Une taverne rustique tout en longueur, dont les tapas délicieuses et bon marché (2,85-7€ la pièce) font le succès. Accoudé au bar ou attablé en terrasse, laissez-vous tenter par les crevettes à l'ail (*langostinos al ajo pimentón* : 10,50€ la *ración*), la salade de crabe ou à la *porra*, la version locale du gaspacho.

MÁLAGA (plan 6, B1 n°11) Plaza de la Merced, 2 ☎ 952 22 40 71 www.cortijodepepe.com ◷ Tlj. 13h-0h

Au pied de la cathérale

El Jardín €

Colonnes en fonte, dorures, statuettes baroques : ambiance salon de thé pour une carte typiquement andalouse. Goûtez la perdrix au jerez ou le *rabo de toro*. Menu du jour 13€, flamenco les vendredis et samedis soir (carte majorée de 20%), tango les jeudis soir. Jolie terrasse.

MÁLAGA (plan 6, B2 n°10) Calle Cañón, 1 ☎ 952 22 04 19 www.eljardinmalaga.com ◷ Lun.-mer. 9h-16h et 19h-23h, jeu.-sam. 9h-16h et 19h-23h

Ambiance locale

La Peregrina €

Il faut arriver de bonne heure pour trouver une place à l'un des comptoirs ce restaurant situé à quelques pas de la Plaza de la Merced. À la carte, un large choix de poissons et de fruits de mer, à déguster frais ou frits, en tapas ou en *ración*. Également, de délicieuses croquettes maison et des aubergines frites, à partager entre amis. Le tout à des prix très raisonnables !

MÁLAGA (plan 6, B1 n°19) Calle Madre de Dios, 37 ☎ 952 06 10 85 ◷ Mar.-sam. 13h-16h30 et 20h15-23h45, dim. 13h-16h30

Les pieds dans le sable

Chiringuito El Espigón €€

Les locaux se donnent rendez-vous dans ce restaurant de plage traditionnel pour savourer de bonnes fritures de poissons les week-ends ensoleillés. Les espetos de sardinas (brochettes de sardines) ont la vedette, mais on apprécie tout autant le calamar et le poulpe braisés. Une fois rassasié, une sieste s'impose sur les transats.

MÁLAGA (hors plan 6, par A4 n°20) Calle Pacífico ☎ 618 06 85 33 ◷ Mar.-dim. 10h-0h

El Jardín

Pour un tête à tête

Dynamit

Caché derrière la Casa Natal de Picasso, ce restaurant tenu par des Norvégiens ne paie pas de mine et pourtant, on s'y délecte de mets raffinés (19-25€) aux saveurs incroyables. La carte est réduite et se renouvelle au fil des saisons. Atmosphère chaleureuse et intime, parfait pour un dîner en amoureux. Les places sont prisées et limitées, pensez à réserver quelques jours avant !

MÁLAGA (plan 6, B1 n°18) Calle Merced, 4 744 61 30 95 Mer.-dim. 19h-0h

Classique

Mesón Ibérico €€

Une bonne adresse pour déguster d'excellents jambons et chorizos de Huelva, au comptoir ou à table. Sans oublier les pinchitos de cordero, savoureux sandwichs d'agneau grillé. Côté mer, allez en confiance vers les anchois marinés ou la morue *al pil pil*. Env. 30€/pers.

MÁLAGA (plan 6, A4 n°13) Calle San Lorenzo, 27 952 60 32 90 www.mesoniberico.net Lun.-sam. 13h-17h et 20h30-23h, dim. 13h-17h Fermeture en juillet

Qualité et fraîcheur

Marisquería Godoy €€

Portée par son succès, l'enseigne locale n'en est pas à son premier établissement dans la ville. Son dernier né jouit d'un cadre exceptionnel sur le port. En terrasse ou dans sa salle à la décoration épurée, on y sert des fruits de mer et du poisson ultra-frais, pêchés dans la baie de Málaga. La carte change selon les saisons et les arrivages. Prix élevés justifiés. Comptez 50€ par personne.

MÁLAGA (plan 6, C2 n°17) Muelle Uno 952 29 03 12 Tlj. 12h-0h

Simple et tendance
Mesón Mariano €€

Les tables de ce restaurant banal d'apparence mais en réalité très couru sont prises d'assaut le soir en fin de semaine. Popularité entièrement justifiée par la qualité des tapas, dont d'excellents artichauts, et des plats du jour, les *callos caseros*. Bonne carte des vins. Comptez 20-25€/pers.

Espeto de sardinas

MÁLAGA (plan 6, B1 n°14) Calle Granados, 2 952 21 18 99 Lun. 13h-16h30, mar.-sam. 13h-16h30 et 20h-0h

Halte montagnarde
Ventorillo Santa Clara €€

À la lisière sud du parc naturel de Los Montes de Málaga, cette *venta* datant de 1812 fait le plein en fin de semaine. Comme il est de tradition dans ces restaurants de montagne, les plats sont sans prétention (filet de bœuf, omelette aux asperges, aubergines au miel...) mais servis généreusement.

MÁLAGA (plan 6, C1 n°15) Carretera del Colmenar 6km au nord de la ville par A7000 en dir. du parc 952 25 33 91 Mar.-dim. 12h-18h

Du poisson sous les palmiers
Casa Manolo €

Un petit restaurant de poisson et fruits de mer bon marché. *Gambas al pil-pil* (spécialité de crevettes, env. 11€) et poissons grillés savoureux, salades. Terrasse agréable sous les palmiers de la Plaza de Andalucía. Gentiment touristique.

BENALMÁDENA Calle Real, 14 Benalmádena Pueblo 952 44 89 23 Ven.-mer. 10h-0h

Tapas alléchantes
Zabor Fetén €

Ce gastrobar promet d'émoustiller vos papilles avec ses tapas innovantes (3,90-6,40€) pleines de saveurs. À la carte, asperges à la plancha, *croquetas* variées, camemberts frits, *piruletas* de crevettes, salade russe revisitée... On craque aussi pour les miniburgers accompagnés de frites de patates douces. Desserts gourmands faits maison (5,20€). Service aux petits oignons.

TORREMOLINOS Calle de la Cruz, 10 665 92 54 13 www.zaborfeten.com Mar.-dim. 13h-17h et 20h-0h

Dans son jus
La Puntilla €

L'un des derniers restaurants authentiques de Nerja. Le service est plutôt rugueux, mais la qualité du poisson et de la viande compense le tout. En été, quelques touristes investissent la terrasse pour partager une paella (à partir de 22€ pour 2 pers.).

NERJA Calle Bolivia, 1 952 52 89 51 Tlj. 12h-16h15 et 18h30-0h

LA RECETTE

RAGOÛT DE PÂTES *A LA MALAGUEÑA*

Pour 6 pers.
- 250g de pâtes
- 500g de palourdes
- 1 gousse d'ail
- 2 tomates
- 100g de cabillaud
- 1 grand oignon
- 500g de pommes de terre
- Persil, paprika, safran et huile d'olive

Disposez les palourdes et le cabillaud émietté dans une cocotte. Ajoutez les pommes de terre coupées en dés. Dans une poêle, faites revenir l'ail, l'oignon et le persil dans un peu d'huile. Puis écrasez-les en mélangeant avec du safran. Versez dans la cocotte. Faites revenir les tomates concassées dans la poêle, ajoutez une cuillère de paprika puis versez dans la cocotte. Versez 1,5l d'eau dans la cocotte, salez et laisser cuire. Ajoutez les pâtes pour qu'elles soient cuites en même temps que les pommes de terre. Servez chaud.

Friture et poisson grillé
Bar El Pulguilla €

Voici une adresse autant fréquentée par les gens du cru que par les touristes pour ses tapas gratuites et généreuses, ses plats de poisson extra-frais et ses fritures (8,60-10,90€). Au choix : au bar dans une salle plutôt animée ou, par-delà le comptoir, sur la terrasse beaucoup plus calme.

NERJA Calle Almirante Ferrándiz, 26 ☎ 952 52 13 84 ⏲ Mar.-dim. 12h30-15h45 et 19h-23h45

Auberge historique
Venta de Alfarnate €€

En plus du paysage – sublime – il y a une autre bonne raison de monter jusque-là : la Venta de Alfarnate. Cette auberge de montagne serait la plus ancienne d'Andalousie, puisqu'elle date de la seconde moitié du 17e s. Au menu, des plats revigorants à des prix raisonnables (25€ pour un repas complet).

ALFARNATE Calle de la Gadea 50km au nord de Málaga ☎ 952 75 91 16 ⏲ Mar. et jeu.-dim. 11h-19h Fermé en juil.

Convivial
Casa Ochoa Tertulia €

Au-dessus du Paseo Montes Jovellar, dans le vieux quartier. Un bar-restaurant comme on les aime, où règne une ambiance conviviale et accueillante. Tapas et rations à petits prix, notamment de savoureuses charcuteries de la région. À déguster au comptoir ou dans la salle plus intime du fond.

ALHAMA DE GRANADA Plaza de la Constitución, 28 ☎ 615 56 91 46 ⏲ Ven.-sam. 12h-16h30 et 20h-2h, dim. 12h-16h30

Spécialités régionales
El Ventorro €

Le restaurant de cette pension de charme (p.337) propose de bons produits du terroir à des prix modestes ; préférez les tables installées dehors sous la treille. L'intérieur étant haut de plafond, le niveau sonore peut atteindre des sommets... Menu 12-18€.

ALHAMA DE GRANADA [illegible]km au sud de Alhama dir. Játar ☎ 958 35 04 38 ⏲ Mar.-ven. et dim. 10h-19h, sam. 10h-23h

SHOPPING

Une des spécialités gourmandes de Málaga est le *pan de higo* (pain de figue), qui n'a de pain que le nom, car il s'agit d'une délicieuse pâte de figues séchées sucrée aux amandes, relevée de douces épices de cannelle et d'anis. On en trouve dans les petites épiceries de quartier.

Marché historique
Mercado Central de Atarazanas

Le beau marché de Málaga sous sa toiture métallique du 19e s. Légumes, fruits, poissons... le meilleur est au menu. L'arc monumental en fer à cheval qui sert d'entrée principale est un vestige d'arsenaux construits par les musulmans au 14e s.

MÁLAGA (plan 6, A3 n°32) Calle Atarazanas, 10
Lun. et mer.-sam. 8h-15h

Pause sucrée
La Princesa

La délicieuse odeur de pain frais vous conduira par la narine. Dans cette minuscule boulangerie-pâtisserie, vous trouverez les meilleures douceurs de la ville. Optez pour la *tarta malagueña*, pâtisserie moelleuse aux amandes, raisins secs, cannelle et *vino dulce*, une spécialité de Málaga.

MÁLAGA (plan 6, B1 n°31) Calle Granada, 84
952 21 60 08 Tlj. 10h-14h30 et 17h-21h

Décor du Mercado de Atarazanas

Sombreros et mantilles

Casa Pedro Mira

Dans une rue qui part de la Plaza de la Constitución, une chapellerie fondée en 1880, qui traverse les âges sans prendre une ride. Une vaste palette de castagnettes, couvre-chefs et éventails.

MÁLAGA (plan 6, B1 n°30) Calle Especerias, 18 ☎ 952 21 29 51 ⏲ Lun.-ven. 10h30-13h30 et 17h30-20h30, sam. 10h30-13h30

SORTIES

En été, l'animation se déplace quelque peu vers la Costa del Sol, notamment dans le complexe Puerto Marina, à Benalmádena. Accès en bus jusqu'à 0h30-1h (et jusqu'à 5h20 le samedi !), avec un premier retour tôt le matin.

Bières et concerts

La Fábrica €

Le rendez-vous de la jeunesse malaguène ! Au cœur du quartier des arts, le Soho de Málaga, ce lieu spacieux est animé par un agenda culturel varié tout au long de l'année : concerts, expositions, DJ sets... C'est aussi une brasserie artisanale qui concocte une gamme de 7 bières, parfaites pour accompagner le bon hamburger maison. Que demander de plus ?

MÁLAGA (plan 6, A3 n°41) Calle Trinidad Grund, 29 ☎ 952 12 39 04 ⏲ Tlj. 12h30-1h30

Flamenco sans concession

Kelipé

Cette petite école de flamenco est tenue par un couple d'origine gitane, professionnels reconnus. Du jeudi au samedi à 21h30, a lieu un spectacle de flamenco très exaltant, bien moins tape-à-l'œil que dans la plupart des *tablaos*. Entre deux airs, Juan donne des explications. 30€ avec 1 boisson ; réservation en ligne.

MÁLAGA (plan 6, B1 n°40) Calle Muro de Puerta Nueva, 10 ☎ 665 09 73 59 www.kelipe.net

Vue imprenable

Terraza Club Chinitas

Au dernier étage de l'auberge de jeunesse, ce rooftop cosy offre une sublime vue sur la cathédrale, de jour comme de nuit. On croirait même pouvoir la toucher ! On y vient aussi explorer sa carte d'excellents cocktails dans une atmosphère branchée, parfois un peu bruyante. Comptez environ 8€ le cocktail.

MÁLAGA (plan 6, B2 n°42) Pasaje Chinitas, 3 ☎ 951 13 63 70 ⏲ Tlj. 16h-1h

Flamenco convivial

El Molino

Pour écouter du flamenco et voir quelques danses, n'hésitez pas à passer les portes du Molino, qui est donc un ancien moulin à huile du 18e s. situé en plein centre. Depuis 1960, un concert gratuit y est donné tous les soirs ! Sous les arches qui se succèdent, les touristes se mêlent aux habitants en jouant des *palmas* et en hurlant *olé*, le tout dans une bonne humeur communicative.

NERJA Calle San José, 4 ☎ 622 28 20 21 ⏲ Mar.-dim. 19h-2h Spectacle à 21h30 (1 à 2 artistes chaque soir)

ANTEQUERA

Des dolmens de la préhistoire aux dorures baroques, la ville a accumulé un impressionnant patrimoine. Ce n'est pas son seul atout : la gorge d'El Chorro et les reliefs tourmentés d'El Torcal sont deux sites naturels majeurs d'Andalousie.

ACCÈS ET INFOS

- 48km au nord de Málaga

À VOIR

Les amoureux du patrimoine sont gâtés : pas moins de 18 églises et monastères sont ouverts au public. Pour découvrir leurs clochers qui hérissent les toits de la ville, il faut grimper jusqu'à l'Alcazaba.

Une petite ascension

Colline de l'Alcazaba

À partir de la Plaza de San Sebastián, les ruelles pittoresques d'un quartier médiéval conduisent vers la forteresse. Au sommet de la Cuesta de San Judas se dresse l'Arco de los Gigantes (1585). Le belvédère offre un beau coup d'œil : le foisonnement des clochers, la collégiale de Santa María la Mayor à l'ombre de la forteresse, la montagne de la Peña de les Enamorados, romantique à souhait au crépuscule.

Un chef-d'œuvre Renaissance

Colegiata Santa María la Mayor

Sa façade, achevée en 1550, est une splendide réalisation de la Renaissance espagnole. À l'intérieur, l'ensemble des trois nefs et de leurs plafonds mudéjars vaut le détour. L'église n'est plus consacrée et sert aujourd'hui de salle de concert et d'exposition.

Avr.-mi-sept. : tlj. 10h-19h ; mi-sept.-mars : tlj. 10h-18h € 3€

Les tours d'Antequera

Alcazaba

De la Plaza de Santa María des allées ombragées montent vers la forteresse arabe (12e et 13e s.). Après restauration ne restent de la citadelle d'origine que les murailles et quelques tours. Celle de l'Homenaje est surmontée d'un campanile de 1582 dont la cloche rythme depuis lors la vie des habitants. Cette tour emblématique d'Antequera est familièrement appelée Torre de Papabellotas, à cause de la légende selon laquelle chrétiens et musulmans se sont combattus à jets de *papas* (pommes de terre) et de *bellotas* (glands). Vues splendides sur la ville et ses environs depuis l'enceinte et les tours.

951 70 07 37 Tlj. 10h-18h € 6€

À NE PAS MANQUER

- Museo de la Ciudad de Antequera
- Iglesia del Carmen (Antequera)
- Dólmenes de Menga y Viera (Antequera)
- El Torcal de Antequera

Le retable baroque de l'Iglesia del Carmen

Un bronze qui vaut de l'or

Museo de la Ciudad de Antequera

Une riche collection, de la préhistoire à la peinture contemporaine, pour un bel aperçu de la ville et de sa région. Deux temps forts : l'*Éphèbe d'Antequera*, un bronze romain du 1er s., copie d'un original grec du 5e s. av. J.-C. : sa grâce justifie à elle seule la visite. Autre section importante, les collections d'art religieux du 16e au 18e s. Admirez notamment le *Saint François d'Assise* de Pedro de Mena (1628-1688) et un saint Christophe curieusement sculpté en habits mudéjars. Le musée est établi dans le splendide palais de Nájera du 18e s.

Plaza del Coso Viejo 952 70 83 00 www.museoantequera.wordpress.com Mi-juin-mi-sept. : jeu.-dim. 9h-14h, mar.-mer. 9h-14h et 19h-21h ; mi-sept.-mi-juin : mar.-sam. 9h-14h et 16h-18h, dim. 10h-14h 3€, gratuit le dim.

Une décoration exubérante

Iglesia del Carmen

S'il ne faut voir qu'une église à Antequera, c'est celle-ci. On est ébloui dès l'entrée : des carrelages anciens, de sublimes plafonds mudéjars, des fresques, dont certaines révélées en 2010. Le plus beau est encore à venir : le gigantesque retable du maître-autel sculpté dans du pin rouge (17e s.). Un foisonnement d'angelots et de saints encadre la niche où se dresse la Vierge. La débauche d'ornementation se poursuit dans les chapelles latérales. Baroquissime.

Plaza del Carmen Mar.-ven. 11h-13h30 et 16h30-17h45, w.-e. et j. fér. 11h-14h 2€

Patrimoine mondial

Dólmenes de Menga y Viera

Le site a été classé par l'Unesco en 2016. Il s'agit de deux sépultures mégalithiques de type dolmen construites au 3e millénaire av. J.-C. En entrant

Dans le dolmen de Menga

dans le plus grand et le plus ancien des deux, le dolmen de Menga (vers 2500 av. J.-C.), essayez d'oublier que les dalles au-dessus de votre tête pèsent jusqu'à 180t. Un puits profond de 20m a été découvert en 2005. La seconde sépulture, le dolmen de Viera, a été construite 500 ans plus tard. Une vidéo présente le procédé de construction.

1km à l'est du centre-ville ☎ 952 71 22 06 ⌚ Fin juin-fin sept. : mar.-sam. 9h-15h et 20h-22h, dim. et j. fér. 9h-15h ; fin sept.-fin mars : mar.-sam. 9h-18h, dim. et j. fér. 9h-15h ; fin mars-fin juin : mar.-sam. 9h-21h, dim. et j. fér. 9h-15h € Entrée libre pour les ressortissants de l'UE

AUX ENVIRONS

Paysages de rêve

El Torcal de Antequera

Pendant des centaines de millions d'années, l'érosion a sculpté dans le calcaire des formes étranges et féeriques entre lesquelles vous allez vous glisser, sous l'œil de quelques chèvres sauvages perchées sur les sommets. Trois sentiers sont ouverts librement au public, de 1,5 à 7km, sans difficulté majeure. Il faut seulement être convenablement chaussé. Le centre de visiteurs propose également de passionnantes sorties accompagnées à la découverte des ammonites ou à travers le "labyrinthe".

16km au sud d'Antequera ☎ 952 24 33 24 www.torcaldeantequera.com ⌚ Centro de Visitantes Ouvert tlj. 10h-17h (19h avr.-oct.)

Balade ornithologique

Reserva Natural Laguna de Fuente de Piedra

De février à avril, ne manquez pas les flamants roses. Près de 18 000 couples se rassemblent alors autour de cette immense lagune pour commencer leur ballet amoureux. Passez auparavant au centre des visiteurs qui vous indiquera les lieux où les gracieux volatiles sont concentrés. Et n'oubliez pas les jumelles.

Fuente de Piedra 23km au nord-ouest d'Antequera **Centro de Visitantes José Antonio Valverde** Fuente de Piedra ☎ 671 56 41 45 ⌚ Nov.-fév. : tlj. 10h-18h ; mars, oct. : tlj. 10h-19h ; avr.-juin, sept. : tlj. 10h-20h ; juil.-août : lun.-sam. 10h-20h, dim. 10h-15h

Vertige assuré

Garganta del Chorro

La gorge d'El Chorro mérite le coup d'œil. Plus de 400m de parois de part et d'autre d'un défilé large de seulement 10m par endroits. L'un des plus beaux points de vue se trouve à la sortie du village en direction d'Ardales. Mais le meilleur moyen d'admirer ces gorges est d'emprunter le Caminito del Rey (p.183). Le site d'El Chorro est mondialement connu pour la pratique de l'escalade.

El Chorro 32km au sud-ouest d'Antequera Garganta del Chorro El Chorro

À FAIRE

Profitez du panorama

Bobastro

Au départ d'El Chorro, une balade dans un cadre naturel de toute beauté, le **massif de Las Mesas de Villaverde**. Au bout de la route, le panorama sur le mont de la Huma et les montagnes au loin est spectaculaire. Si vous êtes en forme, vous pourrez grimper jusqu'au sommet du piton rocheux. Il est coiffé par les ruines de Bobastro, la dernière place forte d'Omar ibn Afsûn, qui à la fin du 9e s. tenta de s'opposer, en vain, aux Omeyyades.

8km au sud-ouest d'El Chorro, par la route d'Ardales puis à droite.

Faites une escapade lacustre

Embalse del Conde de Guadalhorce

Devant les eaux turquoise de ce lac artificiel, difficile de résister à l'envie de piquer une tête au milieu des canards ou de faire une promenade en kayak (location sur place). Le meilleur endroit pour se baigner est la "Zona 3, La Isla". Les amateurs de marche pourront suivre un beau sentier qui conduit au pied de la Garganta del Chorro (p.182) (5km, 2h AR). Il part au bout de la piste menant au restaurant El Mirador (p.183).

8km à l'ouest d'El Chorro

BON À SAVOIR

Situé au nord du lac Del Conde, El Mirador est un agréable restaurant au milieu des pins avec une vue apaisante sur ses eaux. Bonnes spécialités de viandes.

Restaurante El Mirador Parque Ardales Zona Cuarta 952 11 98 09 Tlj. 9h-23h

Marchez au-dessus du vide

Caminito del Rey

Cœur bien accroché indispensable : sur ce chemin vertigineux de 7,7km vous allez emprunter près de 3km de passerelles aménagées à flanc de falaise dans l'étroite gorge d'El Chorro (p.182). Une spectaculaire marche au-dessus du vide. Navette payante pour revenir au point de départ. L'endroit est très couru : mieux vaut réserver votre billet en ligne, en choisissant votre horaire de départ (toutes les 30min).

14km au nord-ouest d'El Chorro 951 55 00 99 www.caminitodelrey.info Mar.-dim. 9h30-16h30 (dernier départ) Horaires sujets à modifications 10€

NTRA SRA DE
LA PAZ Y
ESPERANZA

Cordoue ! La simple évocation de la belle aristocrate fait apparaître la fascinante forêt de colonnes de la Mezquita, les patios, les ruelles entrelacées du vieux quartier juif… Émergeant d'un océan d'oliveraies, celles qui donnent à l'Espagne son or vert, Jaén révèle une autre face de l'Andalousie derrière ses airs de fief agricole. Y font écho les cités de Baeza et Úbeda, bijoux Renaissance livrés à la lumière dorée du Grand Sud.

Cordoue et Jaén

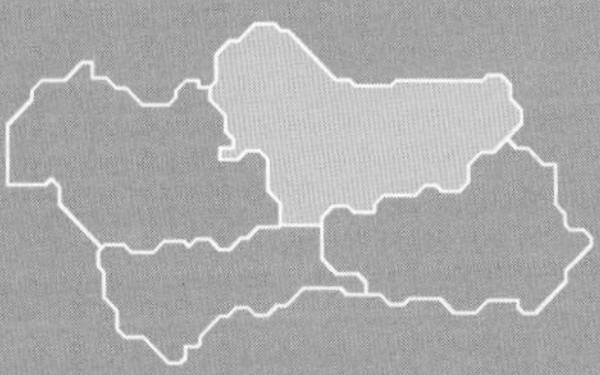

L'église Notre-Dame de la Paix et de l'Espérance à Cordoue

Plan 7
Cabeza del Buey
Almadén
Castuera
EX104
A420
N502
Belalcázar
Santa Eufemia
Puertollano
RÍO ZÚJAR
RÍO GUADALMEZ
Hinojosa del Duque
Villanueva del Duque
Torrecampo
A420
Fuencaliente
A430
Fuente Obejuna
Peñarroya-Pueblonuevo
Pozoblanco
A432
Bélmez
A420
Villanueva de Córdoba
Azuel
EMBALSE DE SIERRA BOYERA
Cardeña
PARQUE NATURAL DE SIERRA DE ANDÚJAR
Espiel
PROVINCE DE CORDOUE
PARQUE NATURAL DE LA SIERRA DE CARDEÑA Y MONTORO
RÍO DE LAS YEGUAS
Ojuelos Altos
Villanueva del Rey
Villaharta
SANTUARIO DE LA VIRGEN DE LA CABEZA
EMBALSE DE PUENTE NUEVO
A432
Venta del Charco
RÍO BEMBÉZAR
EMBALSE DEL GUADALMELLATO
A420
Villaviciosa de Córdoba
RÍO GUADIATO
Las Viñas
Adamuz
C031
Montoro
Andújar
EMBALSE DE BEMBÉZAR
EMBALSE DE S. RAFAEL DE NAVALLANA
Marmolejo
PARQUE NATURAL DE HORNACHUELOS
MEDINA AZAHARA
Alcolea
A4
Villa del Río
Lopera
Arjona
Hornachuelos
CORDOUE
Bujalance
ALMODÓVAR DEL RÍO
CORDOUE p.194
Porcuna
Posadas
A306
Peñaflor
A431
RÍO GUADALQUIVIR
Fuente Palmera
A4
RÍO GUADAJOZ
Castro del Río
Torredonjimeno
Palma del Río
Espejo
RÍO GUADAJOZ
Martos
RÍO GENIL
A453
La Carlota
A432
Montemayor
Baena
EMBALSE DE VADOMOJÓN
A316
E5
Écija
Montilla
ZUHEROS p.216
Alcaudete
SEVILLA
Aguilar de la Frontera
Zuheros
Luque
Castillo de Locubín
A45
A364
A351
Cabra
ERMITA DE LA VIRGEN DE LA SIERRA
PROVINCE DE SÉVILLE
SÉVILLE ET HUELVA p.35
RESERVA NATURAL LAGUNA DE ZOÑAR
A340
Carcabuey
Alcalá la Real
Puente Genil
Lucena
PARQUE NATURAL DE LA SIERRA SUBBÉTICA
Priego de Córdoba
RÍO CORBONES
EMBALSE DE CORDOBILLA
Rute
Osuna
Estepa
RÍO GENIL
Benamejí
A333
Iznájar
SEVILLA
A92
EMBALSE DE IZNÁJAR
CADIX ET MÁLAGA p.105
Loja
A382
GRANADA
A359
PROVINCE DE MÁLAGA
Antequera
MÁLAGA

Ciudad Real
MADRID
Valdepeñas
Santa Cruz de Mudela
JÁNDULA
N322
CM3204
DESFILADERO DE DESPEÑAPERROS
El Centenillo
E5
PARQUE NATURAL DE DESPEÑAPERROS
Santa Elena
RÍO GUARRIZAS
RÍO GUADALÉN
Puente de Génave
La Puerta de Segura
Siles
EMBALSE JÁNDULA
La Carolina
Santisteban del Puerto
Segura de la Sierra
Baños de la Encina
Vilches
A315
Navas de San Juan
Cortijos Nuevos
EL YEMO 1 809 M
RÍO SEGURA
Guarromán
A4
Arquillos
Villanueva del Arzobispo
Hornos
Casicas del Rio Segura
Bailén
A32
Linares
RÍO GUADALIMAR
Villacarrillo
SIERRA DE CAZORLA
Pontones
ÚBEDA
N322
BAEZA
Mogón
Santiago de la Espada
Coto Ríos
SIERRA DE SEGURA
Mengíbar
A301
A315
RÍO GUADALQUIVIR
CAZORLA ET LE PARC DES SIERRAS p.230
Torre del Vinagre
Puente del Obispo
BAEZA ET ÚBEDA p.222
A44
A315
EMPANADAS 2 107 M
Puerte del Rey
A316
JAÉN p.218
Jimena
Cazorla
Jódar
A330
A316
Jaén
A320
RÍO GUADIANA MENOR
Bedmar
MÁGINA 2 167 M
Quesada
Pegalajar
SIERRA MÁGINA
CABAÑAS 2 028 M
Huéscar
PARQUE NATURAL DE SIERRA MÁGINA
Huesa
Estación de Cabra
Hinojares
Cambil
Pozo Alcón
Huelma
Campillo de Arenas
EMBALSE DEL NEGRATIN
MURCIA
A315
A301
PROVINCE DE GRENADE
A340
A44
A92N
Baza
ALMERÍA
GRENADE
GRENADE ET ALMERÍA p.235
N
20 km

SEPT BONNES RAISONS...

... d'arpenter les ruelles de la belle Cordoue et d'explorer les trésors naturels la région.

HAMMAM D'AL-ANDALUS (p.205), pour tout oublier et s'offrir un moment de détente comme au temps des Omeyyades.

LA MEZQUITA DE CORDOUE *BY NIGHT* (p.194), pour rêver debout lors d'une visite nocturne.

LA SACRA CAPILLA DEL SALVADOR (p.227), pour en prendre plein les yeux.

LE PALACIO DE JABALQUINTO (p.223),
pour sa façade finement ouvragée.

☀ **CUEILLIR LES SECRETS DES OLIVIERS** et des mille saveurs de l'huile d'olive (p.225) en faisant un tour au Museo de la Cultura del Olivo (p.224).

☀ **LE PARADOR D'ÚBEDA** (p.339), pour dormir parmi l'un des plus beaux *paradores* du sud de l'Espagne.

☀ **LA SIERRA DE CAZORLA** (p.231), pour partir à l'affût des nombreux oiseaux de proie qui peuplent le parc naturel.

RENDEZ-VOUS AVEC...

Diplômé en beaux-arts à l'université de Séville, Miguel Ángel Moreno est un ardent diffuseur de l'art contemporain en Andalousie. Il a participé à de nombreux festivals et expositions et a été plusieurs fois primé pour son œuvre. Il nous dévoile ses endroits préférés dans la province de Cordoue.

Mon jardin secret

A Palacio de Moratalla

Tout près de Hornachuelos, il fut la propriété du duc de Viana, qui y invitait le roi Alphonse XIII pour des parties de chasse. C'est une demeure d'inspiration française dont les jardins ont été dessinés par Jean Claude Nicolas Forestier. Peu de gens connaissent cet endroit, un petit Versailles au cœur de l'Andalousie !

HORNACHUELOS www.cordobaviva.com
Visites sur rés.

Mon port d'attache

B El Carpio

J'y suis très attaché pour y avoir organisé, 14 ans durant, des rencontres avec des artistes nationaux et internationaux. On peut voir certaines de leurs œuvres dans les rues du centre. Il faut visiter la tour médiévale, le palais (où Velásquez aurait peint sa *Vénus au miroir*) et, près du fleuve, l'ermitage de San Pedro et la centrale hydroélectrique, chef-d'œuvre d'architecture industrielle.

À 30km de Cordoue

Ma maison de campagne

C Hacienda Minerva

Près de Zuheros (p.216), cette hacienda convertie en hôtel est

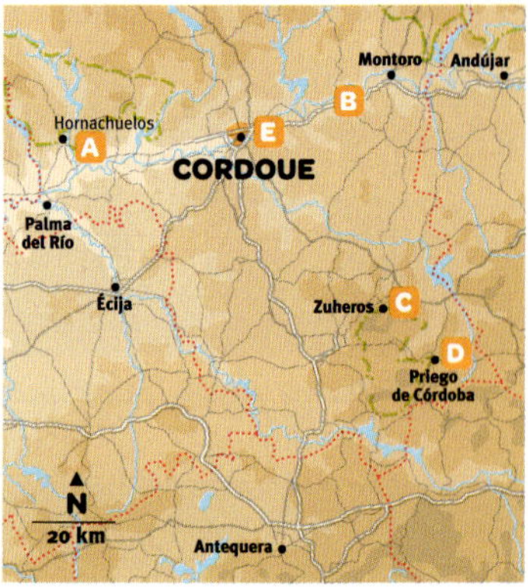

l'endroit où je viens me ressourcer, au calme, au milieu des champs d'oliviers. J'adore flâner dans ses allées et ses patios si joliment restaurés. Au restaurant : vue sur les montagnes et délicieuse cuisine de la région, préparée avec la meilleure huile d'olive du monde ! Et pour la touche arty, un excitant festival d'art contemporain a lieu au village voisin de Doña Mencía.

ZUHEROS Carretera Zuheros-Doña Mencía, km 9,8 957 09 09 51
www.haciendaminerva.com

EN SAVOIR PLUS

Découvrez les œuvres et l'actualité de Miguel Ángel Moreno en visitant son site

www.miguelangelmorenocarretero.com

L'Hacienda Minerva

Trésors baroques

D Priego de Córdoba

Juché sur sa falaise au-dessus d'une mer d'oliviers, ce village (p.216) resplendit de blancheur au milieu des montagnes. J'adore marcher dans les ruelles du Barrio de la Villa, pour finir sur la Plaza de San Antonio, la plus coquette de toutes les places que je connaisse ! Et que dire des églises de la Aurora et de la Asunción, sommets du baroque andalou ! Avant de partir, je m'offre toujours un *turrolate* et un sachet de chips San Nicasio.

PRIEGO DE CÓRDOBA 70km au sud-est de Cordoue

SI CORDOUE ÉTAIT...

Un parfum Ce serait la fleur d'oranger, qui embaume les rues des vieux quartiers au printemps.

Mon rendez-vous à Cordoue

E La Bicicleta

On y sert une cuisine métissée et savoureuse : courgettes au chèvre et au miel, tartine à l'avocat et au jambon ibérique... et ses cocktails, à des prix imbattables, sont vraiment bons. J'adore l'ambiance décontractée, un peu bobo, l'esprit vintage de la déco. Et c'est le rendez-vous des locaux : en plein centre-ville, un lieu qui a une âme, ça fait du bien !

Calle Cardenal Gonzáles, 1 666 54 46 90
Ven.-lun. 13h-1h

CORDOUE ★

Une incroyable mosquée-cathédrale, témoin sublime de l'âge d'or arabo-andalou, des ruelles tortueuses, fleuries et silencieuses, rêves de tous les flâneurs et des âmes romantiques... Un séjour à Cordoue s'impose, et suffisamment long pour permettre de s'imprégner un peu de l'atmosphère de mystère qui se dégage des patios, des impasses secrètes et des rives du Guadalquivir, source de fertilité et de richesses.

ACCÈS ET INFOS

- Cordoue se trouve 145km au nord-est de Séville.
- La ligne de bus n° 3 relie la gare ferroviaire au centre historique ; la C2 fait une boucle autour du centre-ville moderne

À VOIR

Solidement plantée au cœur de la Vega du Guadalquivir, plaine agricole fertile, Cordoue (Córdoba) est l'une des trois villes phares d'Andalousie. Sous ses apparences de grande dame tranquille, cette agglomération de 330 000 habitants porte encore les traces d'un passé agité et empreint d'une grandeur légendaire. Tour à tour capitale de la Bétique romaine, du monde hispano-musulman, puis quartier général des Rois catholiques lors de la Reconquête, Cordoue a toujours joué un rôle essentiel. Mais c'est sous l'ère musulmane, du 8e au 13e s., que la ville connut son âge d'or.

LA MEZQUITA ★

Elle a captivé des générations de voyageurs, c'est le symbole de la ville, un chef-d'œuvre absolu de l'architecture hispano-musulmane ! De l'extérieur pourtant, cette cathédrale de la Reconquête construite à l'intérieur d'une mosquée fortifiée a des allures austères. Et la meilleure manière de l'aborder consiste sans doute à faire le tour de son enceinte. Là, chaque détail fascine : portes doublées de bronze martelé et ornées de heurtoirs sculptés, arcs entrecroisés posés sur de fines colonnes de marbre, stucs richement ciselés et mosaïques aux motifs géométriques. Un spectacle qui change au fil de la journée avec le jeu des ombres, et qui revêt la nuit des aspects féeriques, dans la lumière des projecteurs.

Calle Cardenal Herrero, 1 957 47 05 12 www.mezquita-catedraldecordoba.es Mars-oct. : lun.-sam. 10h-19h, dim. et j. fér. 8h30-11h30 et 15h-19h ; nov.-fév. : lun.-ven. 10h-17h, sam. 10h-18h, dim. et j. fér. 8h30-11h30 et 15h-18h Tarif 11€ Visite nocturne "l'Âme de Cordoue" à 20h ou 21h30, 18€, limitée à 100 personnes (calendrier sur le site web)

Délicieux patio

Puerta del Perdón (plan 8, B4)

C'est la porte principale de la Mezquita, la porte du Pardon : un joli portail mudéjar du 16e s. qui se trouve au pied du clocher de la cathédrale, occupant lui-même l'emplacement de l'ancien minaret de la mosquée. Elle permet d'accéder au vaste **Patio de los Naranjos**, merveilleuse cour plantée d'orangers

À NE PAS MANQUER

- La Mezquita ★
- La Judería
- Plaza del Potro
- Plaza de la Corredera
- Alcázar de los Reyes Cristianos
- Plaza de Capuchinos
- Palacio de Viana
- Medina Azahara

Dans la Mezquita

BON À SAVOIR
L'entrée de la Mezquita Catedral est libre à l'heure des offices religieux (horaires à consulter sur www.cabildocatedraldecordoba.es) : idéal pour parcourir de nouveau – avec discrétion – les magnifiques travées de l'édifice après une première visite.

où les fidèles se rassemblaient autour d'une fontaine pour leurs ablutions rituelles, avant de pénétrer dans la mosquée afin de participer à la prière.

Forêt de colonnes

Première mosquée et extensions (plan 8, B3)

En entrant, on est frappé par le spectacle de cette enfilade de colonnes en marbre soutenant des arches rouge et blanc. Vous êtes dans la mosquée originelle, construite sous le règne d'Abd al-Rahman Ier : les douze premières travées. Les colonnes, comme les chapiteaux, provenaient de plusieurs édifices romains et wisigoths du royaume, ainsi que de l'ancienne Carthage et même d'Égypte. Mais l'aspect le plus frappant est la disposition originale des arches : deux rangées superposées, reliées entre elles par d'habiles pièces de maçonnerie.
Extension d'Abd al-Rahman II (833-848) Vers le fond du bâtiment, à droite du chœur de la cathédrale. Ces huit travées furent ajoutées pour répondre à l'accroissement considérable de la population. Les chapiteaux, pour la première fois, furent réalisés par des artisans musulmans.
Extension d'Al-Hakam II (962-966) Continuez vers le fond ; voici l'espace le plus remarquable, avec son alternance de colonnes de marbre bleu et rose... Dans la partie centrale, des coupoles ciselées et colorées apportent de la lumière. Autre innovation, dans les hauteurs, des arcs s'entrecroisent pour

Plan 8
A
B
1
2
3
4
ESTACIÓN DE VIAJEROS RENFE
Avenida de América
MEDINA AZAHARA
Calle los Omeyas
Gareliano
Villa de Rota
Hernán Ruiz
Calle Arfe
Angel Avilés
Angel Ganivet
Frav. D. Cádiz
Avenida de los Mozarabes
JARDINES DE LA AGRICULTURA
Avenida de Cervantes
Alhakén
F. de Córdoba
Fray Luis de Granada
La Bodega
Av. del Gran Capitán
Avenida de Medina Azahara
Calle de Diego Serrano
Calle de Vásquez Aroca
San Noguer
Alcalde Lopez Huici
C. de Felipe II
Calle de Albéniz
UNIVERSIDAD
CIUDAD JARDÍN
JARDINES DUQUE DE RIVAS
Av. Ronda de los Tejares
37
Calle de
PLAZA DE TOROS
PARQUE JUAN CARLOS I
G. Ximénez de Quesada
Avenida de la República Argentina
JARDINES DE LA VICTORIA
Plaza Escudo
SAN HIPÓLITO
CORREOS Y TELEGRAFOS
C. de Robledo
Plaza Costa del Sol
Antonio Maura
13
Abogado E. Barrios
Marruecos
Alcalde de la Cruz Ceballos
Miguel Benzo
14
Paseo de la Victoria
Calle Eduardo Dato
7
54
Concepción
José Zorilla
Gongora
E. Lucena
José Cruz de Conde
Camino de los Sastres
S. NICOLÁS DE LA VILLA
C. Moreria
Conde de Gondomar
SAN MIGUEL
Pérez de Castro
GOBIERNO MILITAR
San Felipe
Plaza de las Tendillas
Lope de Hoces
LA TRINIDAD
CASA DE LAS HOCES
Horno Trinidad
Calle de Sévilla
R. Sanchez
Jesús María
39
Duque de Hornachuelos
Alcalde Velasco Navarro
Virgen del Perpetuo Socorro
Pl. Trinidad
Tejón y Marín
S. de Feria
Av. del Aeropuerto
Puerta de Almodóvar
Calle Cairuan
16
CASA DEL INDIANO
BARRIO DE LA JUDERÍA
C. Barroso
40
Pasaje Ángel de Saavedra
Juan de Mena
J. Valera Sta-Victoria
HOSPITAL
15
Judios
Almanzor
50
SANTA VICTORIA
Plaza Compañia
Alta S. Ana
Plaza de la Construción
SINAGOGA
33
C. Averroes
CAPILLA SAN BARTOLOMÉ
2
Bl. Belamonte
Plaza Jerónimo Paez
MUSEO ARQUEOLÓGICO
Plaza de Tiberiades
Romero
22
C.B. Pastor
C. Luque
Calleja de las Flores
A. del Castillo
J. Romero Torres
Avenida Conde Vallellano
Avenida Conde de Vallellano
Doctor Barraquer
Avenida Doctor Fleming
Pl. de Maimonides
Pl. Juda Levi
19
Deanes
64
Céspedes
1
34
V. Bosco
Encarnación
Calle Rey Heredia
62
ARCO DEL PORTILLO
MUSEO TAURINO Y ZOCO
C. Tomás Conde
C. Manríquez
Medina y Corella
23
Cardenal Herrero
66
12
Calle de Osio
61
CASA DE LOS MARQUESES DEL CARPIO
Terrones
Av. Doctor Fleming
53
Calle Torrijos
MEZQUITA CATEDRAL
Magistral Glez. Francés
M. Rucker
63
11
10
Calderos
65
5
3
PALACIO EPISCOPAL
Pza de los Abades
Z. Vieja
Gonzáles
Corregidor Luis de la Cerda
C. Cardenal
8
Puerta Sevilla
San Basilio
Calle Enmedio
Calle Postrera
A. de los Rios
Triunfo
PUERTA DEL PUENTE
ALCÁZAR
TRIUNFO DE SAN RAFAEL
JARDINES DEL ALCÁZAR
Puente Romano
GUADALQUIVIR
Puente de Miraflores
Avenida del Alcázar
BARRIO DE MIRAFLORES
MOLINOS ARABES
Calle Miraflores
N
200 m
PROMENADE
TORRE DE LA CALAHORRA

Pauses (n°1 à 8)
- **3** Churrería Santos Mártires - *p.207* A4
- **8** El Barón - *p.208* B4
- **7** Pastelería Roldán - *p.208* B2
- **2** Salón de Té - *p.207*.......... B3
- **1** Tetería Petra - *p.207* B3
- **5** Zumería El Arbolito - *p.208*.. B3

Restaurants (n°10 à 25)
- **13** Bar Moriles - *p.209* A2
- **12** Bar Santos - *p.208*............ B3
- **24** Bodegas Campos - *p.212* C3
- **21** Casa El Pisto/"Taberna San Miguel" - *p.211* B2
- **19** Casa Pepe de la Judería - *p.211*........... A3
- **18** El Astronauta - *p.210* B3
- **23** El Caballo Rojo - *p.211* B3
- **22** El Churrasco - *p.211*........... A3
- **10** El Gallo de Oro - *p.209*... B3-B4
- **17** La Cazuela de la Espartería - *p.210*....... C3
- **14** Mercado Victoria - *p.209* A2
- **15** Taberna Casa Bravo - *p.210* . A3
- **16** Taberna Casa Salinas - *p.210* A3
- **11** Taberna Plateros - *p.209* B3
- **20** Tabernas Salinas - *p.211*...... C3

Shopping (n°30 à 38)
- **37** Corte Inglés - *p.213* B1
- **32** Covap - *p.212* B2
- **35** Guitarras José Rodríguez - *p.213* C2
- **30** Mercado Sánchez Peña - *p.212*......... C3
- **38** Sombrerería Herederos de José Rusi - *p.214* B3
- **34** Taberna Gongóra - *p.208*.... B2
- **34** Taller Meryan - *p.213* B3
- **31** Ultramarinos Andalusí - *p.212*............... C3
- **33** Zoco Municipal - *p.213* A3

Sorties (n°50 à 54)
- **52** Automático - *p.215* C2
- **50** Bodega Guzmán - *p.214*...... A3
- **54** Peña El Rincón del Cante - *p.215*.............. B2
- **51** Sojo Ribera - *p.215*.........B4-C4
- **53** Tablao Cardenal - *p.214*...... B3

Hébergements (n°61 à 67)
- **62** Arc House - *p.337* B3
- **67** Casa de los Azulejos - *p.338*. C3
- **61** Hostal La Milagrosa - *p.337*.. B3
- **66** Hotel Los Omeyas - *p.338*... B3
- **63** Hotel Mezquita - *p.338*....... B3
- **65** Hotel y Hostal Maestre - *p.338*................. B3
- **64** Pensión Los Arcos - *p.338*... B3

RENDEZ-VOUS AVEC...
Restaurant
- **F** La Bicicleta - *p.193*............ B4

La Calleja de las Flores, dans la Judería

répartir le poids des voûtes et dégager l'espace de prière du souverain et de sa suite, la **maqsura**. La chapelle royale, Capilla Real, au centre, bâtie juste après la Reconquête, fait illusion avec ses stucs et sa coupole en bois sculpté : s'il n'y avait ces figures saintes chrétiennes, on pourrait croire à un élément original de la mosquée ! Face à la *maqsura*, la merveille des merveilles : le **mihrab**. En principe, cette niche indique la direction de La Mecque, or celle-ci n'est pas orientée au sud-est, mais au sud, une originalité qui reste un mystère. Quoi qu'il en soit, elle se distingue surtout par son raffinement et son ensemble de mosaïques réalisé, à l'aide d'or et de pierres semi-précieuses, par des artisans que le calife Al-Hakam fit venir de Byzance...

Extension d'Al-Mansûr (à partir de 987) Toute la partie gauche de la mosquée correspond à l'ultime extension, qui double presque la superficie de l'ensemble mais en détruit la symétrie. En outre, le travail des chapiteaux est relativement grossier et les arches désormais peintes pour reproduire l'alternance de pierre et de brique.

COULEUR LOCALE

Comment soutenir un édifice aussi haut et massif que la Mezquita sans recourir à de larges piliers ? Le but de la multiplication des arches, outre l'enjeu purement esthétique, était de résoudre une difficile équation : l'intérieur d'une mosquée doit se caractériser par sa simplicité et sa légèreté, pour des motifs religieux (prier dans un espace lumineux et dégagé) mais aussi pratiques ; l'imam doit pouvoir être vu et entendu de tous.

Le sanctuaire dans le sanctuaire

Cathédrale Sainte-Marie (plan 8, B3)

Dès la Reconquête, la mosquée est reconvertie en lieu de culte chrétien. On construit la chapelle royale face au mihrab puis d'autres le long des murs latéraux. Mais c'est en 1521 que commencent les travaux les plus ambitieux, avec l'édification d'un sanctuaire chrétien complet, en forme de croix, au milieu de l'ancienne mosquée. L'élégante ornementation, aux évidentes influences mudéjares, ne manque pas de charme. Les **stalles du chœur**, toutes de bois ciselé, sont un pur chef-d'œuvre du baroque espagnol (1748-1757), de même que les chaires latérales, en bois d'acajou et marbre, œuvres du Français Michel Verdignier (1770)...

DRÔLE D'AFFAIRE
Après la Reconquête, la forêt de colonnes de la *mezquita* recule peu à peu, si bien qu'en 1523, le maire de Cordoue décrète la peine de mort contre quiconque en détruirait une seule. L'évêque, partisan de la construction d'une cathédrale, l'excommunie. Saisi de l'affaire, l'empereur Charles Quint tranche en faveur de la cathédrale, que l'on bâtit au cœur de la mosquée. Il le regrettera, n'y voyant finalement "que ce qui se voit partout à la place de ce qui ne se voyait nulle part".

LA JUDERÍA

C'est l'un des quartiers les plus pittoresques de toute l'Andalousie. Elle encercle littéralement la mosquée par l'ouest et le nord. Ses ruelles torturées serpentant entre les vieilles pierres, les murs blanchis, les balcons en fer forgé décorés de fleurs et les petites places silencieuses ont conservé un air médiéval. La Calle Judería, la Calle Deanes, la Calle Romero et ses restaurants ou la très belle impasse fleurie de la Calleja de las Flores, plus à l'est, sont toujours bondées pendant la journée. Mais en s'éloignant un peu, surtout le soir, il reste possible de trouver la tranquillité propice à l'enchantement.

Harmonie mudéjare

Sinagoga (plan 8, A3)

Seule survivante parmi les nombreuses que compta Cordoue, avant l'arrêté d'expulsion des juifs (1492), elle est même l'une des rares synagogues médiévales encore existantes en Espagne. Dissimulée pendant des siècles sous le crépi d'une riche demeure, l'ornementation de la salle principale a été découverte par hasard à la fin du 19e s. : un ensemble harmonieux de stucs, décoré de motifs géométriques et végétaux d'origine mudéjare, portant des inscriptions calligraphiques en hébreu. Le plafond à caissons mérite aussi le coup d'œil !

Calle Judíos, 20 · 957 74 90 15 · Mi-sept.-mi-juin : mar.-sam. 9h-20h30, dim. et j. fér. 9h-15h30 ; mi-juin-mi-sept. : mar.-dim. et j. fér. 9h-15h30 · Entrée libre pour les ressortissants de l'UE

Pour les aficionados

Museo Municipal Taurino (plan 8, A3)

El Cordobés, Manolete... Ces *matadores* mythiques sont nés à Cordoue. Hommage leur est rendu à l'intérieur de ce petit musée consacré à la tauromachie.

Plaza de Maimónides · 957 20 10 56 · www.museotaurinodecordoba.es · Été : mar.-sam. 8h30-15h, dim. et j. fér. 8h30-14h30 ; mi-juin-mi-sept. : mar.-dim. 8h15-14h45 ; reste de l'année : mar.-ven. 8h15-20h45, sam. 8h15-16h45, dim. et j. fér. 8h15-14h45 · 4€

L'art des Ibères

Museo Arqueológico (plan 8, B3)

Plus de 5 000 ans d'histoire cordouane racontée à travers une collection archéologique fort intéressante et bien mise en valeur. Parmi les œuvres, on remarquera surtout les sculptures ibères. Outre des pierres tombales ornementées et de superbes objets rituels en bronze sont exposées de grandes

COULEUR LOCALE
Le Concurso y Festival de Patios Cordobeses (concours des patios fleuris) a lieu à Cordoue les deux premières semaines du mois de mai. Les patios de la Judería, jalousement gardés le restant de l'année derrière de lourdes portes en bois ou des grilles en fer forgé, se montrent alors au grand jour. L'occasion de découvrir la face cachée de la Judería, celle de ses intérieurs fleuris, lieux de vie familiale par excellence.

figures d'animaux d'une expressivité étonnante. Posées devant les tombes, les temples ou les portes des villes, elles devaient, dit-on, effrayer les esprits et éloigner le mauvais sort...

Plaza Jerónimo Páez 957 35 55 17 www.museosdeandalucia.es Juil.-août : mar.-dim. et j. fér. 9h-15h ; sept.-juin : mar.-sam. 9h-21h, dim. et j. fér. 9h-15h € Entrée libre pour les ressortissants de l'UE

PLAZA DEL POTRO-PLAZA DE LA CORREDERA

Charme 100% andalou

Plaza del Potro (plan 8, C4)

Cette adorable place pavée est l'une des places les plus pittoresques de la ville. Elle doit son nom au poulain (*potro*) qui orne la jolie fontaine. Flanquée d'édifices médiévaux et Renaissance, elle s'enorgueillit d'un titre de gloire peu commun : elle est évoquée dans *Don Quichotte* ! Il faut dire que le quartier était le cœur de l'activité commerciale cordouane à la Renaissance... L'ancienne Posada del Potro (p.206), archétype de l'auberge espagnole à l'ancienne, possède toujours une atmosphère digne des récits de Cervantès !

Plaza del Potro

L'enfant chéri de Cordoue

Museo Julio Romero de Torres (plan 8, C3)

Le peintre Julio Romero de Torres (1880-1930) jouit à Cordoue d'une popularité incroyable : pas un prospectus, pas une affiche qui n'utilise ses œuvres... Le musée occupe une maison, dans le patio du musée des Beaux-Arts. C'est là que l'enfant chéri de Cordoue est né, a vécu et s'est éteint. On retrouve ses toiles les plus célèbres à l'étage : des portraits, essentiellement, le plus souvent de jeunes femmes alanguies aux mines provocantes, dont les pâles visages se détachent sur un fond sombre à l'extrême.

Plaza del Potro Accès par le Museo de Bellas Artes, sur la Plaza del Potro 957 47 03 56 www.museojulioromero.cordoba.es Mi-juin-mi-sept. : mar.-dim. et j. fér. 8h15-14h45 ; mi-sept.-mi-juin : mar.-ven. 8h15-20h, sam. 9h30-18h, dim. 8h15-14h45 € 4€

Immeubles en arène

Plaza de la Corredera (plan 8, C3)

Depuis toujours, le lieu privilégié des grandes manifestations publiques. Parades militaires, cérémonies officielles, exécutions et, dès le 19e s. surtout, les corridas qui lui ont donné son nom. Son aspect actuel date de l'âge baroque (fin 17e s.) : arcades en pierre surplombées d'élégants immeubles à trois étages, colorés et harmonieux, qui ont gardé les petits balcons d'où le public pouvait assister aux événements organisés en contrebas. Le quartier qui s'étend à l'est de la place, jusqu'à la belle église ocre de San Pedro, mérite qu'on s'y attarde, avec ses ruelles animées, ses petits bars secrets et quelques ateliers artisanaux traditionnels.

LES RIVES DU GUADALQUIVIR

Le Vieux Pont (plan 8, B4) a toujours été l'accès principal à la ville. On y entre ainsi au sud-ouest de la mosquée, en passant le pompeux monument rococo d'**El Triunfo**, dédié à saint Raphaël, réalisé à la fin du 18e s. par le Français Michel Verdignier. Juste à côté, l'arc de triomphe de la **Puerta del Puente** fut, lui, érigé à la Renaissance à l'emplacement des anciennes portes romaine et arabe. Au bord du Guadalquivir, on remarque l'imposante **noria**, reconstitution de la roue construite sous Abd al-Rhaman II pour alimenter en eau son palais.

La roue tourne

Puente Viejo (plan 8, B4)

Avec ses 16 arches campées sur de larges piliers, le Vieux Pont dégage une impression de solidité inébranlable. On l'appelle encore le "pont romain" car

Le Puente Viejo, ou "pont romain"

il remplace une structure déjà présente au temps de Jules César : l'une des raisons pour lesquelles les musulmans choisirent d'installer à Cordoue leur capitale ! En le traversant, jetez un coup d'œil aux ruines des barrages et des moulins à eau qui datent de l'époque musulmane. C'est par l'Andalousie que cette civilisation introduisit en Occident la technique du moulin...

Âge d'or et de raison

Torre de la Calahorra (plan 8, B4)

La tour, érigée au 16e s. pour protéger les abords, abrite désormais le **Museo Vivo de Al-Andalus**, dédié à l'âge d'or d'Al-Andalus, époque par excellence de la tolérance religieuse et de l'accord entre science et théologie. Dans les casques distribués à l'entrée, vous écouterez les musulmans Averroès et Ibn Arabi, Maïmonide le juif et Alphonse X le roi chrétien vous exposer leurs visions du monde, pas si éloignées. Ne manquez pas les maquettes de la Mezquita de Cordoue et de l'Alhambra de Grenade. Avant de partir, admirez la vue imprenable sur Cordoue depuis la terrasse.

À l'extrémité sud du Puente Romano 957 29 39 29 www.torrecalahorra.com Oct., mars-mai : tlj. 10h-19h ; juin-sept. : tlj. 10h-14h et 16h30-20h30 ; nov.-fév. : tlj. 10h-18h 4,50€

Les jardins de l'Alcázar

Palais royal

Alcázar de los Reyes Cristianos (plan 8, A4)

Alphonse X le Sage vous accueille, avec sa grande moustache. On entre dans le palais des Rois catholiques, qu'il fit construire, sous une voûte simple, merveille d'équilibre. Au fond des jardins, la statue de Christophe Colomb, de dos, s'incline devant Ferdinand et Isabelle : c'est ici, en effet, qu'eut lieu la première rencontre entre ces trois personnages ! On accède au palais proprement dit par un beau patio mudéjar, avec ses orangers... Le point d'orgue de la visite ? Les monumentales mosaïques romaines (2e-3e s. ap. J.-C.), pour la plupart découvertes lors d'excavations sur l'actuelle Plaza de la Corredera.

Calle de las Caballerizas Reales 957 42 01 51 Mar.-dim. et j. fér. 8h45-15h15 5€

LE CENTRE-VILLE

Calme et loin de la foule, il mérite une visite. À l'est, notamment, où s'étendent des quartiers populaires occupant le site de l'ancienne Ajerquia, qui résonnait autrefois du bruit des outils des artisans et a aujourd'hui laissé la place à des rues calmes et pittoresques, où il fait bon déambuler à l'ombre des murs blanchis.

Le cœur de la ville moderne

Plaza de las Tendillas (plan 8, B2)

Un lieu de passage animé... Dominée par de hauts immeubles administratifs qui ne manquent pas de style, cette place comporte en son centre l'un des monuments les plus populaires de Cordoue : la statue équestre d'un héros des armées du roi Ferdinand, El Gran Capitán. De part et d'autre de la Plaza débutent de larges artères commerçantes où l'on trouvera toutes les plus célèbres enseignes espagnoles.

SUR LES TRACES DE...

Don Gonzalo Fernández de Córdoba y Aguilar (1453-1515), héros des armées du roi Ferdinand, est affectueusement surnommé le Grand Capitaine (El Gran Capitán). À la tête d'une puissante armée, il mit en déroute les troupes françaises de Louis XII postées en Italie et offrit le territoire de Naples à la Couronne espagnole.

Farandole de lumière

Plaza de Capuchinos 👍 (plan 8, C2)

Cette adorable place pavée, toute simple, un peu à l'étroit entre les murs blancs de ses églises, est célèbre pour son calvaire (1794). Les lanternes vacillantes en fer forgé qui l'entourent composent la nuit, lorsqu'elles sont allumées, un tableau émouvant.

Mélange des genres

Iglesia de Santa Marina (plan 8, C2)

C'est le meilleur exemple d'architecture dite "fernandine", qui mêle des éléments gothiques et mudéjars. L'église fut en effet bâtie juste après la reconquête de Cordoue au 13e s. À ne pas manquer, en face, l'étrange monument à la gloire du torero Manolete (1956). Le quartier est d'ailleurs réputé pour avoir donné le jour à de nombreux toreros et autres picadors.

Plaza de Santa Marina, 6 📱 957 48 36 67 🕒 Lun.-sam. 19h30, dim. 9h30, 12h, 19h30 (horaires des offices, fréquence plus variable en été)

Mini-Versailles

Palacio de Viana 👍 (plan 8, C2)

Avant tout célèbre pour ses douze patios, ce superbe palais servit de résidence, à partir du 14e s., à de grandes familles de la noblesse cordouane dont la dernière en date, les marquis de Viana. Les jolies fontaines de marbre, les

Décor du palais de Viana

mosaïques romaines, les statues et les puits révèlent toute leur richesse et leurs parfums avec les floraisons du printemps et de l'été. Quant à l'intérieur du palais, il est digne d'un mini-Versailles ! Mobilier français ou italien de la Renaissance, artisanat mudéjar, tapisseries d'Aubusson, tapis kilims de Perse et immenses lustres en cristal de Baccarat, tout y est.

Plaza Don Gome, 2 957 49 67 41 www.palaciodeviana.com Juil.-août : mar.-dim. 9h-15h ; sept.-juin : mar.-sam. 10h-19h, dim. 10h-15h 10€, 6€ uniquement les patios

AUX ENVIRONS

Le parc naturel de la Sierra de Hornachuelos (p.206) entraîne les randonneurs dans la garrigue, d'où émanent parfums de myrte et grognements des porcs noirs. À l'est, Montoro est un village pittoresque tandis que, au sud, la petite ville de Montilla vous initiera aux secrets de ses vins sucrés.

La "cité brillante"

Medina Azahara (Madinat al-Zahra)

Le califat de Cordoue avait atteint l'apogée de sa puissance lorsqu'Abd al-Rahman III ordonna en 936 la construction d'une somptueuse ville palatiale à l'extérieur de la cité, une ville dont la splendeur sans précédent devrait refléter celle du pouvoir naissant : Madinat al-Zahra, la "cité brillante". Bâtie en terrasses successives, la ville épouse le relief irrégulier d'une colline. Le niveau supérieur abritait les édifices réservés au calife et à sa suite, symbolisant ainsi sa domination sur le peuple. Le niveau intermédiaire comprenait des jardins paradisiaques et la splendide salle de réception du calife. Enfin, tout en bas, s'étendait la ville proprement dite, fermée par un Grand Portique et une vaste esplanade. La mosquée Aljama, tournée vers La Mecque, a été construite hors de la forteresse.

La salle de réception du calife Le clou de la visite ! Les murs sont recouverts d'une incroyable ornementation en stuc, aux motifs végétaux et géométriques

IL ÉTAIT UNE FOIS

Zones résidentielles, quartier d'artisans et, à la fin du 10e s., près de 20 000 habitants : la Medina Azahara était dix fois plus grande que le site que l'on visite aujourd'hui. Mais quand le nouveau souverain Al-Mansûr fait construire une autre cité palatine, à l'est de Cordoue, à partir de 976, la ville perd vite de sa superbe...

d'un grand raffinement. Des colonnes de marbre bleu et rose soutiennent de belles arches bicolores, qui évoquent bien sûr la mosquée de Cordoue. Pour les historiens, ce type d'ornementation marque la naissance d'un art califal.

Carretera de Palma del Río 8km à l'ouest de Cordoue par l'Avenida de Medina Azahara, puis la route A431 et enfin une petite route (suivre la signalisation) 699 34 11 42 www.medinaazahara.org Juil.-sept. : mar.-dim. et j. fér. 9h-15h ; oct.-mars : mar.-sam. 10h-18h, dim. et j. fér. 9h-15h ; avr.-juin : mar.-sam. 9h-21h, dim. et j. fér. 9h-15h Gratuit pour les citoyens de l'UE, visite guidée 28€

Délicieux village
Montoro

Perché sur une colline escarpée, c'est l'un des villages les plus séduisants de la province, très animé autour de ses boutiques d'artisanat vendant huile d'olive, bottes en cuir ou délicieux jambons régionaux. La pierre rouge locale, la *molinaza*, à forte teneur en fer, qui a servi à la construction des édifices de la **Plaza de España**, confère à cette dernière un charme singulier. Dominant la place, le haut clocher baroque de l'**Iglesia de San Bartolomé** (15e s.) est un bel exemple de gothique-mudéjar. Remarquez la belle façade plateresque (16e s.) de l'**Ayuntamiento**. Si vous poussez les portes de la mairie, vous découvrirez au premier étage trois jolis plafonds à caisson de style mudéjar (accès libre). Excentrées, les **arènes** de pierre rouge de Montoro accueillent, d'avril à octobre, des corridas rares mais réputées. En traversant le **Puente Mayor** (15e s.) qui enjambe le Guadalquivir, au pied de la colline, puis en grimpant en face dans le **quartier de Retamal**, on découvre une vue époustouflante sur Montoro.

46km à l'est de Cordoue

Cap sur les caves
Montilla

Entre Cordoue et Zuheros (p.216), Montilla est connue pour ses vins. Tous les ans, le premier week-end de septembre, les fêtes des vendanges, très populaires, y font revivre les techniques d'autrefois. La plupart des caves sont ouvertes au public mais attention, certaines sont fermées le week-end, renseignez-vous à l'office de tourisme. Voir aussi nos adresses (p.212).

45km au sud de Cordoue

À FAIRE

Remettez-vous de vos émotions
Hammam Al-Andalus (plan 8, B4)

L'évocation de l'âge d'or d'Al-Andalus vous émerveille ? Près de la mosquée, ce hammam reconstitue l'atmosphère et l'architecture d'un hammam traditionnel (p.165) avec son bain d'eau chaude entouré d'arcades et son salon de thé propose bien d'autres douceurs. Il se trouve près de la mosquée. La séance complète avec bain, massage et aromathérapie coûte env. 93€. Bain seul 40€. Réservation obligatoire.

CORDOUE Calle Corregidor Luis de la Cerda, 51 957 48 47 46 www.hammamalandalus.com Tlj. 10h-0h

Assistez à une corrida

Plaza de Toros (hors plan 8 par A2)

À Cordoue, du fait de la chaleur estivale, vous ne pourrez assister à une corrida qu'au mois de mai et ponctuellement le reste de l'année.

CORDOUE Avenida Gran Vía Parque www.mundotoro.com (pour en savoir plus sur l'agenda des corridas en Espagne)

La Posada del Potro

Initiez-vous au flamenco

Posada del Potro - Centro flamenco Fosforito (plan 8, C4)

Un *centro flamenco* ludique et très formateur ! Dans la Posada del Potro, fameuse auberge du 16e s. mentionnée dans *Don Quichotte*, le visiteur apprend à reconnaître les nuances de cette musique avant de s'exercer lui-même aux variations rythmiques sur une caisse à percussion électronique.

CORDOUE Plaza del Potro 957 47 68 29 www.centroflamencofosforito.cordoba.es Mar.-sam. 10h-17h45, dim. et j. fér. 10h-14h45

S'essayer à la guitare *flamenca*

Rafael Trenas

Si vous souhaitez profiter de votre court séjour pour prendre quelques cours de guitare *flamenca*, le plus simple est d'appeler Rafael Trenas, l'un des principaux animateurs de la meilleure *peña flamenca* de la ville, la Peña El Rincón del Cante (p.215). Guitariste renommé, c'est aussi un fin connaisseur des coulisses du flamenco de Cordoue.

659 650 22 22 Tarif à partir de 40€ l'heure de cours particulier

Academia Concha Calero y Merengue (plan 8, C2)

Une des plus anciennes et des plus réputées écoles de flamenco de Cordoue.

CORDOUE Calle Isabel de Losa, 10 www.desirecalero.com

Promenez-vous en pleine nature

Parque Natural Sierra de Hornachuelos

Un parc magnifique, connu pour sa faune de rapaces et ses splendides forêts de chênes verts et chênes-lièges.

En bateau Embarquez pour une très jolie balade en canoë ou en pirogue, de 2 à 3h, le long de la rivière Bembézar, au milieu des oliviers et des eucalyptus, au pied du Monasterio de Los Ángeles . Préférez le matin ou la fin d'après-midi en été : vous aurez peut-être la chance d'apercevoir des cerfs venus s'abreuver à la rivière ou d'impressionnants vautours moines tournoyer dans le ciel... **En voiture** De Hornachuelos, la CO142 part en direction du hameau de San Calixto (17km), traversant des paysages de plus en plus sauvages, où paissent des troupeaux de porcs noirs dans les dehesas, ces prairies plantées de chênes. Perdu au milieu des collines boisées, le minuscule village de San Calixto est une divine surprise ! Une grande impression de sérénité se dégage de ses maisonnettes blanchies à la chaux, de son puits ancestral, de sa belle église et de ses treilles fleuries au printemps. Vous pourrez ensuite redescendre vers Hornachuelos ou continuer vers Las Navas de la Concepción, à travers un décor spectaculaire, où il est fréquent de croiser cerfs et sangliers. Prudence, donc ! **À pied** Le centre des visiteurs de Hornachuelos sert de point de départ à 6 itinéraires de longueurs et de difficultés progressives. Le plus court est un sentier botanique de 1,2km. Les deux plus intéressants sont le Sendero del Guadalora (3h) dans la forêt longeant la rivière, et le Sendero Bembézar (4h, 11km), sans difficulté, avec de splendides vues sur le monastère de Los Ángeles.

Centro de Visitantes Huerta del Rey Hornachuelos 957 57 96 56 Mai : mer.-ven. 9h-14h, sam.-dim. 9h-14h et 16h-20h ; juin : mer.-jeu. 9h-13h, ven. 9h-14h, sam.-dim. 9h-14h et 16h-20h ; juil. : ven.-dim. 9h-13h ; août : sam.-dim. 9h-13h ; sept. : mer.-dim. 9h-13h ; oct.-déc. : mer.-jeu. 9h-13h, ven.-dim. 9h-14h

NOS ADRESSES

PAUSES

Un thé à la marocaine

Tetería Petra ♥

Niché dans une ruelle discrète à deux pas de la Mezquita, ce salon de thé au décor bigarré rappelle les origines marrakchies de sa propriétaire. On s'installera dans le ravissant patio ombragé pour déguster une pâtisserie maison aux amandes et siroter un thé à la menthe ou un café arabe.

CORDOUE (plan 8, B3 n°1) Calleja de la Hoguera, 3 603 18 87 12 Mer.-jeu. et dim.-lun. 13h-23h, ven.-sam. 13h-0h Fermé en août

Petit coin d'Orient

Salón de Té ♥

Un salon de thé à la marocaine en pleine Judería. Au mur, des citations d'Ibn Arabi ou d'Averroès prônent la tolérance universelle. Sur fond de musique arabo-andalouse ou de raï, on peine à choisir parmi les dizaines de thés offerts à la carte : "Madinat al-Zahra" (cannelle, cardamome, un zeste d'orange...), "Sueños de la Alhambra" (rêves de l'Alhambra)... essayez-les tous !

CORDOUE (plan 8, B3 n°2) Calle Buen Pastor, 13 957 48 79 84 www.salondetecordoba.com Mer.-lun. 11h-22h

Churros ou jeringos ?

Churrería Santos Mártires

Mmm... Cet épais chocolat chaud accompagné d'une ration de *churros* ou de *jeringos* (subtile différence avec les *churros*, difficile à percevoir pour les non-initiés) a de quoi vous donner des forces pour la journée entière ! Une échoppe tout près de l'Alcazar.

CORDOUE (plan 8, A1 n°3) Plaza del Campo Santo de los Mártires Tlj. 7h30-12h

Un shoot de vitamines

Zumería El Arbolito

Idéal pour rompre quelques instants avec le régime jambon cru-vin rouge ! Quelques tables sur le trottoir, à l'ombre des citronniers, deux bancs à l'intérieur et une carte proposant une vingtaine de jus de fruits frais, à base d'agrumes, de gingembre et de toutes sortes de fruits exotiques, réalisés sous vos yeux. Smoothies, jus de fruits nature ou allongés d'eau gazeuse, autour de 3,50€.

CORDOUE (plan 8, B3 n°5) Calle San Fernando, 84 957 94 10 85 Lun. et mer.-sam. 9h-16h

Goûter gourmand

Pastelería Roldán

Ici, on vient de loin pour le pain, les brioches, les madeleines, les tartes ou les glaces de cette pâtisserie un peu excentrée.... Tout est fait maison et vraiment savoureux. Si vous n'avez pas encore goûté la *torta cordobésa* (fine tarte fourrée au *cabello de ángel*, sorte de compote sucrée de courge), c'est le moment ! La bourgeoisie de Cordoue s'y donne rendez-vous tous les week-ends.

CORDOUE (plan 8, B2 n°7) Calle Concepción, 18 957 47 33 65 www.pasteleriasroldan.com Lun.-ven. 7h30-22h, sam. 8h-22h, dim. 8h-21h30

Petit bar d'habitués

El Barón

L'une des rares adresses fréquentées par les locaux... El Barón possède une dizaine de tables, éparpillées sur une séduisante placette. Le patron organise quelques concerts et autres projections de films muets. Choix de plusieurs bières pression et de vin au verre.

CORDOUE (plan 8, B4 n°8) Plaza de los Abades, 4 957 48 72 56 Juin-août : tlj. 12h-14h et 20h-0h ; sept.-mai : tlj. 12h-0h

RESTAURANTS

Aux alentours de la mosquée, la plupart des restaurants ressemblent à de grandes cantines pour touristes. Mais en s'éloignant un peu, on trouve de bonnes adresses dans toutes les gammes de prix. En fin de semaine, les habitants dînent plus volontiers dans les quartiers ouest que dans le centre historique. En semaine, le centre-ville, autour de la Plaza de las Tendillas, compte bon nombre de cafétérias bon marché, très populaires à l'heure du déjeuner.

Une tortilla bien sûr

Bar Santos €

Qu'un bar de quartier survive dans ces parages ultra-touristiques tient du prodige. Mais le Bar Santos possède l'arme absolue : sa tortilla, qui jouit d'une belle réputation ! Le roi Juan Carlos lui-même s'est rendu sur place pour la savourer. En fin de journée, les clients s'installent sur les marches de la Mezquita – ambiance très décontractée.

CORDOUE (plan 8, B3 n°12) Calle Magistral González Francés, 3 957 89 32 20 Lun.-ven. 10h-0h, sam.-dim. 11h-0h

Du gibier dans l'assiette

Taberna Góngora

Décorée de trophées de chasse, cette taverne traditionnelle fait partie du paysage de Cordoue depuis bien longtemps ! Large choix de tapas traditionnelles (3,5-13,5€) comme le *salmorejo* cordobés, le jambon ibérique et les aubergines frites. Également du poisson frit et des viandes dont du bon gibier (sanglier, bouc). Portions généreuses.

CORDOUE (plan 8, C2 n°25) Calle Conde de Torres Cabrera, 4 957 49 03 62 Lun.-sam. 12h-16h et 20h-23h30

Poulet sur le pouce

El Gallo de Oro €

Des poulets grillés servis par une dame charmante, à emporter ou à manger avec les doigts, assis sur un banc de l'adorable Plaza de los Abades. Également de copieux sandwichs au blanc de poulet (*magreta completa*, 2,90€). Pas de CB.

CORDOUE (plan 8, B3-B4 n°10) Plaza de los Abades, 6 957 47 52 04 Tlj. 9h-15h Fermé en août

Déjeuner au marché

Mercado Victoria ♥€

Un marché gastronomique à l'intérieur d'une belle structure en fer forgé du 19e s... On y va faire ses courses, prendre son petit déjeuner, ou simplement se délecter. Choisissez votre plat parmi les nombreux stands et les spécialités d'Argentine, du Japon voire d'Italie avant de vous installer à une table en bois. Les produits et recettes de la région ont la vedette, comme les mille et une variétés de *salmorejos* de l'étal entièrement dédié au plat phare de Cordoue !

CORDOUE (plan 8, A2 n°14) Paseo de la Victoria 957 29 07 07 www.mercadovictoria.com Mi-juin-mi-sept. : dim.-jeu. 10h-0h, ven.-sam. 10h-2h ; mi-sept.-mi-juin : dim.-jeu. 10h-1h, ven.-sam. 10h-2h

Entrée du bar Santos

Cantine populaire

Taberna Plateros ♥€

On l'aperçoit à peine de l'extérieur mais il y a souvent foule, notamment au moment du déjeuner dominical, vers 15h. Autour du patio couvert, les voûtes en pierre résonnent des éclats de voix. Aux heures d'affluence, il faut prendre son tour au comptoir. Choix classiques de tapas, d'excellente qualité. Essayez par exemple le chorizo maison ou les spécialités de morue...

CORDOUE (plan 8, B3 n°11) Calle San Francisco, 6 957 47 00 42 www.tabernaplateros.com Mar.-sam. 11h-16h et 20h-23h30, dim. 11h-16h Fermé 1re quinzaine d'août

Une excellente adresse

Bar Morlles ♥€

Ambiance locale et cuisine familiale délicieuse garanties ! Comme les habitués, prenez place sur la grande terrasse qui borde le parc Juan Carlos I et choisissez parmi les 50 tapas et les 12 *platos combinados* offerts à la carte. Le *salmorejo* fait l'unanimité, le *jamón bellota* fond sous la langue, les artichauts à l'ail sont aussi exquis que le brie gratiné avec confit de tomates. Portions copieuses, service attentionné et ambiance détendue. Un peu excentré.

CORDOUE (plan 8, A2 n°13) Calle Antonio Maura, 21 957 23 26 28 www.barmoriles.es Lun.-jeu. 7h-2h, ven.-dim. 7h-3h

Sans prétention

Taberna Casa Bravo €

Une petite taverne traditionnelle, joliment décorée et tranquille, surtout fréquentée par une clientèle locale, au cœur de la Judería. C'est une bonne adresse pour savourer quelques tapas dans un cadre centenaire. L'ambiance est un peu plus animée le dimanche à l'heure du déjeuner.

CORDOUE (plan 8, A3 n°15) Calle Puerta Almodóvar 1 615 18 14 15 www.casabravo1919.es Lun.-sam. 11h15-17h03 et 20h-23h45, dim. 11h15-17h

La *casa* chérie des vedettes

Taberna Casa Salinas €

Les photos de célébrités locales couvrent les murs, mais la vraie star ici c'est Pepe Salinas, qui ouvrit ce lieu en 1966. Avec un peu de patience, vous pourrez goûter aux excellents calamars ou aux boulettes de viande maison (*albóndigas*), servies avec une sauce très fine. En été, dînez dans la fraîcheur du *salinero*, un patio à l'arrière, installé près du site d'une réserve à sel. *Raciones* de 9,90 à 16€.

CORDOUE (plan 8, A3 n°16) Puerta de Almodóvar 957 94 19 07 Lun.-mar. et jeu.-sam. 12h30-17h et 20h30-0h, dim. 12h30-17h

Très courue

La Cazuela de la Espartería €

Les *Cordobeses* apprécient ici l'ambiance chaleureuse et la cuisine inspirée (plats traditionnels avec une touche personnelle), à deux pas de la Plaza de la Corredera. La casserole d'aubergines fait l'unanimité, tout comme la queue de bœuf. Belle carte des vins. Arrivez tôt ou réservez, sinon il y a toujours la possibilité d'attendre (ou de dîner) au bar. Les prix sont très raisonnables.

CORDOUE (plan 8, C3 n°17) Calle Rodríguez Marín, 16 957 48 89 52 www.lacazueladelaesparteria.es Lun.-ven. 12h30-16h15 et 20h-0h, sam. 12h30-16h30 et 20h30-0h30, dim. 13h-16h30 (sauf juil.-août)

Branché et original

El Astronauta €

Pour s'échapper un temps de la cuisine traditionnelle, même si l'on sait jouer ici avec ses codes. Dans un cadre contemporain et épuré est proposée une carte très inventive qui change en fonction de la saison. Dans la journée, la clientèle, la trentaine, y vient aussi pour prendre un café ou travailler (wifi gratuit) et, le soir, pour boire un verre et assister à des

QUELQUES PLATS À GOÛTER

La vedette absolue est l'inévitable *rabo de toro* (queue de taureau en ragoût) ! Proche de l'*ajoblanco*, le traditionnel *salmorejo* est préparé à base de tomates et de mie de pain et saupoudré de miettes de jambon et d'œuf dur. Goûtez aux cœurs d'artichaut onctueux (préparés au vin blanc sucré de Montilla), aux spécialités de viande, de morue (*bacalao*) ou encore de fèves. Arrosez le tout de vins de Montilla et savourez avec le dessert un pedro ximénez, vin sirupeux.

concerts *indie* rock. Plat autour de 12€, menu du jour 10€ à midi, 12€ le soir (uniquement en sem.).

CORDOUE (plan 8, B3 n°18) Calle Diario de Córdoba, 18 957 49 11 23 www.elastronauta.es Lun.-jeu. 13h30-17h et 20h-23h30, ven.-sam. 13h30-17h et 21h-0h Fermé 15j. en août

Vue sur la Mezquita

Casa Pepe de la Judería €€

L'une des adresses les plus traditionnelles de Cordoue, située à deux pas de la Mezquita et dotée d'une superbe terrasse avec vue sur le clocher de la cathédrale. Côté cuisine, des recettes locales intemporelles (queue de taureau, morue), mais la réputation de la maison s'est bâtie sur le plat d'aubergines au miel (*berenjenas con miel*), emblématique de la cuisine cordouane. Comptez 30€ pour une entrée et un plat.

CORDOUE (plan 8, A3 n°19) Calle Romero, 1 957 20 07 44 www.restaurantecasapepedelajuderia.com Dim.-jeu. 13h-16h et 19h30-23h

Lambris et nappes blanches

Tabernas Salinas €€

Un monument de la restauration andalouse ! Ouvert depuis 1879, cet établissement propose tous les classiques de la gastronomie locale dans un cadre d'une élégance folle, avec un service irréprochable. On pourra aussi profiter du décor le temps d'un verre et de quelques tapas au bar.

CORDOUE (plan 8, C3 n°20) Calle Tundidores, 3 957 48 29 50 www.tabernassalinas.com Mar.-sam. 12h30-16h et 20h-23h30, dim. 12h30-16h

Un incontournable cordouan

Casa El Pisto/"Taberna San Miguel" €€

Cela fait si longtemps que la Casa Pisto a pignon sur la jolie Plaza San Miguel qu'elle a fini par en prendre le nom... L'intérieur a vraiment beaucoup de caractère avec son enfilade de salles décorées d'affiches de corridas et de flamenco. Les habitués se pressent midi et soir autour du bar, dans l'entrée. Ils y dégustent des tapas délicieuses comme le *montadito de lomo* ou la *morcilla* (boudin légèrement pimenté).

CORDOUE (plan 8, B2 n°21) Plaza San Miguel, 1 957 47 01 66 www.casaelpisto.com Mar.-sam. 13h-16h et 20h-23h30

Con carne

El Churrasco €€€

Une des meilleures adresses de Cordoue, même si elle est assez chère. Le service est impeccable, les grillades de viande ou de poisson savoureuses et les tables côté patio fort agréables. Les gourmets carnivores ne manqueront pas le *churrasco*, onctueux filet de porc à la braise sauce légèrement piquante. Franc succès auprès des Cordouans le week-end ; pour plus de calme, préférez la semaine.

CORDOUE (plan 8, A3 n°22) Calle Romero, 16 957 29 08 19 Tlj. 13h-16h et 20h30-23h30

Repas raffiné en tête à tête

El Caballo Rojo ♥€€€

Juste en face de la mosquée, découvrez d'antiques et délicieuses spécialités mozarabes et nord-africaines, remises au goût du jour. En entrée, goûtez la salade *sefardí* (séfarade) ou les cœurs d'artichaut fondants au vin liquoreux. Quant aux plats principaux, le *rabo de toro* (queue de taureau, du veau en fait) est réputé et l'agneau au miel, spécialité syrienne, vraiment succulent...

CORDOUE (plan 8, B3 n°23) Calle Cardenal Herrero, 28 957 47 53 75 www.elcaballorojo.com Mar.-dim. 12h30-17h et 20h-0h

Une expérience divine

Bodegas Campos ♥€€€

De loin l'adresse la plus élégante de Cordoue. Après un excellent verre de fino, on passe dans la salle du restaurant : nappes blanches, service parfait, dans une atmosphère pourtant détendue. La carte, saisonnière, met à l'honneur les produits du terroir, sélectionnés avec soin. Les viandes, préparées simplement, garnies de légumes savoureux et de gros sel, fondent dans la bouche. Un vrai régal !

CORDOUE (plan 8, C3 n°24) Calle Lineros, 32 957 49 75 00 www.bodegascampos.com Tlj. 13h30-16h et 20h-23h

Voir aussi **La Bicicleta** (p.193).

SHOPPING

Douceurs fruitées

Monsieur Bourguignon

À 20m du conservatoire de musique, cette petite échoppe de la très commerçante Calle Jesús María propose un bel assortiment de pâtes de fruits (confectionnées localement – plus de 20 parfums différents) et de *fudges* anglais (sortes de caramels au chocolat très mous, farcis de noisettes et de noix) de première qualité, importés de Grande-Bretagne, un péché mignon des grands-mères de Cordoue...

CORDOUE (plan 8, B3 n°39) Calle Jesús María, 12 605 98 75 84 Lun.-sam. 11h-14h30 et 16h30-20h30, dim. 11h-17h30

Le meilleur de la région

Ultramarinos Andalusí

Jambon sec de la sierra, filets de morue salée... Dans cette coquette et rustique épicerie, un des plus anciens magasins du quartier, les fumets de *jamón* vous font saliver dès l'entrée. Ne manquez pas l'occasion d'y acheter de l'*iberico bellota* (la meilleure qualité de jambon espagnol) vendu à la coupe : 5,85€ pour 100g d'extase.

CORDOUE (plan 8, C3 n°31) Avenida Ronda de los Tejares, 7 957 48 89 61 www.ultramarinosandalusi.com Lun.-ven. 9h-14h30 et 17h30-20h45, sam. 9h-14h30

D'étal en étal

Mercado Sánchez Peña

Allez flâner un matin du côté de ce marché, aussi connu sous le nom de Mercado de la Corredera : étals de fruits parfumés, présentoirs chargés de toutes sortes d'olives ou d'épices colorées, jambons fondants... Les produits sont frais et l'atmosphère bon enfant, difficile de résister !

CORDOUE (plan 8, C3 n°30) Lun.-jeu. 8h-15h, ven.-sam. 8h-15h30

Pour l'amour du *pata negra*

Covap

L'autre meilleure adresse de la ville pour le *jamón iberico de bellota*, le fameux *pata negra*, nourri aux glands et provenant exclusivement de la vallée des Pedroches, au nord de Cordoue. De 25 à 40€ le kilo environ pour des jambons entiers, selon la proportion de glands entrant dans l'alimentation des cochons, le summum étant atteint avec l'*alta expresión*. Le jambon à la coupe peut être jusqu'à six fois plus cher, mais vous ne le regretterez pas.

CORDOUE (plan 8, B2 n°32) Calle Cruz Conde, 12 957 49 85 05 www.covap.es Hiver : lun.-ven. 9h30-14h et 17h30-21h, sam. 10h-14h ; été : lun.-ven. 9h30-14h et 18h-21h, sam. 10h-14h

Cuir et bijoux en argent

Zoco Municipal

L'artisanat de Cordoue jouit encore d'une excellente réputation. Aménagé autour d'une splendide cour fleurie, le Zoco Municipal rassemble divers magasins et ateliers : du cuir, des bijoux, des objets de décoration en céramique ou en papier mâché, etc. Beau mais parfois un peu cher. En été, les ateliers sont souvent désertés l'après-midi.

CORDOUE (plan 8, A3 n°33) Accès par la Calle Judíos

Grand magasin

Corte Inglés

Le meilleur disquaire de Cordoue est, sans l'ombre d'un doute, le département musique du grand magasin Corte Inglés ! Il propose une sélection de disques de flamenco vaste – des grands classiques (nombreux coffrets) aux dernières parutions, introuvables hors d'Andalousie.

CORDOUE (plan 8, B1 n°37) Avenida Ronda de los Tejares, 32 957 22 28 81 Lun.-sam. 10h-22h

Guitares mythiques

Guitarras José Rodríguez

Le grand Paco de Lucía, idole indétrônable des guitaristes andalous, fut l'un de ses clients. La Guitarreria de José Rodriguez, luthier depuis 1972, produit 12 guitares par an, qui sont généralement réservées très tôt par les meilleurs *tocaores* d'Andalousie... On vient ici pour rêver ! Quelques guitares de *estudio* à des prix raisonnables...

CORDOUE (plan 8, C2 n°35) Calle San Pablo, 10 957 01 76 98 www.guitarrasjoserodriguez.es Lun.-ven. 9h-14h et 16h-18h30 Fermé l'après-midi en août

Cuir repoussé

Taller Meryan

Le cuir frappé repoussé : cette technique ancestrale traditionnelle est perpétuée depuis 1952 par une famille, installée dans une somptueuse demeure du 17e s. ouverte sur deux patios. Babouches, poufs, boîtes, magnifiques malles...

CORDOUE (plan 8, B3 n°34) Calleja de las Flores, 2 957 47 59 02 www.meryancor.com Lun.-ven. 9h30-20h, sam. 9h30-14h30

Tout pour la musique

Promusica

Le magasin de référence des étudiants du conservatoire voisin, qui peuvent s'y procurer une guitare de débutant ou de professionnel, ainsi

Peinture sur cuir

que de nombreux autres instruments. Installé au fond d'une ruelle qui part du conservatoire.

CORDOUE (plan 8, B3 n°40) Pasaje Ángel de Saavedra, 1 957 47 01 84 www.promusica.es Lun.-ven. 10h-14h et 17h-20h, sam. 10h-14h

Atelier de *sombreros*
Sombrerería Herederos de José Rusi
Connaissez-vous la différence entre un *sombrero cordobés* et un *sevillano* ? Vous l'apprendrez dans cet atelier qui fabrique des couvre-chefs depuis plus de 100 ans, et vous donnera envie de vous chapeauter avec élégance (entre 85 et 180€).

CORDOUE (plan 8, B3 n°38) Calle Conde de Cardenas, 1 957 47 79 53 www.rusiherederos.com Lun.-sam. 10h-13h30 et 17h30-20h Fermé 1re quinzaine de sept.

La reine des pâtisseries
Confitería Manuel Aguilar
Son vieux comptoir en marbre, son plafond à caissons et ses miroirs font de cette pâtisserie un bijou de temple de la gourmandise ! Tout ici est délicieux, parfois très original, comme cette *gacha de mosto*, une sorte de flan à base de moût de raisin sucré. Autre spécialité locale : la poudre d'amande. Vendue en sachet, elle est ajoutée à de l'eau ou à du lait pour obtenir une boisson hautement calorique... et succulente.

MONTILLA Corredera, 25 957 65 05 31 www.pasteleriamanuelaguilar.com Tlj. 10h-14h et 18h-21h

Vénérable cave
Bodegas Alvear
La plus ancienne cave d'Andalousie (1724) propose une visite complète de ses chais en plus d'une dégustation. Sur rdv uniquement. Dégustation de 5 vins 23,50€.

MONTILLA Avenida María Auxiliadora, 1 957 65 01 00 www.alvear.es Visites lun.-dim. Rés. obligatoire

L'Union fait le carafon
Unión de Montilla
Cette coopérative présente la particularité de proposer un vin rouge de Montilla, Los Omeyas. Vous pouvez le goûter dans le petit bar La Unión (populaire à souhait et prix imbattables !) adjacent à la coopérative et y acheter ses produits.

MONTILLA Avenida de Italia, 1 957 65 18 55 www.cooperativalaunion.com Coopérative lun.-ven. 9h-17h Bar tlj. 6h-2h

SORTIES

Avec les aficionados
Bodega Guzmán
En entrant, on se délecte d'un petit parfum de fino, servi au tonneau derrière le bar du fond. On vient surtout pour le climat populaire et l'authenticité de ce bar aux conversations animées et viriles. Ici se réunit depuis des décennies une véritable *tertulia taurina* (association taurine). Ambiance assurée le dimanche à midi, quand tout Cordoue s'y donne rendez-vous pour l'apéritif.

CORDOUE (plan 8, A3 n°50) Calle Judíos, 7 957 29 09 60 Mi-août-mi-juil. : tlj. 12h-16h et 20h-23h30

Soirée flamenco
Tablao Cardenal
C'est l'institution du flamenco cordouan, dans un beau palais du 18e s. Bien que destinés aux touristes, les spectacles sont de qualité. De jeunes artistes, lauréats de prix nationaux, jouent et dansent avec brio. 23€/pers., boisson comprise. Réserver.

CORDOUE (plan 8, B3 n°53) Calle Buen Pastor, 2 691 21 79 22 www.tablaocardenal.es Un

Spectacle de flamenco

spectacle par soir, lun.-jeu. à 20h30, ven.-sam. à 21h

The place to be

Sojo Ribera

Une terrasse panoramique sur le Guadalquivir et une déco quelque peu tape-à-l'œil à l'intérieur... Le soir, les beautiful people boivent un cocktail au rythme des DJ.

CORDOUE (plan 8, B4-C4 n°51) Paseo de la Ribera, 1 📱607 03 55 65 www.sojoribera.com 🕒Dim.-jeu. 16h-3h, ven.-sam. 16h-4h

Déco kitch et soirées DJ

Automático ♥

L'établissement phare de la scène alternative cordouane, qui agite la vie nocturne, plutôt conservatrice, de la ville. Café (souvent bondé) l'après-midi, Automático devient un vrai bar de nuit le soir. Grand choix de cocktails et une playlist éclectique.

CORDOUE (plan 8, C2 n°52) Calle Alfaros, 4 📱957 48 56 69 www.automaticomusicbar.com 🕒Dim.-mer. 17h-3h, ven.-sam. 17h-4h

Flamenco puro

Peña El Rincón del Cante

La principale peña flamenca de Cordoue propose quelques concerts ouverts aux non-membres (actos públicos, généralement le vendredi à 22h). S'ils ne paient pas de mine, les locaux n'en sont pas moins le lieu de rendez-vous de tous les aficionados de Cordoue. Ce club privé réserve toujours un accueil chaleureux aux passionnés de flamenco !

CORDOUE (plan 8, B2 n°54) Calleja del Niño Perdido, 2 📱661 71 35 23 🕒Ven. 21h-1h

ZUHEROS

Un petit village montagnard aux ruelles blanches et escarpées ; sur les routes qui traversent les champs d'oliviers, de vieux paysans burinés chevauchant leur âne. Aux portes du parc de la Sierra Subbética, voilà l'endroit rêvé pour se remettre des longues visites cordouanes et se préparer aux interminables nuits de Grenade. Ou le contraire.

ACCÈS ET INFOS

- Zuheros est situé 78km au sud-est de Cordoue. Zagrilla Alta 22km au sud de Zuheros

À VOIR

Coucher de soleil
Zuheros

Accroché aux premiers contreforts de la Sierra Subbéticca, le village dresse les murailles de son château médiéval au pied de hautes falaises. Près de la Cueva de los Murciélagos, aux belles formations géologiques, deux belvédères ménagent une très belle vue sur le village et la vallée, l'endroit parfait pour admirer le soleil couchant sur la sierra.

Castillo-Palacio de Zuheros 957 69 45 45 Avr.-sept. : mar.-ven. 10h-14h et 17h-19h, w.-e. et j. fér. (visites guidée à 11h, 12h30, 14h, 17h et 18h30) ; oct.-mars : mar.-ven. 10h-14h et 16h-18h, w.-e. et j. fér. (visite à 11h, 12h30, 14h, 16h et 17h30) 3,50€

Lavoir en service
Zagrilla Alta

Un village typique, où les femmes utilisent encore le lavoir. Non loin, le magnifique hôtel-restaurant La Huerta de las Palomas est une halte idéale.

Trésors baroques
Priego de Córdoba

C'est le commerce de la soie, au 18e s., qui fit sa richesse. Parmi les nombreux legs de cette époque, ne manquez pas la belle Parroquia de Nuestra Señora de la Asunción et les stucs baroque de la chapelle d'El Sagrario. Puis flânez dans le Barrio de la Villa, aux maisons blanchies à la chaux. Au bout de la calle del Río, un jardin arboré avec deux jolies fontaines vous attend !

25km au sud-est de Zuheros

Faites vos lacets !
Sierra Subbética

De nombreux sentiers traversent les beaux paysages de cette région de moyenne montagne et à la faune et flore abondantes. Les plus agréables longent le canyon creusé par un torrent, le Bailón, au départ de Zuheros. Le top du top reste cependant la traversée de tout le nord du parc, jusqu'à l'**Ermita de la Virgen de la Sierra,** mais cette longue marche (25km aller-retour, 600m de dénivelé) est réservée aux randonneurs confirmés et bien équipés. Objet d'un important pèlerinage gitan (mi-juin), l'ermitage est accessible en

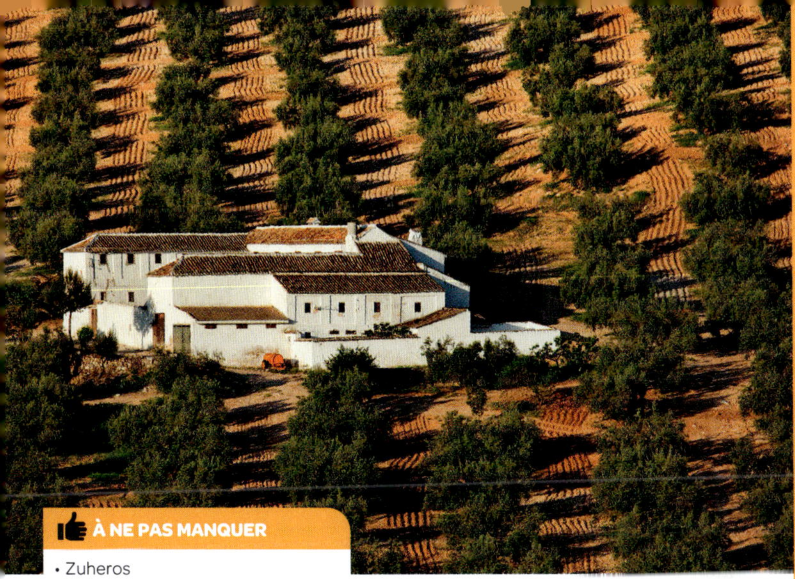

À NE PAS MANQUER
- Zuheros

L'Ermita de la Virgen de la Sierra

voiture. Au-dessus du sanctuaire, la vue offre l'un des plus remarquables panoramas d'Andalousie.

NOS ADRESSES

RESTAURANTS

Revigorant après une balade
Hotel Zuhayra ♥€
Bonne cuisine régionale ; à tester, le *remojón*, une salade d'oranges fraîches, morue, huile d'olive et œuf dur. Le *plato zuhereño* (sur demande préalable) est un assortiment de boudin, chorizo et œufs. Notre coup de cœur : l'assiette de fromages locaux (rappel : en Espagne, on commande le fromage en entrée) ! Env. 20€.
Calle Mirador, 10 957 69 46 93 Tlj. 13h-23h

SHOPPING

L'huile fraîchement tirée
Cooperativa Olivarera Nuestra Señora del Perpetuo Socorro
Savoureuse huile d'olive Virgen Extra de Baena. Visitez l'usine et goûtez !
ZUHEROS Autoroute de Luque en direction de Doña Mencía 615 01 99 84 www.zuheroliva.es Lun.-ven. 7h-15h

Fromages à rendre chèvre
Los Balanchares
Délicieux fromages de chèvre mais aussi jambon fondant au vinaigre balsamique. Dégustation sur place.
Carretera A318 km68 957 69 47 14 www.losbalanchares.es Tlj. 10h-18h

JAÉN

Jaén gagne à être connue ! Capitale de province, perchée à 575m d'altitude au pied du Cerro de Santa Catalina, dont le château veille sur les vallons plantés d'oliviers, c'est une grande ville moderne et dynamique. Ses immeubles alignés le long de larges avenues effraient un peu de prime abord, mais la gastronomie, l'architecture et la vie nocturne animée vous y feront facilement passer un ou deux jours.

ACCÈS ET INFOS

• 121km à l'est de Cordoue, 97km au nord de Grenade

À VOIR

Ruelles en pente et pépites Renaissance

Quartier historique

À partir de la place de la cathédrale, la Calle Maestra permet de pénétrer dans le quartier historique de Jaén. Il faut emprunter la **Calle Almendros Aguilar**, qui donne sur les rues les plus pittoresques de la ville, venelles escarpées montant, depuis l'ère musulmane, à l'assaut de la colline au milieu des murs blancs aux balcons fleuris : toutes méritent un détour ! **Capilla de San Andrés** En contrebas de la charmante Plaza de San Juan, cette église mudéjare de toute beauté (1515) abrite en son sein une merveille de chapelle plateresque, la Capilla de la Purísima Inmaculada, fermée par une grille somptueuse (16e s.) du célèbre Maître Bartolomé. **Convento de Santo Domingo** Sa façade Renaissance, œuvre de Vandelvira (16e s.), et le cloître (17e s.) valent le coup d'œil. Autre église méritant une visite, la **Magdalena** : c'est la plus ancienne de Jaén, édifiée sur une ancienne mosquée dont elle a conservé le minaret et le patio planté d'orangers. Quant aux rues Zumbajarros et Bobadilla Alta, ce sont parmi les plus délicieuses de la ville.

Capilla de San Andrés Calle de San Andrés 636 82 90 88 Lun.-sam., réservation obligatoire par téléphone Entrée libre **Claustro del Real Convento de Santo Domingo** Calle de Santo Domingo 12 953 10 12 41 Lun.-ven. 9h-14h Entrée libre

Fleuron de la Renaissance et sainte relique

Catedral

Ses deux tours élancées dominent le sud de la ville ; la cathédrale porte l'empreinte du grand Andrés de Vandelvira, architecte majeur de la Renaissance. La **façade** principale ne manque pas d'allure avec sa balustrade sculptée et ornée de belles statues classiques (17e s.). À l'intérieur, des colonnes corinthiennes soutiennent les voûtes élancées de trois nefs aériennes. Au centre de la nef principale, le chœur se distingue par ses superbes stalles en bois sculpté. Admirez la **coupole** du transept, ciselée avec un grand raffinement. Et surtout approchez-vous du **retable de la Capilla Mayor** : il abrite la célèbre relique du Santo Rostro (Sainte Face), le linge avec lequel Véronique aurait essuyé le visage du Christ pendant la montée au Golgotha, et sur lequel son image serait

À NE PAS MANQUER

- Quartier historique
- Catedral
- Palacio de Villardompardo-Baños Árabes

La cathédrale Renaissance domine la ville

restée miraculeusement imprimée. Sous la sacristie, le **musée** de la cathédrale rassemble une belle collection de peintures et de sculptures (17e-18e s.).

Plaza de Santa Maria www.catedraldejaen.org Lun.-sam. 10h-14h30 et 16h30-19h30, dim. 10h-11h30 et 16h-19h30 (horaires soumis à des modifications, vérifier sur le site) 7€ avec audioguide

Sous le patio, les bains

Palacio de Villardompardo-Baños Árabes

On y va principalement pour les magnifiques bains arabes, situés au sous-sol d'un élégant palais Renaissance (fin 16 e s.). Datant du 11e s., ce sont les plus vastes que l'on puisse visiter en Espagne. À la sortie, jetez un coup d'œil au **musée des Arts et Traditions populaires**, très bien conçu.

Plaza Santa Luisa de Marillac 953 24 80 68 Lun.-sam. et j. fér. 9h-21h, dim. 9h-14h Entrée libre

Culture ibère

Museo Provincial

Parmi les collections archéologiques et de beaux-arts de ce musée, les salles consacrées à la civilisation ibère sont d'un grand intérêt : belles sculptures en pierre, ex-voto de bronze émouvants et surtout un remarquable coffre funéraire orné d'une sculpture de tête de loup (6e s. av. J.-C.). L'annexe du musée présente l'ensemble sculptural ibère de Cerrillo Blanco : près de 1 500 fragments restaurés pour reconstituer plus de 40 statues représentant des guerriers, des chasseurs, des animaux fantastiques et autres personnages.

Paseo de la Estación, 29 953 10 13 66 www.museosdeandalucia.es Juil.-août : mar.-dim. et j. fér. 9h-15h ; sept.-juin : mar.-sam. 9h-21h, dim. et j. fér. 9h-15h Entrée libre pour les ressortissants de l'UE

Le Castillo

Tiré vers le haut

Castillo de Santa Catalina

Ce puissant château bâti au sommet de l'impressionnant piton rocheux de Santa Catalina était à l'origine une forteresse musulmane : le roi Al-Ahmar, fondateur de la dynastie nasride de Grenade, le remit au souverain Ferdinand III en 1246. Ce dernier fit agrandir et renforcer les murailles de ce bastion stratégique, plusieurs fois pris au cœur des combats entre chrétiens et musulmans jusqu'à la chute de Grenade (1492). Une partie de l'édifice abrite un hôtel Parador.

Camino del Castillo En voiture (4km) ou à pied (chemin qui débute en face de la Calle Buenavista, 1h de marche assez rude) 953 12 07 33 Mi-juin-mi-sept. : lun.-sam. et j. fér. 10h-14h et 17h-21h, dim. 10h-15h ; mi-sept.-mi-juin : lun.-sam. et j. fér. 10h-18h, dim. 10h-15h 3,50€, gratuit le mer. de 17h à 21h

NOS ADRESSES

PAUSES

Ibère bon !

Jamones La Encina

Nichée en plein centre-ville, cette charcuterie se spécialise dans la vente de *jamón iberico* DO provenant des meilleures régions productrices, ainsi que de *jamón serrano*. Le personnel se fera un plaisir de vous conseiller et de vous expliquer les différences subtiles entre le *bellota* et le *recebo*.

JAÉN Paseo de la Estación 12 953 23 85 45 www.jamoneslaencina.com Lun.-ven. 9h30-14h et 17h30-20h30, sam. 9h30-13h30

Taberna design

Panaceite

Un excellent choix de charcuteries andalouses (à commencer par plusieurs qualités de *jamón iberico*) ainsi qu'un large choix de *porciónes* créatives (goûtez les fèves à la vinaigrette saupoudrées de morue salée en miettes) ; dans un cadre moderne et raffiné en contrebas de la cathédrale.

JAÉN Calle Bernabé Soriano, 1 953 24 06 30 Tlj. 7h-1h

Tournée des bars

Autour de la Calle Maestra

L'endroit incontournable des débuts de soirée se trouve à une minute à pied au nord de la cathédrale. Là, les petites ruelles donnant sur la Calle Maestra abritent une dizaine de bars à tapas. Serrés les uns contre les autres, tous différents, pleins de personnalité, ils constituent une excellente occasion de découvrir les multiples visages de Jaén, de la **Casa Gorrión**, bar d'intellectuels avec son ambiance feutrée, à **La Manchega**, *taberna* rustique et beaucoup plus tonitruante.

La Manchega JAÉN Calle Bernardo Lopez, 8 953 23 21 92 Mer.-lun. 10h-16h et 20h-dernier client Fermé fin juil.-mi-août

RESTAURANTS

On mange bien à Jaén, où la gastronomie à base de morue est aromatisée par l'huile d'olive produite dans la région. Les bars ont dans leur ensemble gardé la tradition des tapas offertes avec chaque verre !

Incontournable charmant

El Pilar del Arrabalejo ♥€

On se bouscule au comptoir pour commander des *prensaditos* (petits sandwichs), des tapas ou le menu du jour à 10€. On peut s'installer à une table et admirer les photos du Jaén d'autrefois, ou sur le balcon-terrasse, avec vue sur la place. Au sous-sol, une salle de restaurant, plus chic, de cuisine régionale : *andrajos con liebre* (spécialité de lièvre en saison).

JAÉN Calle Millán de Priego, 49 953 24 07 81 Lun. et mer.-ven. 8h-0h, sam.-dim. 9h-1h

Un goût de tradition

Mesón Río Chico €€

En plein centre, ce restaurant traditionnel est apprécié pour sa cuisine andalouse généreuse. Large choix de viandes et de poissons à prix corrects. La queue de taureau (22€) fond dans la bouche, tandis que le bar aromatisé au fenouil (22€) émoustille les papilles. Menu du jour à 11€ avec boisson et dessert inclus. Service aux petits oignons.

JAÉN Calle Nueva, 12 953 24 08 02 Mar.-sam. 13h-16h et 20h-0h, dim. 13h-16h

SORTIES

Pour commencer la nuit

Bar del Pósito

L'une des terrasses les plus agréables de la ville en soirée, au pied d'une antique fontaine. À l'intérieur, pas mal d'ambiance en fin de semaine, une musique plaisante (flamenco, jazz et pop espagnole) et quelques tapas savoureuses. Sur une adorable placette, entre la cathédrale et la Plaza de la Constitución.

JAÉN Plaza del Pósito, 1 953 32 98 66 Tlj. 12h-1h

BAEZA ET ÚBEDA ★

Le haut lieu de la Renaissance andalouse ! Deux fleurons de la belle province de la Loma, une terre aux vallons recouverts d'oliviers à perte de vue ; deux centres historiques absolument magnifiques, où l'harmonieux ensemble architectural met en valeur le talent du grand architecte andalou Andrés de Vandelvira, natif d'Úbeda.

ACCÈS ET INFOS

- Baeza est se trouve 50km au nord-est de Jaén ; Úbeda, 11km à l'est de Baeza
- Bono Turístico U+B Visites guidées de Baeza et Úbeda Point de vente des tickets : Plaza de los Leones, 1 (Baeza) et Calle Baja del Salvador, 2 (Úbeda) 953 10 83 10 www.bonoturistico.com 25,90€

À VOIR

BAEZA ★

Son centre historique est classé sur la liste du Patrimoine mondial. Grâce à une agriculture et à un artisanat prospères, Baeza a en effet connu une période fastueuse qui lui a valu de splendides édifices civils et religieux et une université au rayonnement culturel remarquable. Ville modeste (17 000 hab.), tranquille et conviviale, la cité possède, en plus de son ensemble monumental, des pensions de qualité et des restaurants gastronomiques réputés. Un camp de base idéal pour découvrir la région !

Riche ensemble

Le Paseo de la Constitución et ses abords

C'est l'ancienne place du marché, bordée d'arcades élégantes et, côté est, de la Alhóndiga (ancienne halle au grain du 16e s.). Au nord, l'esplanade donne sur la Plaza de España, surplombée par la haute Torre de los Aliatares, rare vestige des anciennes fortifications musulmanes, avec la Puerta de Úbeda, un peu plus haut sur la Calle Barreras. La rue piétonne et commerçante de San Pablo rassemble plusieurs demeures aristocratiques. **Ayuntamiento** Juste à l'ouest de la Plaza de España, ne manquez pas l'extraordinaire façade de l'hôtel de ville (16e s.), dont l'abondance de sculptures, de blasons et de reliefs qui envahissent jusqu'à la corniche en fait l'un des plus beaux exemples de l'architecture plateresque en Andalousie. **Convento de San Francisco** L'un des chefs-d'œuvre de Vandelvira (p.226), qui l'a conçue comme chapelle funéraire pour la puissante famille des Benavides. En admirant la porte Renaissance, et les ruines de l'église, sur la rue latérale, on imagine aisément la splendeur passée du couvent.

Rayonnement Renaissance

Plaza del Pópulo et environs

Une place minuscule où l'œil appréhende d'un regard un remarquable ensemble d'édifices monumentaux des 16e et 17e s. : l'Antigua Carniceria, abattoirs municipaux ; la Fuente de los Leones, construite avec des éléments

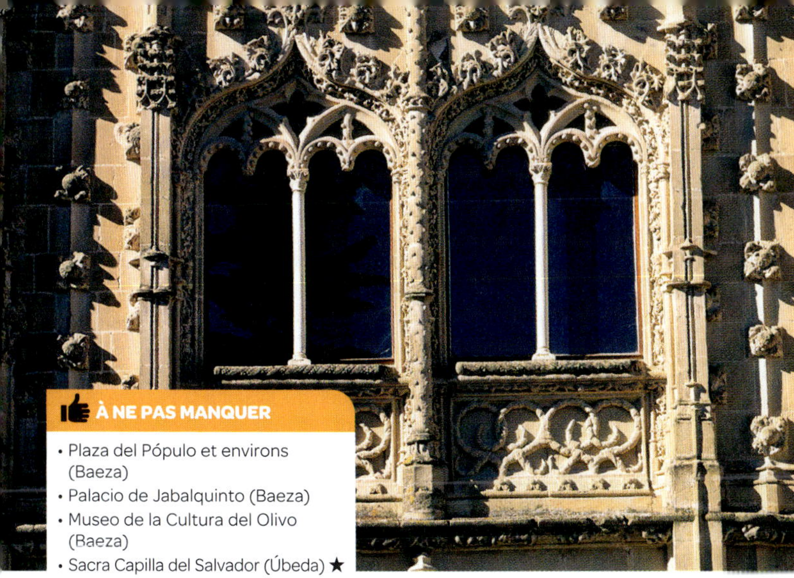

À NE PAS MANQUER

- Plaza del Pópulo et environs (Baeza)
- Palacio de Jabalquinto (Baeza)
- Museo de la Cultura del Olivo (Baeza)
- Sacra Capilla del Salvador (Úbeda) ★

Détail de la façade du Palacio de Jabalquinto

issus des ruines romaines de Cástulo ; la Casa del Pópulo, ancien tribunal de style plateresque qui accueille aujourd'hui l'office de tourisme ; l'Arco de Villalar, érigé en 1526 pour célébrer la victoire de Charles Quint sur les communautés de Castille entrées en rébellion, la Puerta de Jaén...
Iglesia de Santa Cruz Une merveille d'art roman tardif (1227), et l'un des très rares exemples de ce style en Espagne du Sud. À l'intérieur, de hauts piliers de pierre pâle, surmontés de chapiteaux délicats et de voûtes harmonieuses. L'abside, remaniée dans un style gothique, porte les vestiges émouvants de fresques du 15e s.

Iglesia de Santa Cruz Plaza de Santa Cruz ⏲ Tlj. 11h30-13h30 et 16h-18h € Entrée libre

Figures de styles

Palacio de Jabalquinto

Sans conteste l'édifice civil le plus séduisant de la ville. Sa somptueuse façade, ouvragée avec une finesse extrême, constitue l'un des fleurons du style isabélin (gothique espagnol). Son ornementation luxuriante se divise en deux pôles : à droite, la partie masculine, avec les motifs évocateurs de la colonne du balcon (réservé au seigneur, tandis que l'autre était celui de son épouse) ; à gauche, des motifs évoquant la féminité. À l'intérieur, galerie Renaissance très classique, patio maniériste et escalier baroque.

Plaza de Santa Cruz ☎ 953 74 27 75 ⏲ Lun.-ven. 10h-14h € Entrée libre

Combinaisons gagnantes

Catedral

Comme souvent en Andalousie, on construisit ce sanctuaire à la Reconquête (13e s.) sur le site de l'ancienne mosquée principale. L'extérieur combine un

BON À SAVOIR
Prévoyez de visiter Baeza et Úbeda en début de soirée, quand les rayons du soleil couchant donnent tout leur relief aux façades ocre des monuments.

gothique plus ou moins mâtiné d'influences mudéjares (voir la Puerta de la Luna) au plus pur style Renaissance (façade remaniée au 16e s.). L'intérieur, lui, d'un style Renaissance épuré, fut dessiné par le grand architecte d'Úbeda, Andrés de Vandelvira. À droite en entrant, on est impressionné par la superbe grille en fer forgé du maître forgeron de Jaén, Bartolomé. À admirer également, la chapelle de San José (1540), attribuée à Vandelvira, la Sagrada Familia peinte par Valdés Leal (17e s.). En gravissant la tour du clocher, vous découvrirez une jolie vue sur la ville et ses environs.

Plaza de Santa Maria ☎ 953 74 41 57 www.catedraldebaeza.es € 6€

De balade en ballade
Vers le Paseo de las Murallas

Derrière la cathédrale, on pénètre dans des ruelles inchangées depuis le Moyen Âge. La plus pittoresque d'entre elles, la Calle Alta, serpente entre les murs, passe sous des passerelles voûtées et débouche près d'un belvédère ouvrant sur les montagnes et les champs d'oliviers. Sur la droite, le Paseo de las Murallas, promenade suivant le tracé des anciennes murailles, vous ramènera vers le centre-ville en 15min.

AUX ENVIRONS DE BAEZA

Tout savoir sur l'huile d'olive
Museo de la Cultura del Olivo

De loin le meilleur musée consacré à l'olivier et à l'huile d'olive de toute l'Espagne du Sud ! Les salles, réparties autour d'une grande cour plantée d'oliviers de variétés diverses, font vraiment le tour du sujet, avec des explications riches et traduites en français. La visite inclut une cave impressionnante, construite en 1846 pour contenir le produit des 100 000 oliviers que comptait alors la propriété. À voir aussi les traditionnelles *tinajas* (jarres en terre cuite), enfoncées dans le sol pour obtenir la température favorable à la décantation de l'huile.

Hacienda La Laguna Carretera Baeza-Jaén (A316), km8 Puente del Obispo (31km au sud-ouest de Baeza par la Carretera Jaén-Úbeda) ☎ 953 76 51 42 www.museodelaculturadelolivo.com ⏲ Mars-juin, sept.-oct. : dim.-jeu. 10h30-13h30, ven.-sam. 10h30-13h30 et 16h30-19h ; nov.-fév. : dim.-jeu. 10h30-13h30, ven.-sam. 10h30-13h30 et 16h-18h30 Juil.-août : appeler € 4,50€

ÚBEDA ★

La “reine et Gitane” du poète Antonio Machado trône à 750m sur un promontoire dominant la région de la Loma et ses oliviers. Sous le califat de Cordoue, au 10e s., 'Ubbadat al-Arab fut l'un des principaux centres urbains et commerciaux d'Al-Andalus, réputé dans tout le monde musulman pour ses céramiques colorées et surtout ses tapis tissés à base de sparte (variété de genêt), les fameux *ubedíes*. Plus tard, lorsque les grandes familles de la cité occupèrent

L'HUILE D'OLIVE, OR VERT ★

L'olivier recouvre quasiment la moitié du territoire andalou, où l'on produit l'une des meilleures huiles d'olive (*aceite de oliva*) du monde. Cet arbre emblématique de toute la Méditerranée fut probablement introduit en Espagne par les Phéniciens. Quant au mot *aceite*, il vient de l'arabe *az-zait* (jus de l'olive). Les provinces de Cordoue et de Jaén sont les plus importantes en termes de production mais aussi de qualité. Quatre petites régions ont même obtenu l'honneur suprême d'une appellation d'origine contrôlée, à la manière des vins : ce sont celles de Baena et Priego de Córdoba au sud de Cordoue, de la Sierra Mágina et de la Sierra del Segura au nord-est de Jaén. Les plantations exigent un dur labeur tout au long de l'année, de la taille en fév. jusqu'à la récolte de sept.-oct. (pour les olives de table) à déc.-jan. (pour les olives à huile). Ne repartez pas d'Andalousie sans rapporter quelques bouteilles, car les prix sont vraiment bas et la qualité inégalable. La meilleure huile est la *virgen extra*, issue de la première pression à froid.

Champs d'oliviers

des fonctions élevées dans l'administration de Charles Quint, de somptueux palais Renaissance virent le jour, sous la main de l'architecte Vandelvira.

Museo Arqueológico de Úbeda Calle Cervantes, 6 953 10 86 23 www.museosdeandalucia.es Sept.-juin : mar.-sam. 9h-21h, dim. et j. fér. 9h-15h ; juil.-août : tlj. 9h-15h Entrée libre

Des palais, des façades

Autour de la Plaza San Pedro

Pour accéder au quartier historique, empruntez la fort agréable Calle Real, bordée de vieilles demeures aristocratiques et de magasins artisanaux. À l'angle de la rue Juan Pascuau, sur la droite, ne manquez pas la façade élégante du **Palacio del Conde de Guadiana** (16e s.), dont l'étonnante tour ornementée et la statuaire célèbrent la puissance d'une dynastie de comtes, avant d'arriver sur l'une des plus jolies places de la ville, la **Plaza de San Pedro**.

Palacio de Vela de los Cobos Sur sa belle et sobre façade Renaissance, on reconnaît des éléments caractéristiques du génie de Vandelvira : colonnes corinthiennes soutenant un balcon, et arcades situées sous la corniche du toit.

Palacio de Vela de los Cobos Calle Juan Montilla 6 953 75 79 16 Visite guidée Mar.-sam. à 13h et à 19h ; dim. 13h 4,50€

Un hymne à la culture andalouse

Casa Museo Arte Andalusí

Une merveilleuse collection d'objets d'art accueillie dans une superbe demeure aux plafonds recouverts de fresques. Y est évoquée la richesse des cultures qui se sont épanouies en Andalousie. Le musée organise des concerts certains samedis soir.

Calle Narvaez, 11 953 75 08 97 Tlj. 11h-14h30 et 18h-21h 2€

IL ÉTAIT UNE FOIS...

Andrés de Vandelvira (1509-1575) imposa en Andalousie un style Renaissance sobre et harmonieux, d'un grand classicisme, proche de celui qui était apparu quelques décennies auparavant dans les grandes villes d'Italie du Nord. Si on lui doit les plus beaux monuments d'Úbeda, il a aussi œuvré à Baeza et à Jaén, où il mourut après avoir passé presque toute son existence dans la province.

Patio aristo

Casa de las Torres

Avec ses deux puissantes tours, cette demeure fortifiée du 16e s. possède l'une des façades les plus impressionnantes de la ville. Si vous avez vu le Palacio de Jabalquinto à Baeza (p.223), vous retrouverez la même organisation des statues de part et d'autre du portail : figures masculines à droite, féminines à gauche... À l'intérieur, l'un des plus majestueux patios Renaissance d'Úbeda.

Plaza de San Lorenzo, 7 953 77 95 95 Lun.-ven. 8h-14h30 (accès à la cour et à l'intérieur) Entrée libre

Sublime harmonie

Autour de la Plaza Vázquez de Molina

Le Palacio de las Cadenas est dû à Andrés de Vandelvira ; sa plus belle façade est située à l'arrière, sur la magnifique Plaza Vázquez de Molina (traversez le patio). Au sud de la place, deux campaniles symétriques dominent l'Iglesia de Santa María de los Reales Alcázares, d'une grande simplicité. À l'est de la place, le Palacio del Condestable Dávalos (16e s.) abrite le Parador de Úbeda. Derrière Santa María, une agréable place : Plaza de Carvajal.

Palacio de las Cadenas (Hôtel de Ville) Plaza Vázquez de Molina 953 75 04 40
Lun.-ven. 8h-14h30 Entrée libre

Le plus beau attend à l'intérieur

Sacra Capilla del Salvador ★

Son harmonieuse façade Renaissance attire immanquablement le regard : c'est l'œuvre successive de Diego de Siloé et de son disciple Andrés de Vandelvira, qui apportera sa touche personnelle à l'ensemble. À l'intérieur, recouvert de fresques et de sculptures, le *presbiterio*, réalisée par Vandelvira, abrite, sous une haute coupole, un magnifique retable encadrant un groupe de statues. Sur la gauche, ne manquez pas la sacristie, également due à Vandelvira, vraie merveille d'équilibre : voûtes ciselées, piliers aériens et figures classiques propres à l'esprit Renaissance...

Plaza Vázquez de Molina 609 27 99 05
Mai-sept. : lun.-jeu. 9h30-14h et 16h30-19h30, ven.-sam. 9h30-15h et 16h30-19h30, dim. 11h30-15h et 16h30-19h30 ; oct.-avr. : lun.-jeu. 9h30-14h30 et 16h-18h, ven.-sam. 9h30-15h et 16h30-19h30, dim. 11h30-15h et 16h-19h 5€

La Capilla del Salvador

Le quartier des potiers

Barrio de San Millán

C'est le quartier des potiers (*alfareros*) depuis l'époque musulmane, au-delà des murailles de la médina. Ils ne sont plus que cinq (dont les trois frères Tito) à perpétuer la tradition de fabrication des remarquables céramiques d'Úbeda, dont les formes originales et les vernis colorés mêlent des influences musulmanes et wisigothes. Le **Museo de Alfarería Paco Tito** constitue l'endroit idéal pour découvrir les techniques de fabrication de cet artisanat de qualité. Au bout de cette rue pavée et pittoresque, on est déjà en pleine campagne.

Museo de Alfarería Paco Tito Calle Valencia, 22 953 75 14 96 www.pacotito.com
Lun.-sam. 8h-14h et 16h-20h, dim. et j. fér. 10h-14h Entrée libre

Le chef-d'œuvre d'Andrés de Vandelvira

Hospital de Santiago

Ses hautes tours aux tuiles bigarrées veillent sur l'entrée du centre-ville (en venant de Baeza). Cet hôpital religieux fut commandé (1575) à Vandelvira par l'évêque de Jaén pour les pauvres et les malades. L'intérieur de la chapelle est recouvert de fresques Renaissance. Au fond à droite du vaste patio, un escalier aux plafonds vertigineux mène à l'étage. De là, on découvre mieux la finesse des colonnes de marbre et des arcades en pierre.

Avenida Cristo Rey 953 75 08 42 Lun.-ven. 8h-13h30 et 15h30-21h30, sam. 10h-13h30 et 17h-21h30, dim. 10h-13h30 Fermé le dimanche en juillet et le week-end en août Entrée libre

Percez les secrets de l'huile d'olive

Centro de Interpretación Olivar y Aceite

Moderne et didactique, ce centre ouvert en 2015 présente le processus de fabrication de l'huile d'olive. On apprend notamment à reconnaître la qualité des huiles proposées dans le commerce, on découvre l'ensemble de ses usages gastronomiques et on perce les secrets de ses bienfaits en cosmétique.

Calle Corredera de San Fernando, 32 953 75 58 89 Oct.-mai : mar.-sam. 10h-14h et 17h-19h30, dim. et j. fér. 11h-14h ; juin-sept. : mar.-sam. 10h-14h et 18h-20h30, dim. et j. fér. 10h-14h 2,80€ (visite seule) 11,50€ (visite + atelier de dégustation de 1h)

NOS ADRESSES

RESTAURANTS

Cuisine créative

Bar La Tintorera €

Il faut arriver de bonne heure pour avoir une place dans cette petite taverne moderne et se régaler de tapas inventives, soigneusement élaborées avec des produits de qualité : *salmorejo* aux pommes, croquettes maison, toasts de pâté de perdiz... Les raciones sont toutes aussi goûteuses et le choix, varié. N'hésitez pas à partager, les portions sont copieuses !

ÚBEDA Calle Real, 27 www.latintorera.es Lun.-sam. 13h-16h et 20h-23h30

Une clientèle d'habitués

Restaurante El Seco ♥€€

On y discute ferme à table, surtout à l'heure du déjeuner. Fréquentée par les notables de la ville, une bonne adresse pour déguster des spécialités du terroir, comme les *judías con perdiz* (perdrix aux haricots verts, 13€) ou les *gachas* (flans au lait aromatisés). Menu du jour à 15,50€.

ÚBEDA Calle Corazón de Jesús, 8 953 79 14 52 www.restauranteelseco.com Dim.-jeu. 13h-16h30, ven.-sam. 13h-16h30 et 20h30-23h

Perdrix à tout prix

Taberna El Pájaro €€

Tout en longueur, cette *taberna* élégante propose des charcuteries de tout premier choix et des petits plats cuisinés tous plus délicieux les uns que les autres (artichauts de Jérusalem sautés au vin de Montilla, riz au lapin et salade de perdrix, la spécialité de la région), proposés avec d'excellents vins régionaux servis au verre. C'est le rendez-vous des gourmets de Baeza. Comptez 25€ env. le repas, verre de vin inclus.

BAEZA Paseo de los Portales Tundidores, 5
953 74 43 48 www.tabernaelpajaro.com
Mar.-dim. 12h-17h et 20h-0h Fermé en juillet

L'adresse préférée des locaux

Juanito €€€

L'un des restaurants les plus courus de la région dans un édifice qui ne paie pourtant pas de mine. La famille Salcedo fait depuis 1953 le bonheur des amateurs de cuisine traditionnelle andalouse : goûtez l'excellent *cabrito al horno* (chevreau cuit au four) ! Comptez 40-50€ le repas, vin inclus. Réservation vivement conseillée.

BAEZA Avenida Puche Pardo, 57 À la sortie de la ville, sur la route d'Úbeda 695 09 25 46
Lun.-sam. 13h-16h et 20h-23h, dim. 13h-16h

Romantique et raffiné

Restaurante del Parador €€€

La meilleure table d'Úbeda, installée au fond du patio du Parador, dans un cadre très romantique. À la carte, des spécialités régionales de qualité, avec des ingrédients de saison. À partir de 40€/pers.

ÚBEDA Plaza Vázquez de Molina 953 75 03 45
Tlj. 13h30-16h et 20h30-23h

Au Restaurante El Seco

SHOPPING

Huile d'olive à petit prix

La Casa del Aceite

La région de Baeza produit quelques-unes des meilleures huiles d'olive d'Espagne. Le demi-litre d'huile haut de gamme coûte environ 9,75-23,95€

BAEZA Paseo de la Constitución, 9
953 74 80 81 www.casadelaceite.com Lun.-sam. 10h-14h et 17h-20h30, dim. 10h-14h

Pâtisserie d'antan

Pastelería Vandelvira

Cette pâtisserie-confiserie à l'ancienne propose un large assortiment de pâtisseries locales dans un cadre très confortable et un rien suranné.

ÚBEDA Calle Real, 26 953 75 80 52 Lun. et mer.-ven. 10h-13h30 et 17h-20h30, w.-e. et j. fér. 10h-21h Fermé 15 jours en juil.

CASSEZ LA GRAINE

On voit partout en Andalousie des échoppes de *frutos secos*. Ces épiceries se consacrent à la vente de noix (amandes de Málaga, pistaches et pignons de pin) et de graines, comme ces graines de tournesol salées dont raffolent les Andalous, les *semillas de girasol*, indispensable friandise.

CAZORLA ET LE PARC DES SIERRAS

Cazorla, très plaisant bourg montagnard de 8 000 âmes, est la porte d'entrée de l'immense parc naturel de la Sierra de Cazorla, paradis des amoureux de nature verdoyante et de randonnée. Perché à 885m d'altitude, le village étend ses rues escarpées et ses places accueillantes au pied d'un magnifique décor de monts et de pics.

ACCÈS ET INFOS

• 45km au sud-est d'Úbeda

À VOIR

CAZORLA

L'héritage musulman de ce village fondé sous le règne des Nasrides de Grenade est palpable dans le tracé enchevêtré de ses ruelles. Situé sur la frontière des terres chrétiennes et musulmanes, Cazorla fut pendant deux siècles au cœur des combats entre ces deux civilisations...

Un bourg à plusieurs étages

Le centre

Les habitants aiment se promener dans les jardins du Paseo del Cristo del Consuelo. De l'Ayuntamiento situé Plaza de la Corredera, la Calle Carmen monte vers le cœur du vieux quartier, longeant l'harmonieuse église del Carmen (fin 17e-début 18e s.), puis un ancien couvent du 16e s. converti en auberge de jeunesse. Quant à l'église San Francisco (fin 17e s.), elle arbore un style Renaissance tardif. **Plus bas** La Calle La Matea offre de belles vues sur le Castillo de la Yedra. Elle mène, en direction de la forteresse, à la partie basse du village. **Au bord du río** La belle Plaza de Santa María constitue la partie la plus ancienne du village, et les habitants l'appellent plutôt la Plaza Vieja (Vieille Place). Elle fut construite sur le cours du Río Cerezuelo, pour unir le quartier du Castillo de la Yedra à l'autre rive. La rivière passe sous les ruines de l'église Santa María (milieu du 16e s.) détruite par les troupes napoléoniennes. Sur la place, on remarque une belle fontaine Renaissance (1605). Les ruelles étroites situées derrière l'église ont gardé un air médiéval.

Vue plongeante

Castillo de la Yedra

Du sommet de la tour principale de la forteresse, la vue à travers de délicates fenêtres vaut le déplacement. D'origine romaine, reconstruit par les musulmans puis restauré au 14e s., le château abrite un Museo de Artes y Costumbres consacré à l'histoire et aux traditions de la région de Cazorla.

953 10 14 02 Juil.-août : mar.-dim. et j. fér. 10h-13h15 ; sept.-juin : mar.-sam. 10h-13h15 et 16h-19h15, dim. et j. fér. 10h-13h15 Gratuit pour les citoyens de l'UE

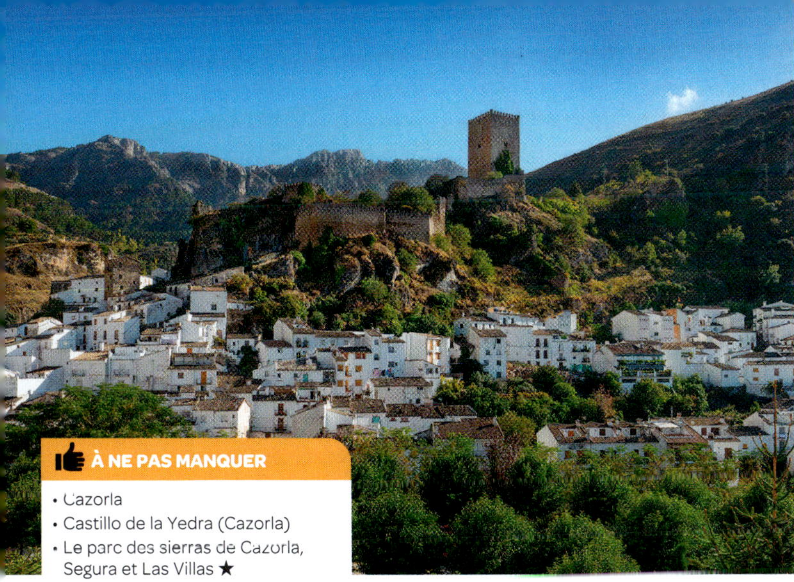

À NE PAS MANQUER

- Cazorla
- Castillo de la Yedra (Cazorla)
- Le parc des sierras de Cazorla, Segura et Las Villas ★

Cazorla et sa forteresse

LE PARC DES SIERRAS DE CAZORLA, SEGURA ET LAS VILLAS ★

Avec ses 2 143km², ce parc naturel est le plus grand d'Espagne. Une région de montagne verdoyante, qui culmine à 2 107m et se caractérise par une flore d'une richesse exceptionnelle : quelque 2 170 espèces recensées, dont l'endémique violette de Cazorla. Les pins constituent l'essentiel de la végétation et l'on y trouve les plus vieux spécimens d'Espagne. La faune n'est pas en reste : 185 espèces d'oiseaux dont l'aigle royal, le percnoptère, le vautour moine et le hibou royal, 51 espèces de mammifères et près de 112 variétés de papillons !

Découverte du parc en voiture

Route A319

Elle traverse le parc de Cazorla à Cortijos Nuevos. Premier village rencontré, La Iruela, qui comporte les ruines d'un impressionnant château musulman et une église Renaissance construite par Vandelvira. Après Burunchel, on entre véritablement dans le parc au passage du col du Puerto de las Palomas (km12), d'où l'on a de belles vues sur les montagnes de la Sierra de Cazorla (mirador Paso del Aire)

Puente de las Herrerias À Empalme del Valle (km17), une route secondaire part sur la droite, vers ce minuscule pont médiéval qui enjambe le

BON À SAVOIR

La Sierra de Cazorla est la partie la plus fréquentée du parc et rassemble la majorité des structures touristiques. Les meilleurs centres d'information sont l'office de tourisme de Cazorla (p.320) et... les propriétaires des Huertos de Segura (p.340) !

Guadalquivir alors qu'il n'est encore qu'un modeste torrent de montagne. On dit qu'Isabelle la Catholique fut la première à le franchir, pour aller reconquérir Baza et Guadix, bastions stratégiques des Nasrides... En été, les bassins que forme le Guadalquivir sont envahis par les baigneurs. **Vers le Pantano del Tranco** En revenant sur l'A319, on passe le Centro de Interpretación Torre del Vinagre (exposition, jardin botanique, musée de la Chasse) et le hameau de Coto Ríos avant d'atteindre un immense lac de barrage, le Pantano del Tranco. La route longe ensuite la rive gauche jusqu'au barrage, où sont rassemblées des infrastructures touristiques très fréquentées en été. **Vers Segura** À la sortie du lac, une route monte sur la droite vers le spectaculaire bourg médiéval de Hornos, d'où la vue sur le lac et la sierra de Cazorla vaut le détour. Plus au nord, l'A319 traverse le village de Cortijos Nuevos, puis croise la JA9118, qui part sur la droite en direction de Segura.

Centro de Visitantes Torre del Vinagre Coto Ríos Sur l'A319, entre Arroyo Frío et Coto Ríos (km48,5) 953 71 30 17 www.sierrasdecazorlaseguraylasvillas.es Sept.-juin : tlj. 10h-14h et 16h-19h ; juil.-août : tlj. 10h-14h et 17h-20h

Des couchers de soleil enchanteurs

Segura de la Sierra

Perdu dans la Sierra de Segura, littéralement accroché aux pentes d'une montagne escarpée, à 1 200m d'altitude, ce village mérite une visite. Des ruelles escarpées et pavées de pierres irrégulières descendent vers les anciennes murailles médiévales de Segura, croisant quelques trésors : le portail plateresque de la Casa Consistorial (16e s.), les anciens bains arabes (11e s.)... Sur les hauteurs du village, les minuscules arènes de Segura sont construites en forme de trapèze : une rareté en Espagne ! Quant au **Castillo de Segura de la Sierra**, il offre une vue sur la région à couper le souffle.

Segura de la Sierra

À FAIRE

Partez en randonnée

Le magnifique parc des Sierras est l'une des destinations les plus prisées des randonneurs espagnols. Les itinéraires sont nombreux et adaptés à tous les niveaux. Les meilleures périodes pour randonner dans la région sont les mois de mai, juin et septembre. Si vous aimez la tranquillité, venez de préférence en dehors des week-ends. En juillet et surtout en août, période de forte affluence, les températures élevées sont peu adaptées à la marche.

Observez des rapaces

Des vautours moines et des percnoptères d'Égypte vivent dans un cadre forestier splendide. Sur la droite de la piste près du refuge, 50m en contrebas, on accède aux murets qui surplombent des falaises où les grands oiseaux de proie ont élu domicile. Avec un peu de patience, vous les verrez s'élancer de leur nid et planer en silence. En suivant la piste sur 1km (prendre l'embranchement sur la droite), vous aurez un beau point de vue, face aux falaises.

12km au sud de Cazorla Entrer dans La Iruela par la route du parc ; prendre à droite la route de l'Ermita de la Virgen de la Cabeza, qui devient une piste forestière, jusqu'au refuge forestier d'El Chorro près duquel vous pourrez vous garer

Guettez des animaux sauvages

Parque Cinegético Collado del Almendral

Cette réserve de chasse se visite à bord d'un train touristique (5km, env. 45 min.). Cerfs, bouquetins et daims en semi-liberté sont au rendez-vous. En plus, un sentier de 1,5km (inclus dans le prix d'entrée) permet de profiter de jolies vues sur le lac du barrage d'El Tranco.

Carretera del Tranco (A319), km 59,7 Au sud du lac du barrage d'El Tranco 953 82 52 67 www.parquecinegeticocolladodelalmendral.com Hiver : mar.-dim. 10h-18h ; été : mar.-dim. 10h-20h 9€

NOS ADRESSES

RESTAURANTS

Région de montagne oblige, on se régale toute l'année de charcuteries succulentes et, en saison, de gibier et de champignons.

En terrasse

Café Bar El Cura

La salle décorée d'azulejos et d'une tête de sanglier est vraiment exiguë, mais la terrasse, au pied des escaliers du vieux quartier, est idéale pour se prélasser en observant les passants, un verre à la main, à l'ombre des arbres, auprès d'une jolie fontaine. Au menu, tapas et plats régionaux à petits prix (tapa 1€, plat 6-15€).

CAZORLA Plaza de la Constitución, 12 650 14 97 16 Tlj. 11h-16h et 20h-0h

Le vrai goût de la Sierra

Mesón Don Chema €

Pour goûter aux spécialités de gibier, cette institution de Cazorla est l'adresse idéale : essayez la demi-perdrix au vinaigre ou les *tacos de jabalí* (tranches de sanglier et huile d'olive). Plats autour de 15€.

CAZORLA Calle José María Marín 953 71 05 29 Tlj. 13h-16h et 20h-23h

Belle cuisine régionale

La Mesa Segureña €€

Cet établissement propose une cuisine régionale de qualité quoiqu'un peu chère, dans un cadre à la fois rustique et moderne. Env. 25€ le repas.

SEGURA DE LA SIERRA Calle Postigo, 2 623 59 43 57 Jeu.-sam. 13h30-16h et 20h30-23h ; mar.-mer. et dim. 13h30-16h

Grenade, c'est l'envoûtante Alhambra, d'irrésistibles ruelles, des cyprès sur fond de Sierra Nevada, des caves à flamenco et une ambiance festive étudiante... À proximité, les vallées fraîches des Alpujarras attendent les marcheurs... Plus à l'est, Almería annonce l'Espagne désertique, les paysages de western et le parc du Cabo de Gata, symphonie d'ocre et de bleu intense...

Grenade et Almería

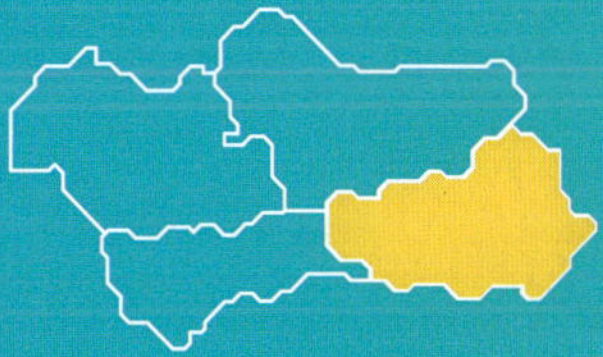

Dans les jardins de l'Alhambra

Plan 9

CORDOUE
Bujalance
Porcuna
A306
A44
ÚBEDA
BAEZA
Puente del Obispo
A316
A315
A301
Cazor
A320
Jódar
Torredonjimeno
A316
Jaén
Martos
MÁGINA 2 167 M
SIERRA MÁGINA
PROVINCE DE JAÉN
PARQUE NATURAL DE SIERRA MÁGINA
A432
Baena
A316
EMBALSE DE VADOMOJON
CORDOUE ET JAÉN p.185
Alcaudete
Zuheros
Luque
PROVINCE DE CORDOUE
Alcalá la Real
A301
PARQUE NATURAL DE LA SIERRA SUBBÉTICA
Priego de Córdoba
N432
A340
A44
Colomera
Iznalloz
Serval
Rute
A333
Algarinejo
Montefrío
Moclín
SIERRA ARANA
A340
Diezma
Purullena
Illora
EMBALSE DE IZNÁJAR
Pinos Puente
RÍO FARDES
A92
Guadix
Huétor-Tájar
RÍO GENIL
Peligros
Fuente Vaqueros
PARQUE NACIONAL DE LA SIERRA NEVADA
A92
Loja
A92
GRENADE
Castillo de La Calahorra
SÉVILLE
Salar
Santa Fe
Güéjar Sierra
GRENADE p.244
A395
Centro de Visitantes El Dornajo
HORCAJO DE TREVÉLEZ 3 182 M
Dólar
A359
La Mala
Aldeire
Alhama de Granada
Ventas de Huelma
La Zubia
Pradollano
MULHACÉN 3 482 M
COL DE PUERT DE LA RAGUA
Padul
PICO VELETA 3 398 M
A338
Zafarraya
SIERRA NEVADA
EMBALSE BERMEJALES
A44
Ourcal
Laroles
Capileira
Trevélez
Yegen
Játar
Bubión
Busquístar
Berchules
PROVINCE DE MÁLAGA
Lanjarón
Béznar
Pampaneira
Mecina Fondales
Cádiar
Ugíjar
SIERRA DE ALMIJARA
SIERRA DEL CHAPARRAL
A348
Órgiva
EMBALSE BENINAR
CADIX ET MÁLAGA p.105
SIERRA DE LA CONTRAVIESA
Otívar
LAS ALPUJARRAS
LES ALPUJARRAS p.270
Torrox
A7 E15
SIERRA DE LÚJAR
Salobreña
Abuñol
MALAGA
La Herradura
Almuñecar
Motril
Adra
A7
Castell de Ferro
La Rábita
Balan
Calahonda
COSTA DEL SOL
COSTA DE ALMERÍA
N
10 km

SIERRA DE SEGURA
A319
EMPANADAS
2 107 M
PARQUE NATURAL
SIERRAS DE CAZORLA,
SEGURA Y LAS VILLAS
A330
Huéscar
PROVINCE
DE GRENADE
EMBALSE DEL
NEGRATIN
A92N
Baza
PARQUE
NATURAL DE
LA SIERRA
DE BAZA
STA. BARBARA
2 271 M
SIERRA DE BAZA
PROVINCE
D'ALMERÍA
MURCIE
AP7
Macael
SIERRA DE LOS FILABRES
Albánchez
TETICA
2 080 M
Tahal
Cóbdar
CALAR ALTO
2 168 M
Escúllar
Fiñana
Chercos
Viejo
Lubrin
Antas
Vera
Villaricos
Uleila
del Campo
A7 E15
Los Gallardos
Abla
Doña
Maria
Ocaña
DÉSERT
DE TABERNAS
Gérgal
Mojácar
Sorbas
CALA DE
BORDENARES
COSTA DE ALMERÍA
Ohanes
Alboloduy
FORT
BRAVO
Tabernas
N340
RÍO DE AGUAS
SIERRA
CABRERA
CALA DE
SOMBRERICO
A348
Canjayar
Illar
Sitio
Arqueológico
de Los Millares
OASYS
SIERRA ALHAMILLA
Carboneras
RÍO ANDARAX
Terque
MORRÓN
2 236 M
Alhama
de Almería
Gádor
Níjar
A7 E15
Agua
Amarga
PUNTA DE LA MEDIA NARANJA
A92
S. Isidro
Las
Negras
CALA DE ENMEDIO
SIERRA DE GÁDOR
ALMERÍA,
LE DÉSERT
ET LA CÔTE
p.278
Almería
El Alquián
PLAYA EL PLOMO
CALA DE SAN PEDRO
Dalias
CABO DE GATA
La Isleta del Moro
El Ejido
Aguadulce
PUNTA
DEL RÍO
Los Escullos
Cabo
de Gata
San José
Roquetas
PLAYA DE
LOS GENOVESES
Guardias Viejas
GOLFO
DE ALMERÍA
GENOVA
PLAYA MONSUL
Almerimar
PUNTA
SABINAR
PUNTA
ENTINAS
CABO
DE GATA
MELILLA
PALMA

☀ HUIT BONNES RAISONS...

...de séjourner à Grenade et de s'échapper vers les sommets blancs de la Sierra Nevada ou vers la brûlante Almería, aux portes du désert.

☀ **LE CABO DE GATA** (p.282), pour partir en *road trip* dans un bout de monde aride et salé.

☀ **EL HUERTO DE JUAN RANAS** (p.266), pour prendre du recul sur les splendeurs de l'Alhambra de Grenade depuis sa terrasse.

LE DÉSERT DE TABERNAS (p.281), pour se faire un film dans son décor de western.

LAS ALPUJARRAS (p.270), pour crapahuter sur ses sentiers de randonnées avant de déguster de succulents jambons.

LE QUARTIER DE L'ALBACÍN (p.250), à Grenade pour flâner dans ses ruelles pentues jusqu'au Mirador San Miguel Alto et admirer le coucher du soleil sur l'Alhambra.

L'AMBIANCE DES FERIAS (p.312), pour perfectionner votre maîtrise de la *sevillana*.

LES APARTAMENTOS CUEVAS PEDRO ANTONIO DE ALARCÓN (p.273), pour dormir dans une maison troglodytique millénaire.

RENDEZ-VOUS AVEC…

Patricia Guerrero est sans doute la danseuse de flamenco la plus accomplie de sa génération. Malgré son jeune âge, elle a déjà monté plusieurs spectacles avec sa propre compagnie et reçu de nombreux prix dont le Premio Nacional de Danza 2021. Amoureuse de sa ville natale, Grenade, elle nous dit où toucher l'âme de la cité de l'Alhambra.

Mon quartier

A Albaicín

C'est le quartier où j'ai grandi, où j'ai appris à danser et où je vis toujours. Grenade à l'état pur ! Ses ruelles, ses petites places, ses *cármenes*, et soudain, au détour d'une rue, l'Alhambra qui surgit, majestueuse ! Il y a aussi ce calme, et cette mélancolie. L'Albaicín (plan 10, C2) n'est pas qu'une zone touristique, c'est un vrai quartier, authentique, avec ses voisins qui se saluent le matin, ses marchés, ses vieilles *bodegas*. **Mon endroit préféré ?** Le restaurant Carmen Mirador, qui offre les plus belles vues sur l'Alhambra ; j'adore voir le palais au coucher du soleil puis sous les étoiles… tout en me régalant de spécialités de la région joliment revisitées ! **Ma terrasse favorite ?** Celle de Los Caracoles, sur sa petite place. Un classique. Un endroit simple, sans prétention, avec son ambiance populaire. Plutôt que les escargots en sauce (*caracoles*), je prends toujours des *croquetas* et le poulpe à la plancha, arrosés d'une Alhambra bien fraîche !

ENVIE DE FLÂNER ?

Le parcours qui mène du Sacromonte à Plaza Nueva, en passant par la Cuesta del Chápiz et le Paseo de los Tristes, concentre tout le romantisme et la mélancolie de Grenade… sous le regard éternel de l'Alhambra.

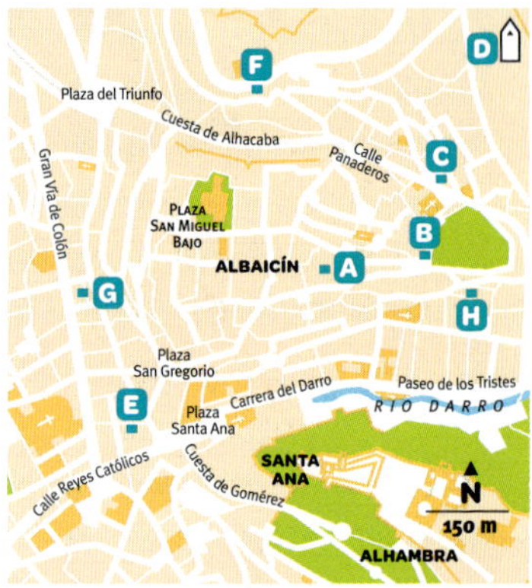

B Carmen Mirador de Aixa

Carril de San Agustin, 2 ☎ 958 04 98 10 www.miradordeaixa.com ⏱ Tlj. 13h-15h30 et 19h-22h30 Fermeture nov.-Semaine Sainte

C Los Caracoles

Plaza Aliatar, 4 ☎ 650 87 73 53 ⏱ Mar. et jeu.-sam. 13h-16h et 20h-23h, mer. 13h-16h, dim. 13h-16h30

Mon coucher de soleil

D San Miguel Alto

Pour la vue imprenable sur l'Alhambra, moi, je préfère aller un peu plus haut que San Nicolás : à San Miguel Alto. Ça monte un peu mais l'effort en vaut la peine : le

Dans le quartier de l'Albacín

panorama est superbe. Un endroit vraiment romántico, où venir en amoureux, au coucher de soleil !

E Mes pauses au centre

Bodegas Castañeda et Los Italianos

Castañeda est une institution, avec son décor qui semble inchangé depuis des années (p.263). Je viens souvent pour une *ensaladilla* et un *vermut*. Et pour faire passer le tout, une glace de chez Los Italianos, un *clásico* en ville depuis des décennies (p.261) !

Bodega Castañeda Calle Almireceros, 1-3 958 21 54 64 Tlj. 11h30-0h30
Los Italianos Gran Vía de Colón, 4 958 22 40 34 Mars-nov. : tlj. 11h-2h

Mon circuit flamenco

Il commence par l'Escuela Carmen de las Cuevas, où j'ai appris à danser (ma mère y enseigne toujours) et le *tablao* Albayzin, où j'ai fait mes débuts sur scène. Puis s'impose la peña La Platería (p.268) qui occupe un sublime *carmen*. Ses spectacles du jeudi font venir les vrais aficionados. Enfin, l'Eshavira Club, un lieu de légende chaleureux où les habitués improvisent parfois après le concert quelques accords de guitare ou des pas de danse.

SI GRENADE ÉTAIT...

Une couleur Ce serait le rouge de la brique des vieilles maisons, mais aussi de l'Alhambra qui s'enflamme au coucher de soleil.

F Albayzin

Plaza Mirador de San Cristóbal, 5 636 57 51 25 www.flamencoalbayzin.com Spectacles tlj. 19h30 et 21h30

G Eshavira Club

Calle Postigo de la Cuna, 2 609 71 33 60

H La Platería

Plaza de Toqueros, 7 958 21 06 50 www.laplateria.org.es Spectacles le sam. et certains jeu.

GRENADE ★

Au pied des montagnes enneigées de la Sierra Nevada, devant laquelle se découpe la majestueuse silhouette rouge de l'Alhambra, baignée par les eaux du Darro et du Genil, l'ancienne cité arabo-andalouse impose d'emblée son incroyable beauté et son atmosphère romantique… Il fait bon flâner au gré de ses rues marchandes, profiter de son ambiance joyeuse et animée, celle d'une vraie ville d'étudiants, et découvrir, après la magie de ses couchers de soleil, une vie nocturne débridée !

À VOIR

La belle silhouette rouge de l'Alhambra et le lacis enchevêtré des ruelles blanches de l'Albaicín rappellent que la ville fut l'âme, cinq siècles durant, du dernier royaume d'Al-Andalus. La Reconquête apporta ensuite son lot d'édifices chrétiens, qui introduisirent la Renaissance en Andalousie. Grenade la musulmane et Grenade la chrétienne se regardent depuis toujours, sous l'œil attendri de Grenade la moderne : 237 000 habitants dont près de 70 000 étudiants.

ACCÈS ET INFOS

- 262km à l'est de Séville par l'autoroute A92
- En voiture : garez-votre véhicule à l'un des nombreux parkings publics situés aux entrées de la ville, et prenez le bus ou le taxi jusqu'à votre hôtel. La circulation est cauchemardesque dans le centre-ville, où les rues sont à sens unique. La Calle Reyes Católicos, voie d'accès principale à la zone des monuments, est interdite aux voitures des non-résidents de 7h30 à 22h, ainsi qu'une grande partie du centre.

BON À SAVOIR
L'Alhambra est l'un des monuments les plus visités au monde, et le nombre d'entrées quotidiennes y est limité, il est donc impératif de réserver votre billet. Pour la Semaine sainte et la période juil.-sept., réservez plusieurs semaines à l'avance. Choisissez un billet pour le matin, vous pourrez ainsi profiter du site dès 8h30. Sachez qu'une tranche horaire de 30min vous sera imposée pour l'accès aux palais nasrides : soyez à l'heure ! Une fois entré, vous pourrez y rester aussi longtemps que vous le désirez.

L'ALHAMBRA ★

L'atmosphère, le parfum des jardins en fleur, le bruit de l'eau dans les bassins et les canaux, les jeux de lumière, l'extraordinaire richesse et la tout aussi époustouflante virtuosité artistique de ses décors intérieurs, voici l'Alhambra, l'emblème de Grenade. Citadelle, puis palais, puis cité close des sultans, plus qu'un monument, c'est une ville dans la ville, juchée sur les crêtes d'une colline accidentée que les Arabes nommaient Al-Sabika. On ne se lasse pas d'admirer sa silhouette à la fois trapue et aérienne ! Son nom vient de l'arabe *al-Hamra*,

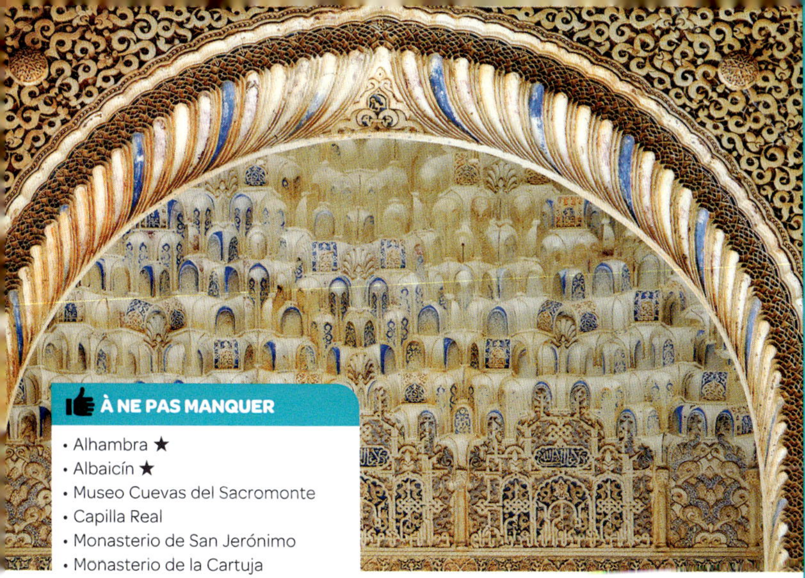

À NE PAS MANQUER

- Alhambra ★
- Albaicín ★
- Museo Cuevas del Sacromonte
- Capilla Real
- Monasterio de San Jerónimo
- Monasterio de la Cartuja

Détail du décor de l'Alhambra

"la Rouge", en raison de l'ocre de ses murailles de pisé qui s'empourpre au soleil couchant. Ce magnifique ensemble où s'entremêlent jardins, fortifications et palais a été progressivement érigé du 13e au 15e s., et remplissait à l'origine une double fonction. Une fonction résidentielle d'abord, qui s'exprime dans la magnificence des jardins du Generalife et la décoration raffinée des *palacios nazaríes* (palais nasrides), clou de la visite. Une fonction militaire ensuite, d'où la sobriété et la puissance des remparts, de l'Alcazaba et des portes fortifiées.

Camino viejo del Cementerio 902 93 25 06 www.alhambradegranada.org Billetterie en ligne : www.alhambra-tickets.es Billetterie Ouvert avr.-mi-oct. : tlj. 8h30-20h ; mi-oct.-mars : tlj. 8h30-18h 14€ (visite diurne), 5-8€ (visites nocturnes), 7€ (visite aux Jardins, Alcazaba, Le Généralife)

Le jardin aux délices

Generalife (plan 10, D3)

Un palais et des jardins enchanteurs où l'eau, sacrée reine, investit les nombreux bassins, canaux et fontaines, où il faut prendre le temps de flâner au milieu des cyprès, des massifs fleuris, des patios et des tonnelles couvertes de lilas, et profiter de vues émouvantes sur l'intimité de l'Alhambra, que l'on domine. Le "jardin des Élevés" ou "jardin de l'Architecte" servit de résidence d'été aux derniers émirs nasrides, au début du 15e s. Dans le **patio de la Sultana**, vous admirerez le célèbre **"cyprès de la Sultane"**, témoin des amours légendaires de l'épouse du roi Boabdil et d'un chef de la tribu des Abencérages... La pittoresque **Escalera del Agua** (escalier aquatique), dont les rampes servent de canaux d'irrigation, monte vers les **Jardines Altos** (jardins hauts), qui abritent un ancien oratoire musulman transformé en belvédère romantique au 19e s.

Plan 10
A
B
1
2
3
4
PISCINE, CAMPUS UNIVERSITAIRE
CARTUJA
61
24
Plaza del Triunfo
Carretera d
Calle Portón de Barquetas
Cuesta de Alhacaba
Puerta de Elvira
Puerta Monaita
MURAL
La Trinidad
Nueva del Stmo
Rector Lopez Argueta
SAN JUAN DE DIOS
Calle San Juan de Dios
Lavadero de la Cruz
Boquerón Almona
Gran Vía de Colón
San Andrés
SAN ANDRÉS
Serrano
Molino
PALACIO DE DAR AL-HORRA
Plaza San Miguel Bajo
MONASTERIO DE SANTA ISABEL
REAL MONASTERIO DE SAN JERÓNIMO
Calle Mano Hierro
Calle Arriola
Calle de Elvira
Carretera de la Betera
Calle de Zenete
Carril La Lona
C. del Gran Capitán
Calle Arandas
G
Cuenca Colegios
Calle San Jerónimo
MONASTERIO DE SANTA PAULA
Bocanegra
Clavel
San José
PLAZA GRAN CAPITÁN
Calle de Triana
Postigo de la Cuna
58
Calle Misericordia
Calle de la Duquesa
LOS SANTOS JUSTO Y PASTOR
Calle de Santa Paula
Azacayas
Cta. Marañas Gato
Calle San José
Calle Quijada
Doña Sanc.
Mulac.
Plaza Lobos
JARDÍN BOTÁNICO
31
46
Plaza San Agustín
Calle de Elvira
Calle Málaga
26
60
C. Laurel de las Tablas
C. Horno de Abad
56
C. Fábrica Vieja
Calle Trinidad
Calle San Jerónimo
Calle San Agustín
Plaza San Gregorio
San Gregorio
67
Calle Caldereria Nueva
CHANCILLERIA
Calle de las Tablas
Plaza Trinidad
Calle Santa Teresa
43
Capuchinas
Calle Cárcel Baja
CATEDRAL
CAPILLA REAL
Joaquín Costa
Calle de Elvira
Caldereria Vieja
Plaza Santa Ana
12
10
Plaza Nueva
Calle Almireceros
Calle Buensuceso
Calle Alhóndiga
Calle de los Mesones
33
14
Plaza Pasiegas
Calle Oficios
4
13
6
68
Calle Hospital de Santa Ana
65
Calle La Paz
Calle Jardines
Plaza Bib-Rambla
ALCAICERÍA
Calle Reyes Católicos
LE CENTRE
Cuesta de Gomérez
C. de Gracia
Calle de Gracia
LA MAGDALENA
Hileras
Calle Pescadería
Calle Zacatín
3
Plaza Isabel la Católica
50
Calle de Pavaneras
Rodrigo Campo
PLAZA GRACIA
Calle de las Puentezuelas
Calle Párraga
Calle Alhóndiga
Calle Reyes Católicos
CORRAL DEL CARBÓN
Calle San Matías
AYUNTAMIENTO
Calle Verónica de la Magdalena
Plaza del Carmen
Escudo del Carmen
Puerta Real
11
47
Calle Las Navas
Jesús y María
Santa Escolástica
Calle de las Recogidas
23-32
Calle los Frailes
Calle de San Antón
Acera del Darro
Calle Angel Ganivet
Calle San Matías
25
CASA DE LOS GIRONES
40
Calle Varela
Plaza Santo Domingo
Plaza del Realejo
Calle San José Baja
Calle Rosario
Plaza Mariana Pineda
Plaza del Campillo
Plaza Campos
SANTO DOMINGO
Calle de Santiago
Calle Nueva San Antón
5
Enriqueta Lozano
REALEJO
N
100 m
Calle de San Antón
Calle de San Isodoro
Calle Duende
Matadero
Acera del Darro
2
PARQUE DE LAS CIENCIAS
Carrera del Genil
Calle Pedro Martir
Calle San Jacinto
Calle de la Concepción
Calle Mulhacén

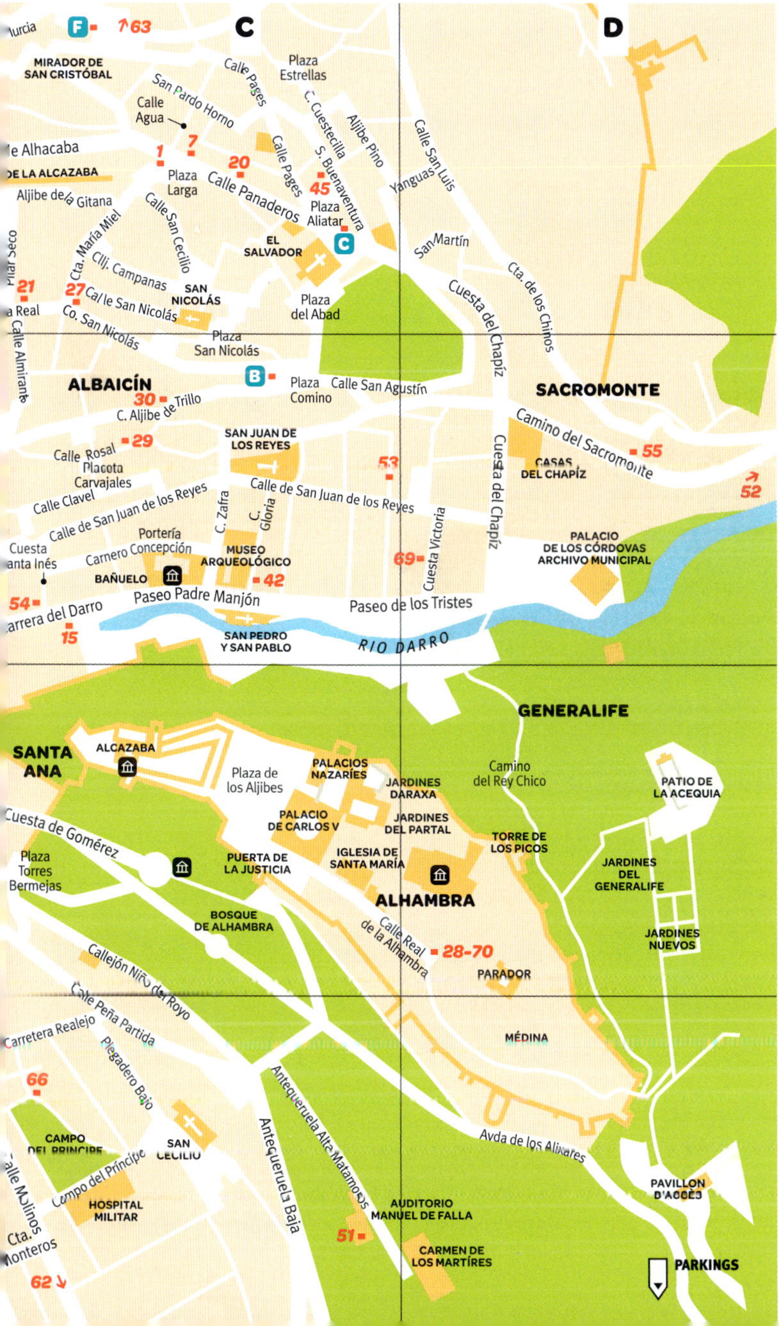
C
D
F
63
MIRADOR DE SAN CRISTÓBAL
Calle Agua
San Pardo Horno
Calle Pages
Plaza Estrellas
C. Cuestecilla
Aljibe Pino
Calle San Luis
S. Buenaventura
Yanguas
Calle Alhacaba
DE LA ALCAZABA
1
7
20
45
Plaza Larga
Calle Panaderos
Plaza Aliatar
Aljibe de la Gitana
Calle San Cecilio
Cta. María Miel
EL SALVADOR
San Martín
Cta. de los Chinos
Cllj. Campanas
SAN NICOLÁS
21
27
Calle San Nicolás
Co. San Nicolás
Plaza del Abad
Cuesta del Chapíz
Plaza San Nicolás
Calle Almirante
ALBAICÍN
B
Plaza Comino
Calle San Agustín
SACROMONTE
30
C. Aljibe de Trillo
Camino del Sacromonte
55
29
Calle Rosal
Placeta Carvajales
SAN JUAN DE LOS REYES
53
CASAS DEL CHAPÍZ
52
Calle Clavel
Calle de San Juan de los Reyes
C. Zafra
C. Gloria
Cuesta Victoria
Cuesta del Chapíz
Portería Concepción
Carnero
Cuesta Santa Inés
MUSEO ARQUEOLÓGICO
69
PALACIO DE LOS CÓRDOVAS ARCHIVO MUNICIPAL
BAÑUELO
42
54
Paseo Padre Manjón
Paseo de los Tristes
Carrera del Darro
15
SAN PEDRO Y SAN PABLO
RIO DARRO
GENERALIFE
SANTA ANA
ALCAZABA
Plaza de los Aljibes
PALACIOS NAZARÍES
JARDINES DARAXA
Camino del Rey Chico
PATIO DE LA ACEQUIA
Cuesta de Gomérez
PALACIO DE CARLOS V
JARDINES DEL PARTAL
TORRE DE LOS PICOS
Plaza Torres Bermejas
PUERTA DE LA JUSTICIA
IGLESIA DE SANTA MARÍA
ALHAMBRA
JARDINES DEL GENERALIFE
BOSQUE DE ALHAMBRA
Calle Real de la Alhambra
28-70
JARDINES NUEVOS
Callejón Niño del Royo
PARADOR
Calle Peña Partida
Carretera Realejo
MÉDINA
Plegadero Bajo
66
Antequeruela Alta Matamoros
Antequeruela Baja
CAMPO DEL PRINCIPE
SAN CECILIO
Avda de los Alixares
Campo del Principe
PAVILLON D'ACCÈS
Calle Molinos
HOSPITAL MILITAR
AUDITORIO MANUEL DE FALLA
Cta. Monteros
51
CARMEN DE LOS MARTÍRES
62
PARKINGS

Pauses (n°1 à 7)
6 Bar-Restaurante Pilar del Toro - p.261 .... B3
5 Café Fútbol - p.261 .... B4
1 Casa Pasteles - p.261 .... C1
4 Los Italianos - p.261 .... B3
3 Pastelería López-Mezquita - p.262 ..... A3
7 Plaza Aliatar et Plaza Larga - p.262 .... C1
2 Ysla - p.261 .... A4

Bars à tapas (n°10 à 15)
15 Bar Ras - p.263 .... C2
12 Bodegas Castañeda - p.263 . B3
11 Los Diamantes - p.263 .... B3
13 Los Manueles - p.263 .... B3
14 Oliver - p.263 .... A3
10 Restaurante Bar León - p.263 .... B3

Restaurants (n°20 à 33)
25 Albahaca - p.264 .... B4
33 Cunini - p.266 .... A3
26 El Botánico - p.265 .... A2
31 El Claustro - p.265 .... B2
30 El Huerto de Juan Ranas - p.266 .... C2
20 El Ladrillo II - p.264 .... C1
27 Estrellas de San Nicolás - p.265 .... C1
23 La Cueva de 1900 - p.264 ... A4
21 La Mancha Chica - p.264 ..... C1
32 Las Tinajas - p.266 .... A3
28 Restaurante del Parador - p.266 .... D3
29 Restaurante El Trillo - p.265 . C2
24 Tendido 1 - p.264 .... B1

Shopping (n°42 à 47)
45 Al Aire Artesanía - p.267 .... C1
42 Convento de San Bernardo - p.267 ..... C2
43 El Rocío - p.266 .... A2
46 Gran Vía Discos - p.267 ...... B2
47 Guitarrería Bellido - p.267 .... B3

Sorties (n°50 à 56)
51 Auditorio Manuel de Falla - p.268 .... C4
50 Casa de Vinos-La Brujidera - p.268 .... B3
52 Cueva Los Faroles - p.268 ... D2
55 El Camborio - p.269 .... D2
54 Le Chien Andalou - p.269 .... C2
53 Peña Flamenca La Platería - p.268 .... C2
56 Planta Baja - p.269 .... A2

Hébergements (n°60 à 70)
61 Abadía Hotel - p.342 .... A1
60 Casa de Reyes - p.341 .... A2
67 Casa del Aljarife - p.342 ...... B2
69 Casa Morisca Hotel - p.342 .. D2
66 Hostal La Ninfa - p.342 ...... C4
63 Hostal Moni - p.341 .... C1
68 Hotel Casa Palacio Pilar del Toro - p.342 .... B3
62 Hotelito Suecia - p.341 ...... C4
70 Parador de Granada - p.343 . D3
65 Pensión Alfin - p.342 .... B3

RENDEZ-VOUS AVEC...
Bar à tapas
C Los Caracoles - p.242 .... C1
Restaurant
B Carmen Mirador de Aixa - p.242 .... C2
Sorties
F Albayzin - p.243 .... C1
G Eshavira Club - p.243 .... B1

Symbole de la Reconquête

Palais de Charles Quint (plan 10, C3)

Tombé amoureux de ces lieux exquis, théâtre des exploits de ses grands-parents, les Rois catholiques, Charles Quint, le grand souverain du 16e s., décide de s'y faire construire une résidence d'où admirer les palais nasrides, qu'il juge trop petits pour lui et ses proches. Le résultat voit le jour en 1526, un chef-d'œuvre de la Renaissance espagnole : sur les deux **portails** d'entrée en marbre gris, remarquez les fresques à la gloire de Charles Quint, son emblème et sa devise "Plus Ultra" ou "PV". La plus belle partie du palais est la **cour intérieure** : dessinée en un cercle parfait de 30m de diamètre, elle se distingue par l'équilibre remarquable de ses deux rangées d'arcades, soutenues par d'austères colonnes de pierre sombre. Le palais abrite le **Museo de Bellas Artes** (importante collection de sculptures et peintures du 15e s. à nos jours, dont une splendide Mise au tombeau italienne) et le **Museo de la Alhambra** (objets d'art de l'époque hispano-musulmane).

Museo de Bellas Artes Palacio de Carlos V ☎ 958 14 53 36 🕒 Nov.-mars : mar.-sam. 9h-18h, dim. et j. fér. 9h-15h ; avr.-oct. : mar.-sam. 9h-20h, dim. et j. fér. 9h-15h € Entrée libre pour les ressortissants de l'UE **Museo de la Alhambra** ☎ 958 02 79 71 🕒 Avr.-mi-oct. : tlj. 8h30-20h ; mi-oct.-mars : tlj. 8h30-18h € 14€

Embrassez la ville du regard

L'Alcazaba (plan 10, C3)

Les hautes tours de la citadelle, symboles de la puissance nasride pendant plus de deux siècles, dominent l'ouest de la colline. Du sommet de la **Torre de la Vela**, la plus impressionnante, on embrasse du regard l'ensemble de la ville et, par temps clair, les pics de la Sierra Nevada. Il faut imaginer, à la Reconquête, les étendards chrétiens que firent flotter ici les Rois catholiques... Ils y édifièrent du reste un campanile, dont la cloche rythme depuis lors la vie quotidienne des Grenadins.

Le joyau de l'Alhambra

Palais nasrides (plan 10, C3)

Le moment fort de la visite est arrivé. Vous voilà prêt à pénétrer dans les palais privés érigés par les souverains nasrides, plus particulièrement par Youssouf Ier et son fils Muhammad V au 14e s. Derrière des façades nues et austères se cache un intérieur luxueusement agencé, au décor de plâtre et de stuc d'un raffinement extrême ! Au fil des salles des différents palais, étroitement imbriqués les uns dans les autres, vous irez d'émerveillement en émerveillement devant la finesse des lignes, la beauté de la calligraphie arabe et les jeux fabuleux de la lumière et de l'eau... **El Mexuar** À l'intérieur, on ne sait plus où donner du regard : colonnes en marbre blanc soutenant des chapiteaux colorés, stucs portant motifs végétaux et calligraphie soignée, plafonds en bois précieux aux motifs géométriques... Après avoir traversé un patio habité par une jolie petite fontaine silencieuse entourée d'arches élégantes, tout le monde lève les yeux, dans la Cuarto Dorado (Chambre dorée), vers le plafond superbe en marqueterie dorée. **Palacio de Comares** C'est la partie la plus étendue des palais nasrides. On découvre d'abord le ravissant Patio de los Arrayanes (ou des Myrtes), au grand bassin central dans lequel se reflètent les silhouettes légères de ses portiques et celles, plus massives, des tours qui le protègent. À l'arrière du patio, la Sala de la Barca donne sur le Salón des Embajadores, salon des cérémonies officielles installé dans la tour de Comares, sous

Le jardin des palais nasrides

IL ÉTAIT UNE FOIS...
La légende raconte que lorsque le roi Boabdil surprit les amours de son épouse avec un chef de la tribu des Abencérages, il ordonna le massacre de toute la tribu. Celui-ci eut lieu dans une des salles des palais nasrides (la salle des Abencérages) : les traces d'oxydation visibles au fond de la petite fontaine seraient celles du sang des suppliciés...

une voûte incrustée de nacre. On s'y croirait vraiment sous un ciel étoilé... La légende veut que les Rois catholiques y aient fait venir Christophe Colomb pour lui annoncer qu'ils soutenaient son projet de voyage.
Palacio de los Leones Un passage en chicane permet de pénétrer dans la résidence privée de la famille royale où se trouvait le harem. Retenez votre souffle : les 124 colonnes élancées et les arcades finement découpées forment un jeu de perspectives vertigineux ! L'architecture nasride atteint là son apogée dans l'équilibre et la pureté, l'utilisation de la lumière, de l'eau et des stucs. Sous les arcades de droite s'ouvre la salle des Abencérages, où aurait eu lieu le massacre de la célèbre tribu (cf. encadré Il était une fois...) : admirez la coupole couverte de *muqarnas* (comme de petites stalactites tombant des voûtes) et les stucs colorés encadrant les arches. Au fond de la Sala de dos Hermanas (salle des Deux-Sœurs), ne manquez pas, à nouveau, la coupole, à couper le souffle, et le belvédère ouvrant sur un charmant jardin intime, qui baigne dans une lumière magique en fin d'après-midi...

Sur votre billet (mat. ou ap.-m.), une tranche horaire de 30min est indiquée pendant laquelle vous pouvez accéder aux palais nasrides : il est impératif de respecter cet horaire

L'ALBAICÍN ★

Le "quartier des gens aux balcons", le plus ancien et le plus romantique des quartiers de Grenade, où l'air, au printemps, embaume le jasmin, la fleur

L'Albaicín vu de la Torre de las Damas

d'oranger et le citronnier... C'est sur cette colline que s'installèrent les musulmans à leur arrivée au 8e s., et sa ravissante physionomie, tout en ruelles escarpées, perrons et maisons blanches, rappelle les médinas marocaines. Il faut y flâner, y profiter des époustouflantes vues sur l'Alhambra, se laisser surprendre par les jardins en terrasses qui se cachent, parfois, derrière les hauts murs des *carménes* (p.259) et dont les musulmans grenadins étaient si friands...

Atmosphère médiévale

Le long du Río Darro (plan 10, C2-D2)

Pour aborder ce quartier de légende, partez de la Plaza Nueva pour remonter la **Carrera del Darro**, courant le long du Río Darro entre la colline de l'Albaicín et celle de l'Alhambra : une rue pittoresque à l'atmosphère médiévale, où vous admirerez un pont du 11e s., le Puente del Cadí, d'anciens bains arabes, la **Casa Castril** (1536) et son élégant portail plateresque, finement ciselé, en face de l'**église San Pedro...** avant d'atteindre l'esplanade du **Paseo de los Tristes**, très animée les soirs d'été. Là, profitez d'une large vue sur les remparts de l'Alhambra.

Où se rencontrent les deux Grenade

Plaza Santa Ana (plan 10, B2)

Un site stratégique pour comprendre l'histoire de la ville, et un passage obligé de votre promenade. Posée dans le creux qui sépare Albaicín et Alhambra, la place forme, avec la Plaza Nueva, comme un verrou entre la ville musulmane des collines et la ville catholique qui s'étend au-dessous. Vous y êtes entouré de la façade Renaissance de la **Real Chancilleria**, palais de justice érigé en 1531, et de la tour mudéjare de l'**Iglesia de Santa Ana** (1537) : dans cette dernière, ne manquez pas le sublime plafond à caissons aux entrelacs d'étoiles !

Iglesia de San Gil y Santa Ana Plaza Santa Ana, 1 🕒 Tlj. 11h-13h30 et lors des offices

Le hammam d'autrefois

El Bañuelo (plan 10, C2)

Superbement conservés, ces bains maures du 11e s. figurent parmi les plus anciens d'Espagne. L'agencement des espaces aux voûtes percées reflète l'organisation des hammams traditionnels : salle fraîche, salle tiède, et enfin salle chaude.

Carrera del Darro, 31 📱 958 22 97 38 🕒 Mai-mi-sept. : tlj. 9h-14h30 et 17h-20h30 ; mi-sept.-avr. : tlj. 10h-17h € 5€

Le charme d'un petit palais

Palacio Dar al-Horra (plan 10, B1)

Un mini-palais nasride, en beaucoup plus modeste. Dar al-Horra ou "maison de la Dame" fut la demeure de la reine Aïcha, mère de Boabdil, le dernier roi des Maures. On y retrouve des détails charmants rappelant l'ornementation de l'Alhambra : remarquez notamment, de part et d'autre du patio, deux galeries de trois arcs aux colonnes surmontées de chapiteaux sculptés, fort semblables à celles du Palacio de los Leones. D'irrésistibles balcons entraînent le regard vers les toits de l'Albaicín…

Callejón de las Monjas ☎ 958 02 79 71 ⌚ Mai-mi-sept. : tlj. 9h30-14h30 et 17h-20h30 ; mi-sept.-avr. : tlj. 10h-17h € 5€ (comprend également la visite à Corral del Carbón, Bañuelo et Casa Horno de Oro)

Rue pittoresque

Calle Agua (plan 10, C1)

S'il fallait choisir une seule des ruelles de l'Albaicín, ce pourrait être cette pittoresque rue ! Partez de bon matin, de la Plaza Larga, pour profiter de son marché animé (sauf dim.-lun.), et remontez en flânant jusqu'aux murailles nasrides qui veillent sur les hauteurs de la colline.

Incitation au soleil

Plaza San Miguel Bajo (plan 10, B1)

Apéritif en vue ! L'une des places les plus agréables du quartier, avec ses terrasses ensoleillées que domine l'église mudéjare San Miguel Bajo, ancienne mosquée dont le minaret fut transformé en campanile.

Vous avez dit mudéjar ?

Monasterio de Santa Isabel la Real (plan 10, B1-C1)

Vous ne regretterez pas de vous être plié aux horaires d'ouverture plutôt contraignants quand vous découvrirez le splendide plafond mudéjar foisonnant de son église ! Sur la superbe façade gothique, un indice, le blason et les emblèmes des Rois catholiques : ce couvent de religieuses fut le premier fondé par Isabelle de Castille après la Reconquête !

Calle Santa Isabel la Real, 15 ☎ 958 27 78 36 www.staisabellareal.es ⌚ Visites guidées sur rés. : lun.-jeu. et sam. matin pour les groupes (min. 12 personnes) € 5€ + prix du guide

Pour le plaisir de se perdre

Calle Aljibe de Trillo (plan 10, C2)

Pour vous imprégner de l'atmosphère atemporelle de l'Albaicín, flânez au hasard dans l'ensemble enchevêtré de ruelles formé par la Calle Aljibe de Trillo, le Callejón Aljibe Trillo et la Cuesta Aljibe de Trillo. *Aljibe*, c'est la citerne en arabe, et vous en apercevrez plusieurs au cours de votre exploration : elles furent construites pour fournir de l'eau aux habitants du quartier.

Rêvez devant l'Alhambra

Points de vue sur l'Alhambra (plan 10, C1-C2)

Situé sur les hauteurs de l'Albaicín, près de l'église del Salvador, le **mirador de San Nicolás** est le plus célèbre belvédère de Grenade. En fin d'après-midi, la foule se masse pour admirer au soleil couchant l'Alhambra et les monts de la Sierra Nevada. Plus tranquille, et tout aussi spectaculaire, le **mirador de San Cristóbal** se trouve au nord-ouest de l'Albaicín, au-delà des murailles zirides. Autre lieu particulièrement agréable en été pour voir s'empourprer l'Alhambra, les **jardins de la mosquée**, à côté de l'église San Nicolás (ouverts jusqu'à 20h).

VIRÉE FLAMENCA

Grenade appartient de longue date à l'histoire du flamenco. Le quartier gitan du Sacromonte a donné naissance à des générations entières d'artistes reconnus et le Concurso Nacional de Cante Jondo organisé en 1922 à l'initiative du compositeur Manuel de Falla et du poète Federico García Lorca a contribué à imposer le flamenco comme un art à part entière. Aujourd'hui, le Sacromonte reste célèbre pour les spectacles de *zambra*, une forme très festive de flamenco. Parmi les salles les plus réputées, citons **La Rocío** (www.cuevalarocio.es), **Los Tarantos** (www.cuevalostarantos.com) et **La Venta del Gallo** (www.ventaelgallo.es), mais n'hésitez pas à consulter la presse locale ou le gratuit *Guía Flama* (www.guiaflama.com) pour trouver un concert dans l'un des bars de la ville. À découvrir pour leur ambiance plus que pour les spectacles, mais pas avant 3h : le **Café Mercantil** (Calle de San Jerónimo) ou **El Niño de las Almendras** (Calle de la Tiña).

Spectacle de flamenco

Tout à fait au sommet de l'Albaicín, accessible par un chemin qui longe les remparts nasrides (Carril de San Miguel), l'**Ermita de San Miguel Alto** offre une vue époustouflante sur l'Alhambra et la Sierra Nevada. Enfin, romantique à souhait à la nuit tombée, la **Placeta Carvajales**, au pied de l'Albaicín (sur la Calle Rosal), est si proche des murailles illuminées de l'Alhambra qu'on a l'impression de pouvoir les toucher...

LE SACROMONTE

La colline des Gitans. De génération en génération, les habitants en ont creusé la roche calcaire pour y aménager leurs maisons, ces grottes chaulées que vous verrez en arpentant le Camino del Sacromonte. Leurs terrasses, accrochées aux pentes et entourées de figuiers de Barbarie et d'agaves, ne manquent pas de cachet, tout comme les vues merveilleuses sur l'Alhambra. Aujourd'hui, beaucoup de Gitans étant partis, plusieurs de ces *cuevas* servent de bar, de club ou accueillent des spectacles de flamenco.

Comprendre la vie des Gitans

Museo Cuevas del Sacromonte (plan 10, D1)

Une quinzaine de grottes aménagées en musée pour évoquer l'histoire des Gitans au début du 20e s. et leur mode de vie dans leurs habitats troglodytiques. On appréciera le bar et son agréable terrasse, où sont régulièrement organisés des concerts de flamenco. L'été, il se transforme en cinéma à ciel ouvert, attirant le Tout-Grenade avec une programmation art et essai !

Calle Barranco de los Negros, s/n 958 21 51 20 www.sacromontegranada.com Mi-mars-mi-oct. : tlj. 10h-20h ; mi-oct.-mi-mars : tlj. 10h-18h 5€

Nature, silence et témoignages sacrés

Abadía del Sacromonte (hors plan 10 par D1)

Si l'envie vous prend de continuer à crapahuter vers les collines qui entourent Grenade, continuez, du museo Cuevas de Sacromonte, sur 1km environ jusqu'à l'abbaye de Sacromonte, perchée sur les hauteurs. Construite au 17e s., elle accueille un **musée** peu visité et pourtant fort intéressant, qui rassemble une importante collection d'art religieux et des manuscrits d'Averroès, Maïmonide ou encore saint Jean de la Croix. La visite parcourt des chapelles taillées dans la roche, les **Santas Cuevas** où furent découvertes les reliques de San Cecilio, patron de Grenade.

958 22 14 45 www.abadiasacromonte.org Nov.-mai : tlj. 10h-14h et 15h-18h15 ; juin-oct. : tlj. 10h30-14h et 15h-19h Visite guidée toutes les 30min (sauf w-e.) 5€

LE CENTRE

Au pied des collines de l'Albaicín, la ville catholique s'étend le long du Darro et du Genil. On y entre par la Calle Reyes Católicos. D'un côté (au nord) s'élève la cathédrale avec, juste derrière, la vivante Plaza Bib-Rambla. Plus loin, la Plaza Trinidad rassemble, elle, une foule plutôt étudiante. Après avoir passé le jardin botanique, on atteint le sublime monastère de San Jerónimo. De l'autre côté de l'axe Reyes Católicos s'étend une partie moins connue de la ville, dont les petites rues populaires et commerçantes sont pourtant séduisantes, en particulier autour de la Calle Las Navas.

La cathédrale

Renaissance chrétienne

Catedral (plan 10, A2)

Vous y ferez connaissance avec l'architecte le plus important de la Reconquête : Diego de Siloé, l'homme qui introduisit les canons du style Renaissance à Grenade, puis dans toute la région. En effet, dès la Reconquête, les Rois catholiques s'attachent à doter Grenade d'une cathédrale, afin d'affirmer le pouvoir retrouvé de la chrétienté. Véritable chef-d'œuvre par la finesse de sa statuaire, la **Puerta del Perdón** (portail nord) présente un merveilleux décor ciselé dit plateresque. À l'intérieur de ce sanctuaire immense, l'élément le plus remarquable est la **Capilla Mayor** circulaire et toute dorée, l'une des réussites majeures de Diego de Siloé. **Museo de la Catedral**. Sa collection d'objets rituels comprend de belles pièces d'orfèvrerie gothique, dont l'**ostensoir** en or incrusté de pierres précieuses, offert à la ville par la reine Isabelle au début du 16e s. Il est depuis lors au centre de tous les regards pendant les processions du Corpus Christi. À voir également, la **sacristie baroque** (18e s.), à droite de l'entrée de la cathédrale. Elle abrite des œuvres d'art remarquables : un Christ crucifié grandeur nature du réputé sculpteur sévillan Martínez Montañés (17e s.), un tableau de l'Annonciation et une belle statue de l'Immaculée Conception par Alonso Cano.

Plaza de Pasiegas ☎ 958 22 29 59 www.catedraldegranada.com ⏱ Lun.-sam. 10h-18h30, dim. et j. fér. 15h-17h45 € 5€ (audioguide inclus)

Le panthéon royal d'Isabelle et Ferdinand

Capilla Real 👍 (plan 10, B3)

Les Rois catholiques eux-mêmes commandèrent cette chapelle royale qui accueillerait leurs tombeaux, à l'emplacement de l'ancienne mosquée ! Au fond de la nef, une grille somptueuse ouvre vers le **mausolée en marbre de Carrare** d'Isabelle et Ferdinand et celui de leur fille Jeanne la Folle et de son époux Philippe le Beau. Leurs corps et ceux de leurs descendants reposent dans la petite crypte qui s'ouvre au-dessous. Au fond de la nef, arrêtez-vous devant le **retable plateresque du maître-autel** (1520) dont les bas-reliefs représentent

ÉMINENCE GRISE
Dans le mausolée des Rois catholiques, on remarquera que la tête d'Isabelle s'enfonce davantage que celle de Ferdinand dans le dais sculpté qui la soutient. Une manière pour l'artiste de souligner le rôle de conseillère intime que joua la reine, par opposition au courage guerrier de son époux.

la reconquête de Grenade : à gauche, le dernier souverain musulman, Boabdil, s'en va tristement à cheval ; à droite, les infidèles se convertissent par le baptême. Installé dans la sacristie, le **musée** présente l'une des premières collections artistiques privées de cette importance, les peintures flamandes et italiennes rassemblées par Isabelle. Ne manquez pas la pièce maîtresse : le triptyque de la Passion de Dierick Bouts (1521).

Calle Oficios ☎ 958 22 78 48 www.capillarealgranada.com ⏱ Lun.-sam. 10h-18h30, dim. et j. fér. 11h-18h € 5€ (audioguide inclus), gratuit mer. 14h30-18h30 uniquement sur rés. au www.arcidiocesisgranada.es

Le cœur battant de la cité

Plaza Bib-Rambla (plan 10, A3)

Un des lieux clés de la vie urbaine, depuis des siècles. On s'y retrouve le matin ou en fin d'après-midi pour prendre le café à l'ombre des platanes et des orangers, ou flâner autour de la grande fontaine centrale et des kiosques à fleurs. Autrefois, on y assistait à des spectacles de corrida à cheval, ou encore aux autodafés et aux exécutions publiques ordonnés par l'Inquisition.

Une prestigieuse école coranique

Palacio de la Madraza (plan 10, B3)

Juste en face de la cathédrale, l'ancienne université musulmane fondée en 1349 par Youssouf Ier a été complètement refaite dans un style baroque au 18e s. Mais il reste, délicat vestige de cette époque, un petit oratoire aux stucs et mosaïques polychromes. Montez à l'étage admirer le superbe plafond mudéjar.

Calle Oficios, 14 ☎ 958 99 63 50 ⏱ Été : tlj. 10h-20h ; hiver : tlj. 10h-19h € 2€

Exubérance plateresque

Monasterio de San Jerónimo 👍 (plan 10, A1)

Un lieu qui allie sérénité et déchaînement de la foi. On retrouve, dans ce monastère fondé par les Rois catholiques, l'empreinte de Diego de Siloé, qui a dessiné le cloître aux proportions harmonieuses, le portail et le transept de l'église. Le clou de la visite est l'**intérieur de la magnifique église**, que tapisse un délire de fresques colorées du 18e s. L'ornementation exubérante atteint son paroxysme au niveau de la croix du transept et de sa coupole. Au fond, l'immense et splendide **retable** du maître-autel a servi de modèle à tous les retables andalous de la fin du 16e s. : de part et d'autre, les deux statues représentent le Gran Capitán, général héroïque des armées du roi Ferdinand, et sa femme, tous deux en prière. La dépouille du premier repose au pied des escaliers montant vers le maître-autel. À savoir, les marmelades concoctées par les sœurs du monastère San Jerónimo ont bonne réputation... En vente sur place.

Calle Rector López Argüeta, 9 958 99 63 50 Été : tlj. 10h-13h et 16h-19h30 ; hiver : tlj. 10h-13h et 15h-18h30 4€

Vertiges baroques

Monasterio de la Cartuja (hors plan 10 par A1)

La chartreuse de Grenade (16e-18e s.) mérite largement le détour pour l'incroyable décor de son église, un chef-d'œuvre du baroque espagnol. Point d'orgue de cette architecture churrigueresque, le **maître-autel**, tout en bois sculpté et doré incrusté de miroirs. Derrière, de l'autre côté d'une impressionnante paroi vitrée en cristal de Venise, le **Sagrario** (sanctuaire), véritable joyau, accumule chapiteaux dorés, volutes audacieuses, statues de saints entourées de voiles soutenus par des angelots... On peut difficilement faire plus baroque ! Mais c'est à gauche du maître-autel que se trouve le clou de la visite : la **sacristie** (1727-1764), dont les murs et les piliers, au-dessus d'un socle de marbre rose, sont parcourus de motifs géométriques tellement fournis qu'ils donnent le vertige et empêchent l'œil de se fixer en un point quelconque.

Paseo de Cartuja Bus n° 8 958 16 19 32 Été : dim.-ven. 10h-20h, sam. 10h-13h et 15h-20h ; hiver : dim.-ven. 10h-17h30, sam. 10h-12h15 et 15h-18h30 5€

Pour petits et grands

Centro Cultural CajaGRANADA / Memoria de Andalucía (hors plan 10 par A4)

Pour les amateurs d'architecture contemporaine. Alberto Campo Baeza y rend hommage au palais de Charles Quint (Alhambra) par un large patio

Le centre CajaGRANADA

circulaire immaculé, comme le reste du bâtiment et son imposant "édifice-écran". L'ensemble abrite un musée voué à l'histoire et à la diversité naturelle, sociale et culturelle de l'Andalousie, appuyé par une muséographie interactive et adaptée à tous les âges.

Avenida de la Ciencia, 2 958 22 22 57 www.cajagranadafundacion.es Sept.-juil. : mar.-jeu. 9h30-14h, ven. 9h30-14h et 17h-19h, sam. 10h30-14h Fermé en août 5€

LE REALEJO

Une Grenade populaire et décontractée, étalée sur les pentes méridionales de la colline de l'Alhambra. Le quartier s'articule autour de la Plaza del Realejo, où le Cristo de los Favores (Christ des vœux), censé exaucer les vœux des fidèles, fait l'objet d'une grande vénération, et la sympathique Plaza del Campo del Príncipe. Mais le Realejo, ce sont aussi des rues étroites et escarpées, bordées de maisons blanches aux balcons fleuris, qui partent à l'assaut des pentes de l'Alhambra...

Terrasses ensoleillées

Plaza del Campo del Príncipe (plan 10, C4)

Au départ de la Plaza del Realejo, la Calle Molinos, une rue commerçante très vivante, rejoint les terrasses ensoleillées de la vaste Plaza del Campo del Príncipe, assez peu touristique, où les Grenadins aiment aller déjeuner en famille le dimanche. Aux alentours, les rues typiques du Realejo, étroites et escarpées, qui partent à l'assaut des pentes de l'Alhambra.

Carmen de los Mártires

Maison d'artiste

Casa Museo Manuel de Falla (plan 10, C4)

L'occasion d'entrer dans un *carmen* (maison traditionnelle avec jardin). Celui-ci, aux volets bleus, fut le refuge grenadin du grand compositeur espagnol (1876-1946). Il organisa avec García Lorca le premier grand concours de *cante jondo* en 1922 à Grenade. On découvre dans ces pièces une collection touchante d'objets personnels (instruments, écrits...), souvent offerts par ses illustres amis (Picasso, García Lorca, etc.).

Paseo de los Mártires, 11 958 22 21 88 www.manueldefalla.org Juin, sept. : mar.-dim. 9h-14h30 ; juil.-août : mer.-dim. 9h-14h30 ; oct.-mai : mar.-sam. 10h-17h, dim. 10h-15h 3€

COULEUR LOCALE

Propres aux collines grenadines, les *carménes* (de l'arabe *karm* pour vigne, potager) sont ces riches villas que les seigneurs chrétiens se firent construire aux 16e et 17e s. Oasis de verdure jalousement gardées, elles cachent derrière leurs hauts murs les fertiles jardins en terrasses laissés par les musulmans.

Jardins luxuriants

Carmen de los Mártires (plan 10, D4)

En contrebas de l'Alhambra, on se rafraîchit dans les jardins luxuriants d'une villa du 19e s. : jardins français et anglais, palmeraie, patio d'inspiration nasride, le tout ponctué de bassins et de fontaines... À savoir : sur ce site existait autrefois un monastère dédié à la mémoire des chrétiens martyrisés à l'époque musulmane, et où officia saint Jean de la Croix à la fin du 16e s.

Paseo de los Mártires ☎ 958 22 79 53 ⏲ Avr.-mi-oct. : lun.-ven. 10h-14h et 18h-20h, w.-e. et j. fér. 10h-20h ; mi-oct.-mars : lun.-ven. 10h-14h et 16h-18h, w.-e. et j. fér. 10h-18h € Entrée libre

AUX ENVIRONS DE GRENADE

Au village "très silencieux et odorant" du poète

Museo-Casa Natal Federico García Lorca

La vie et l'œuvre de Federico García Lorca (1898-1936), le plus universel des poètes espagnols, sont intimement liées à "sa Grenade". C'est son ami Manuel de Falla, cf. Virée flamenca (p.253), qui lui donna le goût du folklore. La maison où il est né et où il passa une grande partie de sa jeunesse expose manuscrits, lettres, affiches, dessins... Un film, court mais émouvant, le représente souriant. À voir également, le certificat de décès qui porte la terrible mention : "Passé par les armes". L'accueil se fait dans la rue menant au Teatro García Lorca, dans le centre de Fuente Vaqueros. Les amoureux du poète compléteront cette visite avec celle de la résidence d'été de la famille García Lorca (Huerta de San Vicente), à Grenade.

Calle Poeta García Lorca, 4 Fuente Vaqueros (21km à l'ouest de Grenade par la N-432) ☎ 958 51 64 53 www.patronatogarcialorca.org ⏲ Créneaux de visite : Ouvert oct.-mars : mar.-dim. 10h, 11h, 12h, 13h, 16h, 17h ; avr.-juin : mar.-dim. 10h, 11h, 12h, 13h, 17h, 18h ; juil.-août : mar.-dim. 10h, 11h, 12h, 13h, 14h (réservation préalable obligatoire) € 1,80€ **Huerta de San Vicente / Casa-Museo García Lorca** Calle Virgen Blanca Grenade ☎ 958 25 84 66 www.huertadesanvicente.com ⏲ Juin-mi-sept. : mar.-dim. 9h-15h ; mi-sept.-mai : mar.-dim. 10h-17h Visites guidées toutes les 45min. (réservation obligatoire) € 3€, gratuit les 2 premières heures d'ouverture chaque mar.

SUR LES TRACES DE...

Dans la nuit du 18 août 1936, au tout début de la guerre civile, Federico García Lorca, le plus grand poète et dramaturge espagnol du 20e s., est assassiné par une milice franquiste près de son village natal. Révolté, le poète Antonio Machado écrira : "Le crime eut lieu à Grenade, dans sa Grenade ! " Mais où est son corps ? En 2016, 80 ans après sa tragique disparition, on annonçait la réouverture de l'enquête sur la mort de l'écrivain dont la dépouille n'a jamais été retrouvée.

À FAIRE

Faites vos premiers pas en flamenco

Carmen de las Cuevas (plan 10, D1)

Quel plus bel endroit pour s'initier au flamenco ? Une école d'espagnol et de flamenco installée dans une superbe demeure traditionnelle à l'orée du Sacromonte, avec vue superbe sur l'Alhambra. Les cours de danse et de guitare, dispensés par des professionnels, se déroulent dans les grottes. Hébergement possible à petits prix dans l'Albaicín (à partir de 105€/sem.).

Cuesta de los Chinos, 15 958 22 10 62 www.carmencuevas.com

Crapahutez dans la Sierra Nevada

Centro de visitantes El Dornajo

Une grande bouffée de fraîcheur, à seulement 1h de la canicule estivale grenadine ! De la balade d'une demi-journée à l'ascension du Mulhacén (3 481m), point culminant de la chaîne, ou du pic Veleta (3 394m), offrez-vous les services d'un guide de montagne qui vous accompagnera à la découverte de la Sierra Nevada. Au centre de visiteurs, vous trouverez toutes les informations nécessaires, ainsi que les cartes et topo-guides et de précieux conseils.

Route de Sierra Nevada, km23 dir. Pradollano Desserte quotidienne de Pradollano au départ de la gare routière de Grenade (1h) ; 3 AR/j en hiver, 1 en été 958 34 06 25 Jan.-mars : mer.-ven. 8h-15h, sam.-dim. 10h-17h ; avr.-mi-juin, sept.-déc. : mer.-ven. 9h-15h, sam.-dim. 10h-17h ; mi-juin-mi-sept. : mer.-dim. 8h-15h

Skiez au soleil

Sol y Nieve, domaine skiable de Pradollano

À 2 100m d'altitude, la plus importante station de ski d'Espagne compte un domaine skiable de 86 pistes tous niveaux, pour un total de 86km, dont 32 équipés de canons à neige. Les plus hautes occupent les pentes du Veleta, culminant à 3 300m. Profitant d'un ensoleillement quasi permanent au cours de l'hiver – elle détient le record des stations européennes –, Pradollano se vide à la clôture de la saison, traditionnellement début mai. Ouverte en été, la route qui mène de Pradollano au pic Velata, à plus de 3 300m d'altitude, est la plus haute d'Europe !

39km au sud-est de Grenade par l'A395 En hiver, liaison quotidienne par car (1h) au départ de la gare routière de Grenade (3/j.) 902 70 80 90 www.sierranevada.es (toutes les infos accès, forfaits, état des pistes, etc.)

Cultivez-vous en famille

Parque de las Ciencias (hors plan 10 par A4)

Cette "cité des sciences" à l'andalouse abrite un planétarium, une splendide serre de papillons tropicaux, un passionnant pavillon consacré au corps humain, un autre à l'héritage andalou et de nombreuses installations ludiques et pédagogiques. Une zone est réservée exclusivement aux 3-7 ans.

Avenida de la Ciencia Bus n° 11 ou 5 958 13 19 00 www.parqueciencias.com Mar.-sam. 10h-19h, dim. et j. fér. 10h-15h Tarif 7€

Allez aux bains

Hammam Al Andalus (plan 10, C2)

La visite des anciens bains arabes d'El Bañuelo a fait naître en vous des envies ? Sachez que non loin de là, dans le quartier Santa Ana, un hammam est installé sur un autre site d'anciens bains. On y reconstitue les rituels traditionnels. Bains de vapeur, piscine d'eau chaude et soins variés dans un cadre agréable. Massage 30min. + bains 93€/pers. (bains seuls 40€/pers.). Réservation obligatoire.

Calle Santa Ana, 16 958 22 99 78 www.hammamalandalus.com Tlj. 10h-22h

NOS ADRESSES

PAUSES

Pour une envie de douceur

Casa Pasteles

Au cœur de l'Albaicín, une très jolie pâtisserie fondée en 1928 à l'architecture d'inspiration mudéjare. On y va pour le cadre autant que pour les gâteaux... et surtout les glaces !

GRENADE (plan 10, C1 n°1) Plaza Larga, 1 958 27 89 97 www.casapasteles.com Tlj. 8h-20h

Chocolate con churros

Café Fútbol

Le meilleur de Grenade, de toute éternité ! Un grand classique à l'heure du goûter. Également des crêpes et glaces maison. Une portion de *churros* (bien suffisante) et un chocolat chaud : 4€.

GRENADE (plan 10, B4 n°5) Plaza de Mariana Pineda, 6 958 22 66 62 www.cafefutbol.com Tlj. 6h-0h

Tous baba du *pionono*

Ysla

Connaissez-vous le *pionono* ? Ce petit baba sans alcool, coiffé d'un bonnet de crème aromatisée à la cannelle est LA vedette de la pâtisserie grenadine. Connue dans toute l'Espagne, cette bouchée gourmande fut créée en 1897 en l'honneur du pape Pio IX (Pio Nono !) par Ceferino Isla González, maître pâtissier du village de Santa Fe. La maison Ysla, qui s'enorgueillit d'élaborer la " véritable recette de Santa Fe ", fait figure d'institution et possède au moins huit adresses à Grenade. Comme les habitants, prenez place dans le salon de thé pour partager un goûter ou emportez votre *pionono* pour le savourer lors d'une balade.

GRENADE (plan 10, A4 n°2) Calle Acera del Darro, 62 958 52 30 88 Tlj. 8h-21h

Apéritif au patio

Bar-Restaurante Pilar del Toro

Un bar agréable à l'heure de l'apéritif, et un patio superbe, envahi par les plantes qui descendent des balcons du 1er étage.

GRENADE (plan 10, B3 n°6) Calle Hospital de Santa Ana, 12 958 22 54 70 www.pilardeltoro.es Mer.-dim. 13h-16h et 20h-23h30

Des glaces à fondre de plaisir

Los Italianos

Il ne désemplit pas depuis 1936 ! Cet artisan glacier est une institution à Grenade, et vous le comprendrez aisément après avoir goûté l'une des spécialités maison. Laissez-vous

DU CARACTÈRE DES GRENADINS

C'est le secret le moins bien gardé d'Andalousie : les Grenadins et les Grenadines ont la réputation d'être de "mauvais poil". Non seulement ils n'ont pas peur de se montrer sous leur plus mauvais jour, mais ils ont parfois du mal à faire autrement ! Cette mauvaise humeur atavique leur vaut les moqueries de toute l'Espagne. Si l'accueil est un peu froid, un lundi, de bon matin, et si on ne vous retourne pas votre salut, ne vous formalisez pas et surtout, ne vous sentez pas en faute ! Laissez le Grenadin macérer dans son jus : ça finira bien par lui passer...

tenter par la délicieuse *cassata* (chocolat-vanille-fraise-crème aux amandes croquantes...).

GRENADE (plan 10, B3 n°4) Gran Vía de Colón, 4 Mars-nov. : tlj. 11h-2h

Pâtisseries grenadines
Pastelería López-Mezquita

Sans doute la meilleure pâtisserie de la ville ! Et que des spécialités grenadines, parmi lesquelles les *tortas de chiccarones* (tartes feuilletées aux gratons de lard !) ou les fameux *piononos* (de petits babas sans alcool, coiffés d'un bonnet de crème catalane). Quant au chocolat chaud, il est si épais qu'on croirait de la crème...

GRENADE (plan 10, A3 n°3) Calle Reyes Católicos, 39 958 22 12 05 Lun.-ven. 9h-14h30 et 16h30-20h30, sam. 10h30-14h30 et 16h30-20h30, dim. 10h30-14h30 Fermé en août

Un air de village andalou
Plaza Aliatar et Plaza Larga

On ne compte plus les bars aux abords de ces deux places du haut Albaicín. Chaque soir, elles voient converger tous les habitants du quartier, venus y profiter en famille de la fraîcheur de la fin de journée. L'essentiel est de trouver une table, près des fontaines, pour savourer un *tinto de verano* en toute tranquillité, loin de l'agitation du centre.

GRENADE (plan 10, C1 n°7)

Un *felipe* chez López-Mezquita

BARS À TAPAS

Bonne nouvelle : la tradition des tapas offertes avec les consommations est restée bien vivante dans les bars populaires de la ville.

Authentique bodega

Bodegas Castañeda

Cette taverne authentique du 19e s. est toujours bondée ! Jambons suspendus et gros tonneaux de vin, chaque verre est servi avec de petites tapas maison. L'ambiance bat son plein vers 22h30 en fin de semaine. Ça crie, devant et derrière le comptoir, pour commander des tapas délicieuses comme le *jamón iberico* de Trevélez (la demi-ration est suffisante pour deux).

GRENADE (plan 10, B3 n°12) Calle Almireceros, 1-3 958 21 54 64 Tlj. 11h30-0h30

La bonne petite adresse

Restaurante Bar León

Déjà plusieurs décennies que les frères León ont ouvert ce bar devenu un classique du *tapeo* local. De bonnes tapas offertes avec la boisson, comme c'est la tradition à Grenade, et de copieuses *raciones* (env. 6-14€). Au choix du menu : poisson frit, *migas* (à base de mie de pain et d'ail) ou encore gibier (cerf), la spécialité des lieux.

GRENADE (plan 10, B3 n°10) Calle Pan, 1 958 22 51 43 Jeu.-lun. 12h30-16h et 20h-23h, mar. 12h30-16h

Traditionnel

Bar Ras

Près de la Plaza Nueva et de l'Albaicín, ce café se révèle parfait pour le petit déjeuner, avec de bonnes *tostadas con aceite y tomate*. À l'heure du déjeuner et du dîner, on se restaure à base de tapas et *raciones* de cuisine traditionnelle. Les tables du fond donnent sur les murailles de l'Alhambra.

GRENADE (plan 10, C2 n°15) Carrera del Darro, 6 663 69 34 56 Mer.-dim. 9h-16h et 19h-23h45, lun. 9h-16h

Tapas de la mer

Los Diamantes

À l'heure du déjeuner, les Grenadins prennent d'assaut ce petit bar. Il faut dire que ses tapas et autres *raciones* de poisson et de fruits de mer frits sont aussi succulentes que bon marché. Ne manquez pas les *chipirones* (bébés calamars) !

GRENADE (plan 10, B3 n°11) Calle Navas, 28 958 22 70 70 www.barlosdiamantes.com Lun.-sam. 12h30-16h et 20h30-0h

Une tortilla particulière

Los Manueles

C'est ici que fut inventée la *tortilla del Sacromonte*, omelette aux abats, mais vous pourrez lui préférer les délicieuses croquettes (*croquetas*) et boulettes de viande (*albondigas*) ou encore les œufs brouillés au jambon (*estrellados*). Terrasse très convoitée donnant sur la rue et salle plus tranquille à l'étage.

GRENADE (plan 10, B3 n°13) Calle Reyes Católicos, 61 958 22 46 31 www.losmanueles.es Tlj. 12h-0h

Gambas ou *chipirones* ?

Oliver ♥

Sans l'ombre d'un doute, les meilleures tapas de poisson de Grenade ! Sur la jolie place de l'ancien marché aux poissons, à deux pas de la cathédrale, on se régale de *chipirones fritos* ou de *cigalas con ajillo* (langoustines géantes pêchées au large de la Costa

Tropical). Grande terrasse et *raciones* copieuses entre 5 et 21€.

GRENADE (plan 10, A3 n°14) Calle Pescadería, 12 958 26 22 00 www.restauranteoliver.com Lun.-sam. 9h-0h

Voir aussi **Los Caracoles** (p.242).

RESTAURANTS

Les délicieux jambons de Trevélez venus des Alpujarras voisines (p.270) sont réputés dans toute l'Espagne ! Quant à la Costa Tropical, elle fournit de délicieux poissons et fruits de mer. Les palais aventureux tenteront la *tortilla del Sacromonte*, omelette au jambon, aux légumes, aux crevettes et aux abats de porc... Évitez les restaurants touristiques de la Plaza Nueva, de la Plaza Bib-Rambla et de l'Alhambra.

Imbattable, le menu du jour !

El Ladrillo II €

Au cœur du haut Albaicín, non loin du mirador de San Nicolás, dans une ruelle qui débouche sur la Plaza Larga, un agréable patio décoré d'objets hétéroclites en cuivre, où l'ambiance est chaleureuse et le menu à 9€ parfait pour le déjeuner !

GRENADE (plan 10, C1 n°20) Calle Panaderos, 35 958 28 46 71 Lun.-mar. 13h-22h, mer.-jeu. 12h-23h30, ven. et dim. 12h30-22h30, sam. 12h-23h

À nous les tagines !

La Mancha Chica €

Au cœur de l'Albaicín, un petit restaurant qui ne paye pas de mine, mais bien tenu, par un couple de Marocains qui préparent avec attention une cuisine de leur pays, authentique et goûteuse. Les produits sont frais et l'accueil chaleureux. Env. 15€.

GRENADE (plan 10, C1 n°21) Camino Nuevo de San Nicolás, 1 958 20 26 23 Tlj. 12h-23h30

Le cochon dans tous ses états

La Cueva de 1900 €

Cette chaîne de charcuteries/*tabernas* propose un choix exceptionnel de cochonailles maison, à la qualité remarquable et aux prix très raisonnables. *Porciónes* autour de 15€, plats cuisinés (*guisos*) servis dans le *comedor* attenant (env. 15€ sans le vin).

GRENADE (plan 10, A4 n°23) Calle Pedro Antonio de Alarcón, 20 Au sud du centre (10min à pied de la cathédrale) 958 53 68 91 www.lacuevade1900.es Lun.-jeu. 9h-23h, ven. 9h-0h, sam.-dim. 10h-0h

Pour les aficionados

Tendido 1 €

Au pied de la Plaza de Toros, la vaste terrasse ne désemplit pas ! Servis dans les dépendances de l'arène : plats ibériques (sucrine à la *cordobesa* – aux dés de jambon et croûtons –, calamars grillés, morue fraîche "de la grand-mère" à la tomate...) et généreuse carte des vins. Plat 9-25€.

GRENADE (plan 10, B1 n°24) Calle Doctor Olóriz, 25 958 27 23 02 www.tendido1.com Mer.-dim. 12h-1h, lun. 12h-17h

Hors des sentiers battus

Albahaca €

Si vous avez envie de calme, entrez dans cette petite salle aux nappes blanches et jetez-vous sur les *recomendaciones del día* (suggestions du jour), des plats succulents à 9-18€, tels que les calamars cuits dans leur encre. Au fond de la salle, le chef concocte sous vos yeux une carte variée avec les produits de saison, incluant quelques spécialités végétariennes. Le menu du jour (midi en semaine) à 13,50€ est très bien aussi !

GRENADE (plan 10, B4 n°25) Plaza del Campillo Bajo, 5 958 22 49 23 www.restaurantealbahaca.es Mar.-sam. 13h30-15h30 et 20h30-22h30, dim. 13h30-15h30 Fermé fin juillet-début septembre

Pour changer des bodegas

El Botánico €€

En face du jardin botanique de l'université, sympathique terrasse peuplée d'étudiants, où vous pourrez manger à toute heure. L'intérieur est ultramoderne, et la carte "fusion" propose entre autres de bonnes salades. En semaine, un menu du jour à 15€. Réservation conseillée en fin de semaine.

GRENADE (plan 10, A2 n°26) Calle Málaga, 3 958 27 15 98 www.botanicocafe.es Dim.-jeu. 10h-0h, ven. 10h-1h, sam. 10h-0h

Tête à tête avec l'Alhambra

Estrellas de San Nicolás €€

La même vue fabuleuse que du mirador San Nicolás, le calme en plus, dans cette maison blanche de l'Albaicín. Au menu, les recettes andalouses côtoient l'influence française insufflée par la maîtresse des lieux : *salmorejo*, riz façon "paella aux fruits de mer", poulpe à la truffe, magret de canard au porto ou saint-jacques au foie gras et vin doux. Magique à la nuit tombée ! Plat 12-32€.

GRENADE (plan 10, C1 n°27) Callejón Atarazana Vieja, 1 Près du mirador San Nicolás 958 28 87 39 www.estrellasdesannicolas.es Tlj. 13h-16h et 19h30-0h

Le Parador de l'Alhambra

Dans l'intimité d'un *carmen*

Restaurante El Trillo ♥€€€

N'ayez pas peur de sonner : derrière la grille s'étend un *carmen* (p.259) transformé en restaurant et doté d'un jardin verdoyant ! Côté cuisine, on se régale, en entrée, avec l'*ensalada de espinacas frescas* (salade d'épinards frais) avant de savourer la spécialité du chef : le *bacalao al pil-pil* (morue à l'ail). Comptez 20-40€ pour dîner. En semaine, menu déjeuner à 25€.

GRENADE (plan 10, C2 n°29) Callejón del Aljibe de Trillo, 3 958 22 51 82 www.restaurante-eltrillo.com Tlj. 13h-16h et 19h-23h

L'élégance d'un ancien couvent

El Claustro €€€

Un chef reputé, un idyllique cloître du 16e s., une cuisine gastronomique tout en subtilités... Juan Andrés Morilla fait chanter les meilleurs produits de saison, et Marco Cantini s'occupe des vins. Plats de 16 à 38€.

GRENADE (plan 10, B2 n°31) Calle Gran Vía de Colón, 31 Hotel Palacio de Santa Paula 958 80 57 40 Tlj. 11h-23h

Au cœur de l'Alhambra

Restaurante del Parador €€€

Les soirs d'été, la terrasse ouvrant sur les jardins du Generalife est un enchantement. Au menu, une cuisine traditionnelle de qualité : *habas fritas con jamón* (fèves frites au jambon ibérique), *choto al ajillo* (chevreau de lait) et pâtisseries conventuelles. Menus à partir de 33€, à la carte comptez env. 50€/pers. Réservation recommandée.

GRENADE (plan 10, D3 n°28) Calle Real de la Alhambra 958 22 14 40 www.parador.es Tlj. 13h-16h et 20h-22h30

Le must des Grenadins

Las Tinajas €€€

De l'avis général, la meilleure table de la ville. Cuisine andalouse de haute volée, avec notamment des spécialités de viandes excellentes, dans un élégant décor ultra-traditionnel. Réservation conseillée. À la carte, comptez env. 50€/pers. Menu dégustation à 55€ (6 plats en tout, dessert compris !). Au sud du centre-ville, près de la Plaza de Gracia.

GRENADE (plan 10, A3 n°32) Calle Martínez Campos, 17 958 25 43 93 www.restaurantelastinajas.com Lun.-sam. 12h30-17h et 19h30-0h Fermé fin-juil.-août

Une institution

Cunini €€€

On vient ici depuis 60 ans pour le poisson et les fruits de mer... Autrefois, le marché aux poissons se tenait sur la même place. Choisissez l'ambiance animée du bar, la salle à manger du fond plus tranquille, ou la terrasse ombragée l'été. Dîner environ 45€ avec les vins. Réservation conseillée.

GRENADE (plan 10, A3 n°33) Plaza Pescadería 14 958 25 07 77 www.marisqueriacunini.com Mar.-dim. 12h-16h et 20h-0h

Dîner aux chandelles

El Huerto de Juan Ranas €€€

Romantique à souhait ! De la terrasse, la vue sur l'Alhambra illuminée est fabuleuse... Cuisine aux influences nord-africaines. En terrasse, comptez 30€ et, au restaurant, 60€.

GRENADE (plan 10, C2 n°30) Atarazana Vieja, 6-8 958 28 69 25 www.elhuertodejuanranas.com Tlj. 11h30-0h30

Voir aussi **Carmen Mirador de Aixa** (p.242).

SHOPPING

Articles de flamenco et épicerie fine : voilà qui devrait vous inspirer, dans les agréables rues commerçantes du centre-ville. L'artisanat local s'est fait une spécialité des articles de marqueterie (coffrets à bijoux, tables, échiquiers...), vous en trouverez également dans l'Albaicín et le long de la Cuesta de Gomérez, qui monte vers l'Alhambra.

¡ Olé !

El Rocío

Depuis 1980, El Rocío fournit toutes les *bailarinas* de la ville (et leurs mères) en costumes et accessoires de danse flamencos. Du *vestido cortido* "style Lolita" aux robes en cascade, en passant par les *zapatos*, les *botines* et les innombrables accessoires de la coquetterie gitane, une explosion de couleurs !

GRENADE (plan 10, A2 n°43) Calle Capuchinas, 8 958 26 58 23 www.elrocio.es Lun.-sam. 10h-13h30 et 17h-20h30

Religieuses douceurs

Convento de San Bernardo

Les gâteaux au parfum de miel ou d'amande, confectionnés par les sœurs du couvent de San Bernardo, sont vendus dans un adorable kiosque aux allures de confessionnal. Vous pouvez aussi dormir dans l'une des 7 chambres disponibles, si vous cherchez la paix et la quiétude.

GRENADE (plan 10, C2 n°42) Calle Gloria, 2 633 24 15 34 www.monasteriosanbernardodegranada.com Tlj. 9h-21h

Flamenco à emporter

Gran Vía Discos

L'un des disquaires de flamenco les plus réputés de Grenade. Il pourra vous conseiller, du *flamenco puro* au *nuevo flamenco*, et vous renseigner sur les concerts du moment. Également bonne sélection de musiques arabo-andalouses et musiques du monde.

GRENADE (plan 10, B2 n°46) Gran Vía de Colón, 21 958 80 43 24 www.granviaflamenca.com Lun.-ven. 10h-20h30, sam. 10h-14h et 16h30-20h30

Déco de l'Alhambra

Al Aire Artesanía

Jolie boutique attenante à l'atelier de Gonzalo, restaurateur reconnu. Il y expose ses œuvres (boîtes et miroirs dorés à la feuille, éléments décoratifs évoquant l'Alhambra…) et celles d'autres artistes locaux ; mais on y trouve des objets anciens, en particulier des azulejos et de superbes vases en céramique peints du 19e s. Une production de qualité et vraiment grenadine !

GRENADE (plan 10, C1 n°45) Plaza Aliatar, 16 622 36 46 51 Mars-oct. : tlj. 10h30-14h30 et 17h30-20h30 ; nov.-fév. : tlj. 10h30-14h30

Se rêver en *tocaor*

Guitarrería Bellido

Toutes les guitares, guitares pour apprendre ou guitares artisanales façonnées par le maître luthier Manuel Ángel Bellido, ou ses fils Jesús et Mauricio à qui il a passé le flambeau. Également des méthodes d'apprentissage et des castagnettes…

GRENADE (plan 10, B3 n°47) Paseo de las Palmas, 1 958 22 84 03 www.guitarreriabellido.com Lun.-ven. 9h-15h

À la Guitarrería Bellido

SORTIES

Population étudiante oblige, la vie nocturne de Grenade n'a rien à envier à celle de Séville… Les nombreux bars et clubs du quartier de la Plaza Trinidad, de la Plaza Nueva et de la Calle Elvira, dans le centre, s'éveillent vers 1h-2h du matin. On trouve également une foule de bars de nuit le long de la Carrera del Darro et du Paseo de los Tristes (très animé en été) dans l'Albaicín, ainsi que dans le petit quartier de Santa Ana, au pied de l'Alhambra. En fin de soirée (vers 4h ou 5h du matin !), il est de coutume de remonter vers les établissements du Sacromonte, ouverts jusqu'à l'aube.

Avant ou après le dîner

Casa de Vinos-La Brujidera

Une bonne adresse pour découvrir les vins espagnols. La maison maîtrise bien son sujet et propose une sélection de plus de 200 références. Sur la terrasse tout simplement délicieuse, à l'ombre d'un gros figuier, l'atmosphère est décontractée.

GRENADE (plan 10, B3 n°50) Calle Monjas del Carmen, 2 ☎ 722 21 47 19 ◷ Tlj. 12h30-16h et 20h30-0h

Pour les mélomanes

Auditorio Manuel de Falla

Cette salle de concert de grande qualité, créée en 1978, accueille de nombreux spectacles tout au long de l'année et du festival international de Grenade en juin-juillet. Dans le quartier du Realejo, tout près de la maison-musée du compositeur.

GRENADE (plan 10, C4 n°51) Paseo de los Mártires Calle Antequeruela Alta ☎ 958 22 21 88 www.manueldefalla.org ◷ Billets en vente au Corte Inglés (tél. 902 40 02 22) ou au théâtre Isabel la Católica, à Puerta Real (tél. 958 22 29 07)

LA *MARCHA GRANADINA*

Il faut le savoir, les horaires de la *marcha granadina* (la fête) sont encore plus décalés à Grenade qu'ailleurs puisque les bars ne se remplissent en général qu'à partir de 2h, et les boîtes jamais avant 4h. Attention, en août, la ville étant désertée par les étudiants et par une bonne partie des *Granadinos*, de nombreux lieux emblématiques ferment.

Quand surgit le flamenco

Cueva Los Faroles

En fin de semaine, vous aurez peut-être la chance d'y assister à une *tertulia* impromptue (équivalent flamenco de la jam-session, une forme de concert improvisé, ouvert à tous). Niché dans une grotte du Sacromonte, avec vue imprenable sur le quartier, ce petit café décoré dans le plus pur style kitch gitan est une oasis de paix dans le cœur bruyant du Sacromonte.

GRENADE (plan 10, D2 n°52) Calle Santo Sepulcro del Sacromonte 97 ☎ 653 03 69 07 ◷ Tlj. 9h-0h

Pour une vraie soirée flamenco

Peña Flamenca La Platería

Une institution révérée par tous les amateurs de *cante jondo*. Fondée en 1949, La Platería fut la première *peña* consacrée au flamenco. Le cadre est exceptionnel : une large terrasse, ceinte de hauts murs, plantée de grenadiers et de lauriers roses, avec vue sur l'Alhambra ; les spectacles sont de bonne qualité. On peut aussi y consommer une bière et des tapas.

OFFREZ-VOUS UNE AUTHENTIQUE SOIRÉE FLAMENCA
Si vous le pouvez, prenez le temps de vous renseigner sur les meilleurs spectacles du moment. Ceux du Festival Internacional de Música y Danza de Grenade (juin-juil.) et des fêtes du Corpus Christi (fin mai-déb. juin) sont réputés. Renseignez-vous sur les programmes des bars (pages culturelles des journaux locaux), interrogez les gens… Vous aurez plus de chances de sentir vibrer le *duende* et de vivre une véritable soirée *flamenca* avec les Grenadins.

GRENADE (plan 10, C2 n°53) Placeta de Toqueros, 7 958 21 06 50 www.laplateria.org.es Mer. 12h-16h et 20h-23h, jeu.-sam. 13h-0h, dim. 12h30-13h Spectacle le jeudi à 22h, sauf en août

Danseuse de flamenco

Du flamenco moins classique
Le Chien Andalou

Sur les rives du Río Darro, ce bar légèrement déjanté accueille presque chaque soir des concerts de flamenco, privilégiant les jeunes artistes et un subtil mélange des genres – une excellente alternative aux spectacles stéréotypés des *cuevas* du Sacromonte. Entrée 12-14€. Menu pour deux personnes 55€ (billets compris). Cours de guitare et de danse en option.

GRENADE (plan 10, C2 n°54) Carrera del Darro, 7 602 56 80 52 www.lechienandalou.com Dim.-jeu. 16h-3h, ven.-sam. 16h-4h Spectacles tlj. à 20h, 22h et 0h

Jusqu'au bout de la nuit
El Camborio

Un incontournable pour les fêtards… Dans cette boîte de nuit du Sacromonte, plusieurs salles, dont une installée au sous-sol dans une grotte taillée à même la roche… Également une terrasse donnant sur l'Alhambra.

GRENADE (plan 10, D2 n°55) Camino del Sacromonte, 47 679 88 58 94 Ven.-dim. 0h-7h

Live in Granada
Planta Baja

Cette boîte de nuit transformée en salle de concert arbore deux escaliers futuristes évoquant les sas d'une navette spatiale et qui descendent vers le sous-sol où se produisent groupes locaux et internationaux. Après les concerts, d'excellents DJ investissent les lieux, garantissant une atmosphère enfiévrée.

GRENADE (plan 10, A2 n°56) Calle Horno de Abad, 11 691 29 82 26 www.plantabaja.net Concerts En général mar.-sam. à 21h

Voir aussi **Albayzin** (p.243).

FAIM DE NUIT
Pour les noctambules, on trouve les **meilleurs *shawarma*** de la ville chez Al-Andalus, sur la Plaza Nueva (ouvert toute la nuit le week-end, de 11h à 0h en semaine).

LES ALPUJARRAS

Ce paysage grandiose occupe les flancs sud de la Sierra Nevada, le long de gorges encaissées et de vallées fertiles. La partie occidentale est une destination privilégiée des Grenadins l'été et une excursion très prisée depuis la côte. Quant à la partie orientale, au relief plus modeste et à la végétation aride, on la traverse par la magnifique route de La Calahorra pour atteindre Guadix, incroyable ville troglodytique.

À VOIR

LES ALPUJARRAS ★

À une heure de Grenade, les vallées des Alpujarras alignent des paysages grandioses, où la fraîcheur de l'air et le charme d'une architecture qui a su, depuis des siècles, s'adapter aux contraintes du relief, attirent les Andalous et tous les amoureux de nature et de randonnée... On y admire une nature magnifiquement apprivoisée par la main de l'homme : champs en terrasses, systèmes d'irrigation hérité des musulmans, imposantes fermes, élevage en altitude... On y respire, on y marche et... on y déguste des jambons d'exception !

ACCÈS ET INFOS

- En voiture : le premier village, Pampaneira, se trouve à 62km de Grenade, par l'A44 dir. Motril, puis la GR421 après Lanjarón
- Car Grenade-Alpujarras Au départ de la gare routière de Grenade : Pampaneira (2h), Capileira (2h25), Trevélez (3h15) 902 42 22 42 www.alsa.es

BON À SAVOIR

Aménagés dans des *cortijos,* fermes isolées souvent superbes, les gîtes et chambres d'hôtes font de la région un vrai paradis pour les adeptes du tourisme rural. Les marcheurs affluent au printemps et à l'automne, pour éviter les grosses chaleurs. L'été, il faut s'attendre à de sérieux bouchons sur les routes, d'ouest en est le matin, d'est en ouest en fin d'après-midi ; Pampaneira, Lanjarón ou Órgiva sont alors à éviter.

Tout blanc, tout calme

Capileira

Situé 73km au sud-ouest de Grenade, Capileira (600 hab.) est l'un des villages les plus agréables de la région. À 1 436m d'altitude, il domine les spectaculaires gorges de Poqueira, au pied du massif du Veleta, et préserve une douce tranquillité par rapport à ses deux voisins, Bubión et Pampaneira. Les ruelles entrelacées du village invitent à l'exploration. C'est également une base privilégiée pour arpenter les sentiers de randonnée montant vers les sommets de la Sierra Nevada.

2km après Pampaneira, prendre la Carretera de la Sierra dir. Sierra Nevada, qui remonte les gorges de Poqueira et passe par Bubión.

À NE PAS MANQUER

- Les Alpujarras ★
- Trevélez
- Guadix
- La vieille ville de Salobreña

Le village de Trevélez au printemps

Jamón et vieilles maisons

Trevélez

Accroché aux pentes du mont Mulhacén, le sommet de l'Espagne continentale, c'est l'un des plus hauts villages d'Espagne (1 476m d'altitude)... Mais la principale fierté des lieux est le fameux jambon ibérique de Trevélez. L'air pur qui baigne les séchoirs du village produit l'un des meilleurs *jamones ibéricos* du pays, une qualité reconnue dès 1862, lorsque la reine Isabelle II donna l'autorisation aux producteurs locaux d'apposer le sceau royal sur leurs jambons... Désormais protégé par une appellation d'origine contrôlée, le jambon de Trévelez est en fait produit par plusieurs villages des Alpujarras. Si vous visitez la localité (850 habitants), au-delà du touristique Barrio Bajo, ne passez pas à côté des Barrio Medio et Barrio Alto.
Barrio Medio Le quartier intermédiaire est irrésistible avec ses ruelles étroites, ses maisons épousant le relief, protégées de la chaleur par les traditionnels stores multicolores, ses toits en terrasses, ses portes basses et ses abreuvoirs où les paysans viennent faire boire leurs mules.
Barrio Alto Surplombant l'ensemble à 1 600m d'altitude, ses maisonnettes aux murs d'ardoises grossières et son lavoir encore actif constituent un témoin minuscule du temps jadis.

20km au nord-est de Pampaneira par la GR421 Village desservi le car Alsa Grenade-Bérchules

Road movie

Route de La Calahorra

Spectaculaire ! La route traverse la Sierra Nevada du sud au nord via le col du Puerto de la Ragua (2 000m), l'occasion de comparer les visages si différents des deux versants du massif : humide, tempérée et verdoyante au sud, désertique et continentale au nord. En redescendant sur le versant nord, on accède à l'insolite **Castillo de La Calahorra** (p.274), perdu au milieu d'un décor grandiose. Une belle variante pour aller à Guadix ou retourner vers Grenade.

De Yegen, prendre la C332 jusqu'à Mecina Alfahar, puis la GR431 vers Laroles, d'où part la route de La Calahorra (A337)

COULEUR LOCALE

Les maisons des Alpujarras, aux murs épais d'argile ou de lauzes, sont littéralement accrochées à la pente. Contre les grandes chaleurs estivales et le froid hivernal, les rares ouvertures se cachent sous des nattes tressées. Dans les parties les plus anciennes des villages, entre les façades chaulées, les balcons fleuris et les affleurements rocheux se glissent des rues étroites, ponctuées de passages couverts.

GUADIX ET SES ENVIRONS

Façades blanches surgissant du rocher et cheminées accrochées aux pentes des collines... les innombrables habitations aménagées à l'intérieur de grottes creusées dans les collines qui entourent la ville forment un paysage insolite. Guadix est située au pied des premiers contreforts de la Sierra Nevada, à 915m d'altitude, au milieu d'impressionnants canyons que les nombreux cours d'eau de la région ont creusés dans la roche tendre au fil des millénaires. La splendeur que connut la ville sous l'ère musulmane a laissé derrière elle des quartiers aux ruelles enchevêtrées, à l'ombre de l'immense cathédrale bâtie après la Reconquête.

Voyage à travers l'art

Museo de Arte Doña Pakyta

Surnommée la "maison basque" par les Almerienses, la demeure fut donnée à la mairie par Doña Pakyta, une militante écologiste, pour en faire un musée, une fois disparue de ce monde. Ce désir est aujourd'hui réalité puisque la maison abrite une belle collection d'art, réparties en 7 salles. Des peintures du 19e et 20e s. aux photos des années 1980, un beau parcours à découvrir.

Plaza Emilio Pérez, 2 670 49 40 96 www.museodeartedealmeria.com Oct.-mai : mar.-sam. 10h30-13h30 et 17h-20h, dim. 10h30-13h30 ; juin-sept. : mar.-sam. 10h30-13h30 et 18h-21h, dim. 10h30-13h30

Marqueur de Reconquête

Catedral

On ne peut manquer cet édifice imposant dont le clocher massif domine le reste de la ville. La cathédrale fut construite, comme souvent, sur le site de l'ancienne mosquée principale. Un étonnant mélange de styles allant du gothique au baroque en passant par la Renaissance. Élément phare, la coupole monumentale, où triomphe la Renaissance, sous la main de Diego de Siloé, le grand architecte de cette époque à Grenade. Les statues décapitées aux abords de l'autel sont des victimes de la guerre civile.

Le village de Guadix, au pied de la Sierra Nevada

Placeta de la Catedral ☎ 958 66 51 08 www.catedraldeguadix.es ⏱ Lun.-jeu. 11h-15h et 16h-18h30, ven.-sam. 11h-18h30, dim. 10h-11h et 14h-18h30 € Tarif 5€ (audioguide 3€)

Quartier médiéval

Judería et Barrio de Santiago

Un quartier médiéval d'un grand intérêt, à l'ombre de la cathédrale. Partant de la Plaza de la Catedral, la Calle Largancha débouche sur une place superbe, entourée d'arcades du 16e s., la Plaza de la Constitución, familièrement connue sous le nom de **Plaza de las Palomas**. C'est le cœur de l'ancien quartier des artisans musulmans de la soie et de l'ancienne communauté juive de Guadix. Dans le quartier de Santiago, le **Palacio de Peñaflor** (17e-18e s.), arbore une façade en brique d'une grande finesse, dotée d'un surprenant balcon en bois. Accolé au palais, l'un des plus anciens séminaires de la région (1592).

Sur les traces des Maures

Barrio de Santa Ana

Ce quartier, qui occupe le sud-est du centre-ville, fut l'un des plus importants à l'époque musulmane, avant d'accueillir la communauté des morisques (musulmans convertis) après la Reconquête. Pour être franchement décrépites et poussiéreuses, ses rues étroites bordées de balcons fleuris n'en ont que plus de charme. Cœur du quartier, l'**Iglesia de Santa Ana** fut construite au 16e s. dans un style mudéjar, évidemment sur le site d'une ancienne mosquée. À ses pieds coule l'eau d'une jolie fontaine Renaissance du 16e s.

Castillo de La Calahorra

Comme un décor de film

Barrio de las Cuevas

Guadix compte près de 2 000 habitations troglodytiques, peuplées par quelque 8 000 personnes, ce qui en ferait le plus grand ensemble de ce type en Europe. Creusées dans l'argile malléable des collines entourant le centre-ville, ces *cuevas* existaient déjà avant l'invasion musulmane. Sous Al-Andalus et après la Reconquête, le quartier prit de l'ampleur et regroupa les artisans, essentiellement les potiers. Si certaines se visitent aujourd'hui, sachez que le pittoresque cède à la misère à mesure que l'on s'éloigne du centre-ville. **Visite** La Cueva-Museo de Costumbres Populares évoque ce mode de vie si particulier à travers une habitation du 19e s. Pour une vue saisissante sur l'ensemble des grottes, prendre la Calle Fuente Mejías jusqu'au mirador Cerro de la Bala.

Cueva-Museo de Costumbres Populares 958 66 55 69 www.mcicuevasdeguadix.blogspot.com.es Mi-sept.-mi-juin : lun.-ven. 10h-14h et 16h-18h, sam. 10h-14h Tarif 2,60€

Le "désert des Tartares"

Castillo de La Calahorra

La démesure et la solitude qui l'entourent forment un spectacle des plus émouvants, surtout le soir quand le soleil couchant fait rougeoyer ses tours arrondies et ses hautes murailles aux créneaux acérés. Ce château du début du 15e s. domine une région désolée de hauts plateaux, dans le cadre absolument grandiose de la Sierra Nevada. C'est l'un des premiers exemples en Espagne d'architecture Renaissance, inspirée du Quattrocento. Son patio intérieur en marbre est d'une élégance rare, avec ses deux étages ornés de bas-reliefs réalisés par des artistes italiens et son escalier majestueux.

20km au sud-est de Guadix par l'A92 puis l'A337 958 67 70 98 Mer. 10h-13h et 16h-18h 3€

SALOBREÑA : EN ROUTE VERS LA CÔTE

Les 100km de côtes que compte la province de Grenade doivent leur nom de Costa Tropical au climat dont bénéficie cette étroite et fertile bande littorale qui, protégée par les remparts de la Sierra Nevada, s'étire à l'abri des vents du nord. Salobreña en est la destination la plus séduisante. Station balnéaire à taille humaine, elle possède en outre un quartier médiéval pittoresque qui étend son lacis de ruelles au pied d'une forteresse musulmane juchée au sommet d'un impressionnant promontoire rocheux. Comme toutes les villes de la côte, elle prospérait il y a quelques décennies encore grâce à la canne à sucre. À l'ouest de la ville, on aperçoit la vaste sucrerie (*fábrica azucarera*), qui surplombe la plage. Aujourd'hui, ce sont surtout le tourisme et les vergers sous serres, produisant bananes, mangues, papayes et autres produits tropicaux, qui font la richesse de cette région.

Citadelle de bord de mer

La vieille ville

Veillant au sommet de la vieille ville, le **Castillo Árabe** fut l'un des plus puissants bastions nasrides de la côte. Du sommet des tours et sur les chemins de ronde (parfois ajoutés par les chrétiens), on embrasse du regard les toits de la vieille ville, les campagnes fertiles des environs et la plage. En contrebas du château, à l'entrée du Paseo de las Flores, se dresse **El Postigo**, une jolie porte musulmane en brique, taillée en fer à cheval, qui contrôlait autrefois l'accès à la ville. À l'est et au sud du château s'étendent les ruelles escarpées de la vieille ville, dont le tracé chaotique date du Moyen Âge. Les murs blanchis à la chaux, les portes basses et les balcons qui se parent au printemps de fleurs colorées, les venelles si étroites qu'on ne peut s'y croiser, tout invite à la flânerie. Juste au pied du château, l'**Albaycín** est l'un des quartiers les plus anciens. Son église Nuestra Señora del Rosario (16e s.) est de style mudéjar. Vers l'est, le **Barrio del Brocal** installa au Moyen Âge ses venelles tortueuses le long des anciennes murailles de la ville. S'y perdre à la nuit tombée, lorsque les murailles du château sont illuminées, est un enchantement.

63km au sud de Grenade

À FAIRE

Marchez !

Les Alpujarras sont l'une des régions d'Espagne les plus propices à la randonnée. De nombreux chemins de traverse relient les villages, et le GR®7 sillonne toute la région (de Puerto de la Ragua au nord-est jusqu'à Lanjarón au sud-ouest). De mai à septembre, la plupart des sommets sont accessibles aux marcheurs. Les consignes de sécurité sont classiques mais nécessaires : ne pas s'éloigner des sentiers car le terrain est particulièrement abrupt, ne pas traverser de névés, éviter les lits de cours d'eau, prévoir nourriture et eau en quantité suffisante et profiter des heures matinales (plus fraîches). Au-dessus de 2 500m, il est indispensable de prévoir des vêtements d'hiver en plus de la protection contre le soleil. En hiver, la pratique de l'alpinisme nécessite expérience et équipement adapté.

Centre d'information Nevadensis Pampaneira ☎ 958 76 31 27 (rés. activités) www.nevadensis.com **Refuge de Poqueira** ☎ 958 34 33 49 www.refugiopoqueira.com 🕒 Toute l'année On y passe une nuit, sur le chemin du Mulhacén (17,50€/pers.)

LA RECETTE

L'AJO BLANCO

C'est un gaspacho blanc, à base d'amandes, dont il y a autant de recettes que de familles andalouses ; certaines l'aiment très aillé, d'autres le servent avec des raisins blancs... Voici la base :

200g d'amandes mondées
2 gousses d'ail (ou plus, si vous aimez)
150g de mie de pain dur
1 l d'eau fraîche
100ml de bonne huile d'olive
30ml de vinaigre de Jerez
Une pincée de sel

Mettez le pain à tremper dans de l'eau 30min. Puis mixez les amandes et l'ail jusqu'à ce que cela forme une pâte. Ajoutez le pain égoutté et mixez encore avec l'huile. Versez ensuite l'eau bien fraîche et le vinaigre, puis ajoutez une pincée de sel au besoin.

NOS ADRESSES

PAUSES

Délicieusement vieillotte

La Oriental

Cette pâtisserie propose des spécialités locales, dont les *roscos* artisanaux, des biscuits de pâte sablée au sucre glacé en forme de *donut*. Il y a un minuscule salon de thé climatisé à l'intérieur, orné de stucs roses, et une belle terrasse ombragée sous les arcades.

GUADIX Plaza de la Constitución, 6 ☎ 958 66 05 07 🕒 Lun.-sam. 9h30-14h et 17h-20h30, dim. 10h30-20h30

RESTAURANTS

La gastronomie des Alpujarras est essentiellement fondée sur les délicieuses viandes (agneau, chevreau) et charcuteries de la région. Tous les restaurants servent le traditionnel *plato alpujarreño*, assortiment de pommes de terre frites, d'œufs, de jambon, de saucisse et de *morcilla* (boudin). La côte apporte ses sardines, des *espetones* grillées à point et la vallée son *ajo blanco*, soupe fraîche à l'ail blanc.

Saveurs carnées

El Asador €

La salle est grande, mais les habitués aiment se serrer au bar... Dans cette maison de montagne traditionnelle, José Luis, avec ses airs de chanteur de flamenco, vous sert une cuisine régionale de grande qualité. L'agneau de lait cuit au four à bois est sensationnel (*cordero lechal asado en horno de leña*, env. 20€) ! Menu du jour 14€.

CAPILEIRA Calle del Barranco de Poqueira, 16 958 76 01 09 Juil.-août : tlj. 12h-16h30 et 20h-2h ; sept.-juin : mar.-sam. 12h-16h30 et 20h-23h30, dim. 12h-16h30

On n'est pas bien, là ?

Restaurante El Peñón €€

Quelle situation séduisante ! Installé en terrasse, au pied du piton rocheux qui domine la plage, on commande quelques sardines grillées (8€), ou encore une *zarzuela*, spécialité régionale à base de poisson, de fruits de mer et de légumes (à partir de 30€ pour 2). Également des salades et des viandes. Comptez env. 25€/pers. pour un repas complet.

SALOBREÑA Playa del Peñón 958 61 05 38 www.restauranteelpenon.es Tlj. 12h-0h

Cuisine régionale très prisée

Restaurante La Fragua €

Une excellente réputation dans toute la région. Le chef propose des spécialités locales très bien préparées à des prix raisonnables. Essayez par exemple le copieux *plato alpujarreño* (env. 11€), ou le succulent chevreau de lait à l'ail (*choto al ajillo*, env. 15€). Carte env. 20€. Dispose également de chambres.

TREVÉLEZ Calle Posadas, 9 Mi-fév.-mi-jan. : tlj. 12h30-15h30 et 20h-22h30

Tradition réinventée

Taberna El Buho €€

C'est le rendez-vous des locaux et touristes pour se délecter de tapas et plats créatifs et généreux, dans un cadre rustique très appréciable. Le mille-feuille de mangue et de fromage de chèvre (11€) est un pur délice, tout comme le *bacalao* accompagné d'une mousse d'ail fraîche et légère (16€).

GUADIX Calle Santisteban Tlj. 13h-15h30 et 20h30-23h

SHOPPING

Tissé à la main

Artesana Hilacar

Vous les avez admirés dans les maisons de la région, ici vous pourrez vous en offrir : tapis de sol épais (*jarapas*), rideaux (*cortinas*), couvertures... Les couleurs sont éclatantes, les mélanges inspirés. Ana Martínez en préserve le mode de fabrication à l'ancienne et propose des modèles originaux à des prix plus que raisonnables (à partir de 7,50€).

BUBIÓN Calle Carretera, 29 (à gauche de la route principale en montant) 658 10 65 76 www.jarapahilacar.com Jeu.-mar. 11h-14h et 16h-20h

ALMERÍA, LE DÉSERT ET LA CÔTE

Aux confins orientaux de l'Andalousie et toute entière tournée vers la mer, Almería fut le principal port commercial d'Al-Andalus. C'est aussi la porte du désert de Tabernas, dont les vallons pelés ont servi de décor à de nombreux westerns. Ces terres arides s'étendent jusqu'à la pointe sud-est de l'Espagne, le Cabo de Gata, promontoire volcanique dont les calanques cachent quelques splendides plages sauvages...

ACCÈS ET INFOS

- Almería se trouve 201km à l'est de Málaga et 166km au sud-est de Grenade

À VOIR

ALMERÍA

Il faut imaginer les marchands égyptiens et syriens débarquer là, au temps des Nasrides... Almería (194 000 hab.) n'a certes pas l'attrait de Séville, Cordoue ou Grenade, mais sa majestueuse forteresse, son étonnante cathédrale fortifiée, les ruelles enchevêtrées de l'ancienne médina et la vie nocturne du centre-ville méritent qu'on s'y attarde une journée ou deux.

Un balcon sur la mer

Alcazaba

De son esplanade centrale, on a l'impression d'être suspendu au-dessus de la mer... Cette puissante forteresse construite à partir de 955 sur les ordres du calife de Cordoue, Abd al-Rahman, est l'élément majeur des fortifications qui protégeaient le port d'"Al-Mariya". Passé trois enceintes successives, on atteint le superbe donjon, Torre del Homenaje (exposition permanente de photos).

Calle Almanzor 950 80 10 08 Avr.-mi-juin : mar.-sam. 9h-21h, dim. et j. fér. 9h-15h ; mi-juin-mi-sept. : mar.-sam. 9h-15h et 19h-22h, dim. et j. fér. 9h-15h ; mi-sept.-mars : mar.-sam. 9h-18h, dim. et j. fér. 9h-15h Entrée libre pour les ressortissants de l'UE

L'ancienne médina

Barrio de San Antón

Le quartier le plus charmant de la ville, perché sur le flanc sud de l'Alcazaba. L'Ermita de San Antón, ancienne mosquée transformée en ermitage chrétien, lui a donné son nom. Maisons basses, ruelles escarpées pavées de pierres irrégulières, ambiance populaire. Parcourez les rues situées entre la Calle Almedina et les remparts de la forteresse, et surtout la Calle Demóstenes et la Calle Borja. Un parfum bien agréable de vieille Andalousie.

Une cathédrale-forteresse

Catedral

À l'origine, les habitants venaient se réfugier dans le sanctuaire lors des attaques de pirates berbères... d'où l'aspect massif et puissant de ses murs, flanqués de tours de défense, et de son clocher rectangulaire. Le portail principal,

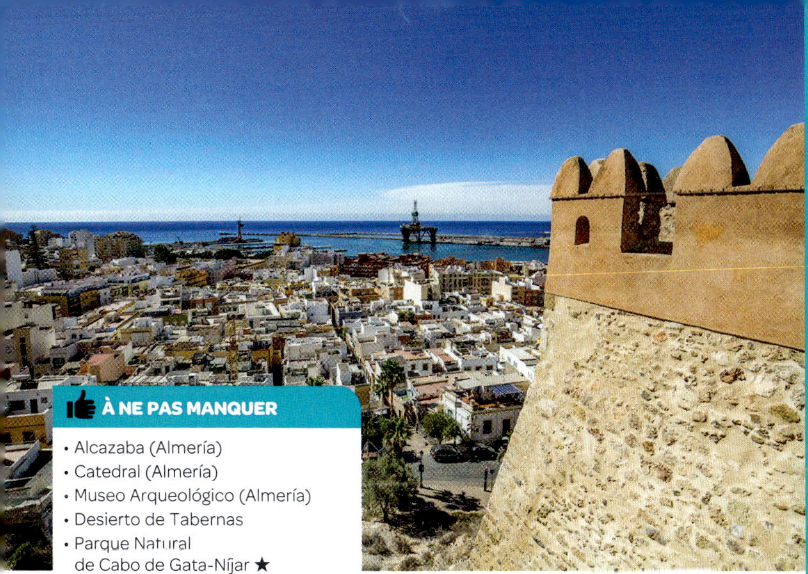

À NE PAS MANQUER

- Alcazaba (Almería)
- Catedral (Almería)
- Museo Arqueológico (Almería)
- Desierto de Tabernas
- Parque Natural de Cabo de Gata-Níjar ★

Vue sur le port d'Alméria du château de l'Alcazaba

du plus pur style Renaissance, est surmonté des armes de Charles Quint (aigle à deux têtes), qui régnait à l'époque de la construction. Ne manquez pas le cloître, dont les arches légères s'élèvent au milieu d'une végétation luxuriante, ni la Capilla de la Piedad qui abrite des tableaux d'Alonso Cano et de Murillo. Le chevet (Calle Cubo) porte un élégant soleil sculpté, symbole de la ville. Sur la place de la cathédrale se dressent également le palais épiscopal et le Convento de las Claras, tous deux du 17e s.

605 42 99 79 www.catedralalmeria.com Lun.-sam. 10h-14h30 et 16h-19h, dim. 15h-18h
6€ (audioguide compris)

SUR LES TRACES DE...

Janvier 1968. Brigitte Bardot s'envole pour Almería où l'attend le tournage du western *Shalako* avec Sean Connery. Ce voyage signe la rupture avec Serge Gainsbourg, qui ne reverra plus sa muse. L'artiste meurtri donnera un écho mythique à ce départ dans *Initials B.B.* où le nom de la ville sonne comme une sentence : "Elle avança / Et prononça ce mot : Almería ! "

Le charme espagnol des places à arcades

Plaza Vieja

Une vaste et élégante place ombragée et entourée d'arcades que domine la façade colorée de l'hôtel de ville. Au milieu, une colonne à la mémoire des *coloraos*, libéraux assassinés par les monarchistes en 1824. Entrez dans l'excellent centre d'interprétation, ne serait-ce que pour sa terrasse avec vue panoramique sur la vieille ville

Au nord-ouest de la cathédrale Accès par la Calle Mariana

Centro de Interpretación Patrimonial - CIP Plaza Vieja 671 09 99 81 Juin-sept. : mar.-sam. 10h30-13h30 et 18h-21h, dim. 10h30-13h30 ; oct.-mai : mar.-sam. 10h30-13h30 et 17h-20h, dim. 10h30-13h30 Entrée libre

Le père de tous les *guitar heroes*

Museo de la Guitarra

Un hommage à Antonio de Torres (1817-1892) qui, natif de la région d'Almería, passe pour être le père de la guitare contemporaine. L'instrument le plus universel au monde y a la vedette, de l'atelier de lutherie à la scène. Réveillez le guitariste qui sommeille en vous – de Paco de Lucia à Lenny Kravitz en passant par Django Reinhardt ou Jimi Hendrix – devant les modèles utilisés par les plus grands *tocaores* !

Calle Ronda del Beato Diego Ventaja 950 27 43 58 Juin-sept. : mar.-jeu. et dim. 10h30-13h30, ven.-sam. 10h30-13h30 et 18h-21h ; oct.-mai : mar.-jeu. et dim. 10h30-13h30, ven.-sam. 10h30-13h30 et 17h-20h 3€

Photos contemporaines et murs anciens

Centro Andaluz de la Fotografía

Dans une maison du 18e s., cette galerie doit son existence à une initiative du maire qui, dans les années 1990, invita des artistes de renom à photographier la ville. William Klein, Max Pam et Henri Cartier-Bresson firent signe. Expositions renouvelées tous les deux mois.

Calle Pintor Díaz Molina, 9 950 18 63 60/61 www.centroandaluzdelafotografia.es Tlj. 11h-14h et 17h30-21h30 Entrée libre

Sous la ville, la résistance

Refugios de Almería

À 9m de profondeur, extraordinaire visite des refuges aménagés par les républicains pendant la guerre d'Espagne. Quelque 35 000 personnes s'abritèrent quotidiennement dans 4,5km de galeries souterraines. La visite guidée (en espagnol) débute par la projection de témoignages, puis c'est la descente et l'immersion, bouleversante : on se souvient longtemps des dessins gravés dans le mur par un enfant ou du rudimentaire bloc chirurgical.

Plaza Manuel Pérez García 950 26 86 96 Uniquement visite guidée : mar.-jeu. et dim. à 10h30 et 12h ; ven.-sam. à 10h30, 12h, 17h et 18h30 (juin-sept. 18h et 21h) Tarif 3€

Pour l'art de *pasear*

Paseo Marítimo

Au sud-est de la ville. Cette large promenade longeant la plage municipale est très plaisante en fin de journée à la belle saison. On vient alors en famille y chercher un peu de fraîcheur dans la brise marine. Une piste cyclable y a été aménagée. Nombreux cafés et restaurants en terrasse.

L'archéologie dépoussiérée !

Museo Arqueológico

Avant tout une architecture contemporaine très séduisante ! Les trois quarts des salles sont consacrées à la préhistoire, mais au lieu d'outils et d'ustensiles platement exposés, c'est la vie – chasse, usage des outils, fabrication de vêtements... – qui est mise en valeur par des vidéos et des performances d'artistes. La salle des rites funéraires est particulièrement saisissante. Aux étages, on aborde l'Antiquité, le Moyen Âge et l'histoire moderne.

Carretera de Ronda, 91 950 01 62 56 Mar.-sam. 9h-21h, dim. et j. fér. 9h-15h Entrée libre pour les ressortissants de l'UE

LE DÉSERT DE TABERNAS

"Trop loin à l'est, c'est l'ouest"

Desierto de Tabernas

Vous connaissez en fait déjà, sans le savoir, les paysages du désert de Tabernas, utilisés comme décor naturel dans de nombreux westerns et autres grands films américains. Les anciens décors ont été conservés pour accueillir des parcs d'attractions entre deux tournages de série B. Tous sont situés près de Tabernas et proposent des visites des décors, ponctuées d'animations liées à la thématique du western. **Parc Cinema Studio Fort Bravo** (ci-après) est sans aucun doute le plus mythique ; l'**Oasys**, mieux entretenu que le précédent (ce qui n'est pas difficile...), est beaucoup moins légendaire. Son parc animalier et ses nombreuses animations attirent un public familial.

Oasys 25km au nord d'Almería par l'A92 puis la N340A (km164) 950 33 53 35 www.oasysparquetematico.com Nov.-mi-avr. : w.-e. et j. fér. 10h-18h ; mi-avr.-mai : lun.-ven. 10h-18h, w.-e. 10h-19h ; juin, sept. : tlj. 10h-19h30 ; juil.-août : tlj. 10h-21h ; oct. : mar.-dim. 10h-18h Spectacles de western à 12h, 16h et 17h, cancan à 13h, perroquets à 11h, 15h et 17h40 23,50€ adulte, 14,50€ enfant (4-12 ans)

Le pays du western

Allez dans le décor !

Parc Cinema Studio Fort Bravo

Dans le parc Cinema Studio Fort Bravo ont été tournés *Le Bon, la Brute et le Truand* et *Il était une fois dans l'Ouest* de Sergio Leone, *Les Sept Mercenaires*, plus récemment *Les Frères Sisters*, ainsi que certaines scènes de *Lawrence d'Arabie*, d'*Indiana Jones et la dernière croisade*, et de *Blueberry*. Plus encore que la visite des sites de tournage et les spectacles des cascadeurs, c'est l'atmosphère quelque peu surréaliste de ce village en carton-pâte, assez mal entretenu, que vous apprécierez ! Ainsi, des cascadeurs, colt à la ceinture et barbe de plusieurs jours, continuent de vivre leur rôle entre deux animations... Quant aux serveuses du saloon (qui fait restaurant), elles travaillent en tenue de french cancan et au son des musiques originales des grands westerns.

35km au nord d'Almería par la N340A. Accès par une piste en terre au km468, juste avant d'arriver à Tabernas 950 06 60 14 ou 902 07 08 14 www.fortbravo.org Tlj. 9h-18h 19,40€ adultes, 9,90€-15,90€ mineurs

SAN JOSÉ

Station balnéaire à taille humaine, c'est la principale destination de la belle région côtière du Cabo de Gata. La plus pratique également, puisqu'elle rassemble le centre d'information sur le parc Cabo de Gata-Níjar – le premier parc naturel terrestre et maritime d'Andalousie –, deux bons centres de plongée, et sert de point de départ à de beaux sentiers côtiers.

Centre d'information du parc de Cabo de Gata-Níjar Avenida de San José, 27 San José 950 38 02 99 www.cabodegata-nijar.com Sept.-juin : tlj. 10h-14h ; juil.-août : lun.-sam. 10h-14h et 18h-21h, dim. 10h-14h

PARQUE NATURAL DE CABO DE GATA ★

497km^2 dont 120km^2 de mer ! Falaises déchiquetées, calanques escarpées ou longs rubans de sable fin, dunes, marais salants, steppes et criques sauvages dont les fonds marins sont exceptionnels. Les destinations touristiques du parc ont perdu depuis longtemps leur allure de petits villages de pêcheurs mais les sentiers mènent à de séduisantes plages. La partie la plus intéressante du parc se situe à l'est du cap, entre San José et Agua Amarga.

La baie de Las Negras

Du sel et des oiseaux

Cabo de Gata

À l'approche du cap, les *salinas*, marais salants, rassemblent du printemps à l'automne plus d'une centaine d'espèces d'oiseaux migrateurs, dont l'avocette, la cigogne et le flamant. Fin août, plus de 2 000 flamants se rassemblent ainsi sur les lieux. Le mirador est un très bon point d'observation des oiseaux. Au sud-est des salines, au niveau du hameau de La Almadraba de Monteleva, le sel est stocké en immenses dunes. **Faro de Cabo de Gata** Au bout de la plage, la route s'élève en lacet sur 4km jusqu'à ce phare perché au sommet du promontoire, d'où la vue est superbe (accessible à pied de la plage de Mónsul, au sud de San José).

Station à la mode

La Cala de San Pedro

Au pied du promontoire volcanique Cerro Negro, la **baie de Las Negras** accueille un ancien hameau de pêcheurs reconverti en station touristique très à la mode, qui s'emplit pour la Semaine sainte et les mois d'été, et reste quasi déserté le reste de l'année. C'est l'une des destinations les plus agréables du parc, avec sa plage abritée et ses belles calanques aux alentours.

20km au nord-est de San José

Le Cabo chic

Plage d'Agua Amarga

À l'extrême nord du parc, cette station balnéaire attire une clientèle branchée et assez fortunée. Il faut dire que sa baie est l'une des plus belles de Cabo de Gata, protégée par de hautes falaises blanches.

40km au nord-est de San José

Objectifs panoramiques

Route côtière Agua Amarga-Carboneras

Aventurez-vous sur la route côtière Agua Amarga-Carboneras, qui donne accès à de très beaux points de vue. À 3km d'Agua Amarga, un embranchement donne sur une route à droite qui monte vers le phare de la Mesa Roldán, à 222m d'altitude, d'où l'on profite du panorama sur la côte.

À FAIRE

Plongez !

Riches en poissons, les fonds marins du parc constituent l'un des meilleurs sites de plongée sous-marine d'Espagne ! Vous profiterez de nombreux spots le long des calanques isolées. Le site le plus réputé est l'épave du *Vapor*, au large du cap de Gata : un bateau de 100m de longueur, abritant une abondante faune aquatique, par 40m de fond. Une plongée délicate, en raison des courants. Plus facile, et tout aussi riche en faune, le site du Laja, un roc situé à 18m.

Alpha Centro de Buceo Puerto Deportivo (Edificio Alpha, tout au bout de la marina de San José, à gauche de la plage) 950 38 03 21 ou 609 91 26 41 www.alphabuceo.com Juin-oct.
Isub Centro de Buceo Calle Babor, 3 **San José** 950 38 00 04 www.isubsanjose.com

Allez à la plage

De la longue plage à la calanque solitaire, le parc compte près de 50km de côtes. Beaucoup de plages ne sont accessibles qu'à pied, certaines seulement par bateau. À noter, les plages naturistes ont des localisations changeantes : renseignez-vous auprès de l'office de tourisme.

San Miguel Cabo de Gata

Si vous avez envie de vous échapper d'Almería uniquement pour une baignade, car il n'a d'intérêt que sa longue plage de sable.

San José et ses environs

Ne vous limitez pas à la plage de San José (bondée en saison) ! Au sud du village, une piste traverse un impressionnant paysage désertique et donne accès en voiture, à pied ou à vélo à deux des plus belles plages d'Andalousie. À 2,5km, au fond d'une baie protégée, la **Playa de los Genoveses** est très populaire. 2,5km plus au sud, la **Playa de Mónsul** est dominée par une immense dune mobile (interdiction absolue d'y monter). Toutes deux possèdent un parking (ne rien laisser dans la voiture). En dehors du mois d'août, elles sont vraiment agréables et assez tranquilles en semaine. Juste au nord de San José, la calanque **Cala Higuera** n'est pas mal non plus, même si c'est une plage de cailloux.

La Cala de San Pedro
Calanque isolée au nord du village de Las Negras, c'est l'une des plus charmantes du parc. Elle possède une source d'eau douce, un château du 17e s. et une plage idyllique. Le site a été envahi depuis pas mal de temps déjà par une communauté de hippies, qui fait désormais partie du décor. Accès à pied le long du sentier littoral (1h env.). Au sud du village, un sentier littoral mène à la jolie **Playa del Playazo**, que l'on peut également atteindre en voiture par la route de San José puis en empruntant une piste de 2km.
Plage d'Agua Amarga
Une plage assez séduisante, surtout quand la mer est calme et que l'on peut plonger au tuba. Les marcheurs pourront découvrir deux superbes sites accessibles au sud du village par le sentier côtier : la minuscule calanque rocheuse Cala de Enmedio (1h), et la jolie plage de sable Playa El Plomo (1h30).

Sortez vos masques et vos tubas !
On peut également profiter de la beauté des fonds marins en s'équipant d'un simple tuba. Les sites les plus indiqués par vent d'est (levante) sont la Cala del Corralete (juste à l'ouest du cap de Gata), la Cala Higuera à San José et la plage d'Agua Amarga ; par vent d'ouest (poniente), la plage de Los Escullos et la plage del Embarcadero, à côté.

Randonnez le long des calanques
Nombre de sentiers sillonnent le parc. Les portions les plus plaisantes sont celles qui font découvrir des trésors de calanques isolées. La **Ruta de las Calas** va de San José au cap de Gata : 18km, 6 à 7h de marche (aller) en étant bien chaussé car le terrain des calanques est accidenté ; on peut ne faire que les 6 premiers kilomètres jusqu'à Mónsul. De San José à la **Cala de los Toros**, ce sont 14km (aller), soit 4 à 5h de marche, le long de la côte où vous pourrez observer le terrain volcanique (une partie du GR®92 en direction du nord). En été, des randonnées nocturnes avec observation des étoiles sont également organisées. Renseignements au au bureau du parc de Cabo de Gata-Nijar (p.282).

NOS ADRESSES

RESTAURANTS

Pause marocaine
Almedina €
Niché dans une ruelle aux pieds de l'Alcazaba, ce salon de thé revendique les origines musulmanes de la ville. Installez-vous sur la petite terrasse ombragée pour déguster des couscous et tajines savamment mijotés ou une pâtisserie orientale (0,60-0,90€) accompagnée d'un verre de thé à la menthe (2€).
ALMERÍA Calle Paz, 2 629 27 78 27 Mar.-dim. 13h-23h

Au bord de l'eau...
Duque de Mar €€
La plus agréable terrasse de l'esplanade du bord de mer. Raciones de

Le comptoir de Casa Puga

fruits de mer, poissons et viandes : essayez les délicieux rougets grillés (salmonetes, 19,50€). Formules déj.

ALMERÍA Paseo Marítimo (à l'angle de la Calle Cartagena) 950 23 12 74 Mer.-lun. 10h-23h

Incontournable et succulent

Casa Puga ♥€

Si vous ne visitez qu'un bar à tapas à Almería, ce sera celui-là ! Un grand classique, qui fait la joie des amateurs de tapas depuis 1870. Difficile de conseiller une spécialité : tout est succulent ! Fruits de mer, poissons, charcuteries et viandes se déclinent en tapas et *raciones* (9-22€) copieusement servies.

ALMERÍA Calle Jovellanos, 7 (rue qui part de la Calle Real, sur la gauche) 950 23 15 30 www.barcasapuga.es Lun.-sam. 12h-16h et 20h-0h

Une adresse d'initiés

Casa Diego €

À 5min de la plage, ce "Club Social" typique (tenu par une association de retraites), où la télévision est toujours allumée, jouit d'une agréable terrasse sous les eucalyptus. Excellents fruits de mer et poissons, notamment les sardines grillées. Comptez env. 15€.

LAS NEGRAS Calle Congrio (20km au nord de San José) Remonter la rue principale vers la sortie du village et tourner à droite juste avant les vestiges de la tour Accès par l'arrière (ce n'est pas indiqué, il faut passer son nez...) 619 23 68 03 Lun.-sam. 9h-17h30

Du poisson frais au poids

4 Nudos €€

Le restaurant bénéficie d'une situation privilégiée sur le port de plaisance. Huîtres, moules, crevettes et calamar, les produits de la mer sont ici à l'honneur. Les poissons (bar, lieu, rouget...), issus de la pêche du jour, sont vendus au poids, au prix du marché. Succulentes paellas aux saveurs de la mer, à partager en amoureux. Env. 20€ par pers. Service agréable, ambiance détendue.

SAN JOSÉ Club Naútico San José, Calle del Puerto 620 93 81 60 https://4nudosrestaurante.com Mar.-dim. 9h-18h

Cocktails et fruits de mer

Restaurante La Palma €€

Une ancienne maison de pêcheurs au bord de la plage. Une grande terrasse aérée et au-dessous, un bar à cocktails qui n'ouvre que le soir. Le choix de poissons et de fruits de mer (12-24€) dépend de la pêche. Bonne ambiance l'été en soirée.

LAS NEGRAS Bahia de Las Negras (20km au nord de San José) 950 38 80 42 Mar.-dim. 9h-23h30

Pour aller plus loin

Lors de la célébration de la Semaine sainte

MILIEUX NATURELS

Au nord, une barrière montagneuse isole l'Andalousie du reste de l'Espagne. Côté sud, ses 800km de côtes se partagent entre les eaux de l'Atlantique et celles de la Méditerranée. Au point de rencontre des deux mers, le détroit de Gibraltar avec l'Afrique si proche.

Un réseau de montagnes

L'Andalousie est hérissée de chaînes de montagnes entre lesquelles s'insinuent des vallées très étroites. Au nord, la Sierra Morena, des monts arrondis et boisés à 1 000m d'altitude, sépare l'Andalousie de la Meseta, le plateau central espagnol. Le défilé de Despeñaperros constitue depuis toujours le point de passage obligé vers la Castille. La côte méditerranéenne est dominée par les monts des cordillères Bétiques. Au nord-est, la cordillère Subbétique atteint 2 107m dans le parc de Cazorla. Au sud, la chaîne Pénibétique culmine dans la Sierra Nevada, au mont Mulhacén (3 482m), le point le plus haut de l'Espagne continentale.

Le littoral, entre sport et farniente

Les côtes andalouses offrent le choix entre farniente et vacances sportives. Côté Méditerranée, eaux calmes et plages de sable idéales pour se détendre au soleil. Côté Atlantique, les rouleaux et le vent font le bonheur des véliplanchistes et kitesurfeurs.

La côte méditerranéenne Entre Tarifa et Nerja s'étire la Costa del Sol, 150km de côtes baignées de lumière : 325 jours de soleil par an, affirment les brochures touristiques. C'est là que se concentrent les principales stations balnéaires avec Marbella pour figure de proue. En avançant vers l'est, le littoral se fait plus aride. C'est tout d'abord la Costa Tropical, au pied de la Sierra Nevada, puis la Costa de Almería. Là, le paysage devient désertique : on a tourné plus d'un western près d'Almería.

La côte atlantique Ici, le paysage s'ouvre totalement sur l'Océan. À l'ouest de Gibraltar, la Costa de la Luz déroule ses longues plages de sable au bord de l'Atlantique avec ses beaux spots de surf. En remontant vers le Portugal, le paysage s'ouvre largement avec le delta du Guadalquivir, en grande partie couvert de marécages. Le Parque Nacional de la Doñana, véritable merveille naturelle, occupe plus de 54 000ha de ces zones humides.

Une végétation plus contrastée qu'il n'y paraît

Garrigues odorantes semées de chênes verts constituent le paysage le plus typique de l'Andalousie. Mais en prenant de la hauteur, on constatera que les contreforts de la Sierra Nevada sont couverts de hêtres et de conifères. En altitude prospèrent des milliers de fleurs sauvages qui embrasent les montagnes au printemps. Sur les côtes prédominent les pins d'Alep et les

Un flamant rose dans la lagune de Fuente de Piedra

pins parasols. Côté Atlantique, on a planté des pins maritimes pour fixer les dunes. Aux abords des grandes zones humides, comme l'embouchure du Guadalquivir, s'épanouissent saules, aulnes, peupliers et frênes. Le parc de Doñana est l'endroit parfait pour découvrir le type de végétation qui pousse au pied des dunes, près des marécages : le *matorral*, sorte de maquis méditerranéen. Quant à la région d'Almería, elle présente une tout autre physionomie : une steppe aride où dominent l'alfa et les buissons ras.

Le paradis des oiseaux migrateurs

La faune andalouse s'apparente à celle du reste de l'Europe : lièvre, perdrix, sanglier, chevreuil et cerf figurent parmi les espèces remarquables. On peut aussi observer des chèvres sauvages et des bouquetins dans les massifs montagneux. Plus rares, le lynx qui survit dans le parc de Doñana et les meutes de loups dans celui de Montoro. Placée aux confins méridionaux de l'Europe, l'Andalousie est un paradis pour les oiseaux migrateurs, qui apprécient son climat doux en hiver. Les flamants roses (*flamencos*) sont omniprésents une bonne partie de l'année dans les lagunes. Le lac de Fuente de Piedra, près d'Antequera, en accueille de 12 000 à 15 000 couples chaque année. Un peu partout dans les campagnes, il n'est pas rare de voir les grands nids des cigognes blanches ou noires, ou des groupes de grues picorant dans les champs. Quant au parc de Doñana, il accueille des centaines de milliers de flamants, de canards, de foulques, de spatules, de hérons et d'ibis. Côté mer on peut observer au large de Tarifa baleines, cachalots et orques (plus rares), ainsi qu'un grand nombre de dauphins.

CLIMAT

En Andalousie, le soleil est roi. Si l'hiver reste généralement très doux sauf en altitude, l'été peut s'avérer torride dans les villes de plaine éloignées des côtes telles que Séville ou Cordoue. Les massifs montagneux sont alors de magnifiques refuges pour les amateurs de fraîcheur.

D'importantes différences régionales

Globalement, l'Andalousie jouit d'un climat méditerranéen extrêmement sec, doux en hiver et particulièrement chaud en été. De juin à septembre, les températures dépassent souvent 40°C et sont les plus élevées d'Europe. Sur les côtes, les brises marines estivales diminuent la sensation de chaleur. La région d'Almería est très sèche : les précipitations se réduisent certaines années à un ou deux jours de pluie, quand dans le reste de l'Andalousie il pleut entre trente et cinquante jours par an. Le record de précipitations revient à la Sierra de Grazalema, près de Ronda : c'est la zone la plus arrosée d'Espagne avec une moyenne annuelle de 2 200mm. Et la haute montagne n'est pas à l'abri de la neige : la Sierra Nevada possède un vaste domaine skiable ouvert en général jusqu'en mai.

Sports d'hiver à Pradollano

La préservation de la nature

Depuis les années 1980, plusieurs lois ont été votées contre l'urbanisation sauvage. De nombreux espaces protégés ont aussi été créés, dont deux parcs nationaux, celui de Doñana et celui de Sierra Nevada. Mais la bétonisation côtière et la pollution par les engrais utilisés dans les cultures sous plastique du côté d'Almería et Huelva restent préoccupants.

L'ANDALOUSIE AU PARFUM

Le passage des saisons, c'est aussi une affaire de nez. Au printemps, les senteurs délicates de la fleur d'oranger envahissent patios et jardins. Un legs des musulmans qui ont importé de Mésopotamie l'orange amère pour sa beauté mais aussi pour ses vertus thérapeutiques et cosmétiques. À l'automne, le jasmin embaume les nuits andalouses.

HISTOIRE

Dans les vieux quartiers des villes andalouses, l'histoire surgit à chaque pas. Là se dresse une construction romaine, plus loin, un minaret fait de l'ombre à une cathédrale baroque, et un palais Renaissance rivalise avec les patios enchantés des derniers sultans. Jusqu'au tracé des ruelles qui rappelle les médinas arabes et leurs souks.

Des Phéniciens aux Romains

L'Andalousie est une terre de rencontre depuis 3 000 ans. Vers 1100 avant notre ère, l'Andalousie voit arriver les marchands phéniciens qui fondent Gadès, la future Cadix. Viennent ensuite les Grecs dès le 6e s. qui y rencontrent le peuple ibère : la péninsule a trouvé son nom. Venus du nord, les Celtes, experts dans l'art de la métallurgie, s'imposent progressivement en terre andalouse. Au 3e s., défaits une première fois par Rome, les Carthaginois débarquent en Andalousie depuis l'est de l'Afrique du Nord (actuelle Tunisie) et trouvent de fabuleux gisements de minéraux dans la région. Deux guerres puniques plus tard, Carthage est détruite : en 197 av. J.-C. les Romains sont maîtres de toute la péninsule Ibérique, des Pyrénées à Gibraltar.

L'aigle romaine

Les Romains construisent à tour de bras dans leur province de Bétique, la future Andalousie. Des villes d'abord : Itálica, dont on voit les ruines imposantes aux portes de Séville ; Hispalis, la future Séville, et Corduba. Des ouvrages d'art ensuite : la traversée du Puente Romano à Cordoue évoque immanquablement le travail pharaonique des ingénieurs romains, qui ont également tracé la Via Augusta reliant Cadix à Rome à travers toute la péninsule Ibérique. Par ses ports, l'Andalousie est reliée à l'ensemble de l'empire, jusqu'aux côtes orientales de la Méditerranée.

Les invasions barbares

Dès le début du 4e s. de notre ère, la puissance romaine décline. Une opportunité pour les peuples venus de l'Est européen qui déferlent sur la péninsule. Les Vandales s'installent au sud avant de franchir le détroit de Gibraltar pour s'établir en Afrique du Nord. C'est à eux que l'Andalousie doit son nom. Dans cette période de grande insécurité, un autre peuple va tirer son épingle du jeu : les Wisigoths, qui domineront la péninsule pendant deux siècles. Ils fondent un État fort avec pour capitale Tolède, établissent fermement le catholicisme en Espagne et lèguent un monumental code de lois inspiré du droit romain. Cette *Lex wisigothorum* sera remise en vigueur dans les terres reprises aux musulmans à partir du 12e s. pour servir de base au droit coutumier. Certaines dispositions resteront

La conquête d'Almería par les chrétiens

en usage jusqu'au 19e s. La faiblesse de cet État fort ? Les incessantes querelles dynastiques. C'est à la faveur de l'une d'elles que les musulmans vont mettre le pied en Andalousie.

La conquête arabe

Après la mort de Mahomet (632), les musulmans quittent la péninsule arabique pour se lancer à la conquête du monde. En 635, Damas est prise et devient la capitale de la dynastie des Omeyyades. Après le Proche-Orient, reste à conquérir le nord de l'Afrique. En 681 le général Oqba ibn Nafi atteint les rives de l'océan Atlantique du côté de ce qui deviendra le Maroc. La marche vers l'ouest s'achève et il faut donc prendre la direction du nord. C'est chose faite vingt ans plus tard. En 711, Tariq ibn Ziyad débarque avec 7 000 hommes au pied d'un piton rocheux auquel il donne son nom : le djebel al-Tariq, Gibraltar. Puis il remonte le "grand fleuve", l'oued el-Kébir, à l'origine du nom du Guadalquivir. Devant lui, aucune résistance ou presque. La noblesse wisigothe est à nouveau empêtrée dans l'une de ses querelles dynastiques. Les musulmans remontent vers le nord, franchissent les Pyrénées. Leur fulgurante avancée ne sera stoppée qu'en 732, près de Poitiers, par Charles Martel.

Les Omeyyades

À Damas en 756, le calife omeyyade et sa famille sont assassinés. Un seul membre de la dynastie en réchappe, Abd el-Rahman qui, après une fuite éperdue, se réfugie en Andalousie en compagnie d'une poignée de

L'ÂGE D'OR D'AL-ANDALUS

À partir du 9e s., sous les Omeyyades, Al-Andalus connaît son âge d'or, une civilisation brillante qui fait l'admiration des voyageurs. Les "peuples du Livre" – musulmans, chrétiens, juifs – y vivent dans une relative harmonie, de nouvelles techniques apparaissent dans l'architecture mais aussi dans l'agriculture.

fidèles. Fort de sa légitimité, il parvient à prendre le pouvoir à Cordoue. Commence alors l'âge d'or d'Al-Andalus, intellectuel, urbain mais aussi agricole : est construit un système d'irrigation sophistiqué dont les norias sont encore visibles à Cordoue. Les terres arides désormais gorgées d'eau peuvent recevoir de nouvelles cultures, le riz ou la canne à sucre. En 929, le maître de Cordoue se proclame calife, rival de celui de Bagdad. Mais en 1031, cette brillante civilisation s'effondre en raison de profondes dissensions internes.

Une interminable agonie

Le califat de Cordoue démantelé, l'Espagne musulmane s'émiette en une mosaïque de principautés, les *taïfas*. Une aubaine pour les chrétiens, qui entreprennent une longue reconquête. Menacés, les princes musulmans font appel à leurs coreligionnaires du Maroc : les Almoravides tout d'abord, une dynastie rigoriste qui à partir de 1086 contient victorieusement l'avancée des chrétiens. Ils sont supplantés en 1146 par une autre dynastie venue également du Maroc, les Almohades. En 1212, la bataille décisive de Las Navas de Tolosa voit la victoire des rois d'Aragon, de Castille et de Navarre sur les armées musulmanes. Cordoue tombe en 1236, puis Séville en 1248. Bientôt, seule une principauté tient encore tête aux chrétiens, celle des Nasrides à Grenade. Sous leur règne, l'Andalousie musulmane brille de ses derniers mais sublimes feux, comme en témoigne l'Alhambra.

1492 : l'année charnière

Le 2 janvier 1492, le dernier sultan nasride quitte Grenade assiégée depuis des mois par les armées chrétiennes. À leur tête, Isabelle, reine de Castille, et son époux Ferdinand d'Aragon, que l'on appellera bientôt les Rois catholiques. Quelques mois plus tôt, les juifs avaient été sommés de se convertir ou de quitter l'Espagne : 150 000 juifs abandonnent la terre de leurs ancêtres et émigrent surtout vers le Portugal et l'Afrique du Nord. La Reconquista s'achève : l'Espagne est catholique. Le 3 août de cette même année 1492, trois caravelles quittent le port de Palos de la Frontera, près de Huelva. À leur bord, une centaine d'hommes conduits par un capitaine génois, Christophe Colomb.

La porte des Amériques

La conquête de l'Amérique sera l'œuvre du petit fils des Rois catholiques, Charles Quint, monté sur le trône espagnol en 1516. Dès le milieu du 16e s.

l'or du Nouveau Monde ruisselle sur l'Espagne. La porte d'entrée ? Séville, qui détient le monopole du commerce transatlantique. Le centre du pouvoir de l'Espagne est à Madrid, son cœur économique bat en Andalousie. Séville devient le principal port européen. Des fortunes considérables y voient le jour, pétrifiées dans les palais somptueux du Barrio de Santa Cruz. Les artistes de renom, architectes et artisans affluent. Toute l'Andalousie profite de la manne en produisant vivres et matériaux indispensables aux expéditions lointaines. En 1680, Cadix est à son tour autorisée à commercer avec l'Amérique.

Dans le rang espagnol

En 1713, une nouvelle ère commence pour l'Espagne. Le petit-fils de Louis XIV monte sur le trône sous le nom de Philippe V. Le roi actuel Felipe VI est son lointain descendant. Pour en arriver là, il a dû vaincre les armées autrichiennes et anglaises qui défendaient les couleurs d'un autre prétendant. Au traité d'Utrecht de 1713 qui signe leur défaite, les Anglais obtiennent un lot de consolation : Gibraltar. Le premier des Bourbons d'Espagne entreprend d'unifier ses États sous une règle commune, politique qui sera suivie par ses successeurs. Les ports andalous perdent alors le privilège du commerce avec le Nouveau Monde, qu'ils doivent désormais partager avec Barcelone, Valence, Bilbao. Mais l'or des Amériques a eu son effet pervers : en se déversant sur le pays, il a dissuadé les grandes fortunes d'investir dans les activités productives. L'Andalousie en est l'exemple le plus criant.

Latifundiaires et *braceros*

Au 19e s., les grandes exploitations agricoles que sont les *latifundias* dominent toujours l'économie andalouse. La terre reste aux mains de nobles familles, les Osuna, Ala, Medinaceli... Et pour la travailler, tout un peuple d'ouvriers agricoles, les *braceros*, qui n'ont pour toute richesse que leurs bras. Dans les campagnes se développe une véritable haine contre la propriété et contre *los ricos*. Un terreau fertile pour le développement des idées révolutionnaires. C'est à Cordoue en 1872 que se tient le premier congrès anarchiste au monde. L'année suivante, à la proclamation de la Ire République espagnole, de violentes émeutes paysannes éclatent en Andalousie. En 1936, l'annonce d'une réforme agraire par le tout jeune gouvernement du Frente Popular n'a pas été pour rien dans le déclenchement de la rébellion conduite par Franco.

La période franquiste

En dépit de son passé révolutionnaire, une grande partie de l'Andalousie tombe dès 1936 entre les mains des franquistes. Seule la frange orientale de la province reste républicaine jusqu'à la fin de la guerre civile en 1939. Comme dans toute l'Espagne, une chape de plomb s'abat sur l'Andalousie, région engluée dans un sous-développement chronique. Dans les années

Le tourisme, pilier de l'économie andalouse

LE GRENIER DE L'ESPAGNE

Huile, blé, vigne... Depuis l'Antiquité, c'est le triptyque agricole andalou. Pendant près de 2 000 ans, ces richesses sont produites dans d'immenses propriétés de plusieurs milliers d'hectares, les *latifundias*, souvent démantelées au cours du 20e s. Il s'agit à l'origine des terres distribuées par les conquérants, romains, arabes, catholiques, aux plus valeureux de leurs capitaines.

1940, c'est même la misère. Les "années de la faim", disent les Andalous, qui émigrent par centaines de milliers : vers la Catalogne qui fait figure d'eldorado, puis les pays européens. On estime à 1,5 million le nombre d'Andalous partis chercher du travail loin de leur terre entre 1940 et 1960.

L'Andalousie aujourd'hui

Après le retour de la démocratie en 1975, l'Espagne institue un régime accordant une large autonomie aux provinces. Le premier Parlement andalou est élu en 1982. Depuis, à l'exception d'une parenthèse de 2012 à 2015, c'est un bastion du Parti socialiste espagnol (PSOE). Entre 1982 et 2016, l'Andalousie a connu une croissance spectaculaire : plus de 142%, bien davantage que la moyenne européenne. Il est vrai que la province partait de loin et accuse encore un retard par rapport au reste du pays : le revenu moyen par habitant représente 76% de la moyenne nationale. L'économie andalouse repose toujours largement sur ses activités traditionnelles, l'agriculture notamment : 35% de la production mondiale d'huile d'olive vient d'Andalousie. Le tourisme est également un facteur important de revenus avec plus de 28 millions de visiteurs par an.

ARCHITECTURE

Des pans entiers du merveilleux patrimoine architectural andalou appartiennent à l'histoire. Cet héritage se retrouve dans le cadre de vie, des patios hérités des musulmans aux ruelles étroites qui offrent leur ombre aux passants comme au temps des souks. Jusqu'aux églises toujours animées par la foule des fidèles venus rendre hommage à leur saint de prédilection.

Le califat des Omeyyades

L'influence arabo-musulmane débute en 756 avec la création de l'émirat de Cordoue par Abd al-Rahman Ier. Sa réalisation emblématique est la mosquée de Cordoue (785), écho de celle de Damas dont était originaire l'émir. Cette architecture connaît son apogée après la proclamation du califat par Abd al-Rahman III en 929. Aux portes de Cordoue, celui-ci fait construire une cité somptueuse, la Medina Azahara. Le raffinement de son architecture servira de modèle à toutes les constructions postérieures. Les stucs fournissent un matériau de choix pour l'ornementation des murs : motifs végétaux et floraux, tracés géométriques, calligraphies se déploient jusqu'au vertige.

Le gigantisme des Almohades

Après la chute du califat et la brève période almoravide, la dynastie des Almohades investit l'Andalousie dans la seconde moitié du 12e s. L'architecture almohade frappe par l'ampleur de ses édifices. À Séville, elle s'illustre par une immense mosquée, censée rivaliser avec celle des Omeyyades à Cordoue. Elle est en partie détruite lors de la Reconquête, mais il en reste l'un des plus beaux minarets du monde musulman : la Giralda. Sur la tour, on remarque une caractéristique de l'architecture almohade : les briques disposées en petits arcs entrecroisés forment losanges ou chevrons, donnant lieu à des jeux d'ombre et de lumière. Ce motif répété à l'infini est appelé *sebka*. Les Almohades développent aussi les ornementations des façades avec des azulejos colorés, innovation promise à un bel avenir.

Le raffinement nasride

La civilisation arabo-andalouse brille de ses derniers feux dans le royaume de Grenade, qui ne tombera qu'en 1492. L'incontestable chef-d'œuvre est le Palacio Nazaries, dans l'Alhambra. Ici, les sultans n'ont pas tant innové que repris et poussé à l'extrême raffinement les éléments décoratifs laissés par leurs prédécesseurs. Les stucs sont d'une richesse sans précédent et s'ornent d'une calligraphie légère, les soubassements sont recouverts de céramiques colorées, les plafonds en bois prennent des formes géométriques savamment imbriquées. Sans oublier les moucharabiehs, ces panneaux de bois ou de pierre ouvragés avec art et incrustés dans l'ouverture des fenêtres. Ou encore les muqarnas, ces petites niches disposées en alvéoles sous les voûtes et qui rappellent des stalactites.

Détail du décor de la Giralda, Séville

Le style mudéjar

Ce style propre à l'Espagne est représenté dans de très nombreux édifices publics et religieux construits du 13e au 16e s. Dans les villes conquises, les chrétiens commencent par occuper les mosquées transformées en églises. Mais bien vite, il faut construire de nouveaux lieux de culte et des palais. On fait appel au savoir-faire des artisans mudéjars. Un style naît, rencontre des traditions hispano-musulmanes et de l'architecture chrétienne. Le style gothique-mudéjar mêle ainsi avec bonheur formes ogivales et motifs décoratifs musulmans. Façades et clochers reprennent la disposition géométrique des briques chère aux Almohades, en y ajoutant souvent des céramiques colorées. Le talent exceptionnel des ébénistes s'exprime dans la marqueterie des plafonds à caissons ou des poutres.

> **SOUMIS ET LIBRES**
> Le mot mudéjar vient de l'arabe *mudayyan* (soumis) et désigne les musulmans qui ont signé un pacte leur permettant de rester en Espagne après la Reconquête tout en conservant leur religion et leurs coutumes. Ils habitaient des quartiers séparés et payaient un tribut aux Rois catholiques.

Le triomphe du gothique

Le gothique pénètre en Espagne au 13e s. Très vite se développent des styles régionaux. En Andalousie, c'est l'art mudéjar. Au 15e s., les rois castillans accueillent des artistes venus d'Europe du Nord, qui apportent les formes audacieuses du gothique flamboyant. Avec la cathédrale de Séville (1402-1509) le gothique prend des proportions gigantesques. À l'époque des Rois catholiques (fin du 15e s.), une architecture d'une richesse ornementale stupéfiante voit le jour en Espagne : le style isabélin. La pierre des façades et des portails est ciselée comme de la dentelle, intégrant des sculptures de saints, des emblèmes royaux, mais aussi des motifs d'inspiration mudéjare. Le portail de l'église El Sagrario à Málaga, la façade exubérante du Palacio de Jabaquinto à Baeza (province de Jaén) et surtout la splendide Capilla Real de Grenade (1506-1521) appartiennent à ce genre éphémère.

Renaissance à l'espagnole

À la fin du 15e s., la Renaissance italienne gagne l'Espagne. Mais le génie ibérique va faire plier sa rigueur classique sous une ornementation débordante et des lignes peu orthodoxes : c'est l'architecture plateresque. Son nom est dû à la ressemblance des façades sculptées avec le minutieux travail des orfèvres (*plateros*) sur les objets religieux. Aux arcs en plein cintre, aux colonnes et chapiteaux classiques se mêle un décor foisonnant de motifs gothiques, mudéjars et classiques. La façade de l'hôtel de ville de Séville, dessinée par Diego de Riaño, en est une parfaite illustration. Au fil du siècle, la Renaissance espagnole renoue avec la rigueur. C'est le cas de la cathédrale de Grenade, œuvre de Diego de Siloé, un des maîtres de la Renaissance andalouse. Le palais de Charles Quint de l'Alhambra (1526-fin 16e s.), à Grenade, est édifié dans la même veine. Enfin, l'un des plus grands architectes de la Renaissance espagnole, Andrés de Vandelvira (1509-1576), dont le style classique et harmonieux est pétri d'influences italiennes, fait des merveilles à Jaén (cathédrale), Baeza (couvent de San Francisco) et Úbeda (Capilla del Salvador et palais).

Les ornements du baroque

Le baroque, art de la Contre-Réforme, envahit l'Espagne aux 17e et 18e s. Destiné à soutenir la foi au moyen de nombreuses et émouvantes représentations des saints, il se caractérise par sa riche statuaire et son ornementation fournie. Les murs se couvrent de volutes torturées et de stucs colorés aux formes complexes. À Séville, Leonardo de Figueroa réalise la belle église del Salvador, et Vicente Acero la manufacture de tabac. Ce même Acero dessine également les plans de la gigantesque cathédrale de Cadix, dernier grand édifice andalou de ce type, dont les travaux débutent en 1722. Comme toujours, l'Espagne a su adapter d'une manière très particulière un genre architectural venu d'ailleurs.

Le style churrigueresque

Au début du 18e s., la famille Churriguera (composée de menuisiers, sculpteurs et architectes) donne son nom à un style qui pousse jusqu'à l'extrême l'exubérance du baroque. Le style churrigueresque, très présent en Andalousie, se reconnaît aux colonnes salomoniques (torsadées et décorées de motifs végétaux) qui encadrent les portails, aux stucs luxuriants et aux entrelacs de formes géométriques, qui dominent à l'intérieur. La sacristie de la Cartuja (chartreuse) de Grenade (1727-1764) en est l'exemple le plus abouti.

PEINTURE ET SCULPTURE

La peinture espagnole connaît son âge d'or au 17e s. C'est aussi celui de Séville. Dans la cité inondée par l'or américain affluent les artistes, andalous ou non, certains d'obtenir de fastueuses commandes. Séville devient un centre majeur de l'art baroque espagnol. C'est aussi en Andalousie que la sculpture du 17e s. a donné ses plus belles réalisations, avec ses poignantes figures de saints.

Les maîtres de la peinture andalouse

Francisco Pacheco (1564-1644) est par ses écrits théoriques l'inspirateur de l'école de Séville. Il a pour élève Diego Velázquez (1599-1660), le maître du Siècle d'Or, né à Séville mais qui fera l'essentiel de sa carrière à Madrid. Originaire d'Estrémadure, **Francisco de Zurbarán** (1598-1664) vient étudier à Séville dès l'âge de 14 ans. Il y produit la plupart de ses œuvres, dont beaucoup sont visibles dans les musées de Séville et de Cadix. Quant à **Bartolomé Esteban Murillo** (1671-1682), né et mort à Séville, il ajoute aux commandes de peintures religieuses un goût pour les scènes de rue croquées avec tendresse. Une salle lui est consacrée au musée des Beaux-Arts de Séville. **Juan de Valdés Leal** (1622-1690), lui aussi sévillan de sa naissance à sa mort, est le maître d'un baroque pathétique, voire macabre. Ses deux *Vanités* de l'hôpital de la Charité à Séville sont ses œuvres les plus célèbres.

Fresque baroque

Les émotions de la sculpture baroque

Avec ses statues de saints, ses représentations de la Passion, la sculpture andalouse vise à tirer des larmes aux fidèles. Ses plus belles réalisations sont toujours portées en procession pendant la Semaine sainte, comme le *Jesús del Gran Poder* de **Juan de Mesa** (1583-1627). Autres figures de cette école : **Juan Martínez Montañés** (1568-1649), au réalisme douloureux (*Jésus de la Passion* de l'église du Salvador à Séville) ; **Alonso Cano** (1601-1607), également peintre et architecte (*Immaculée Conception* de la cathédrale de Grenade) ; **Pedro de Mena** (1628-1688, stalles et statues des Rois catholiques de la cathédrale de Málaga) ; **Pedro Roldán** (1624-1699, *L'Enterrement du Christ* à l'hôpital de la Charité de Séville).

FÊTES ET TRADITIONS

L'Andalousie tient à ses traditions. Le flamenco d'abord, chant des Gitans à l'origine, adopté aujourd'hui comme une marque d'identité par les Andalous. Autre tradition, plus contestée celle-là : la corrida, dont l'Andalousie reste un bastion. Mais les fêtes religieuses (Semaine sainte) et profanes (ferias) mettent tout le monde d'accord.

Histoire du flamenco

Le flamenco est né de la rencontre d'un peuple, les Gitans, venus d'Inde du Nord, et d'une terre, l'Andalousie, où ils arrivent au 15e s. Commence alors un long processus d'assimilation nourri aux sources de trois cultures : musulmane, chrétienne et juive. Le *cante jondo* (le chant flamenco) apparaît au cours du 18e s. entre Séville, Jerez et Cadix. Au milieu du 19e s., les différents genres du flamenco sont fixés. Les chanteurs montent sur scène et deviennent des professionnels. En 1922, le compositeur Manuel de Falla et le poète Federico García Lorca organisent à Grenade le Concurso Nacional de Cante Jondo destiné à mettre en valeur l'art gitan. Conséquence, le flamenco se montre au théâtre sur des scènes trop grandes et devant des foules trop nombreuses : il manque d'y perdre son âme. Le renouveau survient dans les années 1960 ; les formes traditionnelles sont remises au goût du jour, des spectacles de qualité font le tour du monde. En 2010, l'Unesco a inscrit le flamenco sur la liste du Patrimoine immatériel de l'humanité.

LES *PALOS* DU FLAMENCO

Le flamenco compte un grand nombre de variétés (*palos*), qui se distinguent par leur mélodie, leur thème et leur rythme. Des conventions que se doivent de respecter les interprètes, même si elles laissent une place à l'improvisation. Chaque ville s'enorgueillit de posséder le meilleur flamenco et certaines régions en ont aussi développé des formes propres.

Flamenco mode d'emploi

Le flamenco, c'est d'abord un chant, mélancolique le plus souvent, comme l'âme d'un peuple en exil. Le *cantaor* ou la *cantaora* sont accompagnés du claquement des mains (*palmas*) ou des pieds (*zapateado*) des compagnons qui les entourent. La guitare flamenca n'apparaît que tardivement, pour marquer le rythme tout d'abord, puis pour se lancer dans de courtes improvisations. Vient ensuite la danseuse (*bailaora*), robe à volants, châle de soie à franges, chaussures à hauts talons. De tout son corps, elle souligne l'évolution du morceau en marquant le rythme du talon et de la pointe du pied. Quand elle atteint des sommets de grâce, ses compagnons la saluent d'un ¡ *Olé !* ou d'un ¡ *Guapa !* ("Que tu es belle ! "). Les hommes dansent

Chaussures de danse flamenca

aussi, en costume court andalou. Et lorsque l'émotion est à son comble, surgit le *duende*, un moment d'intense exaltation.

La corrida : un drame en trois actes

Les joutes entre hommes et taureaux remontent à la plus haute Antiquité. La corrida espagnole en est une survivance. Spectacle barbare, s'indignent certains, y compris en Espagne, tradition vivante pour les aficionados. L'Andalousie possède ses temples de la tauromachie comme la Maestranza de Séville, ou les arènes de Ronda et d'El Puerto de Santa María. La corrida telle qu'elle se pratique aujourd'hui a été codifiée au 18e s. Elle se déroule généralement *a las cinco de la tarde* (17h, 18h à Séville) et dure environ 2h. Chaque corrida aligne six taureaux pour trois matadors et chaque combat est divisé en trois parties, les *tercios*, précédés d'un **prélude** : au son de la fanfare, les *matadores* et leurs *cuadrillas* (leurs assistants) effectuent un tour de l'arène. Ils prennent place ensuite dans le *callejón*, le couloir circulaire au pied des gradins, protégés par une barrière de bois. Le premier combat peut commencer.

Premier *tercio*

Le matador reçoit le taureau qui surgit dans l'arène. À l'aide d'une grande cape bicolore, le *capote*, il teste la valeur, la combativité, les réactions de l'animal par de larges passes. La plus appréciée est la *veronica* : *capote* tendu à deux mains devant lui, le matador se dégage au dernier moment. Les trompettes annoncent ensuite l'entrée du picador sur son cheval caparaçonné. Pendant que le taureau charge le cheval, le picador doit lui enfoncer sa lance dans l'échine. Le but ? Blesser l'animal au cou afin qu'il se présente tête baissée lors des phases suivantes. Quand il le juge nécessaire, le matador demande au président de passer au *tercio* suivant.

Deuxième *tercio*

C'est le moment des banderilles. Elles sont posées par les *banderilleros*, parfois par le matador lui-même. Le *banderillero* tient une banderille dans chaque main. Quand le taureau est bien placé par le torero, le *banderillero* l'appelle et court à sa rencontre. La pose des banderilles prend différents noms en fonction de la manière de les planter. L'une des plus impressionnantes est *de frente* (de face), où l'homme marche vers le taureau, plante les banderilles en passant entre les cornes, puis se retire juste à temps pour ne pas être blessé. S'il passe les bras sur le côté de la tête, on appelle cela *al natural*, et s'il saute à pieds joints tout en s'éloignant des cornes, *al quiebro*. Chaque *banderillero* pose en principe deux paires de banderilles.

Troisième *tercio*

C'est la *faena*, le tête à tête final entre le taureau et le matador. Le matador prend alors sa muleta (petite cape rouge munie d'une armature en bois) et une épée légère avec laquelle il enchaîne les passes (*suertes*) dans un véritable corps à corps avec l'animal : *al natural* (face au taureau, la muleta tendue devant lui), *de pecho* (sur le côté, en offrant son dos à la bête), *ayudado* (en dégageant la muleta à l'aide de l'épée). À la fin de la *faena* vient le moment de la mise à mort (*estocada*). Le matador prend son épée d'estocade et effectue encore quelques passes, afin de préparer le taureau et de le placer. Car l'épée ne peut entrer que dans un minuscule espace entre les épaules de l'animal. Quand celui-ci est bien placé, le torero lui fait baisser la tête à l'aide de la muleta, et projette son épée soit en avançant vers l'animal, soit en le laissant venir à lui. Si l'épée a été enfoncée correctement, le taureau meurt rapidement, parfois avec l'aide d'un coup de dague au niveau des cervicales.

Scène de corrida en azulejos

LES *GANADERÍAS*

Les élevages de *toros bravos* (taureaux de corrida) sont légion en Andalousie. On peut parfois les visiter, en prenant rendez-vous. Les grands éleveurs ou *ganaderos* sont des personnages respectés. Les provinces de Cadix (Arcos, Medina Sidonia), Séville (aux abords des marécages du Guadalquivir) et Huelva (Aracena) accueillent le plus de *ganaderías*.

Épilogue de la corrida

Si le taureau a été brave, il a droit à un "tour d'honneur". Si le torero est jugé mauvais, il sort sous les sifflets du public. À Séville, il est sanctionné par un grand silence. Si les spectateurs jugent qu'ils ont assisté à un grand moment, ils sortent leurs mouchoirs blancs et les agitent pour demander un trophée au président. Celui-ci peut accorder une oreille, ou deux si le public insiste. Si le spectacle a été hors du commun, le torero obtient deux oreilles et la queue. Lorsque le torero a été bon avec ses deux taureaux et a obtenu des trophées, on dit qu'il "triomphe", et il sort par la grande porte des arènes, porté par ses compagnons.

L'émotion de la Semaine sainte

Pénitents encagoulés, statues qui tanguent au-dessus de la foule, rythme lancinant des tambours... les processions catholiques durant la semaine précédant Pâques ont lieu dans toute l'Espagne. Mais c'est sans doute en Andalousie qu'elles prennent leur dimension la plus poignante. Tout un peuple descend dans la rue et vit au jour le jour le drame de la Passion comme une expérience personnelle. On pleure au passage des *pasos* richement drapés sur lesquels sont juchées les images saintes ; on lance de poignantes *saetas* – quelques vers d'un chant inspiré du flamenco – pour saluer une Vierge pleurant des larmes de sang ou un Christ au supplice.

Les *cofradias* de la Semaine sainte

Chaque procession – une soixantaine à Séville – est organisée par une confrérie (*cofradia*). Des semaines durant, leurs membres préparent les *pasos*, les décorent d'étoffes chatoyantes avant d'y hisser la statue de leur paroisse qui durant l'année est conservée dans son église. Le jour venu, pénitents, *costaleros* – les porteurs des *pasos* –, musiciens de la fanfare défileront dans les costumes à leurs couleurs. Si la Semaine sainte de Séville est la plus spectaculaire en raison du nombre de participants et de spectateurs, celles de Cordoue, Málaga, Grenade... sont aussi poignantes.

Ferias de Séville et d'ailleurs

De nombreuses localités dans toute l'Andalousie tiennent leur Feria annuelle, le plus souvent dédiée au saint patron local. Au menu, musique, danse, gastronomie, feu d'artifice... À Séville, la Feria de Abril (une quinzaine de jours après Pâques) est unique par son ampleur. Dans le quartier de los Remedios, une véritable ville naît dans le parc du Real de la Feria, avec ses rues aux noms de toreros et ses milliers de *casetas*. C'est dans ces tentes colorées que se joue l'essentiel de la fête. Elles sont dressées le plus souvent par des associations qui réservent l'accès à leurs membres, les *socios*. Il y a de fait deux ferias : celle de jour, avec le Paseo de Caballo, le rassemblement de centaines d'attelages et de milliers de cavaliers en grande tenue. Et celle de nuit autour des *casetas* où les belles en robe de Gitane dansent la sévillane.

GASTRONOMIE

On mange très bien en Andalousie grâce à des produits de qualité, mais surtout grâce à l'amour des Andalous pour la bonne chère, particulièrement quand elle se partage entre amis au comptoir d'un bar. Nul besoin de sophistication : une tranche de *bellota*, un verre de fino, une conversation animée et c'est le bonheur.

Le jambon *bellota*

Du jambon séché, on en fait partout en Espagne : c'est le fameux *serrano*. Mais il n'y a qu'en Andalousie qu'on produit la star mondiale des jambons : l'*ibérico*, appelé aussi *pata negra* : il provient exclusivement d'une race de porcs noirs. On l'appelle aussi *jabugo*, du nom d'un village au cœur de la région de production, au nord de Huelva. Ou encore *ibérico de bellota* : pour lui donner son goût caractéristique, les porcs sont nourris exclusivement de glands (*bellotas*). C'est sous ce nom qu'on le savoure sous forme de tapas dans les bars (*ración de bellota*), à accompagner impérativement d'un fino bien frais et de *picos*, du pain sec à l'huile d'olive. Dans les commerces, si l'étiquette indique 100% *ibérico de bellota* (il existe des jambons issus de porcs croisés), il s'agit du fin du fin. Enfin, à côté du *jamón*, on trouve également de la *paleta*, de l'épaule préparée à partir des mêmes bêtes, mais moins grasse et donc moins goûteuse (et moins chère).

Huile d'olive et vinaigre

Sur trois litres d'huile d'olive produits dans le monde, un est andalou. C'est dire que le choix est vaste. Pour une huile de qualité, il vaut mieux choisir l'une des neuf appellations contrôlées andalouses (DO). Quant au célèbre vinaigre de jerez, il présente des qualités gustatives qui ont conquis le monde entier. Il se décline en trois dénominations selon le temps de vieillissement en fût de chêne : DO au moins 6 mois, Reserva au moins 2 ans, Gran Reserva au moins 10 ans.

Gaspacho et compagnie

Le plus connu des gaspachos, fameuses soupes froides, est celui de Séville : tomates, concombres, oignons, le tout parfaitement mixé et additionné

> **VÉGANS SANS LE SAVOIR**
>
> Les Andalous ont longtemps été végans sans le savoir. La prodigalité des jardins a donné des idées aux mères de famille, suivies par les chefs : au restaurant ou même dans les bars, la carte propose de nombreux plats de légumes, servis en *ración*, à base de pois chiches (*garbanzos*) par exemple – ils escortent les épinards dans un des plats signatures de Séville – ou aux fèves (*habas*).

Tapa gastronomique

d'huile d'olive, de vinaigre de jerez et de pain dur émietté. Divin pendant les mois de grande chaleur. Il existe des variantes régionales : le *salmonerejo* de Cordoue, plus épais et avec des œufs durs effrités ; la *porra* de Málaga, proche du gaspacho sévillan ; les gaspachos blancs aux légumes secs, ou verts à base d'herbes et de légumes. Enfin l'*ajo blanco* qui, comme son nom l'indique, fait la part belle à l'ail, agrémenté de citron et d'amandes.

Les poissons

La pêche passe directement du bateau à l'assiette : sardines, daurade, sole, espadon, bar se préparent souvent frits, pour les plus petits, ou tout simplement grillés à la plancha. Daurade et bar (la luvina pêchée côté atlantique) se cuisent également en croûte de sel, une spécialité de Sanlúcar de Barrameda et ses fameuses salines. Le thon rouge (*atún*) est fêté chaque année à Barbate pendant une dizaine de jours (fin mai-début juin) : les chefs locaux rivalisent alors d'imagination pour accommoder le poisson phare de la région.

Fruits de mer

Les *mariscos* (fruits de mer) constituent l'un des plats fétiches des tables andalouses. Seiche, calamar et *chipirones* (encornets) disputent la vedette aux crevettes. À Huelva, les *chocos* (petites seiches) font bon ménage avec un ragoût de pommes de terre ou de fèves au vin blanc. Des plus petites aux plus grandes, les crevettes figurent régulièrement au menu : *camarones*

Assortiment de tapas sur un comptoir

(celles de Cadix sont fameuses), *gambas* (de 6 à 10cm), *langostinos* (de 12 à 20cm), à ne pas confondre avec les langoustines baptisées *cigalas*. À Sanlúcar, les *langostinos* subissent le plus simple des traitements : passage rapide dans l'eau bouillante avant d'être plongés dans de l'eau salée et glacée. Quant à la langouste, c'est la *langusta*. Tout ce petit monde se retrouve volontiers dans l'huile de friture, à moins de préférer la plaque de la plancha où il croise couteaux et autres coquillages.

Les viandes

Élevage ou chasse, tout est bon pour régaler les Andalous : agneau (*cordero*), cabri (*cabrito*), bœuf (*buey*), veau (*ternera*), sanglier (*jabalí*)... Les pièces de viande les plus courantes sont le *lomo* (échine de porc, entrecôte pour le veau et le bœuf), le *solomillo* (filet de porc, aloyau de bœuf), la *chuleta* et

LE *TINTO DE VERANO* : DU VIN, DES BULLES ET DES GLAÇONS

En été, le vin rouge se boit en Andalousie avec de l'eau gazeuse et des glaçons. Ce qui, pour un Français, peut sembler sacrilège, est en fait une excellente manière de transformer un vin de table quelconque en boisson rafraîchissante. Le *tinto de verano* est servi *con blanco* (eau gazeuse) ou *con limón* (limonade). Il suffit d'y goûter une fois pour succomber à l'hérésie !

les *chuletitas* (côtes et côtelettes), le *filete* (escalope) ou encore la *pierna* (gigot d'agneau). Grande spécialité andalouse, la queue de taureau (*rabo de toro)* est préparée en ragoût longuement mijoté au vin de Montilla – *a la montillana* – ou au jerez. À Cordoue, le *flamenquín* est un rouleau de jambon et de veau pané. Et côté abats, on peut goûter aux rognons (*riñones*) au jerez ou encore au *menudo gitano* de Grenade, un ragoût de tripes et de pois chiches.

Côté desserts

Du sucre et encore du sucre ! La tradition arabo-andalouse est passée par là. Aujourd'hui, la croix a pris la relève du croissant : c'est dans les couvents de religieuses sévillanes que l'on se procure les meilleures douceurs. *Tocino de cielo* (flan très sucré), *yema* (des œufs et du sucre), *alfajores* (biscuits feuilletés parfumés à l'anis et au citron), *tortas de aceite* (galettes à l'huile d'olive) sont les principales spécialités des sœurs. Dans les restaurants, le choix est souvent plus mince : glaces, crème caramel, riz au lait. Les pâtisseries sont nombreuses, souvent joliment décorées : idéal pour se régaler au comptoir à l'heure du goûter.

Et pour arroser ça ?

Les trois produits phares du vignoble andalou bénéficient d'une appellation contrôlée (DO, *denominación de origen*). Le **jerez** (xérès) est un vin muté (ajout d'alcool après la fermentation) d'une typicité unique, grâce à son terroir, des sols crayeux et ensoleillés, et sa méthode d'élevage, la *solera* (p.130). Il existe trois types de jerez : le fino (15 à 17° d'alcool), sec, très clair, à boire frappé avec une tranche de *jabugo*. L'amontillado, plus foncé, titre à 18-20° et développe un goût de noix caractéristique ; à déguster pour le plaisir. L'oloroso, plus corsé, est un vin doux opulent qui peut titrer jusqu'à 22° ; à privilégier au moment du dessert. Dans la région de Sanlúcar de Barrameda est produit un type de fino particulier, la manzanilla, avec son subtil arôme iodé laissé par l'air marin. Produit au sud de Cordoue, le **montilla-moriles** suit les mêmes méthodes d'élevage et dénominations que le jerez. Quant au **malaga**, le vin préféré de nos grands-mères, il est un peu injustement passé de mode. Cet excellent vin doux élaboré par surmaturation des raisins se boit bien frappé.

Tapas

Cette façon de se restaurer dans les bars de petites bouchées dans une ambiance conviviale a fait le tour du monde. Mais c'est bien davantage : une véritable expérience gastronomique en allant de bar en bar, *"ir de tapeo"*, pour goûter les spécialités de chacun. Car on ne propose pas que des tortillas, des canapés garnis de salade russe ou des anchois marinés : on y déguste en microportions les spécialités du chef, *rabo de toro*, plats de poisson, caille grillée... De l'entrée au dessert, il est tout à fait possible de faire un repas complet en passant d'un bar à l'autre.

Carnet pratique

INFOS UTILES

¡ Vamonos ! Mettez-vous à l'heure espagnole et préparez-vous à faire la tournée des bars à tapas. Maillot de bain ou chaussures de marche ? Visez le bon moment pour vous baigner, randonner, assister à une corrida et faire la fête !

AVANT DE PARTIR

FORMALITÉS

Aucun visa n'est nécessaire pour les ressortissants européens, y compris à Gibraltar (en attendant de connaître les modalités du Brexit). Seuls sont requis un passeport ou une carte d'identité d'une validité supérieure à trois mois.

Ambassade d'Espagne
22, av. Marceau 75381 Paris
01 44 43 18 00 www.exteriores.gob.es
Lun.-ven. 9h-13h30 et 14h30-17h30

Consulat d'Espagne à Paris
165, bd Malesherbes 75017 Paris
01 44 29 40 00 www.exteriores.gob.es
Lun.-jeu. 8h30-14h30, ven. 8h30-14h
1er sam. du mois (hors j. fér.) 8h30-12h

QUAND PARTIR ?

Les meilleures périodes pour voyager en Andalousie sont le **printemps** et l'**automne** : températures douces et soleil. Les plus belles fêtes locales se concentrent au printemps, saison dite haute, où les prix grimpent et où il est indispensable de réserver vols

SAISONS ET CLIMAT

Saisonnalité	**Haute saison touristique** de fin mars/début avril à octobre, avec pic de fréquentation au printemps (Semaine sainte, ferias) et en été **Basse saison** de novembre à février (hors fêtes de fin d'année)		
Températures	**Séville**	**Grenade**	**Málaga**
min.-max. en janvier	6-16°C	2-12°C	8-17°C
min.-max. en juillet	19-36°C	19-34°C	20-30°C
Précipitations			
moyenne en janvier	76mm, 6j.	54mm, 5j.	75mm, 5j.
moyenne en juillet	1mm, <1j.	5mm, 1j.	2mm, <1j.
Ensoleillement			
moyenne en hiver	6h/j.		
moyenne en été	11h/j.		
Température de la mer			
moyenne en hiver	17°C		
moyenne en été	19°C (golfe de Cadix), 23-25°C (Méditerranée)		
Enneigement	www.infonieve.es		

et hébergements (au moins six mois à l'avance pour Séville). L'**été**, évitez les grandes villes de l'intérieur des terres l'été (Séville, Grenade, Cordoue) : la chaleur y est étouffante. Les régions côtières, elles, bénéficient d'un climat beaucoup plus tempéré et l'été y est agréable (attention au pic touristique du mois d'août). En montagne, la haute saison s'étend de juin à septembre et, pour les stations de ski de la Sierra Nevada, de décembre à avril (affluence maximale de Noël à fin janvier). L'**hiver**, très doux, vous garantira le calme, sauf pendant les fêtes de fin d'année et du carnaval (en particulier à Cadix) : là encore, réservez longtemps à l'avance.

INFORMATIONS TOURISTIQUES

Dans tous les offices de tourisme, on pourra vous accueillir en anglais, plus rarement en français. On trouve par ailleurs le petit feuillet mensuel *¿Qué hacer ?* (*Que faire ?*), avec les principaux événements du mois dans toute l'Andalousie.

EN FRANCE

En France
22, rue Saint-Augustin 75002 Paris
☎ 01 45 03 82 50 www.spain.info/fr

INTERNET

www.spain.info
Le site de l'office de tourisme espagnol, très bien fait. Il comporte des liens avec des centrales de réservation d'hôtels.

www.tourspain.es
Informations générales et pratiques.

www.andalucia.org
Site officiel de la *Junta* (région) andalouse, avec infos pratiques, calendrier des événements, service de réservation d'hôtels, etc.

BUDGET

Voyager en Espagne n'est plus aussi économique qu'il y a quelques années. Le budget d'un séjour à Grenade ou à Séville, sans être aussi élevé que dans certaines autres grandes villes européennes, reste important. En serrant au maximum les dépenses, les voyageurs disposant d'un **tout petit budget** survivront avec 40-50€ par personne et par jour. Au programme : auberge de jeunesse ou chambre sans salle de bains dans une pension bas de gamme, sandwichs et tapas, peu de visites et encore moins de sorties. Le **budget quotidien moyen** tournera plutôt aux alentours de 50-70€ : logement en pension ou dans de petits hôtels, transports en commun, menus économiques, quelques visites et sorties. Avec 100€ par jour, un **budget confortable**, vous pourrez dormir dans de bons hôtels, profiter de la gastronomie, louer éventuellement une voiture. Mais attention : en haute saison, ces indications sont à revoir à la hausse, encore plus si vous voulez vivre les grands événements du sud de l'Espagne (Semaine sainte et Feria à Séville, Feria del Caballo à Jerez ou carnaval à Cadix...).

GAMME DE PRIX

Restauration	Hébergement
€ < 30€	€ < 70€
€€ 30-50€	€€ 70-110€
€€€ > 50€	€€€ > 110€

AGENDA

FÊTES ET MANIFESTATIONS

FÉVRIER

Carnaval de Cadix
Sans aucun doute l'un des plus extravagants d'Europe. Pendant dix jours, la ville s'anime et prend vie sur fond de spectacles de rue mordants et inspirés, généralement costumés, dans un enthousiasme communicatif qui fait le charme de l'un des événements les plus populaires d'Espagne.
956 22 71 11

Festival de Jerez
Le flamenco à l'honneur avec spectacles, débats et même cours de danse.
www.festivaldejerez.es 2 sem. fin fév.-début mars

FIN MARS / AVRIL

Semana Santa
La Semaine sainte, qui se termine par la fête de Pâques, donne lieu à des festivités somptueuses et solennelles : les habitants accompagnent les processions de chars décorés et figures saintes organisées par les confréries (*cofradias*). Celle de **Séville** est sans doute la plus connue d'Espagne. Celle de **Málaga** est aussi l'une des plus fastueuses du pays, juste après celle de Séville. Si vous désirez vivre une Semaine sainte plus décontractée qu'à Séville, mais assez solennelle tout de même pour en conserver l'esprit, **Ronda** peut s'avérer un bon choix, notamment la procession El Silencio, la veille du Jeudi saint : silence impressionnant, interrompu seulement par quelques *saetas* (chants flamencos). La Semaine sainte de **Grenade** ou celle d'**Antequera** figurent également parmi les plus anciennes et des plus fameuses d'Andalousie.

Feria de Abril
La feria la plus courue d'Espagne, avec celle de Madrid. Événement d'envergure mondiale, la feria de Séville est aussi festive et excessive que la Semaine sainte est solennelle. Six jours de fête familiale et mondaine, dans les *casetas* colorées du vaste parc Real de la Feria, et de corridas à la Maestranza.
Séville D'un lun. au dim. suivant Traditionnellement 2 semaines après Pâques (ou 1 semaine si Pâques est tardif)

MAI

Feria del Caballo de Jerez
L'événement le plus attendu de l'année à Jerez. Pendant une semaine, flamenco, défilés de cavaliers et corridas sont au rendez-vous. Le soir, on se presse dans le Parque González Hontoria, au nord-est de la ville, dans les 230 *casetas* dressées à cette occasion, pour boire, manger et danser au son des *sevillanas*. Contrairement à Séville, entrée libre dans toutes les *casetas*.
Fin avr.-début mai ou 1re quinz. de mai

Concursos y Festival de Patios Cordobeses
Grâce à ce concours des patios fleuris, les plus beaux patios privés sont ouverts au public.

JUIN

Romería d'El Rocío
Le pèlerinage le plus célèbre en Espagne, et l'un des plus massifs et passionnés au monde. Chaque année, à la Pentecôte, plus d'un million de personnes envahissent les rues d'El Rocío. Les pèlerins viennent célébrer Nuestra Señora del Rocío, qui sort pour l'occasion de son sanctuaire et passe sur un char dans les rues du village, au milieu d'une foule en délire.
Pentecôte

Corpus Christi (Fête-Dieu)
C'est la fête de Grenade par excellence, avec ses processions parcourant les rues du centre, jonchées de plantes aromatiques. Pendant une semaine, on danse les *sevillanas* dans les *casetas* du parc férial, tandis que les plus grandes corridas de l'année sont organisées dans les arènes de la ville. Un important festival de flamenco a lieu en parallèle.
Grenade Fin mai-déb.-juin

Romería de los Gitanos
Des milliers de pèlerins, en majorité issus de la communauté gitane, vont dans une atmosphère de liesse vénérer la Vierge de la Sierra.
Zuheros Mi-juin

Festival international de Musica y Danza
Nombreux concerts et spectacles de danse classique, contemporaine et flamenca investissent les salles, les places de la ville, et des lieux magiques comme le Palacio de Carlos V ou les jardins du Generalife.
Grenade ☎ 958 22 18 44 www.granadafestival.org 15 juin-15 juil.

JUILLET

Fiestas del Carmen
La fête culmine avec le "*Lunes del Toro de Cuerda*" (lundi du taureau à la corde !). Le principe est simple : prenez trois taureaux de combat bien encornés, attachez-leur autour des cornes une corde tenue par les hommes les plus forts du village, et lâchez le tout dans les rues au milieu d'une foule en délire...
Grazalema Mi-juil.

Festival de la Guitarra de Cordóba
Cordoue 1re quinzaine de juillet

CALENDRIER DES JOURS FÉRIÉS

NATIONAUX

1er janvier	Nouvel an (Año Nuevo)
6 janvier	Épiphanie (Epifanía)
Fin mars-avril	Vendredi saint (Viernes Santo)
1er mai	Fête du Travail (Fiesta del Trabajo)
15 août	Assomption (La Asunción)
12 octobre	Fête nationale (Fiesta Nacional de España)
1er novembre	Toussaint (Todos los Santos)
6 décembre	Jour de la Constitution (Día de la Constitución)
8 décembre	Immaculée Conception (La Inmaculada Concepción)
25 décembre	Noël (Navidad)

SUPPLÉMENTAIRES EN ANDALOUSIE

28 février	Jour de l'Andalousie (Día de Andalucía)
Fin mars-avril	Jeudi saint (Jueves Santo)

À GIBRALTAR

2e lun. de mars	Commonwealth Day
Dernier lun. de mai	Spring Bank Holiday
Mi-juin	Queen's Birthday
Dernier lun. d'août	Late Summer Bank Holiday
10 septembre	Gibraltar National Day
26 décembre	Boxing Day

AOÛT

Fiestas Colombinas
Chaque année, la commémoration du premier voyage de Colomb (3 août 1492) donne lieu aux Fiestas Colombinas. Pendant 5 ou 6 jours, la ville connaît une grande animation : concerts, spectacles, corridas, etc.
Huelva Fin juil.-début août

Romería de la Virgen de las Nieves
Le pèlerinage rejoint le sommet du Mulhacén, toit de l'Espagne, où se trouve un ancien ermitage dédié à la Vierge des Neiges.
Trevélez 5 août

Carreras de Caballos de Sanlúcar
Célèbres courses sur la plage qui attirent chaque année des milliers de spectateurs et de parieurs. Les courses sont divisées en deux séries de trois jours. Elles se déroulent à marée basse sur le sable mouillé, entre la plage du Bajo de Guía à Sanlúcar et la Punta del Espíritu Santo à Las Piletas, en amont du Guadalquivir, face au parc de Doñana. Leur longueur varie de 1 à 2km.
Sanlúcar de Barrameda

Feria de Málaga
Passe pour la meilleure d'Andalousie. Le jour, les rues s'animent de spectacles et de concerts, et la nuit, on s'entasse dans les bus spéciaux ralliant le champ de foire du Cortijo de Torres, à 4km du centre
Malaga Mi-août

Fiestas de Pedro Romero
Festival de *cante grande* et corrida goyesque.
Ronda Fin août-début sept.

SEPTEMBRE

Fiestas de la Virgen de la Luz
Le temps d'assister à des défilés équestres et de participer à des repas traditionnels en journée, il est déjà l'heure de faire la fête jusque tard dans la nuit.
Tarifa Une semaine à partir du 1er dim. de sept.

Biennale de Flamenco
Pendant un mois, elle accueille les plus grands artistes du chant, de la guitare et de la danse. Quelque 70 spectacles, plus de 100 000 spectateurs.
Séville Les années paires

Fiestas de la Vendimia
Ces fêtes des Vendanges célèbrent les saints patrons de la ville, la fin des vendanges, les chevaux et le flamenco. D'immenses parades équestres ont lieu sur la Plaza del Arenal.
Jerez de la Frontera

JOURS FÉRIÉS

Attention : lorsqu'un jour férié tombe un dimanche, il arrive souvent qu'il passe au lundi qui suit.

TRANSPORTS

ALLER EN ANDALOUSIE

EN AVION

Certaines compagnies proposent des vols directs vers Séville et Málaga. Sinon, la plupart des grandes compagnies aériennes font escale à Madrid ou Barcelone.

Iberia
Au départ de Paris, Iberia dessert Grenade, Málaga, Almería et Séville avec escale à Madrid.
901 11 15 00 (infos et rés.) ou 0825 80 09 65 (de France) www.iberia.com

Air Europa
De Paris-CDG, 3 vols directs par jour à destination de Málaga (2h35).

01 42 65 08 00 (de France) ou 911 40 15 01 (d'Espagne) www.aireuropa.com

Transavia

Liaisons directes de Paris vers Málaga et Séville. Fréquences variables selon la saison.

0892 058 888 www.transavia.com

Vueling

Vols directs pour Séville et Málaga au départ de Lyon, Nantes et Paris-Orly, toute l'année.

0899 232 400 www.vueling.com

EasyJet

Vols de Paris CDG vers Málaga.

0820 42 03 15 www.easyjet.com

EN TRAIN

Plusieurs TGV partent chaque jour de Paris-Montparnasse vers Irun, à la frontière espagnole, où ils sont relayés par des correspondances pour Madrid (puis train à grande vitesse vers Cordoue et Séville). De Paris, comptez une bonne journée de trajet. Sinon, liaison TGV de Paris-Gare de Lyon à Barcelone en 6h30 (dès 39€). De Barcelone, correspondance pour Séville (5h30 de trajet, 70-110€), Cordoue (4h30, env. 80€) ou Málaga (5h50, 85€).

SNCF

3635 www.voyages-sncf.com

Renfe

912 32 03 20 www.renfe.com

Iberrail

Centrale française de réservation pour la vente de billets de train vers l'Espagne.

01 40 82 63 63 www.iberrail-france.fr

Pass Interrail

Les compagnies de trente pays se sont unies pour proposer deux pass, Global Pass et One Country Pass, permettant de voyager en 1re ou en 2de classe sans limite de trajets en dehors de son propre pays.

www.interrail.eu

EN CAR

Flixbus

Trois cars partent chaque mar., mer. et jeu. de Paris-Seine à destination de Málaga. Comptez 100€ l'aller simple pour un adulte pour plus d'une journée de trajet.

08 90 24 29 70 www.flixbus.fr

BlaBlaBus

Voyages en autocar dans toute l'Europe à partir de nombreuses villes de France. Comptez 84€ pour un Paris-Séville.

www.blablabus.fr

TRANSPORTS LOCAUX

VOITURE ET MOTO

Code de la route

Les **limitations de vitesse** en Espagne sont fixées à 120km/h sur autoroute, 100 sur les nationales et 50 en ville. Si vous êtes victime ou témoin d'un accident de la route, le numéro d'**assistance** est le 112.

En ville

La conduite dans les grandes villes du sud de l'Espagne tient souvent du cauchemar : trafic intense, absence de stationnement, multiples sens uniques viendront à bout des tempéraments les plus patients, surtout à Séville, Cordoue, Cadix et Grenade. Sachez que les **bandes bleues** indiquent les zones où le paiement d'un parcmètre en journée est obligatoire. Les **bandes jaunes** désignent une interdiction de stationner.

Location de véhicules

Pour louer un véhicule en Espagne, il faut être âgé de plus de 21 ans, voire 23, et être titulaire du permis de conduire depuis un an, parfois deux, la carte bancaire étant le plus souvent de rigueur. Vous trouverez les incontournables compagnies de location internationales (Avis, Hertz, etc.) dans les aéroports, certaines gares et dans les centres touristiques.

CAR

C'est un moyen de transport très pratique, avec des départs réguliers et des horaires bien respectés. En plus des principales villes andalouses, aucun village n'échappe en effet aux mailles du réseau formé par les nombreuses compagnies locales. Sur les grandes lignes, la plupart des véhicules sont équipés de toilettes, d'un système de climatisation et d'un projecteur de vidéos. Attention à bien vérifier les horaires avant de vous aventurer au fin fond des montagnes, surtout le week-end, où les départs se font plus rares. Si les prix sont comparables à ceux du train, en particulier pour les petites et moyennes distances, ils sont souvent plus économiques pour les longs parcours.

Damas
Basée à Huelva, la compagnie Damas dessert toute l'Andalousie (réserver par téléphone ou sur internet)
959 25 69 00 www.damas-sa.es

Socibus
Basée à Madrid, Socibus est une compagnie low cost qui dessert toute l'Espagne (réservations par téléphone ou par internet)
902 22 92 92 www.socibus.es

Gares routières

Almería
Plaza de la Estación 955 03 86 65
www.ctal.es

Baeza
Avenida Puche Pardos, 1 953 74 24 53

TABLEAU KILOMÉTRIQUE

	Séville	Almería	Cadix	Cordoue	Grenade	Huelva	Jaén
Almería	419						
Cadix	129	462					
Cordoue	145	328	263				
Grenade	262	162	297	164			
Huelva	95	508	218	238	350		
Jaén	247	220	365	108	95	341	
Málaga	218	205	256	161	129	305	203

Cadix
(plan 5, D3) Avenida de Astilleros ☎ 956 25 74 15 www.estacionautobusescadiz.es

Cordoue
(plan 8, A1) En face de la gare ferroviaire ☎ 957 40 40 40 www.estacionautobusescordoba.es

Grenade
Nombreuses liaisons quotidiennes avec Cordoue, Séville et Málaga
(hors plan 10 par A1) Avenida de Juan Pablo II 3km au nord-ouest du centre-ville, sur la route de Jaén ☎ 902 42 22 42

Huelva
Avenida Doctor Rubio ☎ 902 11 44 92

Jaén
Avenida de Madrid, 24 En plein centre-ville ☎ 953 23 23 00

→ Séville

Plaza de Armas
(plan 2, C3) Séville ☎ 955 03 86 65 www.autobusesplazadearmas.es

Prado de San Sebastián
(plan 3, B1) ☎ 955 47 92 90

Tarifa
Calle Batalla del Salado Tarifa ☎ 956 68 40 38

Úbeda
Calle San José À l'entrée de la ville, à côté de l'Hospital de Santiago ☎ 953 47 08 85

TRAIN

Le réseau

L'Espagne est dotée d'un vaste réseau ferroviaire, parmi les plus économiques d'Europe, administré par la **Renfe**. À titre indicatif, le trajet Séville-Grenade en 2de classe revient à env. 30€, Séville-Barcelone de 44 à 117€, selon le type de train, et Cadix-Jerez de 6,25 à 14,90€. Les trains espagnols sont confortables, ponctuels et assez rapides ; bref, très agréables. L'Andalousie est également desservie par un train à grande vitesse : l'**AVE** (Alta Velocidad Española) relie Séville à Cordoue (42min, à partir de 30,40€), avant d'atteindre Madrid (de 59,10 à 76,30€), à près de 250km/h de moyenne. Le service est très soigné, on se croirait presque dans un avion !

Renfe
☎ 912 32 03 20 www.renfe.com

Iberrail
Pour réserver ses billets de France.
14, rue Bruno-Coquatrix 75009 Paris ☎ 01 40 82 63 63 www.iberrail-france.fr

Gares

Almería
Trains directs de Grenade et Séville
Plaza de la Estación ☎ 912 432 343

Cadix
Liaisons avec Jerez et Séville
(plan 5, D3) Plaza de Sevilla ☎ 912 32 03 20 (infos gare) ou 912 43 23 43 (réservations) www.renfe.es

Cordoue
30 à 40 liaisons quotidiennes avec Séville en AVE., 15 trains/j. vers Málaga, 3 vers Grenade
(plan 8, A1) Glorieta de la Tres Culturas ☎ 902 32 03 20

Grenade
Liaisons vers Cordoue, Málaga et Madrid
(hors plan 10 par A1) Avenida de Andaluces, 20 1,5km à l'ouest du centre-ville ☎ 912 43 23 43

Jaén
4 trains/j. pour Séville (3h), et autant pour Cordoue (1h40) et Madrid (3h45)
Plaza Jaén por la Paz, s/n ☎ 902 43 23 43 www.renfe.es

Séville
Liaisons ferroviaires avec Madrid et les principales villes andalouses L'AVE met Séville à 40min de Cordoue
(hors plan 3 par B1) Estación de Santa Justa

TRANSPORTS URBAINS

Bus

Les grandes villes d'Andalousie possèdent toutes un réseau de bus urbains. Surtout destiné aux liaisons entre le centre-ville et les quartiers périphériques, il se révèle peu pratique pour visiter la ville. Vous serez donc peu amené à utiliser les bus urbains, à de rares exceptions près : pour vous rendre à la plage de Cadix du centre-ville, au parc de la Feria situé en périphérie de Séville, pour monter sans effort au sommet de l'Alhambra ou de l'Albaicín à Grenade. Par ailleurs, les bus relient les centres-villes aux gares routières et ferroviaires.

Taxis

On les trouve aux stations de taxis ou bien on les hèle, à condition qu'ils portent la mention **"libre"** (lumière verte allumée). Comptez 0,91€/km en moyenne le jour et 25 à 55% de plus la nuit ainsi que les jours fériés. Attention, il vaut mieux éviter de prendre le taxi pour les petites distances, car toutes les courses comprennent un **forfait minimum** (prise en charge, de 3,60 à 5,62€ selon le jour et l'heure). Le **pourboire** est facultatif mais apprécié.

SUR PLACE

ARGENT

MONNAIE

L'**euro** est, bien sûr, la monnaie nationale espagnole, sauf à Gibraltar ! Sur l'enclave britannique, la devise officielle est la **livre de Gibraltar (GIP)**, interchangeable avec la livre sterling. Même si vous pouvez payer à peu près partout en euros...

CARTES BANCAIRES

Les cartes Visa, Mastercard et American Express sont acceptées par la grande majorité des hôtels et restaurants. En revanche, dans les pensions et les petits bars-restaurants, demandez toujours s'il est possible de payer par carte (*tarjeta de crédito*), surtout à la campagne. **En cas de perte ou de vol**, contactez les numéros suivants :

Visa
900 99 11 24

Mastercard
900 97 12 31 www.mastercard.com

American Express
00 33 1 47 77 72 00 (France depuis l'Espagne) ou 900 81 45 00
www.americanexpress.com

Serveur interbancaire d'opposition
Serveur français où l'on peut faire opposition en cas de perte ou de vol d'une carte bancaire, quelle que soit la carte.
0892 705 705 (0,34€/min)

DÉCALAGE HORAIRE

L'Espagne se trouve sur le fuseau horaire GMT+1 (GMT+2 en été), comme la France.

HANDICAPÉS

Les aménagements spécifiques se multiplient mais, cependant, les rues pavées et étroites, les immeubles aux couloirs minuscules, souvent sans ascenseur, compliquent encore le quotidien des personnes à mobilité réduite. Le site Internet de l'office de tourisme espagnol (www.spain.info) met à disposition des petits guides des établissements accessibles classés par type.

Fundación Once

Cet organisme très présent en Espagne tend à améliorer l'intégration sociale des personnes handicapées et l'accessibilité générale.
www.fundaciononce.es

Cocemfe

Asociaciones de Personas con Discapacidad : organisation non gouvernementale et à but non lucratif, pour la défense des droits et l'amélioration de la qualité de vie des personnes handicapées.
www.cocemfe.es

Discapnet

Ce site présente des informations sur l'accessibilité des plages pour les personnes handicapées.
www.discapnet.es

www.minusval2000.com/ ocioadaptado

Site privé qui recense des hôtels, restaurants et autres lieux accessibles aux personnes handicapées.

HORAIRES

L'Espagne du Sud, c'est officiel, est sur le même fuseau horaire que la France. Mais ne vous faites pas trop à cette idée, car sinon c'est le choc assuré. Outre des horaires de **repas** très particuliers (cf. Vivre à l'heure espagnole), les Espagnols respectent la *siesta* entre 14h et 17h (18h en été). Le soir, en fin de semaine, les **bars** se remplissent à partir de 22h pour les tapas et vers 1h du matin pour un verre. Pour les boîtes de nuit, il faudra attendre 3 à 4h du matin ! En ce qui concerne les horaires des établissements publics, les **banques** sont generalement ouvertes du lun. au ven. de 9h à 14h et parfois le jeu. jusqu'à 17h. Les bureaux des **administrations** ferment à 14h. De leur côté, les **grands magasins** ouvrent sans interruption du lun. au sam. de 10h à 22h, mais un certain nombre de boutiques ferment à l'heure du déjeuner (de 14h à 17h) et le sam. après-midi. Quelques magasins sont ouverts le dim. Les **musées**, **sites touristiques** et les **offices de tourisme** ouvrent habituellement du mar. au sam. de 9-10h à 13-14h et de 16h à 18-19h, le dim. et les j. fériés de 9h à 14h. Les **monuments** les plus importants restent ouverts aussi à

VIVRE À L'HEURE ESPAGNOLE

Le **petit déjeuner** (*desayuno*) consiste souvent en un simple café. Vers 11h-12h, on prend une collation, composée en général d'un café et de tartines grillées (*tostadas*), ou d'une bière avec une omelette (*tortilla*) ou un sandwich (*bocadillo*). Vers 14h-15h, on s'attable pour le vrai **déjeuner**, le repas le plus copieux de la journée, *el almuerzo* ou *la comida*. En fin de journée, vers 18h, on peut boire un café et manger une pâtisserie pour le **goûter**, la *merienda*. Vers 20h, c'est l'heure de l'**apéritif** : l'occasion de boire un verre et de grignoter quelques tapas. Le **dîner** (*cena*) ne débute pas avant 21h, et se prolonge jusqu'à 23h-0h, surtout en fin de semaine.

l'heure du déjeuner (c'est-à-dire 14h-16h). Le lun. est traditionnellement jour de relâche.

OFFICES DE TOURISME

Almería
Plaza de la Constitución ☎ 950 21 05 38 ou 950 27 08 48 www.turismodealmeria.org ⌚ Mi-sept.-fin juin : lun. 9h30-14h, mar.-ven. 9h30-14h et 16h-18h30, sam. 10h-14h et 16h-18h30, dim. et j. fér. 10h-14h ; fin juin-mi-sept. : lun. 10h-14h, mar.-sam. 10h-14h et 18h-20h, dim. 10h-14h

Antequera
Calle Encarnación, 4 ☎ 952 70 25 05 www.turismo.antequera.es ⌚ Lun.-sam. et j. fér. 9h30-19h, dim. 10h-14h

Aracena
Calle Pozo de la Nieve ⌚ Tlj. 10h-14h et 16h-18h

Baeza
Plaza del Pópulo ☎ 953 77 99 82 ⌚ Lun.-ven. 9h-19h30, w.-e. et j. fér. 9h30-15h

Cadix
(plan 5, C2) Paseo de Canalejas ☎ 956 24 10 01 www.turismo.cadiz.es ⌚ Hiver : lun.-ven. 8h30-18h30 ; été : lun.-ven. 9h-19h, w.-e. et j. fér. 9h-17h

Carmona
Alcázar de la Puerta de Sevilla ☎ 954 19 09 55 www.turismo.carmona.org ⌚ Lun.-sam. 10h-18h, dim. et j. fér. 10h-15h ; juil.-août : lun.-ven. 9h-15h, w.-e. et j. fér. 10h-15h

Cazorla
Plaza de Santa María Cazorla ☎ 953 71 01 02 www.cazorla.es ⌚ Nov.-mars : mar.-dim. 9h30-13h30 et 16h-19h ; avr.-juil., sept.-oct. : mar.-dim. 9h30-13h30 et 16h-20h ; août : tlj. 9h30-13h30 et 16h-20h

Turismo en Cazorla
Agence privée, bonne source d'informations
Paseo del Santo Cristo, 11 ⌚ Lun.-sam. 10h-14h et 17h-19h

Cordoue
(plan 8, B4) Plaza del Triunfo ☎ 957 20 17 74 www.turismodecordoba.org ⌚ Lun.-ven. 9h-19h, w.-e. et j. fér. 9h30-14h30

Écija
Plaza de España ☎ 955 90 29 33 www.turismoecija.com ⌚ Mi-juin-mi-sept. : tlj. 10h-14h ; mi-sept.-mi-juin : lun.-sam. 10h-14h et 17h-19h, dim. 10h-14h

El Rocío
Calle Muñoz y Pavón, 1 ☎ 959 02 66 02 ⌚ Lun.-ven. 10h-14h

Gibraltar
John Mackintosh Square, 13 ☎ 20 04 50 00 www.visitgibraltar.gi ⌚ Lun.-ven. 9h-16h30 (jusqu'à 15h de nov. à mars), sam. 10h-15h, dim. et j. fér. 10h-13h

Grenade
L'office de tourisme principal.
(plan 10, A2) Calle Cárcel Baja, 3 ☎ 958 24 71 28 www.turgranada.es ⌚ Lun.-sam. 10h-19h, dim. 10h-15h

Huelva
Calle Jesús Nazareno, 21 ☎ 959 65 02 00 www.andalucia.org ⌚ Lun.-ven. 9h-19h30, w.-e. et j. fér. 9h30-15h

Jaén
Calle Maestra, 8 ☎ 953 19 04 55 www.turjaen.org ⌚ Lun.-ven. 9h-19h30, w.-e. et j. fér. 9h30-15h

Jerez de la Frontera
Plaza del Arenal ☎ 956 33 88 74 www.turismojerez.com ⌚ Lun.-ven. 8h30-14h et 16h30-18h, w.-e. et j. fér. 9h30-14h30

Málaga
(plan 6, B3) Plaza de la Marina ☎ 951 92 60 20 www.malagaturismo.com ⌚ Nov.-mars : tlj. 9h-18h ; avr.-oct. : tlj. 9h-20h

Marbella
Avenida Fontanilla ☎ 952 76 87 60 www.marbella.es ⌚ Tlj. 10h-21h (20h en hiver)

Osuna
Plaza Mayor 3 ☎ 954 81 58 51 www.osuna.es ⌚ Mi-juin-mi-sept. : mar.-dim. 9h30-14h30, jeu. 9h30-14h30 et 19h-21h ; mi-sept.-mi-juin : mar.-dim. 10h-14h et 17h-20h

Palos de la Frontera
Paraje de La Rábida ☎ 959 49 46 64 ⌚ Mar.-ven. 12h-14h

Ronda
Paseo de Blas Infante ☎ 952 18 71 19 www.turismoderonda.es ⌚ Lun.-ven. 10h-19h (18h en hiver) ; sam. 10h-17h30, dim. et j. fér. 10h-14h30

Salobreña
Plaza de Goya Salobreña ☎ 958 61 03 14 www.turismosalobrena.com ⌚ Lun.-ven. 9h30-13h30

Séville
(plan 3, C2) Paseo Marqués de Contadero ☎ 955 47 12 32 www.visitasevilla.es ⌚ Lun.-ven. 9h-19h30, sam.-dim. 10h-14h

Tarifa
Paseo de la Alameda ☎ 956 68 09 93 www.tarifaturismo.com ⌚ Hiver : tlj. 10h-14h et 16h-20h ; été : tlj. 10h-20h

Úbeda
Plaza Andalucia ☎ 953 77 92 04 turismodeubeda.com ⌚ Lun.-ven. 9h-19h30, sam. 9h30-15h et 17h-19h30, dim. et j. fér. 9h30-15h

Vejer de la Frontera
Avenida de Los Remedios, 2 ☎ 956 45 17 36 www.turismovejer.es ⌚ Lun.-sam. 10h-14h et 17h-20h, dim. 10h-14h

Zuheros
Plaza de la Paz, 2 ☎ 957 69 45 45 www.zuheros.es ⌚ Mar.-ven. 10h-13h30

PLAGES

Ouverte à la fois sur la Méditerranée et l'Atlantique, l'Andalousie compte des centaines de kilomètres de plages. La côte la plus fréquentée est l'inévitable **Costa del Sol** (vers Málaga). De longues plages de sable brun bondées en été, surtout en août. Le tableau est malheureusement gâché par l'urbanisme sauvage qui sévit depuis des décennies. Le summum du gigantisme est atteint par la station balnéaire de Torremolinos (près de Málaga), avec ses immeubles de 30 étages dont l'ombre envahit la plage dès le début de l'après-midi. Si vous rêvez de calanques isolées et de balades en bord de mer, visitez plutôt les parcs naturels côtiers, comme celui du **Cabo de Gata** (à l'est d'Almería). La **Costa de la Luz**, qui s'étend le long de l'Atlantique entre Huelva et Tarifa, possède les plus belles plages d'Andalousie. Aux abords du **parc de Doñana**, ce sont des kilomètres de sable clair, battus par la houle océanique, qui s'offrent à vous. L'eau est certes un peu moins chaude, mais on y trouve une relative tranquillité en dehors du mois d'août. À noter : l'Andalousie compte quelque 70 plages labellisées Pavillon bleu, propres et bien aménagées (www.blueflag.org).

POURBOIRE

Au **bar** ou au **restaurant**, les prix indiqués comprennent, sauf mention particulière, le service. Le pourboire (*propina*) n'a donc rien d'obligatoire, même s'il est de coutume d'en laisser un. Si le service et l'atmosphère vous sont agréables, n'hésitez pas. 5 à 10% du prix de la consommation semble une bonne moyenne. À noter : le pourboire n'est pas non plus obligatoire dans les **taxis**, mais il est apprécié.

RESTAURATION

BARS À TAPAS ET BARS-RESTAURANTS

La solution la plus économique et la plus chaleureuse : les bars à tapas et les bars-restaurants proposent en général des tapas, des plats et des menus. Vous pourrez y déguster les fameuses **tapas**, souvent présentées derrière une vitrine, à même le comptoir. Un bonheur qui se décline dans toutes les tailles. Ceux qui veulent juste picorer en sirotant leur bière commanderont *una tapa* (un amuse-gueule). Une petite faim, une envie de partager avec votre voisin(e) ? Visez plutôt ***una media ración***. Si vous comptez en faire votre repas, demandez ***una ración***. En commandant 3-4 tapas, deux *media raciones* ou une *ración*, vous vous en tirerez la plupart du temps pour environ 15€. Autre solution : le **menu du jour** (***menu del día***). La plupart des établissements proposent, à midi, cette formule qui ravira les voyageurs à petit budget : entrée, plat, dessert, pour un prix moyen de 10 à 13€. Attention : vérifiez toujours que l'IVA, les boissons et le pain sont bien compris dans le prix. Moins copieux, les ***platos combinados***, ou plats garnis : un assortiment de viande, de poisson ou de charcuterie souvent servi avec des œufs, quelques légumes et des frites. Vous vous contenteriez bien d'un sandwich ? Examinez la liste des ***bocadillos***, souvent inscrite à la craie sur un tableau. Pour les petites faims, la plupart des bars servent aux clients des ***montaditos***, sandwichs miniatures. Les bars sont par ailleurs l'endroit idéal pour prendre son **petit déjeuner** : un café et deux tartines grillées (*tostadas*) dépassent rarement 3€.

RESTAURANTS

Les restaurants proprement dits, plus confortables et au service plus précautionneux, coûtent un peu moins cher qu'en France. Les petits restaurants proposent pour le déjeuner des menus du jour autour de 15€ et parfois à moins de 10€. Quant aux bonnes tables, on s'en tire rarement à moins de 30€ par personne, vin non compris. À noter : nombre de bars-restaurants conjuguent les deux sortes de service : dans la salle du bar et au comptoir, on commande des tapas ou des plats bon marché, et dans la salle de restaurant, au fond, la carte est plus étoffée et les prix plus élevés. Mais bien souvent la cuisine est la même...

SHOPPING

Avec ses prix encore assez avantageux par rapport à d'autres pays européens, le sud de l'Espagne ravira les inconditionnels du shopping. Les grandes villes possèdent évidemment de vastes galeries commerciales et accueillent des marchés animés. Les antiquaires sévillans jouissent d'une excellente réputation. Présents presque partout, les Corte Inglés sont de grands magasins où l'on trouve pratiquement tout. L'endroit idéal pour découvrir les principales marques espagnoles. À noter : les grandes stations balnéaires du Sud, comme Torremolinos et Marbella, sont très propices au lèche-vitrines. Sur la Costa del Sol, les *mercadillos* (petits marchés en plein air) se multiplient pendant l'été. L'Andalousie se distingue en outre par un large choix d'articles artisanaux de qualité, à des prix intéressants.

ARTISANAT

Poterie et vannerie

La poterie et la céramique comptent parmi les produits les plus réputés. L'influence mauresque apparaît avec évidence dans les formes, les couleurs et l'ornementation. Celles-ci sont propres à chaque ville. À Séville (quartier de Triana), Úbeda (province de Jaén), Cordoue, Grenade ou Níjar (province d'Almería), vous pourrez ainsi acheter des pots, des cruches ou des jarres traditionnelles d'une grande qualité. Enfin, la vannerie est très répandue en Andalousie, où l'on fabrique paniers et corbeilles en osier.

Maroquinerie et sellerie

Cordoue est réputée depuis l'ère musulmane pour sa maroquinerie. Grenade et les Alpujarras possèdent d'excellents ateliers de bourrellerie et de sellerie. Tradition équestre oblige, vous pourrez également acheter à Séville ou à Jerez de superbes articles d'équitation (selles, couvertures, filets, bottes ou guêtres).

Tapis

Les villages des Alpujarras (notamment Trevélez et Pampaneira) sont célèbres pour leurs tapis colorés, tissés à la main dans le respect des techniques ancestrales. Les *jarapas*, couvertures de Grazalema (province de Cadix), sont tissées à partir de vieux chiffons ; elles n'ont pas beaucoup changé depuis le temps où elles protégeaient des intempéries les légendaires brigands des montagnes de Ronda.

Vêtements et bijoux

À Cordoue, les bijoux en argent sont une tradition depuis l'ère musulmane, même s'il est désormais difficile d'échapper aux articles un peu kitch destinés aux touristes. Les habits traditionnels des ferias (chapeaux à large bord, pantalons rayés et vestes courtes pour les hommes, robes gitanes pour les femmes) sont des articles très prisés partout en Andalousie.

Instruments de musique

On ne saurait trop recommander aux connaisseurs de jeter un coup d'œil aux ateliers de lutherie traditionnelle. Ils s'émerveilleront à la vue des lignes superbes des guitares classiques ou de flamenco, les plus renommées au monde. Le secret ? Des matériaux d'une grande noblesse (palissandre d'Inde, cèdre du Liban, ébène) et des techniques transmises de génération en génération depuis des siècles. Séville, Grenade, Jerez, Cordoue sont les meilleurs endroits pour acheter ou simplement regarder.

GASTRONOMIE

Si vous souhaitez rapporter des souvenirs gastronomiques, sachez que l'huile d'olive craint la lumière plus encore que la chaleur ; si vous êtes en voiture, transportez-la dans un sac opaque et évitez de la laisser au soleil. Pour les fromages de chèvre, vous ne pourrez rapporter que ceux qui sont conditionnés en bocaux dans de l'huile d'olive, ou les fromages secs.

PROTÉGEZ-VOUS !
Attention aux risques d'insolation et de déshydratation lors des chaudes journées d'été. La consommation régulière de boissons non alcoolisées, l'usage d'une crème solaire à fort indice et le port de lunettes de **soleil** et d'un chapeau à large bord permettront de minimiser les risques. Gare aussi aux **moustiques**, qui sévissent notamment dans les régions marécageuses du bassin du Guadalquivir. Manches longues et répulsifs sont de rigueur.

SPORTS ET LOISIRS

CYCLOTOURISME ET VTT

Un important réseau de chemins vicinaux, pistes et sentiers offre les conditions idéales pour faire du vélo en pleine nature. Aussi bien pour le cyclotourisme le plus tranquille que pour des randonnées sportives à VTT (BTT, *bici todo terreno*). En bord de mer ou dans les montagnes, il est aisé d'organiser de joles promenades. Si elles sont rarement balisées, une bonne carte permet de s'y retrouver. Parmi les plus belles excursions, il faut citer les *vías verdes*, anciennes voies ferroviaires reconverties en chemins de terre battue. Près de Cordoue, dans le parc naturel de la Sierra Subbética, la Vía Verde traverse un paysage de montagne peuplé de vautours. On peut louer des vélos dans la plupart des sites touristiques, en particulier les campings.

www.viasverdes.com
Toutes les coordonnées des itinéraires mentionnés ci-dessus.

ESCALADE ET ALPINISME

Les voies d'escalade (*rutas de escalada*) ne manquent pas. Les plus réputées se trouvent sur les falaises calcaires vertigineuses d'El Chorro (entre Ronda et Málaga), un site de renommée mondiale. Les gorges abruptes de la Sierra de Cazorla (au nord-est de Jaén), de la Sierra de Grazalema (au nord-est de Cadix), de la Sierra Zuheros et de la Sierra de las Nieves (près de Ronda) offrent également de bons sites. La Sierra Nevada, avec ses sommets culminant à plus de 3 400m, se prête bien à l'escalade en été, et à l'alpinisme (*montañismo*) en hiver.

GOLF

Eh oui, l'herbe est bien verte sur les greens de la Costa del Sol, qui regroupe en ce domaine l'infrastructure la plus dense d'Europe : les terrains se comptent par dizaines. La plupart d'entre eux sont accessibles sans carte de membre et jouer sur leurs parcours coûte de 60 à 80€. En revanche, pour pouvoir fouler les fairways du golf de Valderrama à Sotogrande (province de Cadix), il vous en coûtera env. 320€ (en semaine). Votre récompense : vous marcherez dans les pas des plus grands golfeurs du monde, qui s'y sont affrontés en 1997 à l'occasion de la prestigieuse Ryder Cup.

www.golfspain.com
Coordonnées de tous les parcours de golf espagnols et réservation en ligne.

PLONGÉE SOUS-MARINE (*BUCEO*)

Les fonds océaniques de l'ouest de l'Andalousie, avec leurs puissants courants et leur visibilité réduite, s'y prêtent peu. Les eaux chaudes et limpides de la Méditerranée se révèlent plus propices à cette activité. Possibilité de louer du matériel sur place, à condition de posséder les brevets adéquats, et d'obtenir les autorisations nécessaires auprès de la fédération locale. De nombreux clubs organisent des stages et des sorties à la journée. Le meilleur endroit de la région est sans conteste le littoral du Cabo de Gata, sauvage et préservé. Autre site réputé : le Castell de Ferro, près d'Almuñécar.

Federación Andaluza de Actividades Subacuáticas
Fédération andalouse de plongée.
Playa de las Almadrabillas, 10 04007 Almería ☎ 950 27 88 24 faas.com.es

www.fedas.es
Le site de la fédération nationale traite de l'actualité de la plongée sous-marine à travers tout le pays.

www.112buceo.com
Autre site spécialisé.

RANDONNÉE

Les régions montagneuses de l'arrière-pays recèlent des merveilles de nature sauvage et de villages retirés : un aspect essentiel de la région, peu connu des touristes étrangers. L'Andalousie est parcourue de chemins de petite randonnée (PR®) et de grande randonnée (GR®) entretenus et balisés et souvent superbes. Le **GR®7**, sentier transeuropéen qui relie la Grèce à l'Andalousie, part d'Almaciles, au nord-est de Grenade. Il se divise ensuite en deux branches, qui traversent respectivement la province de Jaén et les Alpujarras. Le **GR®10**, autre chemin européen, sillonne également les environs. Les **parcs naturels** de Cazorla (au nord-est de Jaén), de la Sierra de Aracena (au nord de Huelva), de la Sierra de Grazalema (à l'est de Cadix), de la Sierra Subbética (au sud de Cordoue) ainsi que les Alpujarras et la Sierra Nevada dans la province de Grenade offrent des balades balisées adaptées à tous les niveaux, de la promenade familiale jusqu'au trekking d'une semaine en autonomie complète. Les offices de tourisme locaux sauront vous conseiller sur les itinéraires les mieux adaptés à vos attentes. Prévoyez de préférence de randonner au printemps ou à l'automne. Quant au relief de **haute montagne** en Sierra Nevada, il n'est praticable à coup sûr que de juin à septembre. Les amateurs de défis s'attaqueront au plus haut sommet de la péninsule : le Mulhacén (3 481m) : du sommet, on aperçoit par temps clair le continent africain... À vos chaussures ! Pas mal non plus, le parc naturel côtier du Cabo de Gata (à l'est d'Almería), avec ses **sentiers littoraux** qui serpentent de calanque en calanque. Les cartes fournies par les centres d'information étant souvent insuffisantes, procurez-vous les **cartes IGN** correspondant à la région concernée. Les topo-guides (*topoguías*) édités par la **Fédération andalouse de randonnée** sont également très bien faits ainsi que les *mapas excursionistas* publiées par Alpina.

Federación Andaluza de Montañismo
Calle Santa Paula, 23 2e étage 18001 Grenade ☎ 958 29 13 40
www.fedamon.com

Reserva Tu Visita
Centrale de réservation en ligne de toutes les randonnées accompagnées

organisées dans les espaces naturels d'Andalousie. Très bien fait.
reservatuvisita.es

SKI

Deux sites de ski en Andalousie : la station de la Sierra Nevada (107km de pistes), à Pradollano, au sud-est de Grenade, et celle de Puerto de la Ragua (37km de pistes, ski de fond uniquement), un peu plus à l'est. Les domaines jouissent de conditions de neige tout à fait correctes et sont praticables de décembre à mai.

ATUDEM
Rassemble les informations sur les stations de ski, l'enneigement et la météo.
958 24 91 16 www.atudem.es

www.sierranevada.es
Tout sur la Sierra Nevada : ski, randonnée, VTT, hébergement...

www.puertodelaragua.com
Actualités, plans et état d'enneigement de la station.

SPORTS NAUTIQUES

Du ski nautique au jet-ski, en passant par le catamaran et la croisière au long cours... il y en a pour tous les goûts, en particulier dans les innombrables marinas des grandes stations touristiques. Les amateurs de planche à voile et de kitesurf ne manqueront pas d'aller à Tarifa, spot mythique, Mecque du funboard.

Real Federación Española de Vela
C/ Luis de Salazar, 9 28002 Madrid
942 22 62 98 www.rfev.es

TÉLÉPHONE

PORTABLES

Si vous désirez utiliser votre portable, assurez-vous avant de partir que l'option internationale est comprise dans votre abonnement. Notez que depuis juin 2016, les appels à l'intérieur de l'espace européen ne sont plus surtaxés.

APPELS NATIONAUX

Tous les numéros espagnols comportent 9 chiffres, à composer intégralement, quel que soit l'endroit d'où l'on appelle en Espagne. Tous les numéros fixes commencent par 9. Les deux ou trois premiers chiffres de chaque numéro forment l'**indicatif de la province** (Séville : 954, Málaga : 952, Cadix : 956, etc.). Les numéros commençant par 900 sont gratuits. Les numéros commençant par 6 correspondent à des numéros de portables.

Pages jaunes
www.paginasamarillas.es

Pages blanches
http://blancas.paginasamarillas.es

APPELS INTERNATIONAUX

Pour appeler **de la France vers l'Espagne**, composez l'indicatif international 00 puis le 34 (code de l'Espagne) suivi du numéro à 9 chiffres de votre correspondant espagnol. Pour appeler **de l'Espagne vers la France**, composez le 00 puis le 33 suivi du numéro de votre correspondant (sans le 0 initial). Pour appeler à l'étranger en **PCV** d'Espagne : composez, d'une cabine, le 900 99 00 + code du pays que vous désirez appeler. Vous serez alors connecté à un opérateur dans le pays choisi. Les codes des pays sont généralement affichés dans les cabines.

URGENCES

Le Service des urgences (SEU), le **112**, fonctionne dans tout le pays pour les urgences médicales, la police et les pompiers, et il centralise tous les autres appels. Dans les hôpitaux et cliniques, les **services d'urgences** (*urgencias*) espagnols fonctionnent bien et assurent une prise en charge efficace des patients. Pensez toujours à emporter avec vous une photocopie de votre assurance maladie, et la **carte européenne de santé** pour les ressortissants européens. En cas de tracas de moindre gravité, voir les **pharmacies de garde** (*farmacias de guardia*). Les coordonnées de la pharmacie de garde du quartier figurent en vitrine de celles qui sont fermées.

Emergencias (Urgences)
Pour toute l'Espagne :
112

LA CARTE EUROPÉENNE DE SANTÉ

Délivrée gratuitement sur demande par votre centre de sécurité sociale (ou sur ameli.fr), elle permet aux ressortissants de l'UE de bénéficier d'une couverture médicale dans tous les pays membres qu'ils visitent. Cette carte couvre vos frais de santé pour des soins dispensés par des médecins et organismes publics sur place et vous évite de payer.

US ET COUTUMES

Les Espagnols, notamment les jeunes, aiment s'habiller pour sortir faire la fête, et ne rechignent pas sur les marques. Le chic décontracté ouvre toutes les portes ou presque, avec une réserve pour les chaussures de sport. Bon à savoir si vous voulez être sûr d'entrer en boîte de nuit. Avis aux femmes : le machisme légendaire du mâle espagnol n'est pas qu'une légende. Regards appuyés et commentaires déplacés peuvent surprendre. Le bronzage seins nus est très répandu sur les plages des grandes stations balnéaires. Ailleurs, procéder avec discernement. Enfin, en Andalousie, on est un peu économe en salutations, remerciements et autres politesses. Une particularité à ne surtout pas interpréter comme du mépris ou de l'arrogance.

23

Hébergements

Porte d'une maison traditionnelle

SE LOGER

Comme toutes les régions touristiques, l'Andalousie offre un large choix d'hébergements. Il n'est pas rare de trouver, notamment dans les petites villes et à la campagne, des hôtels et chambres d'hôtes de charme à prix raisonnable. Quant à la fameuse chaîne Parador, elle offre aux plus chanceux la possibilité de dormir dans des lieux exceptionnels.

SAISONS ET PRIX

Le sud de l'Espagne compte trois saisons : basse (*temporada baja*), moyenne (*temporada media*) et haute (*temporada alta*). Seule la basse saison, de novembre à février, est la même partout, hors fêtes de fin d'année et fêtes locales. La moyenne saison correspond aux périodes les moins animées d'avril à octobre : juillet à Cordoue, avril-début juin à Tarifa et dans les régions de montagne par exemple. La haute saison (réservation indispensable) concerne en général la Semaine sainte, les grandes fêtes locales, les vacances d'été (sauf à l'intérieur des terres où la chaleur est torride : Séville, Grenade, Cordoue) et souvent les fêtes de fin d'année. Attention, les prix indiqués par les établissements n'incluent pas toujours l'IVA (TVA locale) de 10%.

CAMPINGS

Ouverts généralement d'avril à octobre, bien équipés, les campings d'Andalousie proposent des tarifs raisonnables. Mais ils sont souvent excentrés et situés au bord des grands axes. Le camping sauvage est rarement toléré et interdit dans les parcs naturels et sur la plupart des plages.

AUBERGES DE JEUNESSE

Les *albergues juveniles* sont assez nombreux (une vingtaine en Andalousie) et bon marché. Ces auberges de jeunesse sont en général affiliées à l'Inturjoven : carte de membre obligatoire (voir Affiliation ci-après) et réductions pour les moins de 26 ans. Inconvénients, elles sont souvent excentrées et imposent parfois des horaires stricts de couvre-feu. Une carte de membre du réseau International Youth Hostel Federation (IYHF) est en principe obligatoire pour avoir accès aux auberges de jeunesse. Il s'agit pour les Français de la carte FUAJ (Fédération unie des auberges de jeunesse). Valable pour l'année en cours, elle coûte 2€ sans limite d'âge. Certaines auberges de jeunesse indépendantes n'exigent pas la carte du réseau.

INTURJOVEN ☎ 955 18 11 81 www.inturjoven.com **FÉDÉRATION UNIE DES AUBERGES DE JEUNESSE (FUAJ) PARIS** 27, rue Pajol 75018 ☎ 01 44 89 87 27 www.hifrance.org **LAJ (BELGIQUE FRANCOPHONE) BRUXELLES** Pl. des Martyrs, 10 1000 ☎ 02 219 56 76 www.lesaubergesdejeunesse.be **SCHWEIZER JUGENDHERBERGEN ZURICH** Schaffhauser strasse, 14 ☎ 44 36 01 414 www.youthhostel.ch **FONDATION TOURISME JEUNESSE MONTRÉAL** 3514, av. Lacombe H3T 1M1 ☎ 514 731 1015 www.ftj-ytf.org

PENSIONS

Hormis les AJ et les campings, les adresses les plus économiques sont les pensions, *pensiones* ou *hostales* en espagnol. Elles désignent aussi bien la vieille pension de famille délabrée que des établissements neufs qui se rapprochent d'un hôtel 2 étoiles. Les prix débutent à environ 35€ (incluant rarement le petit déjeuner) pour une double de confort rudimentaire et à la propreté variable sans salle de bains indépendante. Pour 35 à 45€, la chambre est équipée d'une salle d'eau dotée d'une douche (*ducha*) ou même d'une baignoire (*baño completo*). Le prix est négociable, surtout si l'on reste plusieurs nuits. De 45 à 65€, il s'agira d'une pension de caractère très bien située ou bien d'un établissement récent au profil d'un 2-étoiles.

HÔTELS

L'appellation “hôtel” recouvre un vaste éventail de catégories, qui vont du bouge miteux au palace. Certes, comme partout, les hôtels comptent de 1 à 5 étoiles mais mieux vaut ne pas trop s'y fier, notamment pour les établissements modestes. En payant de 45 à 55€ pour une chambre double, vous aurez en général une chambre basique mais propre. À partir de 60-70€, surtout en basse saison et encore plus dans les petits villages, il n'est pas rare de tomber sur des hôtels de caractère installés dans des demeures anciennes. Enfin, si vous disposez de 100€ ou plus par nuit, optez pour l'un de ces lieux secrets et intimistes, véritables joyaux dans leur écrin de vieilles pierres, dont regorge l'Andalousie plutôt que pour un hôtel international et impersonnel.

HÔTELS PARADOR

Ce réseau hôtelier contrôlé depuis le début du 20e s. par l'État espagnol rassemble des hôtels de grand standing, souvent exceptionnels par leur architecture ou leur cadre. Bâtiments classés Monuments historiques, décoration raffinée, service haut de gamme et restaurants gastronomiques : le tout reste relativement accessible, puisque le prix des doubles débute à env. 100€ sans le petit déjeuner. Attention cependant, parmi les Parador construits récemment, on trouve des hôtels finalement bien ordinaires.

PARADORES DE ESPAÑA ☎ **913 74 25 00**
www.parador.es

LOCATION D'APPARTEMENTS

Une solution souvent pratique pour de longs séjours dans les grandes villes, notamment à Séville. La location d'un appartement pendant plusieurs jours voire une semaine revient souvent moins cher que l'hôtel, à confort égal. Les grandes villes et les stations balnéaires comptent chacune plusieurs centrales de location.

WWW.RENTALIA.ES

GÎTES ET CHAMBRES D'HÔTES

Le tourisme rural s'est beaucoup développé dans le sud de l'Espagne. Le réseau est particulièrement dense dans les Alpujarras (province de Grenade) et l'arrière-pays de la Costa del Sol (province de Málaga). Les *casas rurales* sont des gîtes (location de maisons à la semaine) ou des chambres d'hôtes. On parle également d'*alojamiento rural* (logement rural). Les offices de tourisme tiennent à disposition des listes de *casas rurales*, à consulter sur leur site Internet. Ci-dessous, les coordonnées des principales centrales de réservation pour l'Andalousie.

RUSTIC BLUE 958 76 33 81 www.rusticblue.com WWW.ANDALUCIA.ORG WWW.AIRBNB.COM WWW.FOTOALQUILER.COM WWW.RURALIDAYS.FR

SÉVILLE ET HUELVA

SÉVILLE

Hostal Paco's €

Une pension très bien tenue, avec 13 chambres impeccables. Double avec sdb de 45 à 90€. Les propriétaires possèdent un autre hôtel à 200m, Hostal Roma, avec 17 chambres aussi bien équipées, de même prix et de même confort.

SÉVILLE (plan 2, C3 n°60) Calle Pedro del Toro, 7 954 21 71 83 www.hostal-pacos.com

Hostal Macarena €

Une bonne surprise, au cœur des quartiers populaires du vieux Séville, près de la Macarena. Cette pension familiale offre 16 chambres climatisées, un peu bruyantes en fin de semaine. Double avec sdb partagée 59€.

SÉVILLE (plan 2, B1 n°61) Calle San Luis, 91 954 37 01 41 www.hostalmacarenasevilla.com

Hotel Don Pedro €

Près de la Plaza de los Terceros et de l'église Santa Catalina. Un très bel hôtel dans une demeure aristocratique du 18e s. qui a été restaurée à la perfection. Les 22 chambres sont confortables, lumineuses et agréablement décorées. Les plus chères disposent d'une grande terrasse privée. Chambre double de 42 à 130€. Pas de petit-déj.

SÉVILLE (plan 2, C1 n°62) Calle Gerona, 24 954 29 33 33 www.hoteldonpedro.net

Hotel Maestranza €€

Dans un quartier agréable, en lisière d'El Arenal, au sud de la Plaza Nueva. Bon accueil. Les 17 chambres sont grandes et impeccables. Celles qui donnent sur l'intérieur sont assez calmes. Double 145€ en haute saison. Pas de petit déj.

SÉVILLE EL ARENAL (plan 3, A3 n°50) Calle Gamazo, 12 954 56 10 70 www.hotelmaestranza.es

Hotel Sevilla €€

À deux pas du centre, sur une agréable petite place dominée par l'église San Andrés. Les 30 chambres sont correctes et bien équipées. Certaines donnent sur le patio luxuriant, d'autres ont un balcon qui ouvre sur la place, notamment la 31 et la 32 avec terrasse. Double de 50 à 150€.

SAISON EXTRA

Attention, à Séville, les établissements doublent (parfois triplent) leurs tarifs lors de la Semaine sainte et de la Feria de Abril, périodes considérées non pas comme "hautes", mais "extra". Et il faut réserver très longtemps à l'avance si l'on souhaite assister aux festivités et processions.

SÉVILLE (plan 2, C2 n°63) Calle Daoíz, 5 954 38 41 61 www.hotelsevillaweb.es

Hotel Simón €€

Tout près de la cathédrale c'est l'un des hôtels les plus courus de la ville. Il faut dire que l'édifice est irrésistible, avec son joli patio aux arches ouvragées et sa décoration d'antiquités et d'œuvres d'art. Double de 40 à 160€. Réservation indispensable toute l'année.

SÉVILLE (plan 3, A2 n°51) Calle García de Vinuesa, 19 954 22 66 60 www.hotelsimonsevilla.com

Casa del Maestro €€

L'ancienne maison du célèbre guitariste flamenco Niño Ricardo, typique du 19e s., a été réaménagée par sa famille. Tout autour du patio, des chambres contemporaines qui ont gardé le goût populaire andalou. Double 60-135€ avec petit déj.

SÉVILLE (plan 2, C1 n°64) Calle Niño Ricardo, 5 954 50 00 07 www.lacasadelmaestro.com

Patio de la Cartuja €€

De spacieux appartements tout équipés pour 2, 3 ou 4 pers. donnant sur un lumineux patio agrémenté de géraniums et yuccas. Ils sont situés au calme, à deux minutes seulement de la très vivante place de l'Alameda de Hércules. Appartement pour 2 pers. 100-115€ env. en haute saison (et beaucoup plus pendant la Feria et la Semaine sainte). Parking privé 20€/jour.

SÉVILLE (plan 2, B2 n°65) Calle Lumbreras, 8-10 954 90 02 00 www.patiodelacartuja.com

Hotel Amadeus €€€

Un hôtel de grand charme placé sous le signe de la musique. Piano et harpe dans l'entrée, arpèges de guitare qui se mêlent au murmure de la fontaine : un havre de paix doté d'une splendide terrasse donnant sur la Giralda. Double 200€ en haute saison. Petit-déj. 14€, parking privé 24€/j.

SÉVILLE (plan 3, A1 n°52) Calle Farnesio, 6 954 50 14 43 www.hotelamadeussevilla.com

Hotel Convento La Gloria €€€

Cet ancien couvent du 15e s. caché derrière le palais Arzobispal est un petit bijou au cœur de Santa Cruz. Plafonds en marqueterie, deux paisibles patios, azulejos, lampes en fer forgé, foisonnement d'antiquités, un cadre somptueux qui vous transporte quelques siècles en arrière. Double 175€ en haute saison, offres spéciales Semana Santa.

SÉVILLE (plan 3, A2 n°55) Calle Argote de Molina, 26-28 954 29 36 70 www.hotelconventolagloria.es

CARMONA

Hostal Comercio €

Dans la vieille ville, juste à côté de la Puerta de Sevilla. Une partie de cette belle demeure daterait du 15e s. Elle est organisée autour d'un patio aux jolies arches mudéjares. Les chambres sont très simples, mais assez séduisantes et climatisées. Double à partir de 50€.

CARMONA Calle Torre del Oro, 56 954 14 00 18

Hotel Platería €

Admirablement situé dans une ruelle tranquille à deux pas de la place d'Espagne, l'hôtel offre un bon confort et quelques touches colorées dans ses 18 chambres disposées sur quatre étages autour d'un patio couvert. Accès wifi et réduction au parking de la place d'Espagne. Chambre double 60-90€ (120€ pendant la Semaine sainte), petit déjeuner 7€.

ÉCIJA Calle Platería, 4 955 90 27 54 www.hotelplateria.net

Hotel San Pedro €

Dans la ville moderne, à 200m de la Puerta de Sevilla. De grandes chambres tout équipées : salle de bains, clim. et télévision. Le bruit de la rue est bien atténué par le double vitrage. Double à partir de 50€.

CARMONA Calle San Pedro, 1 ☎ 954 19 00 87 www.hotelsanpedro.es

Parador de Carmona €€€

L'un des plus beaux Parador de la région, dans un site superbe : un château médiéval dominant les vastes étendues de la Campiña. Mobilier et décor luxueux, splendide patio, meubles anciens dans les chambres. Double à partir de 110€.

CARMONA Alcázar del Rey Don Pedro ☎ 954 14 10 10 www.parador.es

Hospedería del Monasterio €

Une retraite romantique dans l'ancienne auberge d'un monastère en plein cœur du centre monumental. Les chambres, un peu sombres, sont fraîches, spacieuses, dotées de couleurs chaudes et très confortables. Irrésistible piscine avec vue sur l'église du monastère de la Encarnación. Double 50-90€.

OSUNA Plaza de la Encarnación, 3 (70km au sud-est de Carmona) ☎ 955 82 13 80 www.hospederiadelmonasterio.com

HUELVA

L'hébergement n'est pas le point fort de Huelva. Logez plutôt à Palos de la Frontera ou en bord de mer.

Hotel La Pinta €

Une bonne adresse, à condition d'éviter les chambres donnant sur la rue, assez bruyante. L'établissement est fonctionnel plus que charmant : les équipements frôlent le luxe, surtout pour un hôtel 2 étoiles. Double 65€, petit déj. 7€. L'hôtel dispose également d'un restaurant. Parking public gratuit.

PALOS DE LA FRONTERA Calle Rábida, 79 (13km au sud-est de Huelva) ☎ 959 35 05 11 www.hotellapinta.com

Sercotel Hotel Familia Conde €

À l'est du centre-ville, juste en face du Museo Provincial. Rien d'exceptionnel dans ce 3 étoiles, mais un accueil très professionnel et des chambres agréables. Choisissez plutôt celles donnant sur l'intérieur, ou situées aux étages supérieurs, car l'avenue est assez bruyante le matin. Une bonne adresse dans cette fourchette de prix. Chambre double à partir de 69€ avec petit déj.-buffet, autour de 120€ en août et pendant les fêtes locales, env. 80€ les week-ends de septembre à mai.

Avenida Alameda Sundheim, 14 ☎ 959 28 24 00 www.hotelfamiliaconde.com

Parador de Mazagón €€€

Contrairement à la plupart des hôtels Parador, celui-ci n'occupe pas un monument historique, mais il se distingue par sa situation hors du commun : au bord d'une plage sublime, non loin du parc de Doñana. La plupart des chambres disposent d'une petite terrasse donnant sur la mer. Double 100-320€ selon la saison.

Playa de Mazagón (à 5km de Mazagón dir. Matalascañas) ☎ 959 53 63 00 www.parador.es

EL ROCÍO

Hotel Toruño €

Un hôtel charmant au bord de la lagune sur laquelle certaines chambres offrent une vue inoubliable. Doubles à partir de 70€, petit déj. compris. Pour la Romería, le prix grimpe jusqu'à... 300€ ! Et même à ce tarif, l'hôtel est plein deux ans à l'avance.

Plaza Acebuchal, 22 El Rocío ☎ 959 44 23 23 www.toruno.es

ARACENA

Finca Valbono €€

Splendide halte champêtre dans cet ancien corps de ferme, situé au milieu de la nature dans un calme impérial. Vous aurez le choix entre les chambres du bâtiment principal ou de charmants pavillons avec coin salon et cheminée. À partir de 70€ la double et 90€ pour un pavillon.

ARACENA Carretera de Carbonera (1km au nord de la ville) 959 12 77 11 www.fincavalbono.com

CADIX ET MÁLAGA

CADIX

Hostal Fantoni €

Au cœur de la vieille ville, 12 chambres simples mais impeccables, un patio fleuri et une terrasse sur le toit font le succès de l'endroit. Réservez en été. Double de 45 à 195€ selon la saison.

CADIX (plan 5, C3 n°50) Calle Flamenco, 5 956 28 27 04 www.hostalfantoni.es

Hotel Argantonio €€

Un hôtel charmant, au cœur de la vieille ville. Cette ancienne maison coloniale du 19e s. mêle les styles classique et andalou avec brio. Les 17 chambres – dont une suite – sont modernes et prolongées d'une salle de bains à l'avenant. Une rareté pour Cadix ! À partir de 75€.

CADIX (plan 5, C2 n°51) Calle Argantonio, 3 956 21 16 40 www.hotelargantonio.com

JEREZ DE LA FRONTERA

Nuevo Hotel €

Une très belle demeure du début du 19e s., dont le patio et les couloirs sont décorés de miroirs et de ferronneries. Bon accueil et chambres d'un excellent rapport qualité-prix. Réservation conseillée. Double de 37 à 65€ selon la saison.

JEREZ DE LA FRONTERA Calle Caballeros, 23 956 33 16 00 www.nuevohotel.com Fermé Noël-1re sem. de jan.

Hotel y Pensión San Andrés €

Cet hôtel central se tient au nord-est du marché municipal. Vous trouverez la pension (17 chambres, doubles ou individuelles) d'un côté et l'hôtel (30 chambres) de l'autre. Les chambres de l'hôtel sont toutes climatisées et disposent d'accès wifi. Elles s'avèrent très agréables, comme l'accueil. Chambre double de 40 à 50€ (ou 30-42€ sans sdb privative) selon la saison, 110€ pendant la feria et le Grand Prix moto. Pas de petit déj. Les chambres de la pension s'ordonnent autour d'un joli patio luxuriant qui ne manque pas de cachet.

JEREZ DE LA FRONTERA Calle Morenos, 12-14 956 34 09 83 www.hotelypensionsanandres.com

Posada de Palacio €

Un hôtel au charme irrésistible, aménagé dans l'un des nombreux palais du Barrio Alto. Le patio andalou, le bar installé sur un ancien réservoir d'eau (*aljibe*), les salons communs et les petites terrasses, tout respire la sérénité des vieilles pierres. Double à partir de 60€.

SANLÚCAR DE BARRAMEDA Calle Caballeros, 11 (25km au nord-ouest de Jerez) 956 36 48 40 www.posadadepalacio.com

RONDA ET LES VILLAGES BLANCS

Hostal Casa de las Piedras €

Une vieille maison blanche autour de son patio, dans le centre de Grazalema, et un accueil chaleureux ; une bonne étape dans des chambres rustiques et propres. Double de 50 à 70€.

GRAZALEMA Calle Las Piedras, 32 (30km à l'ouest de Ronda) 956 13 20 14 www.casadelaspiedras.es

Parador Casa del Corregidor €€€

Voilà l'un des plus beaux Parador d'Andalousie. À l'intérieur de ce palais Renaissance se dissimulent un patio aux couleurs chaudes et des chambres de grand luxe : bois noble, œuvres d'art... Double 160€ (230€ avec terrasse).

ARCOS DE LA FRONTERA Plaza del Cabildo (75km à l'ouest de Ronda) 956 70 05 00 www.parador.es

Al Lago €€

Douillettes à souhait, les 5 doubles et la chambre familiale sont tout confort et offrent une jolie vue sur le lac. Un hôtel à taille humaine et subtilement design. Double de 85 à 115€ selon la saison, chambre familiale (3-4 pers.) de 100 à 140€. Petit déjeuner-buffet inclus.

ZAHARA DE LA SIERRA Calle Felix Rodriguez de la Fuente, 11 (36km au nord-ouest de Ronda) 956 12 30 32 ou 662 05 25 53 www.al-lago.es

Alavera de los Baños €€€

Situé au pied de la vieille ville, à côté des bains arabes, ce petit hôtel à la décoration d'inspiration marocaine diffuse une ambiance intimiste et romantique. Installé depuis 1999 dans une ancienne maison paysanne rénovée, il est décoré avec raffinement : tons chauds, poutres apparentes, mobilier ancien et lits douillets cachés derrière de légers voiles. Du jardin, on peut voir les chevaux de la Maestranza. Terrasse ombragée au bord de la piscine. Selon la saison, double 85-120€ (135€ avec terrasse), suite 130-165€. Petit déj. compris.

RONDA Calle Molino de Alarcón, s/n (à côté des bains arabes) 952 87 91 43 www.alaveradelosbanos.com

MARBELLA

Hotel Lima €€

Un bon point de chute à 50m de la Playa de Venus avec des chambres spacieuses, calmes, certaines avec balcon. Double de 93 à 165€ selon la saison. Petit-déj 10€/pers.

MARBELLA Avenida Antonio Belón, 2 (près de l'Avenida Miguel Cano) 952 77 05 00 www.hotellimamarbella.com

Hotel La Fructuosa €€

La maison a eu les honneurs mérités de plusieurs magazines de déco. Tapis marocains, objets chinés, gravures anciennes et équipements haut de gamme font presque oublier la vue fantastique sur le large que l'on découvre des 5 chambres. Double 86-105€ toute l'année avec petit déj. Excellent restaurant (p.157).

GAUCÍN Calle Convento, 67 (67km à l'ouest de Marbella) 671 69 27 84 www.lafructuosa.com

MÁLAGA

Hotel Sur €

Dans la première rue parallèle à l'Alameda Principal, mais très calme. Avec ses chambres spacieuses et confortables, c'est l'un des meilleurs rapports qualité-prix de la ville, l'accueil cordial en prime. Double 80-110€ selon la saison. Réservation indispensable.

MALAGA (plan 6, B3 n°51) Calle Trinidad Grund, 13 952 22 48 03 www.hotel-sur.com

Hostal Tres Soles €

Dans une rue pittoresque proche de la plage l'édifice arbore grilles en fer forgé, azulejos et vigne vierge qui grimpe le long de sa façade. Les 10 chambres sont coquettes et bien équipées. Double 50€ (55€ avec la vue sur la mer), petit déj. inclus.

NERJA Calle Carabeo, 40 (55km à l'est de Málaga) 952 52 51 57 hostal3soles.com

El Ventorro €

Une pension charmante, dans un cadre bucolique. 23 chambres rustiques et agréables, au décor digne d'un film d'Almodóvar : couleurs eclatantes, graphisme inspiré. Double env. 70€, petit déj. inclus. Et, si vous voulez tenter l'expérience, 8 chambres creusées dans la roche (80€ la double, petit déj. inclus). Hammam et bon restaurant (p.177).

ALHAMA DE GRANADA (3km au sud du bourg et 77km au nord-est de Málaga) 958 35 04 38 www.elventorro.net
Restaurant Ouvert mar.-ven. et dim. 10h-19h, sam. 10h-23h

Hotel California €€

Un 2-étoiles de charme tout près de la plage de la Malagueta. Chambre double de 110 à 150€ selon la saison, petit-déj. inclus. Plage à 100m et centre-ville à 10min à pied. Réservation conseillée.

MALAGA (plan 6, C2 n°50) Paseo de Sancha, 17 952 21 51 64/5/6 www.hotelcaliforniamalaga.com/es

CORDOUE ET JAÉN

CORDOUE

Hotel Marisa €

Charmant hôtel situé idéalement juste en face de l'entrée de la grande mosquée de Cordoue. L'établissement est lumineux avec son patio intérieur typiquement cordobès. Les chambres, chauffées ou climatisées selon la saison, sont propres et fonctionnelles. De 45 à 85€ la double. Petit déjeuner en supplément (7€).

CORDOUE Calle Cardenal Herrero, 6 957 47 31 42 Parking 10,5€/jour

Hostal La Milagrosa €

Une petite pension familiale très propre, dont le patio déborde de plantes, céramiques et autres objets. Chambres confortables et climatisées au rez-de-chaussée. Comptez 60€ la double avec sdb.

CORDOUE (plan 8, B3 n°61) Calle Rey Heredia, 12 957 47 33 17 Parking 13€/j.

Arc House €

Il règne ici une ambiance conviviale, calme et agréable. Les deux larges patios sont parfaits pour se reposer ou pour bouquiner. Les chambres, très accueillantes et climatisées,

À CORDOUE, HÔTELS ET PENSIONS DE CHARME

Ville très touristique, Cordoue est dotée d'une infrastructure hôtelière assez vaste et très satisfaisante. Vous trouverez notamment des pensions charmantes, à des prix raisonnables, en plein quartier historique. Elles occupent de vieilles demeures plus ou moins bien conservées et presque toujours organisées autour de patios pittoresques.

comportent toutes une salle de bains. Demandez celles situées à l'étage au-dessus du second patio, plus calmes. Chambres doubles avec sdb de 40 à 60€ selon la saison.

CORDOUE (plan 8, B3 n°62) Calle Osio, 6 ☎ 910 60 48 79 www.archouse.es

Hotel Mezquita €

On ne peut plus central, juste en face de la porte orientale de la mosquée, cet hôtel 2 étoiles occupant un ancien palais a un charme fou ! Demandez la chambre 10, installée dans l'ancienne chapelle des seigneurs, ou la 4, plus spacieuse, ouvrant sur les remparts de la mosquée. La double est à 45-105€.

CORDOUE (plan 8, B3 n°63) Plaza Santa Catalina, 1 ☎ 957 47 55 85 www.hotelmezquita.com

Pensión Los Arcos €

Proche de la Plaza del Potro. Accueil plaisant, ça sent le propre et les colonnes en pierre du patio fleuri ne manquent pas de charme. Dix-sept chambres assez grandes, donnant sur le patio. Env. 65€ la double avec sdb impeccable (55€ sans sdb). Parking public juste derrière, env. 13€/jour. Ventilateurs et wifi.

CORDOUE (plan 8, B3 n°64) Calle Romero Barros, 14 ☎ 957 48 56 43 www.pensionlosarcos.com

Hotel y Hostal Maestre €

Un hôtel et un *hostal* dans la même rue, avec l'avantage (considérable) d'être facilement accessibles en voiture et de posséder un parking en sous-sol. Chambres modernes propres et confortables. Double 35-85€ à l'*hostal*, 45-105€ à l'hôtel.

CORDOUE (plan 8, B3 n°65) Calle Romero Barros, 16 (hostal) et 4 (hôtel) ☎ 957 47 24 10 www.hotelmaestre.com ⓟ Parking 12€/j.

Hotel Los Omeyas €€

À 1min de la mosquée, un hôtel spacieux et bien tenu, quoique sans charme particulier. Le personnel est très accueillant, les chambres, fonctionnelles et très correctes pour le prix. Double 99€ avec petit-déj en haute saison. Possibilité de parking.

CORDOUE (plan 8, B3 n°66) Calle Encarnación, 17 ☎ 957 49 22 67 ou 957 49 21 99 www.hotel-losomeyas.es Parking env. 15€/j.

Casa de los Azulejos €€€

Un petit bijou d'hôtel, aménagé dans une magnifique demeure du 17e s. Chaque chambre a son caractère, et le petit déjeuner-buffet, inclus, est servi sur la terrasse, parmi les plantes vertes. Restaurant de cuisine locale. Attention, les chambres donnant sur le patio sont bruyantes en soirée le vendredi et le samedi (concerts au restaurant). 85-135€ la double standard.

CORDOUE (plan 8, C3 n°67) Calle Fernando Colón, 5 ☎ 957 47 00 00 casadelosazulejos.com Parking privé env. 15€/j.

ZUHEROS

Hotel Zuhayra €

Coup de chance : le seul hôtel du village est une bonne adresse, avec 18 chambres spacieuses et impeccables, un grand sens de l'hospitalité et un bon restaurant ! Accès gratuit à la piscine en plein air du village. De 70 à 90€ la double.

ZUHEROS Calle Mirador, 10 ☎ 957 69 46 93

JAÉN

Hotel Xauen €

Idéalement situé entre la Plaza de la Constitución et la cathédrale. Peu d'imagination dans la décoration, mais des chambres spacieuses et accueillantes, et une belle terrasse sur le toit. Double de 85 à 130€, petit déjeuner inclus.

JAÉN Plaza Deán Mazas, 3 ☎ 953 24 07 89 www.hotelxauenjaen.com

Hotel Condestable Iranzo €€

Décor des années 1970 façon boîte de chocolats pour ce 4-étoiles très central : reproduction de statue grecque, miroirs fumés, profusion de dorures et sols en marbre rutilants... Les chambres, plus sobres, sont irréprochables et très confortables : au 8e étage, la vue est impressionnante ! Service attentionné et souriant. Chambre double à partir de 90€, petit déjeuner inclus.

JAÉN Paseo de la Estación, 32 ☎ 953 22 28 00 www.hotelcondestableiranzo.com

Parador de Jaén-Castillo de Santa Catalina €€€

De tous les Parador d'Andalousie, c'est peut-être le plus féerique ! Installé dans les murs d'une forteresse arabe du 13e s., au sommet du Cerro de Santa Catalina, il offre des vues spectaculaires sur la vallée du Guadalquivir. Lits à baldaquin, balcons privés suspendus au-dessus du vide, piscine à l'abri des murailles, salle à manger royale, cet hôtel ne ressemble à aucun autre. Double à partir de 150€.

JAÉN Carretera al Castillo ☎ 953 23 00 00 www.paradores.es

BAEZA ET ÚBEDA

Hotel TRH €

L'une des meilleures affaires de Baeza. Un grand hôtel moderne en plein centre historique offrant un excellent rapport qualité-prix pour ses 84 chambres climatisées et fonctionnelles. Le buffet du petit déjeuner (compris) est très copieux. Double à partir de 86-250€ avec petit-déj.

BAEZA Calle Concepción, 3 ☎ 953 74 81 30 www.trhbaeza.com

Hotel La Paz €

Dans cet hôtel rénové en 2015, tout est très soigné, avec des chambres spacieuses et bien équipées (wifi et clim.). Demandez de préférence les étages supérieurs. La 457, par exemple, dotée d'une large baie vitrée et d'une grande sdb. Selon la saison, chambre double à 60-80€, pas de petit déj.

ÚBEDA Calle Andalucía, 1-3 ☎ 953 75 08 48 www.hotel-lapaz.com

Hotel María de Molina €€

Au cœur du centre historique, mariage réussi entre la noblesse d'un patio aux belles arches de pierre et le confort moderne de 23 grandes chambres lumineuses. Au dernier étage, une jolie vue sur les toits et les palais Renaissance de la ville s'offre à vous. Les chambres 201 et 202 donnent sur la superbe place en contrebas. Double de 75€ à 130-160€ selon la saison. Petit-déj. inclus. Petite piscine.

ÚBEDA Plaza del Ayuntamiento ☎ 953 79 55 52 www.hotelmariamolina.com

Parador de Úbeda €€€

Sur la plus belle place d'Úbeda, dans un somptueux palais Renaissance, deux patios enchanteurs aux arcades soutenues par de fines colonnes, des chambres vastes et décorées avec goût... c'est l'un des fleurons de la chaîne et l'un des plus anciens. On aime les hauts plafonds, les frises sculptées, le vieux dallage en terre cuite, la lumière douce et le mobilier à l'ancienne. Double de 140 à 260€.

ÚBEDA Plaza Vázquez de Molina ☎ 953 75 03 45 www.parador.es ◷ Restaurant Ouvert tlj. 13h30-16h et 20h30-23h

CAZORLA

La Casa de las Bicicletas €

Cet hôtel ne passe pas inaperçu avec ses vélos accrochés dans tous les sens et les recoins, jusqu'à même la cheminée ! L'intérieur est tout aussi fantaisiste avec ses divers bibelots égayant chaque pièce de la maison. Les chambres, confortables, respirent le calme et la tranquillité. Piscine, cuisine commune et salon avec billard. Entre 50 et 70€ la chambre double.

CAZORLA Calle Negrillo, 3 ☎ 660 13 46 90

Pensión Taxi €

L'accueil est vraiment sympathique dans cette pension familiale aux chambres modestes avec climatisation et chauffage et à la propreté irréprochable. La n°6, avec son balcon donnant sur la vieille ville, la Peña de los Halcones et le Castillo de la Yedra, est le meilleur choix. Double à 45€, triple 60€.

CAZORLA Travesía de San Antón, 7
☎ 953 72 05 25

Albergue Inturjoven Cazorla €

En haut de la Calle Carmen, qui monte de la Plaza de la Corredera, cette auberge de jeunesse est installée dans un bel édifice de 1513. Chaque chambre (2 à 6 pers.) dispose d'une salle de bains privative. En été, la piscine offre une fraîcheur bienvenue. Repas à 10€, midi et soir, au restaurant. On peut même vous préparer un pique-nique si vous partez en randonnée (8€). La réception est une vraie mine d'informations sur les activités de la région et organise des excursions dans le parc naturel des sierras tout proche (descente de canyon, kayak, tir à l'arc...). Réservation indispensable. De env. 20 à 38€/pers. selon la saison, de 14 à 32€ pour les moins de 26 ans et plus de 60 ans.

CAZORLA Plaza Mauricio Martínez, 6
☎ 955 18 11 81 www.inturjoven.com

Hotel Balcón de Cazorla €

Situé sur les hauteurs du village, l'hôtel offre de superbes vues sur la vallée : c'est un grand établissement tout confort aux chambres meublées de pin clair et égayées d'édredons colorés. Demandez celles avec vue : les larges fenêtres offrent un panorama de carte postale sur les montagnes, les oliveraies et les toits du village en contrebas. Double de 55 à 80€, petit déjeuner inclus. Bar-cafétéria, billard et piscine.

CAZORLA Calle Ingeniero Enrique Mackay, 26
☎ 953 72 02 11
www.hotelbalcondecazorla.com

SIERRA DE CAZORLA

Los Huertos de Segura €

Sur les hauteurs du village, 4 studios impeccables pour 2 pers. (70-90€) et 2 appartements plus spacieux pour 2-3 pers. (80-210€). Tous sont décorés avec beaucoup de goût, bien équipés (cuisine, cheminée, réserve de bois d'olivier, télévision) et disposent d'une terrasse ouvrant sur les montagnes. Les adorables propriétaires sont de formidables sources d'information sur la région.

SEGURA DE LA SIERRA Calle Castillo, 11 (91km au nord de Cazorla) ☎ 953 48 04 02 ou 609 56 84 83 www.loshuertosdesegura.com

Complejo Turístico Puente de las Herrerías €

Dans un cadre magnifique, au bord du Guadalquivir, cet hôtel-refuge comporte des chambres doubles tout confort à 62-68€ et des *cabañas*, petits chalets en bois tout équipés très économiques pour 2 à 4 personnes (60-110€). Le bar-restaurant est ouvert tous les jours. Sur place, organisation de nombreuses activités sportives et excursions.

LA IRUELA Carretera del Nacimiento Río Guadalquivir, km2 Puente de las Herrerías (13km à l'est de Cazorla) 953 72 70 90 www.puentedelasherrerias.com Sem. sainte-mi-oct.

Casa Rural Santa María de la Sierra €€

Cet ancien couvent est perdu au milieu des bois, au cœur du parc. Les grands chalets en pierre disposent de chambres à la fois rustiques et modernes, d'un restaurant agréable et d'une piscine. À essayer : les chambres-cabanes perchées au milieu des arbres, insolites (dès 110€). Chambres doubles à partir 80€, petit déj. compris.

LA IRUELA (env. 25km au nord de Cazorla) De la route d'El Tranco (A319), km 39,8, après la sortie d'Arroyo Frío, prendre au lieu-dit "El Chaparral" la route sur la droite et suivre les indications sur 2,5km 953 12 40 70 www.crsantamaria.com

Parador de Cazorla El Adelantado €€€

Perché en altitude, le Parador de Cazorla peut s'enorgueillir d'un cadre somptueux : des forêts denses et mystérieuses de toutes parts, avec, en arrière-plan, les falaises de la Sierra de Cazorla. L'atmosphère est celle d'une loge de chasse royale d'un autre siècle et, en été, la grande piscine est l'endroit idéal pour se retirer du monde. Restaurant gastronomique (ouvert à tous). Double de 120 à 290€.

CAZORLA (24km à l'est de la ville dans le parc dir. La Iruela) 953 72 70 75 www.paradores.es Fermé jan.-début fév.

GRENADE ET ALMERÍA

GRENADE

Casa de Reyes €

Une petite pension fort bien tenue, redécorée dans un style kitch mozarabe réjouissant, à deux pas de la Plaza Trinidad. Chambres assez exiguës mais calmes et très confortables. Doubles autour de 80€.

GRENADE (plan 10, A2 n°60) Calle Laurel de las Tablas, 17 958 29 50 29 hostalcasadereyes.com Parking 14€/j.

Hotelito Suecia €

L'une des adresses les plus charmantes de Grenade, excentrée mais tres pratique si vous êtes en voiture car on peut se garer dans la rue. La pension fait partie d'un ensemble de grandes maisons aux jardins luxuriants, construites dans les années 1940. C'est cosy, presque anglais, l'accueil est très gentil et le petit déjeuner se prend en terrasse. Chambres doubles avec à partir de 60€.

GRENADE (plan 10, C4 n°62) Calle Huerta de los Ángeles, 8 958 22 50 44 www.hotelitosuecia.com

Hostal Moni €

Sans doute l'adresse la plus pittoresque de tout Grenade et l'une des seules bon marché dans l'Albaicín. 7 chambres correctes dont 5 avec sdb privée, 3 studios, et une terrasse panoramique sur le toit. Double à partir de 60€, petit déjeuner compris. Pas de parking, mais on peut se garer sur la place San Bartolomé.

DORMIR À GRENADE

Des pensions accueillantes aux demeures anciennes restaurées de l'Albaicín, la ville offre nombre d'adresses de charme. Et Grenade a beau être très touristique, les prix de l'hébergement y restent raisonnables, moins élevés qu'à Séville à confort égal.

GRENADE (plan 10, C1 n°63) Plaza de San Bartolomé, 5 ☎958 28 52 84 www.hotelesyo.com/pension-moni-albayzin/

Pensión Alfin €

Très jolie *pensión* tout près de l'Alhambra, dans une maison restaurée au style andalou. 5 chambres différentes et originales, à partir de 55€.

GRENADE (plan 10, B3 n°65) Cuesta de Gomérez, 31 ☎958 22 14 06 ou 958 22 81 72 www.pensionalfin.com ⓟ Parking à partir de 15€/j.

Hostal La Ninfa €

Difficile de ne pas remarquer cette pension originale, envahie à l'extérieur comme à l'intérieur d'étoiles en céramique multicolore, dans le quartier très pittoresque du Realejo. 11 chambres parfois petites, mais confortables et soignées. Double de 45 à 58€, triple à 65-68€. Le plus : on peut se garer en voiture, avec un peu de chance, sur la place ou dans les rues voisines.

GRENADE (plan 10, C4 n°66) Plaza Campo del Príncipe ☎958 22 79 85

Casa del Aljarife €€

Une pension haut de gamme sur une petite place de l'Albaicín. Dans cette demeure traditionnelle du 17e s., 4 chambres séduisantes, avec poutres apparentes, salles de bains luxueuses et meubles anciens. Deux ont vue sur l'Alhambra. Double 75-140€. Petit-déj 7€/pers. Parking 17€/j.

GRENADE (plan 10, B2 n°67) Placeta de la Cruz Verde, 2 ☎958 22 24 25 www.casadelaljarife.com

Abadía Hotel €€

À seulement 10 minutes à pied de la cathédrale, cet hôtel de charme est installé dans un bel édifice typique andalou restauré du 16e s. Les chambres, douillettes et spacieuses, s'articulent autour d'un joli patio fleuri où il fait bon prendre son petit déjeuner. Accueil avenant et atmosphère paisible. Env. 85€ la chambre double.

GRENADE (hors plan 10, par A1 n°61) Calle Triana Baja, 7 ☎958 27 19 79 www.abadiahotel.com

Hotel Casa Palacio Pilar del Toro €€

Une ancienne demeure seigneuriale dotée d'un grand patio, située sur la Plaza Nueva. Restaurées avec soin, ses 12 chambres ont conservé de nombreux éléments d'origine qui confèrent raffinement et authenticité à l'ensemble. Comptez de 45 à 130€ la double, et de 50 à 140€ la chambre avec vue sur l'Albaicín.

GRENADE (plan 10, B3 n°68) Calle Hospital de Santa Ana, 12 ☎958 21 62 17 www.hotelcasadelpilar.com

Casa Morisca Hotel €€€

Extrêmement romantique ! Une demeure du 15e s. dans le bas Albaicín, dont l'architecture mudéjare est parfaitement mise en valeur : colonnes en brique et petite fontaine du patio, charpentes ouvragées des chambres, voûtes élégantes de la salle à manger. Les chambres, avec leurs jolis meubles et leurs tapis aux influences nord-africaines, ont beaucoup de cachet. Double 130-200€. Parking gratuit.

GRENADE (plan 10, D2 n°69) Cuesta de la Victoria, 9 ☎ 958 22 11 00 www.hotelcasamorisca.com

Parador de Granada €€€

S'il fallait choisir un seul Parador... Celui-ci est carrément installé au cœur de l'Alhambra, dans un couvent franciscain construit juste après la Reconquête ! Influences mudéjares, cloître harmonieux, atmosphère tranquille et hors du temps au crépuscule... C'est aussi le Parador le plus cher du sud de l'Espagne : double à partir de 350€.

GRENADE (plan 10, D3 n°70) Calle Real de la Alhambra ☎ 958 22 14 40

LAS ALPUJARRAS

Cortijo Catifalarga €€

Un cadre superbe, dominant les gorges de Poqueira. Une ancienne ferme isolée (*cortijo*) restaurée tout confort (piscine avec vue). Les chambres, simples et lumineuses, sont irréprochables. La salle du bar accueille en saison, presque tous les jeudis soir, des concerts de flamenco. Au restaurant, plats très créatifs (comptez 25€). Double 65-95€ ou appartement pour 2-4 pers. 100-160€.

CAPILEIRA Cortijo Catifalarga (bien indiqué depuis le centre du bourg) ☎ 958 34 33 57 ou 639 10 18 65 www.catifalarga.com

Casa Sonia €

Le calme absolu au cœur d'un petit village préservé. Dans une belle demeure traditionnelle, la grande salle commune, fraîche en été, est très accueillante. Les 6 chambres, avec une vue superbe, sont pleines de charme ; poutres apparentes, tapis discrets et sols aux couleurs chaudes. Double 65€ avec le petit déjeuner. Pas de paiement par carte.

BUSQUÍSTAR Calle San Francisco, 5 ☎ 958 85 75 03 ou 652 18 89 11 www.casasoniaenbusquistar.com

Hotel de Mecina Fondales €

Patios inondés de lumière, 21 chambres spacieuses qui possèdent toutes une grande salle de bains et une petite terrasse privée ; piscine dans le jardin et restaurant de qualité au rez-de-chaussée... que demander de plus ? Héberge de nombreux marcheurs. Double 86€, petit-déj 9€.

MECINA FONDALES Calle La Fuente, 2 ☎ 958 76 62 41 ou 958 76 62 54 www.hoteldemecina.com

Hotel La Fragua €

Une très bonne adresse, dans un grand chalet. 14 chambres spacieuses et confortables, toutes équipées d'une salle de bains. Les 201 à 205 offrent une belle vue sur le village. Salon de lecture avec de nombreux livres sur la région. Doubles à partir de 60€.

TREVÉLEZ Calle San Antonio, 4 ☎ 958 85 86 26 (hôtel) www.hotellafragua.com
Restaurant Ouvert tlj. 14h-17h et 20h-23h Établissement ouvert mi-fév.-mi-jan.

Pensión La Fuente €

En face d'une fontaine (*fuente*) où les paysans viennent abreuver leurs mules, ce bar possède 7 chambres à l'étage, simples mais bien tenues : 50-70€ la double avec sdb, petit déjeuner inclus. Et 2 appartements pour 5-6 pers. à partir de 85€. Pas de CB.

YEGEN Calle Real, 38 ☎ 958 85 10 67 ou 639 30 62 58

GUADIX

Hotel Abentofail €€

Au cœur du vieux quartier morisque de Santa Ana, cette maison ancienne à patio de style mudéjar a été totalement modernisée. Les 16 chambres, extrêmement soignées, modernes, ont toutes un petit coin cuisine et de belles douches en mosaïque. Jacuzzi et terrasse au dernier étage. Chambre double avec petit déjeuner 72-99€.

GUADIX Calle Abentofail 958 66 92 81 www.hotelabentofail.com

Appartamentos Cuevas Pedro Antonio de Alarcón €€

Voilà l'occasion de dormir dans une grotte ! Ces 23 appartements troglodytiques (2 à 6 pers.) sont très confortables, joliment décorés, frais et calmes. Grande piscine (juin-sept.) au pied des grottes. Grottes 2 pers. de 79 à 135€.

GUADIX Barriada San Torcuato (2km au nord du centre-ville, au bout de l'Av. de Buenos Aires, dir. Murcie) 958 66 49 86 www.cuevaspedroantonio.es

ALMERÍA

La qualité du logement laisse à désirer à Almería, où les prix s'avèrent en outre plus chers que dans les autres villes andalouses.

Hotel Sevilla €

Un hôtel fonctionnel tout à fait correct, avec 37 chambres confortables et climatisées. Double de 32 à 80€, petit-déj inclus.

ALMERÍA Calle de Granada, 25 950 23 00 09 www.hotelsevillaalmeria.net Parking 15€/j.

Hoteles Torreluz €

Tout le confort, beaucoup de tranquillité et un accueil très agréable, ce que l'hôtellerie d'Almería offre rarement. Un 2-étoiles (double à partir de 45€) et un 4-étoiles (à partir de 65€).

ALMERÍA Plaza Flores, 8 et 10 950 23 43 99 www.torreluz.com Garage privé env. 13€/j.

Hotel Catedral €€€

Cet hôtel luxueux trônant sur la place de la Cathédrale occupe une belle demeure construite en 1850, décorée dans un style moderne. Piscine sur le toit avec vue sur les montagnes. De 150 à 170€ la double avec petit-déj.

ALMERÍA Plaza de la Catedral, 8 950 27 81 78 www.hotelcatedral.net

Hostal El Dorado €€

Situé en retrait de la côte. Mais des terrasses des chambres, surtout au premier étage, ainsi que de la piscine, on profite de belles vues sur la Grande Bleue. Doubles avec sdb de 90 à 150€ (petit déjeuner inclus).

SAN JOSÉ Camino de Aguamarina (dans le sud de la ville, sur la route de la plage des Genoveses 40km à l'est d'Almería) 950 80 40 94 www.hostaleldorado.com Fermé déc.-début mars

Appartements Loli García Requena €€

Des appartements (2 à 6 pers.) installés dans une ancienne maison de pêcheurs avec pergola. Bien équipés, ils jouissent d'un agréable patio commun. Location à la semaine de juillet à septembre : env. 700€/2 pers.

LAS NEGRAS Calle de Las Agüillas, 12 (50km à l'est d'Almería) 950 38 80 76 ou 606 82 03 33 www.miradordelasnegras.com Parking env. 5€/j.

Hotel Family €€

Une pension tranquille aux chambres charmantes, avec jardin et piscine, tenue par un couple de Français. Au rez-de-chaussée, bon restaurant de cuisine française aux influences marocaines. Double avec vue 85-170€, avec petit déjeuner copieux.

AGUA AMARGA Calle La Lomilla, 6 (40km au nord-est de San José) 950 13 80 14 www.familyaguaamarga.com Hôtel et restaurant fermés en nov.

PREMIERS CONTACTS

Oui Sí
Non No
Bonjour Buenos días
Bonsoir Buenas tardes
Bonne nuit Buenas noches
Salut ! ¡ Hola !
Enchanté Mucho gusto/encantado
Comment allez-vous ? ¿ Cómo está ?
S'il vous plaît Por favor
Merci Gracias
Je vous en prie De nada
Pardon Perdón
Je suis français/e Soy francés/francesa
Je ne parle pas l'espagnol No hablo español
Je ne comprends pas No entiendo
Je m'appelle... Me llamo...
Comment vous appelez-vous ? ¿ Cómo se llama (Usted) ?
Au revoir Adiós
À bientôt Hasta luego
Bon voyage Buen viaje

SE REPÉRER/ SE DÉPLACER

LES MOTS DE LA VILLE
Avenue Avenida
Arènes Plaza de toros
Auberge de jeunesse Albergue juvenil
Banque Banco
Bureau de tabac Estanco
Château Castillo
Épicerie Tienda de comestibles
Forêt Bosque
Gare ferroviaire Estación de trenes
Gare routière Terminal de autobuses
Hôtel Hotel
Lac Lago
Librairie Librería
Mairie Ayuntamiento
Musée Museo
Office de tourisme Oficina de turismo
Parking Aparcamiento/Parking
Pharmacie Farmacia
Place Plaza
Plage Playa
Port Puerto
Poste Correos
Police Policía
Restaurant Restaurante
Rivière, fleuve Río
Rue Calle
Station de métro Estación de metro
Supermarché Supermercado
Village Pueblo
Ville Ciudad

DEMANDER SON CHEMIN
Y a-t-il... ? ¿ Hay... ?
Où est... ? ¿ Dónde está... ?
Où est la pharmacie la plus proche ? ¿ Dónde está la farmacia más cerca ?
Où est la route de... ? ¿ Dónde está la carretera de... ?
Proche Cerca
Loin Lejos
À combien de kilomètres A cuántos kilómetros
Est Este
Ouest Oeste
Nord Norte
Sud Sur
À gauche A la izquierda
À droite A la derecha
Tout droit Todo recto
Tournez à droite Gire a la derecha
Prenez la deuxième rue à gauche
Tome la segunda calle a la izquierda
Je me suis perdu Me he perdido
Je cherche... Busco...
À LA GARE
Train Tren
Wagon Coche
Place numéro... asiento número...
Contrôleur Revisor
Quai Andén
À quelle heure part le prochain train pour... ? ¿ A qué hora sale el próximo tren para... ?
Consigne à bagages Consigna de equipajes
Je voudrais acheter un billet pour...
Quisiera comprar un billete para...
Aller-retour Ida y vuelta

SUR LA ROUTE
Voiture Coche

Moto Moto, motocicleta
Bicyclette Bicicleta
Autoroute Autopista
Sortie Salida
Péage Peaje
Station-service Gasolinera
Essence Gasolina
Sans plomb Sin plomo

REPÈRES TEMPORELS

Quelle heure est-il ? ¿ Qué hora es ?
Il est 1h Es la una
Il est 7h30 Son las siete y media
Il est 8h Son las ocho
Il est 21h Son las nueve de la noche
Lundi Lunes
Mardi Martes
Mercredi Miércoles
Jeudi Jueves
Vendredi Viernes
Samedi Sábado
Dimanche Domingo
Aujourd'hui Hoy
Hier Ayer
Avant-hier Anteayer
Demain Mañana
Après-demain Pasado mañana
Ce matin Esta mañana
Ce soir Esta noche
Tard Tarde
Tôt Temprano
Plus tard Más tarde
Janvier Enero
Février Febrero
Mars Marzo
Avril Abril
Mai Mayo
Juin Junio
Juillet Julio
Août Agosto
Septembre Septiembre
Octobre Octubre
Novembre Noviembre
Décembre Diciembre

SE LOGER

Camping Camping
Tente Tienda de campaña
Douche Ducha
Chambre simple Habitación individual
Chambre double Habitación doble
Avec salle de bains Con cuarto de baño
Lit double Cama matrimonial
Dortoir Dormitorio común
Lit Cama
Air conditionné Aire acondicionado
Toilettes Servicios
Je voudrais réserver une chambre Quisiera reservar una habitación
Avez-vous une chambre double ? ¿ Tiene una habitación doble ?
À combien est la chambre ? ¿ Cuánto cuesta la habitación ?
TTC IVA includo
La chambre a-t-elle une vue sur la mer ? ¿ Da al mar la habitación ?/¿ Tiene vista al mar la habitación ?
Petit déjeuner inclus Con desayuno incluido
Pouvez-vous me montrer la chambre ? ¿ Puede enseñarme la habitación ?
Pouvez-vous me donner la note ? La cuenta, por favor
Pouvez-vous me réveiller à 7h ? ¿ Me puede despertar a las siete ?

SANTÉ/HYGIÈNE

Pharmacie Farmacia
Tampons Tampones
Serviettes hygiéniques Compresas
Préservatif Preservativo
Aspirine Aspirina
J'ai besoin d'un médecin Necesito un médico
Urgences Urgencias
Pansement Tirita®

VISITE/SHOPPING

À quelle heure ouvre/ferme le musée/le magasin ? ¿ A qué hora abre/cierra el museo/ la tienda ?
Fermé(e) Cerrado(a)
Ouvert(e) Abierto(a)
Interdit(e) Prohibido(a)
Combien coûte... Cuánto cuesta...
Cher(ère) Caro(a)
Bon marché Barato(a)
Gratuit(e) Gratuito(a)

Tarif réduit Tarifa reducida
Acceptez-vous les cartes de crédit ? ¿ Accepta tarjetas de crédito ?

AU RESTAURANT

Je voudrais réserver une table
Quisiera reservar una mesa
Avez-vous une table pour deux ?
¿ Tiene mesa para dos personas ?
Puis-je voir la carte s'il vous plaît ?
La carta, por favor
Menu du jour Menú del día
Plat Plato
Que me/nous recommandez-vous ?
¿ Que me/nos recomienda ?
Serveur Camarero
Table Mesa
Chaise Silla
L'addition s'il vous plaît La cuenta, por favor

Crédits photographiques

ILLUSTRATION RÉALISÉE EN PARTENARIAT AVEC **hemis-Fr**

Couverture © Franck Guiziou/hemis.fr **4e** - © Daniel Villalobos/Alamy/hemis.fr **3** - © Jean-Paul Azam/hemis.fr **4** - haut à gauche © Noir Chocolate/Shutterstock.com, haut à droite © Patrick Escudero/hemis.fr, bas à droite © Bertrand Gardel/hemis.fr, bas à gauche © Natureworld/Alamy/hemis.fr **6** - © Bertrand Gardel/hemis.fr **10** - © Jon Arnold Images/hemis.fr **11** - haut © Neftali/Shutterstock.com.com, bas © Geogphotos/Alamy/hemis.fr **12** - haut © Jon Arnold Images/hemis.fr, bas © Patrick Escudero/hemis.fr, **13** - © Soularue/hemis.fr **14** - © Jon Arnold Images/hemis.fr **15** - haut © Maurizio Borgeze/hemis.fr, bas © René Mattes/hemis.frhaut **16** - haut © Imagebrocker/hemis.fr, bas © Perry van Munster/Alamy/hemis.fr **17** - © Shutterstock.com/klublu 3 **19** - © Tuul et Bruno Morandi/hemis.fr **20** - © Soularue/hemis.fr **23** - © Axiom/hemis.fr **24** - © René Mattes/hemis.fr **26** - © Andrea Pistolesi/ hemis.fr **28** - © Jon Arnold Images/hemis.fr **30** - © Shutterstock.com/Juan Manuel Aparicio Diez **32** - © Camille Moirenc/hemis.fr **36** - haut © Jon Arnold Images/hemis.fr, bas à gauche © Stockfood/hemis.fr, bas à droite © Andrea Pistolesi/ hemis.fr **37** - haut © BigKnell/Shutterstock.com, bas © Ken Welsh/Alamy/hemis.fr **38** - © ESCUDERO Patrick/hemis.fr **39** - haut © image BROKER/ hemis.fr, bas © Shutterstock.com/Luka Dakskobler 40 - DR **41** - © Arnaud Spani/hemis.fr **43** - © Bertrand Gardel/hemis.fr **48** - © Jon Arnold Images/hemis.fr **51** - © John Kellerman/Alamy/hemis.fr **52** - © RIEGER Bertrand/hemis.fr **55** - © Patrick Escudero/hemis.fr **56** - © Jean Duboisberranger/hemis.fr **58** - © Felipe Rodriguez/Alamy/hemis.fr **61** - © Wiskerke/Alamy/hemis.fr **62** - © Andrea Pistolesi/ hemis.fr **63** - © Natureworld/Alamy/hemis.fr **66** - © Delpixel/Shutterstock.com.com **67** - © Peter Horree/Alamy/hemis.fr **69** - © Anna Serrano/hemis.fr **70** - © Hervé Hugues/hemis.fr **73** - © Laurent Giraudou/hemis.fr **75** - © John Kellerman/Alamy/hemis.fr **77** - © Geogphotos/Alamy/hemis.fr **78** - © Patrick Escudero/hemis.fr **79** - © Arnaud Spani/hemis.fr **81** - © Shutterstock.com/Christian Mueller **83** - © Ken Welsh/Alamy/hemis.fr **84** - © a-plus image bank/Alamy/hemis.fr **87** - DR **89** - © Maria Galan/Alamy/hemis.fr **90** - © Rupert Sagar-Musgrave/Alamy/hemis.fr **93** - © Jose Lucas/Alamy/hemis.fr **95** - © Jose Lucas /Alamy/hemis.fr **96** - © El Bodegon **99** - © Westend 61/hemis.fr **100** - © Geogphotos/Alamy/hemis.fr **102** - © Jon Arnold Images/hemis.fr **106** - haut - © Patrick Escudero/hemis.fr, bas à gauche © Rene Mattes, bas à droite © Michelle Chaplow/Alamy/hemis.fr **107** - haut © Alamy/hemis.fr, bas © Blend Images/hemis.fr **108** - © Shutterstock.com/Evan Frank **109** - haut © Robert Harding/hemis.fr, bas © Shutterstock.com/Alvaro Trabazo Rivas **110** - DR **111** - © Jon Arnold Images/hemis.fr **113** - © Kavalenkava Volha/Alamy/hemis.fr **116** - © Carmen Sedano/Alamy/hemis.fr **119** - © Ken Welsh/Alamy/hemis.fr **120** - © Jose Lucas/Alamy/hemis.fr **122** - © Stuart Black/Alamy/hemis.fr **125** - © Alamy/hemis.fr **127** - © René Mattes/hemis.fr **128** - © Walter Bibikow/hemis.fr **130** - © Imageimage Alamy/hemis.fr **132** - © Stuart Black/Alamy/hemis.fr **135** - © Gregory Gerault/ hemis.fr **136** - © Antonio Jose Jimenez Cabeza/Alamy/hemis.fr **139** - © Ken Welsh/Alamy/hemis.fr **141** - © Ken Welsh/Alamy/hemis.fr **143** - © René Mattes/hemis.fr **145** - © John Frumm/hemis.fr **147** - © Patrick Escudero/hemis.fr **149** - © Jon Arnold Images/hemis.fr **150** - © From my point of view/Shutterstock.com.com **153** - © Jeronimo Alba/Alamy/hemis.fr **154** - © Richard Fairless /Alamy/hemis.fr **157** - © Bertrand Rieger/hemis.fr **161** - © Sebastian Wasek/Alamy/hemis.fr **163** - © Soularue/hemis.fr **164** - © Ingolf Pompe/hemis.fr **167** - © Anna Serrano/hemis.fr **168** - © Shutterstock.com/red-eye **170** - © Bertrand Rieger/hemis.fr **173** - © René Mattes/hemis.fr **174** - © Shutterstock.com/barmalini **176** - © Jeronimo Alba/Alamy/hemis.fr **179** - © Jeronimo Alba/Alamy/hemis.fr **180** - © Jeronimo Alba/Alamy/hemis.fr **182** - © René Mattes/hemis.fr **186** - haut © SERRANO Anna/hemis.fr, bas à gauche © Jon Arnold Images/ hemis.fr, bas à droite © René Mattes/hemis.fr **187** - © Maurizio Borgese/ hemis.fr **188** - © Jon Arnold Images/ hemis.fr **189** - haut © Lucas Vallecillos/Alamy Stock Photo, bas © Jurgen Feuerer/Alamy/hemis.fr **190** - © DR **191** - © Soularue/hemis.fr **193** - © John Frumm/hemis.fr **196** - © Jon Arnold Images/hemis.fr **199** - © Westend 61/hemis.fr **200** - © Imagebrocker/hemis.fr **202** - © Soularue/hemis.fr **204** - © Andreslebedev/Alamy/hemis.fr **207** - © Stillman Rogers/Alamy/hemis.fr **208** - © Peter Horree/Alamy/hemis.fr **211** - © Ken Welsh/Alamy/hemis.fr **213** - © John Frumm/hemis.fr **215** - © Jeronimo Alba/Alamy/hemis.fr **217** - © Iakov Filimonov/Alamy/hemis.fr **218** - © Sergey Dzyuba/Alamy/hemis.fr **221** - © Bertrand Gardel/hemis.fr **223** - © Jacques Sierpinski hemis.fr **225** - © Rolf Hicker Photography/Alamy/hemis.fr **227** - © Alberto Paredes/Alamy Stock Photo **229** - © Lyle Mallen/Alamy/hemis.fr **230** - © Jon Arnold Images/hemis.fr **232** - © Bertrand Gardel/hemis.fr **236** - haut © Shutterstock.com/Aljndr, bas © SOULARUE Guillaume/Hemis.fr **237** - © Bertrand Rieger/ hemis.fr **238** - haut © Bart Pro/Alamy/hemis.fr, bas © René Mattes/hemis.fr **239** - haut © Shutterstock.com/Sylvia Biskupek, bas © Shutterstock.com/Adwo **240** - DR **241** - © Jon Arnold Images/hemis.fr **243** - © Madrugada Verde/Shutterstock.com.com **247** - © Jon Arnold Images/hemis.fr **248** - © Julien Garcia/hemis.fr **251** - © Soularue/hemis.fr **253** - © Westend 61/hemis.fr **255** - © Wim Wiskerke/Alamy/hemis.fr **256** - © Andrea Jones Images/Alamy/hemis.fr **260** - © Shutterstock.com/Adwo **263** - © Robert Harding /hemis.fr **265** - © Kybele /stock.adobe.com **267** - © René Mattes/hemis.fr **269** - © Pictures Colour Library/Alamy/hemis.fr **271** - © Patrick Frilet/hemis.fr **272** - © Hervé Hugues/hemis.fr **274** - © Stock Food/hemis.fr **277** - © Tomasz Czajkowski/stock.adobe.com **279** - © Jean-Pierre Degas/hemis.fr **280** - © Stuart Black/Alamy/hemis.fr **283** - © Luis Dafos/Alamy/hemis.fr **284** - © Robert Harding/hemis.fr **287** - © Image Broker/hemis.fr **288** - © Patrice Thomas/hemis.fr **290** - © Pawel Wysocki/ hemis.fr **293** - © Anna Serrano/hemis.fr **295** - © Patrick Escudero/ hemis.fr **297** - © Renata Sedmakova/Shutterstock.com.com **299** - © Holbox/Shutterstock.com.com **300** - © Hervé Hugues/hemis.fr **303** - © Cultura/hemis.fr **304** - © Olaf Speier/Shutterstock.com.com **306** - © Delpixel/Shutterstock.com.com **326** - © Design Pics/hemis.fr

Andalousie

Auteurs France Bourboulon, Jean-Louis Despesse, Rozenn Le Roux

Et David Fauquemberg, Raphaële Bail, Séverine Bascot, Anne Bécel, Celia Benisty, Céline Chabaud, Anthony Moinet, Charlotte Pavard, Alejandro Prieto de Vega, Glen Recourt

Directrice éditoriale Hélène Firquet
Responsable éditoriale Christina Beckers
Responsable artistique Flora Monnin
Édition et maquette Dédicace (Villeneuve-d'Ascq)
Presse Sophie Gallet
Fabrication Julien Recurt, Christine Lopes
Responsable des coéditions internationales et des partenariats B2B
Mathilde Barrois (mathilde.barrois@gallimard-loisirs.fr)
Chargée de partenariats B2B Manon Aveline (manon.aveline@gallimard-loisirs.fr)

Conception graphique Elhadi Yazi
Infographie Stéphane Jungers
Cartographie EdiCarto

Gallimard Loisirs 5, rue Gaston-Gallimard 75328 Paris Cedex 07
Tél. 01 49 54 42 00 coupsdecoeur@gallimard-loisirs.fr
La collection GEOGuide a été créée en association entre Prisma Presse/GEO et Gallimard Loisirs

Numéro d'édition 553603 - ISBN 978-2-7424-6487-6
Impression Lego (Italie) **Photogravure** Nord Compo (Villeneuve-d'Ascq)

Avis aux GEOVoyageurs Entre l'enquête effectuée sur le terrain et la parution du guide, les établissements mentionnés peuvent avoir fermé et certaines informations s'être périmées. Renseignez-vous auprès des prestataires pour organiser vos déplacements et votre séjour et pensez à réserver.
N'hésitez pas à nous faire part de vos commentaires et de vos corrections à : coupsdecoeur@gallimard-loisirs.fr !

PEFC
PEFC/18-31-280

Plans

- Axe urbain
- Espace vert
- Cimetière
- Voie ferrée
- Aéroport
- Gare ferroviaire
- Gare routière
- Gare maritime (standard)
- Gare maritime (rapide)
- Monuments

Cartes

- Autoroute et 2x2 voies
- Route principale
- Route secondaire
- Autre route
- Zone urbaine
- Frontière d'État
- Limite de départements
- Parc naturel
- Liaison maritime
- Site remarquable
- Sommet
- Tunnel, col, défilé

Profondeur (en mètres)

- Plus de 1 000
- De 200 à 1 000
- Moins de 200

Altitude (en mètres)

- De 0 à 100
- De 100 à 200
- De 200 à 500
- De 500 à 1 000
- De 1 000 à 1 500
- Plus de 1 500